国际飞行规则与应用

高文明　乔文炳　任晓岳　杨丽薇　编著

西北工業大學出版社

西　安

【内容简介】 本书以现行国际航空法规和标准等为依据，结合国际航空法学研究和法学其他学科研究的新成果，并借鉴国际航空飞行中有关飞行规则的立法实践，再配以相关案例，系统地论述了国际飞行规则的基本理论和基本制度，并对公海上空军事飞行活动所涉及的飞行规则进行了分析，力求对现行国际飞行规则做出全面阐释。

本书适合航空领域运行人员，国家航空管理机关、航空单位、相关科研院所的有关工作人员，高等院校相关专业师生及广大航空爱好者使用。

图书在版编目(CIP)数据

国际飞行规则与应用 / 高文明等编著. — 西安 ：
西北工业大学出版社，2022.6(2024.8 重印)
ISBN 978－7－5612－8185－7

Ⅰ.①国… Ⅱ.①高… Ⅲ.①航空法－国际法－研究
Ⅳ.①D993.4

中国版本图书馆 CIP 数据核字(2022)第 074834 号

GUOJI FEIXING GUIZE YU YINGYONG
国 际 飞 行 规 则 与 应 用
高文明　乔文炳　任晓岳　杨丽薇　编著

责任编辑：胡莉巾　　**策划编辑：**李阿盟
责任校对：王玉玲　　**装帧设计：**李　飞
出版发行：西北工业大学出版社
通信地址：西安市友谊西路 127 号　　邮编：710072
电　　话：(029)88491757，88493844
网　　址：www.nwpup.com
印 刷 者：西安五星印刷有限公司
开　　本：787 mm×1 092 mm　　1/16
印　　张：15.375
字　　数：403 千字
版　　次：2022 年 6 月第 1 版　　2024 年 8 月第 2 次印刷
书　　号：ISBN978－7－5612－8185－7
定　　价：68.00 元

前　言

公海空域航空活动的日益频繁，导致飞行矛盾不断出现。在军事航空活动中要应对公海地区飞行冲突，需要航空人员对国际飞行规则有全面的了解。对于军事航空人员，抛开法律的原则、价值等属性，就是“责任”和“担当”。只有熟悉法规赋予的权利，才能够在国际军事飞行行动中伸张正义、履行义务，灵活运用规则并维护权益。

依据教学和研究需求，本书从实然法角度，全面介绍、系统解读有关国际飞行规则，探讨其合法性以及相关国际法规定的滞后性。从应然法的角度，具体分析公海上空军事飞行冲突的有关案例和问题，探讨军事飞行在公海活动所需遵守的国际规则，并介绍相应的国际法法理。在阐释有关军事飞行活动的法律特性和处置问题依据时，一般先援引现行有效的国际条约和习惯，以及我国法规和军队相关条例。在有关法规存在“灰色地带”或有争议的情况下，则援引国家的国防政策、对外政策或海洋政策。同时还介绍一些相关国际实践或国内外权威学者的学术观点，力图吸收国际航空法研究的最新成果，并结合空管发展实践经验，来阐述国际飞行规则基本原理和知识，达到援引准确、言之有据的目的。通过梳理冷战时期美苏公海军事活动航行冲突与解决的发展轨迹，及双方建立公海航行安全协议的谈判过程，并结合对特定时期相关国家有关航空活动的做法，全面分析国际军事飞行活动法规的价值取向问题，深化对国际飞行规则的理解和认识。

在多年给在职人员的授课中，许多学员提出的工作中遇到的实际问题笔者都无从给出具体的回答。“理论是灰色的，而实践之树长青”。好在他们很客气——“这个问题也只能这样分析了”。本书概括了国际航空法的效力范围、飞行规则、空中交通管制、公海上空国家航空器与民用航空器的关系、公海军事飞行冲突及其解决思路等方面内容。鉴于国际航空法正处于变革期，因此只根据现行的国际法规来阐释教学观点。法规教学是传授相对定型的知识，为避免理论上的偏差，本书更注重内容的实用性。

本书是在高文明多年授课的讲义基础上编写的，乔文炳对本书的框架和主要内容进行了规划和论证，任晓岳、杨丽薇进行了资料搜集、整理及文字和图表的编写工作。

空军工程大学空域管理教研室对本书的编写出版进行了组织，杨任农教授、郭建胜教授、戴江斌博士、沈堤博士对本书的框架进行了建设性的审议。

本书部分内容已经应用于教学活动，授课中在职管制员对授课内容提出了明确的需求和中肯的意见。面对日益发展和深化的学术研究以及不断增长的学术水平要求，希望读者不吝赐教，在此表示衷心感谢。

高文明

2021 年 12 月

目　录

第一章 国际飞行概述

本章知识点提示:领空和国际空域划分 国际空域军事飞行基本原则 航空器属性 案例分析要素

在研究国际飞行规则相应问题之前,首先要明确国际飞行的空域范围、国际飞行规章的适用范围及效力范围,这样有利于法规的执行。为了更好地理解和学习,从实然法的角度分析问题,本章在介绍国际法的同时,与美国海军军事活动中相关政策的内容进行对比。

第一节 国际飞行规则适用范围

国际飞行规则的适用范围是国际空域,国际空域指毗连区、专属经济区,以及公海和不属于任何国家主权管辖范围内的领土之上的空域。作为南极、北极地区的国际空域飞行,一般军事飞行涉及很少,因此本书只讨论海洋上空的国际飞行规则。

一、海洋与空域界线

《联合国海洋法公约》(本章以下将此公约简称为《公约》)被大多数国家认可[①]为国际海洋法(美国尽管不是《公约》的签约国,但承认《公约》中反映的国际习惯法中有关航海权利航空权的规定,并按照其行动,不承认深海床采矿的规定。时任总统里根在1983年3月10日的《美国海洋政策声明》中曾提到:首先,美国准备接受并依据传统习惯《公约》中利益均衡原则使用海洋,例如航海权和航空权。因此,只要美国和其他国家在国际法中的权利和自由得到沿海国承认,美国政府将承认其他国家海岸线以外海域中《公约》所赋予的权利。其次,美国政府将在全球海域依据《公约》反映出来的利益均衡原则行使和维护其有关航海和航空的自由和权利。但是,美国政府绝不承认其他国家单方面签署限制国际社会在航海和航空方面权利和自由的协议,这也包括其他相关公海的使用),它规定了各种海域制度,将世界海洋从法律上定性并划分为内水、领海、毗连区、专属经济区、大陆架、公海和国际海底区域等不同性质的海域,明确了这些海域的法律地位。国际海洋法规定各种基本海域制度,但并不具体划定,对有的法律概念各个国家出于自身利益的考虑有着不同的解释,具体执行是通过相关国家间的协议完成的。关键的海洋界限有两条:一条是领海基线,即确定领海宽度的基准线。领海基线不仅是领海的起算线,也是内水、毗连区、专属经济区和大陆架等国家管辖海域的起算线。这条线是海洋法律图谱中的基准线。另一条是沿海国与其海岸相邻或相向国家间的海域分界线。这条线从法律上划分了海岸相邻相向国家的内水、领海或管辖海域。按照《公约》第16条的要求,"各国确定的领海基线和海域分界线,应在足以确定这些线的位置的一种或几种比例尺的海图上标出。

---

① 美国的海洋政策参考来自海洋出版社2007年出版的《美国海上行动法指挥官手册》。

或者，可以用列出各点的地理坐标并注明大地基准点的表来代替。沿海国应将这种海图或地理坐标表妥为公布，并应将各该海图和坐标表的一份副本交存联合国秘书长”。正是这些标在海图上的线，最终完成了海洋（也确定了领空范围）的法律定性和法律划分。国际海洋法、各国国内法及双边协议从法律上完成了对海洋的法律定性和划分，勾勒出了世界海洋的基本法律轮廓和框架。各种海洋开发和利用活动，包括海上军事活动，均应在这个法律框架内进行。海洋与空域的海洋界线如图 1-1 所示。

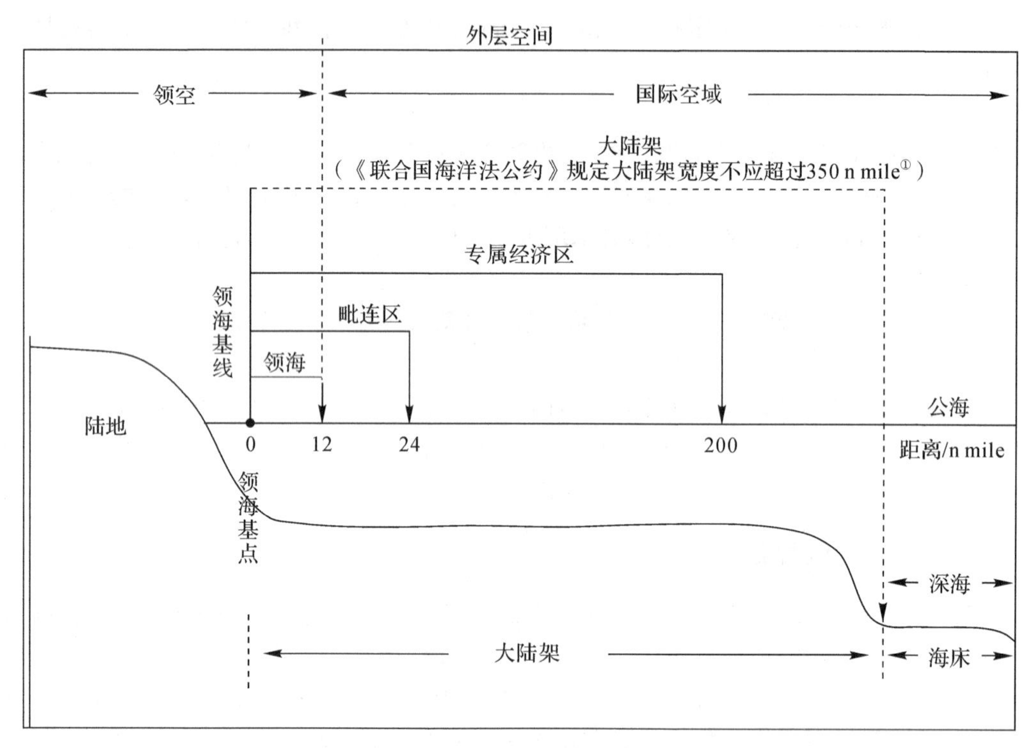

图 1-1　海洋与空域的海洋界限

注：1 n mile（海里）=1.852 km。

二、领海、公海和领空、公空

（一）相关范围的法规界定

根据《公约》，公海是指不包括在国家的专属经济区、领海或内水或群岛国的群岛水域内的全部海域。各国的航空器，无论是民用航空器还是国家航空器，均享有在公海上飞越的自由。但《公约》同时也规定“公海自由是在本公约和其他国际法规则所规定的条件下行使的”。这些自由应由所有国家行使，但须适当顾及其他国家行使公海自由的利益，并适当顾及本公约所规定的同区域内活动有关的权利。因此，航空器在公海上享有飞越自由的同时，也必须遵守公海上有关法律制度。

领空①，是主权国家领陆和领水上空的大气层空间，是国家领土的组成部分。在国际法

① 空军司令部．中国空军百科全书：上卷[M]．北京：航空工业出版社，2005：1081．

中，空域被划分为国家领空（指一个国家领土、内水、群岛水域和领海之上的空域）和国际空域（指毗连区、专属经济区、公海和不属于国际主权管辖范围内的领土之上的空域）。

国家对其领空享有绝对主权，1919 年缔结的《巴黎航空公约》和 1944 年缔结的《国际民用航空公约》规定，用于军事、海关和警察部门的国家航空器，只有经过国家间的特别协定或许可才能飞越另一缔约国的领空或降落在其领土上。

领空主权是国家主权的组成部分，也是航空管制法规的基础。我国全国人民代表大会常务委员会《关于批准中华人民共和国政府关于领海声明的决议》第 3 条第 1 款声明："一切外国飞机和军用船舶，未经中华人民共和国政府的许可，不得进入中国的领海和领海上空。"《中华人民共和国领海及毗连区法》第 6 条第 2 款规定："外国军用船舶进入中华人民共和国领海，须经中华人民共和国政府批准。"第 12 条规定："外国航空器只有根据该国政府与中华人民共和国政府签订的协定、协议，或者经中华人民共和国政府或者其授权的机关批准或者接受，方可进入中华人民共和国领海上空。"第 11 条第 1 款规定："任何国际组织、外国的组织或者个人，在中华人民共和国领海内进行科学研究、海洋作业等活动，须经中华人民共和国政府或者其有关主管部门批准，遵守中华人民共和国法律、法规。"我国全国人民代表大会常务委员会《关于批准〈联合国海洋法公约〉的决定》第 4 条规定："中华人民共和国重申《公约》有关领海内无害通过的规定，不妨碍沿海国按其法律规章要求外国军舰通过领海必须事先得到该国许可或通知该国的权利。"

《中华人民共和国飞行基本规则》第 112 条指出："外国航空器飞入或者飞出中华人民共和国领空，或者在中华人民共和国境内飞行、停留，必须按照中华人民共和国的有关规定获得批准。"第 115 条也指出："未经批准擅自飞入或者飞出中华人民共和国领空的外国民用航空器，中华人民共和国有关机关有权采取必要措施，令其在指定的机场降落。"1958 年的《中华人民共和国政府关于领海的声明》和 1979 年的《外国民用航空器飞行管理规则》也都有明确规定：任何外国飞机，若不经过许可或不根据协定而飞入中国领空就是侵犯中国主权。《中国民用航空空中交通管理规则》第二条指出："各级民用航空管理机构和从事民用航空活动的单位和个人，以及在我国飞行情报区内飞行的外国民用航空器飞行人员，均应当遵守本规则。"这些条款集中表明了我国航空法规的立法目的和价值，表达了航空管制法规领空主权原则的价值理念。可见，领空主权原则是我国航空法规的基石和支柱。离开领空主权原则，国际飞行的法规就失去了法律根据。

我国与周边一些国家存在领土争端问题，这就导致了领空界限划设问题。领海的领空划设一直是参照国际海洋法来进行的，但领海划设各国都从有利于自己一方来解释国际海洋法对领海划设的方法，这使得空管范围也存在一定的争议。

1. 领空的水平界限

一国领空从与地球表面平行方向看，止于其领土边界线的上方，即领土边界线向上立体延伸构成领空的水平扩展界限。与领空处于地球大气同一环层，并在各国领空水平界限以外的部分，主要包括专属经济区、公海和南极的上空，就其整体的法律地位而言，国际法上尚没有一项专门的条约来规定，比如《公约》仅规定了专属经济区和公海上空的飞越自由。一般认为，该领空外部分不属于任何国家的主权之下，对所有国家都是开放和自由的。由于该问题表述的概念很多，想要详细了解可参看任筱锋编写的《海上军事行动法手册》。

2.领空的垂直界限

领空的垂直界限是指领空自地球表面向上扩展的外缘,这涉及领空与外层空间的界限问题。对此国际社会有多种主张,主要包括空间论和功能论两派。空间论者认为,应该而且也可能划定某一高度为领空和外空的界限。他们提出了包括空气空间或大气层标准、卡曼线、卫星轨道最低点、航空器飞行最高点等划定方法。功能论不支持划定界限的主张,他们认为更为重要的是,应从功能上区分航空器或航天器两类不同性质的航行器,以及相应地区分相关的国家活动性质,从而由不同的法律进行规范。他们认为,航空器活动由航空法规范,航天器活动由航天法规范,完善各种具体的规则应基于目前解决问题的途径,而不必急于划界。迄今为止,国际法尚未就领空与外空的具体界限做出准确的划定。

外层空间法律规则和制度,是随着 20 世纪 50 年代人类活动进入外空而产生并迅速发展的。国际法中的外层空间的概念来源于自然科学,但它与自然科学中外层空间的概念是有区别的。它不仅涵盖了自然科学中的外层空间,还包括了自然科学中空气空间的部分区域,虽然准确界限尚未确定,但不包括外层空间中的任何天体。

《美国海上行动法指挥官手册》中给出了其军事活动执行的政策,即“每个国家除允许其他各国在国际海峡和群岛航道上空有飞行的权利外,对其国家领空可行使完全的、排他的主权。除非国家通过条约或者国际协定做出其他的许诺,各国飞机在国际空域都享有自由飞行的权利,不受他国侵扰”。

(二)该区域上空有关军事飞行的基本规则

《公约》第 17 条规定:“无论是沿海国还是内陆国,所有国家的船舶都享有无害通过领海的权利。”该条作为《公约》第 3 节“领海的无害通过”的一个一般性的介绍,强调了“所有国家,不论是沿海国还是内陆国的船舶都享有无害通过其他国家领海的权利”。该条中的所有国家的船舶“并不仅仅只是适用于缔约国”的船舶,它阐述的是一般国际法的规则。

根据《公约》,军舰和军用飞机之间的一个最重要的区别就是在领海内的无害通过制度并不适用于军用飞行。飞机是需要事先得到沿海国的批准才能进入的,因此,舰载飞机和其他国家航空器一样是被禁止在沿海国的领海上空从事任何飞行活动的。这与沿海国享有公认的领空主权的权利是一致的,并且这一规定也确认了外国军用飞机在沿海国的领海上空飞越的任何权利从未形成国际习惯法。关于在这一区域产生的许多与飞行相关的各种争端源于以下几个原因:第一个原因[①]是超越领海基线的请求往往将导致某些水域属于内水;第二个原因是不予确认的超越领海范围的请求,例如,一些国家请求其领海范围延伸至 12 n mile 以外的海域;第三个原因是对领海之外的专属经济区上空空域部分的管理请求,这是对《国际海洋公约》第 87 条关于公海飞越自由在公海上空与专属经济区上空的飞越自由的不同理解,一些沿海国认为其在专属经济区享有国家的安全利益,然而一些海洋大国则认为其他国家在专属经济区部分应当享有海洋法规定的航行和飞越自由。一旦沿海国发现在其领空内违法并试图逃跑的飞机,可行使类似于海洋中的空中紧追权。行使空中紧追权的条件是:由国家航空器行使;仅在公海、专属经济区上空或无主地上空行使;不得侵犯他国的领空主权,即只能追到他国的领空就应当立即终止,并不得进入该领空,除非得到该沿海国的允许,否则不得继续进行。

---

① 杨瑛.《公约》对军事活动影响的法律问题探析[D]. 武汉:武汉大学,2015.

三、专属经济区、毗连区上空飞行

(一)专属经济区

专属经济区是指从测算领海基线量起 200 n mile，在领海之外并邻接领海的一个区域。《中华人民共和国专属经济区和大陆架法》第 2 条第 2 款规定："中华人民共和国的大陆架，为中华人民共和国领海以外本国陆地领土的全部自然延伸，扩展到大陆边外缘的海底区域的海床和底土；如果从测算领海宽度的基线量起至大陆边外缘的距离不足二百海里，则扩展至二百海里。"

关于专属经济区上空的法律地位问题有以下几种观点：

(1)该空域具有主权的法律地位，即沿海国在这部分空域中享有主权的权利，外国在这部分的航行和飞越只是对主权的一种例外的限制表现。这种观点并不被我国所认可。

(2)该空域具有公空的法律地位，因此外国军用飞机可以在沿海国的专属经济区上空进行各种军事活动，如"侦察，输送兵员、装备，设置报警系统，进行战术演习，测试导弹或其他一些武器等"。这种观点被美国[①]等海洋强国所认可，他们坚持认为专属经济区上空属于"国际空域"，外国的军用飞机在这部分空域中享有同公海上空一样的飞越自由。近年来一些发生在这一空域中的重大国际事件就源于对专属经济区上空的法律地位的不同观点。

(3)该空域的法律地位应当与其之下的专属经济区海域的法律地位相一致。有关法学论文给出了法理解释，"如果地球表面的任何地方，不管是陆地还是水面，都被当作一个国家的领土而得到认可的话，那么该表面的空间也应当是该国领土的一部分。相反，如果地球表面的任何地方不是任何国家领土的一部分，如公海所包括的水域，那么该表面上面的空间也就不应当受任何国家的主权控制，而可以由任何国家自由地使用。""地球表面与其上空是不能加以区分的，必须把它们看作是一个整体。""地面决定了空气空间的法律地位是国际航空法的基本规则。"因此专属经济区上空应当具有同专属经济区海域一致的法律地位，既不具有国际空域的法律地位，也不具有"领空"的法律地位，在这个空域中沿海国应当享有同专属经济区海域相同的权利。

全国人民代表大会常务委员会《关于批准〈联合国海洋法公约〉的决定》第 1 条规定："按照《公约》的规定，中华人民共和国享有二百海里专属经济区和大陆架的主权权利和管辖权。"

对于该区域行使国际法上的权利，《中华人民共和国专属经济区和大陆架法》第 13 条规定："中华人民共和国在专属经济区和大陆架享有的权利，本法未作规定的，根据国际法和中华人民共和国其他有关法律、法规行使。"

对于该区域历史性的权利，《中华人民共和国专属经济区和大陆架法》第 14 条规定："本法的规定不影响中华人民共和国享有的历史性权利。"第 11 条规定："任何国家在遵守国际法和中华人民共和国的法律、法规的前提下，在中华人民共和国的专属经济区享有航行、飞越的自由。"

---

① 《美国海上行动法指挥官手册》中指出，专属经济区是指和自然资源有关的区域。它邻接领海，是自领海基线量起不超过 200 n mile 的海域，沿海国在该海域拥有管辖权(但不是主权)。在专属经济区内，船舶和飞机享有公海上的自由航行权利和飞越权。

(二)毗连区

毗连区，又称连接区、特别区、保护区、补充区、尊重区或专门管制区，根据《公约》，毗连区是领海以外邻接领海从领海基线量起不超过 24 n mile 的一带海域。沿海国在该区域内行使下列管辖权：

(1)防止在其领土、领海或领空内违反其海关、财政、移民或卫生的法律和规章；

(2)惩治在其领土、领海或领空内违反上述法律和规章的行为。

“防止”和“惩治”是指沿海国在毗连区内，有权对在该海域内的，且在其领土或领海内违犯了有关法律和规章的外国船舶或人员采取立法、司法和行政措施。

《中华人民共和国领海及毗连区法》第 4 条规定：“中华人民共和国毗连区为领海以外邻接领海的一带海域。毗连区的宽度为十二海里。中华人民共和国毗连区的外部界限为一条其每一点与领海基线的最近点距离等于二十四海里的线。”

《中华人民共和国领海及毗连区法》第 8 条第 3 款规定：“中华人民共和国政府有权采取一切必要措施，以防止和制止对领海的非无害通过。”在毗连区内，我国有权为防止和惩处在我陆地领土、内水或领海内违反有关安全、海关、财政、卫生或出入境管理的法律、法规的行为行使管制权。我国有关主管机关有充分理由认为外国船舶违反中华人民共和国法律、法规时，可以对该外国船舶行使紧追权。追逐须在外国船舶或其小艇之一或者以被追逐的船舶为母船进行活动的其他船艇在我国的内水、领海或毗连区内时开始。

如毗连区内，追逐只有在我国有关安全、海关、财政、卫生或者入境出境管理的法律、法规规定的权利受到侵犯时方可进行。追逐只要没有中断，可以在我国领海或毗连区外继续进行。在被追逐的船舶进入其本国或第三国领海时，追逐应予终止。紧追权由我国军用船舶、军用航空器或我国政府授权的执行政府公务的船舶、航空器行使。

《美国海上行动法指挥官手册》给出了其对该地区国际法的理解：“毗连区包括在国际海域之中，各国的船只和飞机，包括军舰和军用飞机，享有在公海上航行和在其上空飞行的权利。尽管沿海国为了阻止和惩罚领土内(包括领海) 侵犯其海关、财政、移民、卫生法等行为，可以在这些水域内行使必要的控制权，但是，它不可以在其他方面干预在毗连区内的国际航行以及在其上空飞行的权利。”由此可以清楚地看出，这个解释与大多数国家不一致。

(三)专属经济区对海上军事活动的影响

国际社会设立专属经济区的原始动机是分配海洋自然资源，并不是特别针对该海域的军事活动。《公约》中未能在专属经济区制度中加入军事活动方面的条款。现代海军武器装备的发展，尤其是电子通信和侦察能力的提高，使得原先只能在沿海国领海乃至领空进行的针对沿海国的海空侦察和海空威慑活动，现在集中到了专属经济区及其上空，它对沿海国的国防安全有重大影响。

1.缩小了平时海上军事活动范围

专属经济区的建立，把原来属于公海的相当大的一部分海域置于沿海国的管辖之下，如美国、澳大利亚拥有超过 200 万平方海里的专属经济区。按照《公约》规定，如果该区域在全世界范围内得到广泛建立，全世界海洋面积的 36%将处于沿海国管辖之下，公海面积将大大缩小。随着现代科学技术的发展，许多沿海国家出于保护国家安全的需要，加大了对专属经济区的监管力度，特别是对那些在沿海国专属经济区从事海空情报搜集或打着海洋科学研究的旗号从事非法活动的外国舰船、飞机采取了更加严格的措施进行管控。这样一来，外国军用舰机就不能像在公海一样，在沿海国的专属经济区自由地从事各种平时海上军事活动了。

2.专属经济区制度对平时海上军事活动的限制

和平时期专属经济区及其上空的军事活动，大致可以分为仅为通过专属经济区而进行的航行和飞越、海空军事侦察、军事测量和军事演习三类。从《公约》规定的专属经济区制度可以看出，它对平时海上军事活动施加了诸多限制。

《公约》第 88 条规定“公海应只用于和平目的”。第 58 条第 2 款规定：“第 88 条适用于专属经济区。”换句话说，在沿海国专属经济区，平时海上军事活动受到和平目的的限制。在专属经济区内体现为各国在专属经济区的平时海上军事活动必须以和平为目的。根据《公约》，所有国家在专属经济区内均享有航行和飞越自由，但前提是必须适当顾及沿海国的权利和义务，遵守沿海国制定的有关法律和规章。几乎所有国家在这一问题上的立场是比较一致的。唯一的争议是理论上的争议，即在专属经济区内的航行和飞越自由是否等同于公海航行和飞越自由。大多数国家都坚持“不等同”立场。因为，专属经济区内的航行和飞越自由与公海上的航行和飞越自由是有本质区别的。用通俗的话来讲，专属经济区的航行和飞越充其量只是“借道”而已。

当其他国家的舰船、飞机在行使航行和飞越等自由与沿岸国行使主权权利和其他专属管辖权发生冲突时，沿岸国的主权权利和其他专属管辖权的行使应处于优先地位。

《公约》第 58 条第 3 款规定，各国在专属经济区内根据本公约行使其权利和履行其义务时，应遵守沿岸国制定的法律和规章。外国是否有权在他国专属经济区内进行军事演习或军事测量？答案是否定的。各国都反对外国在管辖海域进行有针对性的海空军事演习，认为这是对专属经济区航行和飞越自由的滥用。在国际实践中，有一些国家颁布了禁止别国在其专属经济区内进行军事活动（包括军事演习）的国内法律和政策声明。

（四）该区域上空飞行规则

从《公约》文本上看，第五部分为专属经济区的专章，以“专属经济区”为章标题。第 55 条“Specific legal regime of the exclusive economic zone”（专属经济区的特定法律制度）表明专属经济区是规范于《公约》下特定的法律范围的。专属经济区在地理上邻接一国领海与公海，但不能认为专属经济区是领海或者是公海。

海洋上空法律地位应当取决于其下方的陆地或其邻水域的法律性质，为了维护沿海国在该区域的权利，沿海国对专属经济区上空也应当享有一定的权利。该国在该海域上空的飞越自由是应当受到一定限制的自由，是与公海上空的飞越自由不同的。因此，“适当顾及”原则以及遵守沿海国法律法规，并应以和平为目的，遵守不使用武力原则应当是军事飞机在专属经济区上空的飞行规则。《公约》在起草专属经济区制度的时候回避了军事活动问题，未对军舰的航行自由做出明确的专门规定。尽管《公约》未对专属经济区内的军事活动问题做出明确规定，但是，《公约》未排除在专属经济区内军事演习的合法性，也未授权沿海国有关此类活动的管辖权。

包括孟加拉国、巴西、印度、马拉西亚、巴基斯坦和乌拉圭等国在内的一些国家都坚持认为，海洋法公约不允许在专属经济区进行军事活动。

参考资料　“适当顾及”的法理解释

适当顾及(have due regard),是非典型的法律专业术语,指一国家行使权利或履行义务时应适当顾及或妥为顾及另一国家的权利和义务。适当顾及的义务就是要求适当、公正、合理地对待其他国家的权利和义务。《公约》中使用“适当顾及”一词的条文有4处,分别在专属经济区、公海、区域部分,规定一国在该海区的活动应顾及其他国家在该海区的权利;在领海、用于国际航行的海峡、群岛水域、大陆架等区域规定沿海国或其他国家的权利和义务的做法也体现了双方“适当顾及”的义务。但《公约》对“适当顾及”原则的具体做法没有做细致的规定,导致适用该原则时很难把握它的法律内涵,尤其是适用于海上平时军事活动时情况更加复杂。在进行海上军事飞行活动时,和平目的原则起纲领性作用,“适当顾及”原则提供方法上的细则。“适当顾及”条款在规范主体、法律条款编排和权利义务的设置上都体现着该条款对沿海国与其他国家的相互要求,这体现了“适当顾及”条款的相互性。

四、群岛水域上空飞行

群岛水域的地位:群岛水域是一个新的海洋法概念,它不同于内水,也不同于领海。按照《公约》的规定,群岛水域是指群岛国的群岛基线所包围的水域。群岛基线以外可以按照一般海洋法规则划定领海、毗连区、专属经济区和大陆架。群岛国家还可在河口、海湾、港口等处按照基线的一般原则用封闭线划定内水,此时,该封闭线内的水域虽然处在群岛基线以内,但该水域是内水而不是群岛水域。

根据《公约》的规定,群岛国可在群岛基线以外划定一定宽度的领海和其他管辖或管制区域。为了加强国家统一和维护国家安全,群岛国没有将分隔岛屿的海洋空间视为国际水域,而是将其看作他们领土的组成部分。《公约》第52条第1款规定,在群岛水域内所有国家的船舶均享有无害通过权。在群岛国指定了群岛海道或空中航道的情况下,外国船舶和飞机享有群岛海道通过权。这种通过权实际上是对外国船舶和飞机通过群岛水域范围的限制,从而改变了历史上的自由航行和自由飞越,缩小了别国平时海上军事活动的范围。

如果群岛国指定群岛海道,则外国船舶和飞机在行使群岛海道通行权时受过境通行若干规定的限制:首先,在行动上,要求外国船舶和飞机必须继续不停、迅速通过或飞越群岛国的群岛水域和邻接的领海。其次,在范围上,将外国船舶和飞机的通过限制在海道中心线25 n mile或中心线至海道两侧岛屿最近距离的10%的范围之内,而且10%规则要优于25 n mile规则。群岛海道通过事实上就是船舶和飞机在群岛国指定的群岛海道及其上空行使航行和飞越自由。

图1-2就是《美国海上行动法指挥官手册》中美国海军在群岛海岸线的行动示意图,要求通过指定群岛海道的船只和飞机应保持在距中心轴线两边不超过25 n mile的区域内航行,并且不应在航行时与海岸的距离小于海道边缘各岛最近各点之间距离的10%。

外国飞机在过境通行时应做到以下几方面:

(1)毫不拖延地通过或飞越海峡。

(2)不对海峡沿岸国的主权、领土完整独立进行任何武力威胁或使用武力。

(3)除因不可抗力或遇难而有必要外,不从事其继续不停和迅速过境的通常方式所附带发生的活动以外的任何活动。

(4)飞机要遵守国际民航的航空规则，在飞行时随时顾及航行安全，随时监听无线电频率。

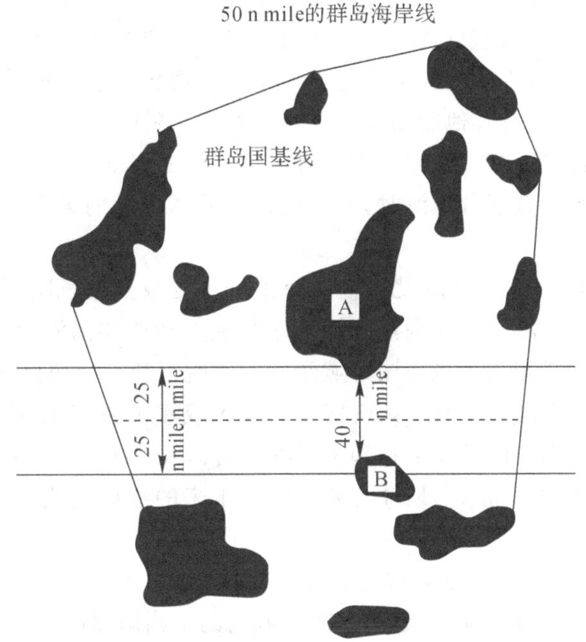

图 1-2　美国海军在群岛海岸线的行动示意图

第二节　国际空域与军事飞行

一、公海上空军事活动的基本原则

公海上空为国际空域，各国飞机均享有飞越自由，但军用飞机在国际空域活动时，国际法原则和规则给出了基本限制：尊重其他国家的飞机所享有的同等的飞行自由；顾及其他民用航空器的空中飞行安全；与别国军用飞机相遇时，防止并避免空中危险军事举动。

从《公约》的规定看，航行自由似乎对世界各国平等，但实际上并不是所有国家都能享有这种自由，广阔的公海只是少数海洋大国相互角逐的舞台。众所周知，美国海军每年都会在世界各大洋举行各种各样的海上军事演习，其舰艇编队常年在世界海域游弋，从事各种军事活动，充分享受了公海自由航行。但当其他国家的舰船出现在公海海域时，美国海军则可能派遣舰艇进行跟踪或高速穿越，或派遣飞机在舰船周围盘旋或低空掠过。

设立平时海上军事活动海区或空域的法律原则[①]：国际法并不一般地禁止国家为平时海上军事活动设立相应的海区或空域。但设立此种海区和空域必须遵循一系列国际法原则和规

① 任筱锋. 海上军事行动法手册[M]. 北京：海潮出版社，2009.

则，具体如下：

(1)设立有关海区或空域不应改变所在水域或空域的法律地位。

(2)在此种海区和空域进行有关军事活动时，遵循该海域或空域的一般国际法原则和规则，适当顾及其他国家的海上航行利益和其他船舶或飞机的航行安全。

(3)必须事先宣告。宣告的内容包括但不限于此种海区或空域的范围、具体用途、可能的危险及其性质、起始时间以及其他船舶或飞机应注意的事项等。

(4)必须在事后清除所有危险，恢复有关海区或空域的安全航行。沿海国如在领海设立临时海上训练区而需要封闭其部分领海时，不应对任何外国船舶的无害通过有形式上或事实上的歧视。

沿海国如在专属经济区或公海设立临时海上训练区或其他危险区而需要封闭部分海域时，应事先宣布，并应适当顾及其他国家的海上航行利益和船舶的海上航行安全，不得永久性限制或禁止其他国家的船舶和飞机在该海域及其上空航行和飞越的权利。

个别国家在其领海以外宣布有所谓的安全防御区或军事警戒区，明确禁止外国军舰和军用飞机在此种海域内活动。此种要求在和平时期没有国际法依据。国际法不承认任何国家有权因设立所谓的安全防御区而永久地改变有关海域本来的法律地位，并禁止外国军舰和军用飞机在该海域及其上空航行和飞越。

防空识别区(见表 1-1)，是指某国为自己的安全考虑，单方面在领海之外设立的一个空中预警机制，旨在识别进入该国所划定的空防区域内的不明国籍的航空器，通过监测、跟踪、管制，以防威胁本国领空安全，同时为本国维护国家安全赢得预警时间。

表 1-1 领空、飞行情报区、防空识别区

类 别	概 念	法律效力
领 空	一个国家陆地、内水、群岛水域和领海(通常 12 n mile)上的领空，外国航空器不能擅自进入，否则为侵犯国家主权	有
飞行情报区	以提供空中交通管制情报和服务为主，区分各个国家在该区域的空管航行情报服务区，由国际民航组织划定，其范围包括国家领空以及临近的公海上空	有
防空识别区	个别国家从自身安全考虑划定，没有国际法效力，其范围大于领空。飞行器如果进入某国防空识别区，需要识别告知，判断该飞行器的攻击和危险性质。飞行器进入防空识别区，各国一般采取询问、管制、劝告等措施，也可能派出战斗机进行监视，直到该飞行器进入该国领空前，不采取迫降、袭扰、打击等行为	不明确

任何防空识别区只要不妨碍空中航行自由、过境通行权和群岛海道通过权，就是与国际法相容的。

《美国海上行动法指挥官手册》中对美国军用飞机进入防空识别区进行了如下陈述：“美国宣布的防空识别区的规定适用于飞往美国领空的飞机，同时还要求填写飞行计划并定期报告其位置。美国政府不承认沿海国有对不打算进入其领空的外国航空器适用其防空识别区规定的权利，美国政府也不会要求不打算进入美国的外国航空器适用美国防空识别区规则。如果美国军用航空器不打算进入他国领空，则无须展示识别标志或遵守他国防空识别区的规定。”

二、《公约》中的航行自由与执行[①]

公海上空就是公共飞行空域（简称“公空”），公海航行的规则直接关系到公空的飞行规则。1982 年 4 月，联合国海洋法会议通过了《公约》，美国是反对国之一。1994 年 11 月该公约生效，迄今该公约已经有 160 多个国家和地区成为缔约方。美国积极参与了该公约的起草过程，但以海底矿藏开发不符合美国利益为由没有缔约。

（一）公海的航行秩序构建[②]

海洋政策是一个相当宽泛的概念，任何涉及维护海洋权利、利用海洋的策略都可能归入海洋政策。海洋政策首先是一个国家倡导和维护对其有利的海洋秩序的战略。“海洋秩序”是指通过有约束力的方式对所有国家在海洋中的权力、权利、利益、特权进行分配，体现这种分配安排的国际法规范就是海洋秩序。目前的海洋秩序体现在以下两个层面：

（1）《公约》等国际条约对海洋的和平利用所作的安排。《公约》旨在建立“海洋法律秩序”，这种秩序对于缔约国而言就是该公约所反映的国际法规范。

（2）海洋作为武装冲突的场所，有关国家（既包括交战国，也包括中立国或非交战国）在海上武装冲突中所享有的权力、权利、利益、特权方面的安排也是海洋秩序的一部分，目前相当一部分内容是习惯规则。

相应地，对应海洋秩序的这两个层面，各国的海洋政策就是倡导、维护对各国有利的海洋秩序，标准就是现有的权力、权利、利益、特权分配是否对本国有利，如果有利，就要去维护，如果不利，就尽可能通过可行的途径进行变更。考虑到《公约》等条约的存在，中国制定海洋政策中最关键的一环，是中国对现有海洋国际法规范的解释、实施、遵守、变更所持的立场。事实上，除了在第 298 条中提到一国在签署、批准或加入《公约》之时，通过书面方式宣布涉及“军事活动”之类的争端不接受《公约》规定的争端解决程序外，《公约》其他地方并没有定义“军事活动”。目前，这方面的争端涉及在专属经济区内“航行自由”“飞越自由”的解释、适用范围。总结起来主要有两种立场：一种立场认为，沿海国在专属经济区享有有限的、与资源有关的权利，除此之外，专属经济区的地位就是公海，其他国家在其中享有公海自由，特别是航行自由，包括各种军事活动。这种立场称为对“航行自由”的“包容性解释”（inclusive interpretation），美国等海洋大国主要持这种立场。另一种立场主张专属经济区并非完全等同于公海，沿海国在其中有正常的安全利益，其他国家在其中的“航行自由”并不包括不受限制的军事活动自由，尤其是那些具有战备特征的军事侦察和水文调查活动。这种立场称为对“航行自由”的“非包容性解释”（exclusive interpretation），中国和其他一些沿海国持这种立场。

（二）《公约》下的航行自由

《公约》是海洋法中的重要法典，在海洋大国与沿海国之间达成了协商和解，平衡了各方利益。《公约》包括 320 条条款、9 个附件、4 项决议书，以及后来达成的《关于执行 1982 年联合国海洋法公约第十一部分的协定》。

---

① 全国人大常委会法制工作委员会．中国海洋权益维护法律导读[M]．北京：中国民主法制出版社，2014．

② 牟文富．互动背景下中国对专属经济区内军事活动的政策选择[J]．太平洋学报，2013(11)：45－58．

《公约》几乎包含了所有有关海洋问题(从航行自由的保护到海洋环境的保护，从海洋资源的获取到海洋科学研究)的国家行为规范，为各国在海洋问题上的矛盾提供了解决机制，也为各国间海洋事务的处理提供了法律基础。在很多方面，《公约》不只是一纸文件，也是国际意志的体现，是各国以法治来处理海洋事务的承诺。在保护航行和飞越权利方面，《公约》也构建了相应的法律框架，其中包括领海内的无害通过权、国际航行海峡中的过境通行权、群岛水域内的通过权、公海上的航行自由权，以及专属经济区内的航行权利。

1.领海内的无害通过权

《公约》中规定:"每一国家有权确定其领海的宽度，直至从按照本公约确定的基线量起不超过十二海里的界限为止。""所有国家，不论为沿海国或内陆国，其船舶均享有无害通过领海的权利。""无害通过权"是指外国船舶在不妨碍沿海国的和平、良好秩序或安全的条件下无须事先经过准许而通过其领海的权利。这一习惯国际法上的权利是长期以来在国家实践中形成的。在《公约》中也给出了"通过"和"无害"的具体解释。"通过"是以穿过领海但不进入内水或停靠内水以外的泊船处或港口设施，或驶往或驶出内水或停靠这种泊船处或港口设施为目的的通过领海的航行。通过应继续不停和迅速进行。对于"无害"的定义，在《公约》第 19 条中做了原则性说明:通过只要不损害沿海国的和平、良好秩序或安全，就是无害的。这种通过的进行应符合本公约和其他国际法规则。在第 19 条第 2 款中，还列举了 12 项应视为有害的通过行为，即：

(1)对沿海国的主权、领土完整或政治独立进行任何武力威胁或使用武力，或以任何其他违反《联合国宪章》所体现的国际法原则的方式进行武力威胁或使用武力；

(2)以任何种类的武器进行任何操练或演习；

(3)任何目的在于搜集情报使沿海国的防务或安全受损害的行为；

(4)任何目的在于影响沿海国防务或安全的宣传行为；

(5)在船上起落或接载任何飞机；

(6)在船上发射、降落或接载任何军事装置；

(7)违反沿海国海关、财政、移民或卫生的法律和规章，上下任何商品、货币或人员；

(8)违反本公约规定的任何故意和严重的污染行为；

(9)任何捕鱼活动；

(10)进行研究或测量活动；

(11)任何目的在于干扰沿海国任何通信系统或任何其他设施或设备的行为；

(12)与通过没有直接关系的任何其他活动。

对于沿海国的权利和义务，《公约》也做出了规定，即：

(1)沿海国可依本公约规定和其他国际法规则，对下列各项或任何一项制定关于无害通过领海的法律和规章:航行安全及海上交通管理;保护助航设备和设施以及其他设施或设备;保护电缆和管道;养护海洋生物资源;防止违反沿海国的渔业法律和规章;保全沿海国的环境，并防止、减少和控制该环境受污染;海洋科学研究和水文测量;防止违反沿海国的海关、财政、移民或卫生的法律和规章。

(2)沿海国也有权力在其领海内采取必要步骤，防止非无害通过，包括在其领海的特定区域内暂时停止外国船舶的无害通过。但这种暂时停止必须有两个前提，一是不能对外国船舶有任何歧视，二是这种停止仅应在正式公布后发生效力。

(3)出于航行安全的考虑,必要时沿海国可以“要求行使无害通过其领海权利的外国船舶使用其为管制船舶通过而指定或规定的海道和分道通航制。特别是沿海国可要求油轮、核动力船舶和载运核物质或材料或其他本质上危险或有毒物质或材料的船舶只在上述海道通过”。

对于外国军舰在领海内是否享有无害通过权的问题上,各国存在很大分歧。在第三次联合国海洋法大会中,各国就对此问题展开了激烈争论。一些海洋大国鉴于自身实力和实际利益,主张军舰享有无害通过权,而另一些国家基于安全利益的考量,认为外国军舰不能享有无害通过权,外国军舰通过领海前要事先通告或取得沿海国的准许。《公约》中对这一问题也并未给出清晰的说明,仅在第 17 条中规定:“所有国家,不论沿海国或内陆国,其船舶均享有无害通过领海的权利”。这种语言上的模糊性,也容易导致各国对其做出不同的解读。

2. 国际航行海峡中的过境通行权

用于国际航行的海峡,是指两段连接公海或专属经济区、构成国际海上交通要道的狭窄海峡。在用于国际航行的海峡中实行“过境通行”制度。“过境通行”是指专为在公海或专属经济区的一个部分和公海或专属经济区的另一部分之间的海峡继续不停和迅速过境的目的而行使航行和飞越自由。所有船舶和飞机均享有过境通行的权利,过境通行不应受阻碍。

船舶和飞机在过境通行时也要履行如下义务:

(1)毫不迟延地通过或飞越海峡;

(2)不对海峡沿岸国的主权、领土完整或政治独立进行任何武力威胁或使用武力,或以任何其他违反《联合国宪章》所体现的国际法原则的方式进行武力威胁或使用武力;

(3)除因不可抗力或遇难而有必要外,不从事其继续不停和迅速过境的通常方式所附带发生的活动以外的任何活动;

(4)遵守本部分的其他有关规定。

3. 群岛水域内的通过权

《公约》规定所有国家的船舶均享有通过群岛水域的无害通过权,即关于领海无害通过制度的所有规定同样适用于群岛水域。同时,群岛国出于保护国家安全的需要,可在对外国船舶之间在形式上或事实上不加歧视的条件下,暂时停止外国船舶在其群岛水域特定区域内的无害通过。这种停止仅应在正式公布后发生效力。

群岛国可指定适当的海道和其上的空中航道,以便外国船舶和飞机继续不停和迅速通过或飞越其群岛水域和邻接的领海。所有船舶和飞机均享有在这种海道和空中航道内的群岛海道通过权。群岛海道通过是指按照《公约》的规定,专为在公海或专属经济区的一部分和公海或专属经济区的另一部分之间继续不停、迅速和无障碍地过境的目的,行使正常方式的航行和飞越的权利。

外国船舶和飞机在群岛国水域通过时的义务,研究和测量活动,群岛国的义务,以及群岛国关于群岛海道通过的法律和规定与国际航行海峡过境通行制度中的相关要求类似,参见《公约》第 39 条、第 40 条、第 42 条和第 44 条。

(三)《公约》的基本执行情况

《公约》于 1982 年 12 月 10 日开放签署,1994 年开始生效,现有 160 多个国家和地区被批准加入该公约,对发展中国家反对海洋霸权、维护海洋权益具有重要意义。目前,世界上绝大多数国家接受了《公约》关于领海、毗连区、专属经济区、大陆架、公海、岛屿、国际海底区域等海洋法律制度,《公约》为规范人类海洋活动提供了基本法律遵循,对构建和维系国际海洋新秩序发挥了重要作用。

《公约》对世界各国海洋事务的管理产生了重大影响，海洋地位和作用以及海洋问题受到各国前所未有的高度关注，海洋事务被纳入国家战略层面来谋划和统筹，一些国家相继出台了面向21世纪的综合性国家海洋战略和政策，作为本国海洋可持续发展的重要保障。《公约》所确立的海洋制度，以及《公约》赋予沿海国的权利、义务被各国国内法所接纳，一些国家相继出台了一系列海洋法律制度，依靠国内法抗衡别国主张成为主要手段和普遍做法。各国着力扩展本国海洋管辖范围，一些国家打着《公约》规定的旗号，突破传统管辖海域范围而谋求非法利益，相邻国家海洋权益冲突引发的争端凸显，岛礁主权和海洋权益问题成为地区热点和焦点。各国加大了对维护本国海洋主权权益所需要的军事、执法、开发、科研等各种能力建设的投入，抢占海上战略空间和海洋资源开发制高点，以具体行动体现国家主权的存在。海洋争端问题更趋复杂，矛盾冲突更加难以调和，通过双边、多边或国际司法（仲裁）解决争端的斗争更趋激烈和长期化。

2.《公约》规定与争端解决

《公约》是解决海洋争端的法律依据，但不是唯一依据。解决海洋争端，除了《公约》本身是一个依据外，还有《关于执行1982年联合国海洋法公约第十一部分的协定》和其他国际法；作为主权国家之间签署的双边协议，《公约》并不排斥其效力，它们也是解决争端的依据。就《公约》自身规定而言，《公约》关于“适用一般性导致有约束力裁判的强制程序”（国际海洋法法庭、国际法院、仲裁法庭、特别仲裁法庭）并不为所有缔约国所接受。160多个成员中，有42个国家发表声明表示不接受该条款的约束。

《公约》关于“强制程序”的适用，对海洋争端并不“包打一切”。根据《公约》规定，涉及领海、专属经济区、大陆架、历史性权利的主权争端、军事活动以及联合国安理会正在处理的争端，不适用《公约》强制程序的约束。

（四）中国对《公约》的响应

为维护我国海洋主权权益，我国颁布实施了相关法律及有关决定、行政法规以及大量规章和有关文件，建立了与《公约》规定精神相一致的一些基本制度和专门制度。其中，为向国际社会阐明我国维护海洋主权权益的立场，全国人大常委会在做出批准《公约》的决定同时声明：

（1）按照《公约》的规定，国家享有二百海里专属经济区和大陆架的主权权利和管辖权。

（2）国家将与海岸相向或相邻的国家，通过协商，在国际法基础上，按照公平原则划定各自海洋管辖权界限。

（3）国家重申对1992年2月25日颁布的《中华人民共和国领海及毗连区法》第2条所列各群岛及岛屿的主权。

（4）中华人民共和国重申：《公约》有关领海内无害通过的规定，不妨碍沿海国按其法律规章要求外国军舰通过领海必须事先得到该国许可或通知该国的权利。

（五）美国不加入《公约》的动因①

美国不加入《公约》，必然是基于其自身利益和维护其海洋霸权权益考虑。美国认为它可以依据习惯法享受《公约》所确立的权利，不必要承担《公约》所确立的义务。1983年3月，时

① 宋云霞，王全达.美为何不加《合国海洋法公约》[N].参考消息，2016-07-11(11).

任美国总统里根在《美国海洋政策声明》中声称："尽管美国不是 1982 年公约[1]的缔约国，但承认此公约中有关航海权和航空权的规定反映了习惯法，并按照《公约》中除深海床采矿规定以外的规定行事。"美国打算接受并按照传统习惯中使用海洋的利益均衡原则行事，例如航行权和航空权。美国将在全球海域依据《公约》反映出来的利益均衡原则行使和坚持其航行和飞越的自由和权利。美国对《公约》的态度还体现出了合则用、不合则废的海洋霸权主义。比如，由于担心《公约》发展趋势不确定性可能会增加对美国利益的负面影响，进而挑战美国主导的海洋霸权地位。

美国政府奉行实力主义。它认为《公约》的规定既已构成习惯法，就可通过援引惯例法来维护航行自由权；一旦法律权利得不到保障，美国海军可通过武力或武力威胁来解决。有反《公约》者就强调真正支撑美国航行自由和海洋权利的是海军实力，维护海洋权益的最有效办法是政府的有力介入和军舰的持续活动，既然这样，美国则没有必要加入《公约》。

美国在 1979 年《公约》签订之前，就制定了"航行自由计划"，以其强大的海军实力来对抗其他国家所谓的"沿海国过度"的海洋要求。1983 年的有关海洋政策声明中"美国政府绝不会默许其他国家单方面地限制国际社会在公海航海和飞越方面的权利和自由的行动，也包括有关公海的其他使用权"。1979 年以来，美国军舰和军用飞机不理会 30 多个国家的反对声明，在各个海域行使了他们的"权利和自由"，而且他们平均每年都会发布 30 个以上的反对声明。尽管近十多年来由于财政原因，美国"航行自由计划"挑衅的国家有所减少，但是挑衅行动从未中断。如 2014 年，美国航行自由行动挑战了中国、阿根廷、巴西、印度、利比亚等 19 个国家的领海主张，2015 年则挑战了包括中国在内的 13 个国家的领海主张。当然，美国不加入《公约》还有复杂的历史和政治经济背景，是多种政治利益博弈的结果，表象的背后一定是霸权主义下的美国国家利益与国际海洋新秩序的博弈。

参考资料　"黑海事件"及其反映的国际法问题[2]

1988 年 2 月 12 日，美国驱逐舰卡隆号和导弹巡洋舰约克郡号分别在当日下午进入苏联黑海沿克里米亚的领海，在距海岸 7～10 n mile 处航行。在苏联的警告和立即离开的要求未得到回应后，苏联出动两艘护卫舰实施驱除行动。随之双方军舰发生了碰撞，并有轻微损伤，但没有人员伤亡。在这一过程中，美舰在苏联领海航行了两小时。

事后，当事双方提出了抗议。苏联认为，"美国军舰的行为是一种有预谋的挑衅，导致双方军舰碰撞的责任完全在于美国"。美国则称，"美国军舰只在黑海本来可以在 12 n mile 以上的距离绕过克里米亚半岛，但有意经过那里，是为了表明美国在它不承认为不可侵犯的水域内保持进出自由的决心"。1988 年 3 月 2 日的外交照会美国甚至认为，苏联的行为违反了国际法，特别是违反了"应以不给船舶造成危险的方式确保船舶的航行安全"的尊重无害通过权的国际法义务。最后，双方同意就军舰无害通过领海问题和避免危险军事行动问题进行谈判。1989 年 9 月 23 日，双方签署了《关于对无害通过的国际法规则的联合共同解释》。该联合解释签署以后，双方同意采取必要步骤，按照国际法调整其国内立法。与此同时，美国还发表声明称："为了不损害无害通过权利的行使，美国军舰无意在苏联黑海领海再做无害通过"和"所有由船

---

① 1982 年公约指《联合国海洋法公约》。

② 肖锋."黑海事件"及其反映的国际法问题[J].海军军事学术，2000(1)：49 - 55.

舶通过领海引起的特殊案件应通过外交途径解决”。苏联外交部也注意到，美舰再也没有在黑海进入苏联领海。发生在美苏之间的“黑海事件”就这样宣告结束。

“黑海事件”表现出的国际法问题就是军舰在领海的无害通过问题。该问题的核心是外国军舰是否像其他船舶一样享有在领海的无害通过权，或者说，沿海国家对外国军舰无害通过其领海是否可以要求事先许可、事先通知或附加任何其他条件。国际法对该问题一直存在争议。1958 年第一次联合国海洋法会议对此争论激烈，没有达成协议。第三次联合国海洋法会议在这一问题上的分歧仍然很大。《公约》生效以后，这一问题还是没有得到彻底解决。那么，国际海洋法有关领海无害通过权的规则到底是如何规定军舰通过领海问题的？对《公约》的有关规定到底应作何种解释和理解？要比较确切地解释这些问题，就有必要按照国际法的基本理论，对《公约》有关规定的含义及其生成过程进行客观分析和解释。

三、《海上意外相遇规则》简介

2014 年，在青岛成功举办了西太平洋海军论坛第十四届年会，在 4 月 22 日举行的全体会议上，《海上意外相遇规则》获得了全部 21 个成员国（分别为澳大利亚、文莱、中国、印度尼西亚、日本、马来西亚、新西兰、菲律宾、韩国、新加坡、泰国、柬埔寨、巴布亚新几内亚、美国、俄罗斯、汤加、越南、法国、加拿大、智利和秘鲁）和 3 个观察员国（印度、墨西哥、孟加拉国）海军的一致通过，成为本次论坛会议的重要成果之一。《海上意外相遇规则》最早由澳大利亚和新西兰等国家提出，在 2000 年的西太平洋海军论坛会议上正式公布，此后，许多论坛成员国提出了修改意见，并进行了多次讨论；2012 年中国海军决定承办第十四届论坛年会之后，广泛征求了各成员国的意见并进行了修改，于 2014 年 1 月在南京召开的西太平洋论坛工作小组会议上达成一致意见，建议将新版本的《海上意外相遇规则》（CUES，2003 年，经澳大利亚等国修改的《海上意外相遇规则》，英文名称为“Code for Un－alerted encounters at sea”。2012 年中国担任论坛主席国，于 2013 年 5 月在泰国举行的工作小组会上提出了中方的修改意见，此后美、加、澳三国在吸取中方意见的基础上，于 2013 年 12 月提出新的 1.0 版本，英文名称改为“Code for Un－planned encounters at sea”，新旧两个版本都缩写为 CUES，中方在翻译时未改变名称）提交海军领导人参加的第十四届西太平洋海军论坛年会表决通过。澳大利亚悉尼罗维国际政策学院研究员撰文称道，2014 年的版本特别局限于海军舰机，因而局限性很大，但在海上领土纠纷斗争中各国尤其是中国则更多地使用“白船”（即海警船）[①]。

（一）规则的由来

作为一种危机管控机制，“相遇规则”为各国海军舰、机在意外相遇时，提供更多的安全措施，减少误信、误判，是西太论坛成员国之间一种不具有法律约束、增强海上安全的通信协调工具。从规则的内容看，“相遇规则”是在 1972 年《国际海上避碰规则》《国际信号规则》的基础上加入了海军习惯性做法，比如规则要求避免对他国舰艇指控系统实施干扰等容易发生误判的不友好行为。《海上意外相遇规则》源自美国海军司令部编写的《实验战术 1000》，美国的目的在于建立“亚太地区海洋法”，让相关国家达成与美国不同程度的海上军事协同。毕竟，多边规则不同于单边规则，美国在美苏双边协定中尚且必须做出调整，在多边规则中更不可能一力主导。与北约 1996 年推出的《实验战术 1000》和 2003 年升级版《多国海上战术信号与机动手

① 赵伟东.美国力促中美海警达成“海上相遇行为准则”探究[J].公安海警学院学报，2016(4)：20－23.

册》相比,“相遇规则”中涉及的通信代码是上述文件的一部分,主要包括航行和几个战术行动,并不涉及作战行动。“相遇规则”是北约或者说美国主导下的一种危机管控机制。

在美国海军看来,“相遇规则”只提供了一个工具,危机管控关键在于使用者对规则的理解,这里包括了一线的指挥军官是否执行,执行的标准如何等各个方面。

无论如何,《海上意外相遇规则》自然地成了地区海军的通用规则。美国海军作战部副部长米歇尔·霍华德在年会后表态:“我们和中方达成协议,如果在海上相遇将应用《海上意外相遇规则》。”

当然,《海上意外相遇规则》的内容远非完美。一些外国学者认为,其弱点主要包括只属于战术层面,甚至其设计初衷仅仅是避免那些可能由鲁莽的或有时过于自负的海军军官在开阔海域造成的事故。实际上,就像美苏间的两个海上意外相遇协定从未完全消除彼此的海上军事摩擦一样,期望通过一两个规则来彻底消除中美间的海上安全事件可能性较低。毕竟,与美苏协定相比,中美海上争议主要源于美国舰机对中国海上管辖权的侵害,争议的焦点更多在于中国专属经济区内甚至领海内的军事活动权限。在这方面,中美向来存在根本性分歧,已签署的准则中也不包含建立类似美苏“特别谨慎区”的内容。因而,中美协定本质上更多是一个管控海上风险、防止事态扩大的协定,而不是一个达成完全共识、消除海上冲突的协定。[①]

(二)《海上意外相遇规则》的主要内容

《海上意外相遇规则》包括三个主体内容和一个附录,共四部分内容。

第一部分是导论。该部分主要规定了《海上意外相遇规则》的地位、作用,旨在为一国海军舰艇和航空器与另一国海军舰艇和航空器偶然或不期相遇时提供安全措施和手段,减少相互干扰和不确定性。在建立与海洋利用有关的国际标准方面提供引领和广泛参与,为各国海军发展相互受益之国际合作提供一种增强海上安全的通信协调工具,不构成国际协定或条约,不具有法律约束力,西太平洋论坛海军各国海军依照自愿和非约束性的原则采用该规则进行海军合作。

第二部分是安全程序。该部分规定了各国海军舰艇和飞机海上意外相遇时的行动原则,这些原则建立在西太平洋海军论坛各成员国均遵守 1972 年《国际海上避碰规则》的基础之上。如在情势允许情况下,所采取的任何避碰行动均应是积极的,并应及早地进行避碰行动和注意运用良好的船艺。每一船舶均应以安全航速航行,以便能采取适当和有效的避碰行动。确定安全距离时应充分考虑能见度、通航密度、船舶的操纵性能、海况、船员的操纵水平等因素;在分道通航区域内,不应进行对安全航行没有必要的操纵。当出现操纵失灵等故障时,应谨慎驾驶,并使用号灯、号型和声号来表示等。这些内容均参考了 1972 年的《国际海上避碰规则》,并有明确规定和要求。在该部分中,还对海上意外相遇舰艇的行动做了新的规定,如单艘舰艇应为编队和护航船队让路,避免过分接近或试图从编队前方、中间穿越,而编队也要顾及单舰的运动;舰艇在进行可能引起误解的行动之前需考虑可能产生的复杂后果,避免采取对相遇船舶或航空器进行模拟攻击或在其附近进行特技飞行。避免使用火炮、导弹、雷达、鱼雷发射管、激光等瞄准或照射相遇舰船或航空器,尤其是照射船舶舰桥和航空器座舱等。当水面舰艇与潜艇进行演练时,应考虑展示《国际信号规则》规定的信号表明该海域有潜艇;可能对航行或飞行造成危险的海上活动,应通过明确的无线电广播和信息系统发布通告,警示他国舰、机等,要求

① 刘晓博.海上意外相遇的正确姿势[J].环球军事,2016(9):12-13.

对干扰己方指挥和控制系统的干扰源进行隔离。图 1－3 为俄罗斯战机飞越美国军舰。

图 1－3　俄罗斯战机飞越美国军舰①

第三部分是通信程序。规则规定海军航空器应在能力限度内遵守本文件规定的通信程序，并遵守适用于航空飞行的国际通信协议。海军舰艇在互见即离或能见度不良情况下，应使用《国际海上避碰规则》规定的旗语、灯光和音响信号，以表明操控动作意图。海军舰机在海上意外相遇时，为及时、有效地进行沟通，可首选无线电通信方式建立联系。除非另有约定，所有语音通信应使用英语。同时还规定了交换的关键信息、信息格式意义、无线电通信频率等。

第四部分是附录，主要是选编了部分信号简语，规定以纵队、横队和方位队作为编队的基本队形。

(三)《海上意外相遇规则》的法律适用

该规则属于和平时期各国海军舰艇和飞机意外相遇时应遵守的规定，而非战时的规定，也不适用于一国的领海。因此对于规则的效力范围和效力时间要加以注意。

该规则的目的是为在海上偶然相遇的海军舰船和飞机提供一套安全程序、基本通信组织和基本机动指南，减少互相干扰和发生不确定性危险相遇的可能性。

该规则是开放的，其适用范围若同意使用该文件或文件的部分内容，仅需通知西太平洋海军论坛秘书处，会员国之间加以使用。

该规则明确，该文件不是一份具有约束力的国家法文件，西太平洋各国海军，可以依照资源和非约束性的原则采用该规则进行国家间的海军合作。其他国家也可依据同样原则使用该规则的全部内容。该规则本身不构成国际协定或条约，不具有国际法的约束力。海军的舰艇和飞机不同于民用飞机和商船，是特殊的国际法主体。《海上意外相遇规则》明确声明，海军舰艇和飞机享有主权豁免权，因而免受其他任何国家的管辖，对海军军用飞机的任何干涉行为，都是对其国家主权的侵犯。

① 刘晓博.“海上意外相遇”的正确姿势[J]. 全球军事，2016(5)：12－15.

该规则虽然不是强制遵守的规定,但对于减少和平时期海军舰艇和飞机之间的误判、误读提供了机制保障和协同遵守。2014 年 6 月 7 日,我国海军训练舰编队与印度尼西亚海军巡逻舰进行了以海上不期而遇为背景,以通信联络、队形变换为主要内容的实兵演练。8 月 8 日,我国出访编队与美国海军战斗舰艇编队也根据《海上意外相遇规则》,开展了通话、机动等演练。

第三节　航空器的属性与航空人员

《国际民用航空公约》(也称《芝加哥公约》)附件 6 第 I 部分《航空器的运行》、附件 7《航空器国籍和登记标志》、附件 8《航空器的适航性》中均对航空器进行了相同的定义,即航空器是:"任何能从空气的反作用而不是空气对地面的反作用在大气中获得支承的机器"。其中,附件 7 对航空器所用的国籍标志、公共标志和登记标志及其位置、尺寸、字体、登记、登记证明、识别牌进行了规定。附件 7 中将航空器分为"重于空气的航空器"和"轻于空气的航空器"两类,这两类不同的航空器适用不同的标识规则。航空器使用于不同的部门或不同的目的将决定其不同的法律地位。从法律角度,就军事活动而言,航空器可以被区分为国家航空器与民用航空器。

一、国家航空器

《芝加哥公约》仅适用于民用航空器,不适用于国家航空器。该公约未提供关于国家航空器的精确定义。该公约唯一对民用航空器和国家航空器做出规定与区分的条款是第 3 条第 2 款,即用于军事、海关和警察部门的航空器,应认为是国家航空器。"应认为"一词,根据该条款的语境,应当被理解为"依据《芝加哥公约》的目的应被视为"。但该条款不构成对国家航空器的定义,只是提供了一种判断——在特定时间被用于特定用途的航空器被视为国家航空器。因此,判断只适用于飞行的性质,而不适用于航空器本身。该条款所采用的界定标准并非基于航空器的设计或技术特征、呼号(call sign)、登记,或外观标记,因为所有的上述事项属于航空器登记国的管辖事项。该条款采用的区分标准不是航空器的所有权,而是按其功能(即为谁所用)的"功能性"标准。这就为具体区分两种航空器带来某种不确定性。只要航空器被用于军事、海关或警察三种活动中的任何一种,就应被视为国家航空器。

《中华人民共和国民用航空法》第 5 条规定:"本法所称民用航空器,是指除用于执行军事、海关、警察飞行任务外的航空器。"该条规定虽然没有使用国家航空器一词,但是,与《芝加哥公约》第 3 条第 2 款进行比照,可以发现,这里的"用于执行军事、海关、警察飞行任务"就是对国家航空器的界定。它以"飞行任务"作为划分标准,虽然在表述上与《芝加哥公约》略有不同,但是,"任务"一词也意味着有关部门的职责,兼有"国家控制"和"特定用途"的含义。

二、民用航空器

《芝加哥公约》虽然未对民用航空器做出清晰、明确的定义,但无可争议的是,包括国家航空器在内的所有其他航空器用于商业等非军事、海关、警察用途时,就该公约的目的而言,都被默示地划入民用航空器的范畴。例如,有这样一段记载:一名军官驾驶一架未装备武器的 F-18 飞机,沿着清晰界定的民航航线飞行,运送一批稀有血清飞往另一个国家的民用机场,救治一名急诊病人。这就是人道主义的“紧急飞行”,该飞机就可以主张民用航空器的地位。

航空器的分类如下:

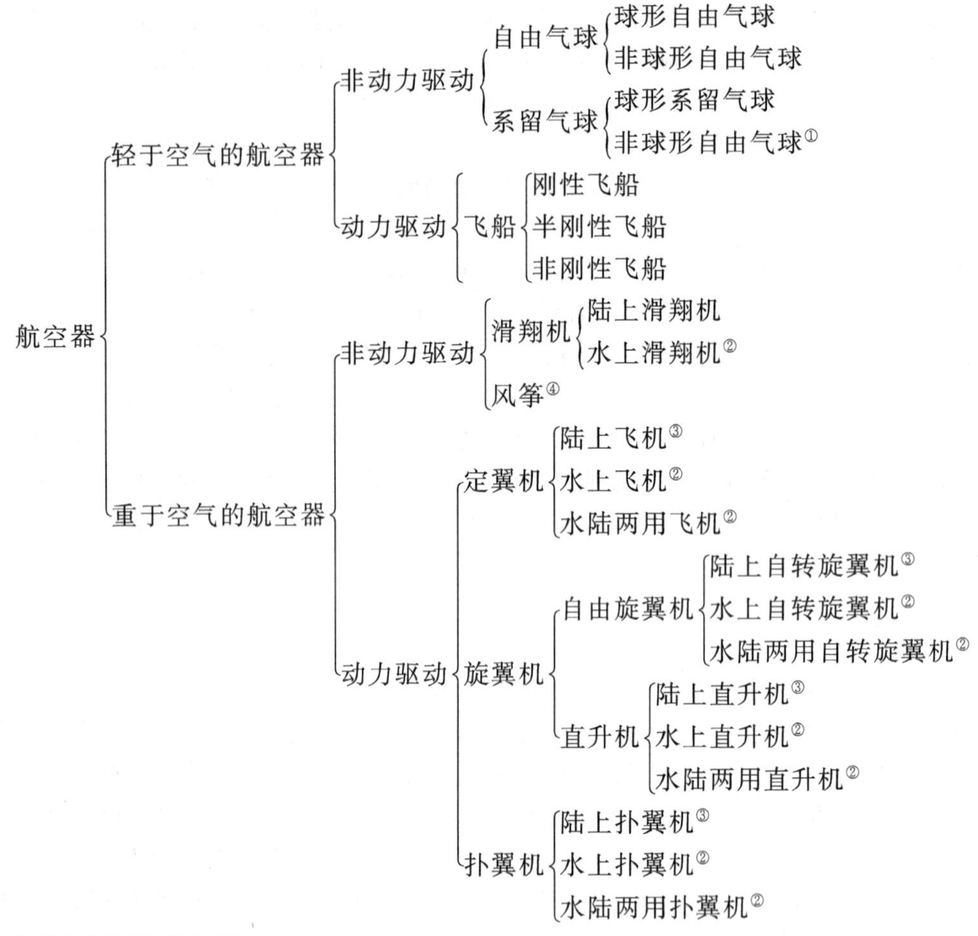

①通常称为“风筝气球”。

②根据情况可增加“浮筒式”或“船身式”字样。

③包括装有雪橇式航空器(改“陆上”为“雪橇”)。

④只是为了全面而列入。

依据国际法,民用航空器在公海上飞越自由的要求如下。

1. 民用航空器具有唯一的国籍标志和登记标志

从事国际航行的每一航空器应载有适当的国籍标志和登记标志。飞越公海的每一航空器必须在某一国家登记注册,并拥有该国国籍标志和登记标志,以便在无线电联系、导航空中交通管制、通信通话中使用,尤其是在遇险失事情况下呼叫,以利于识别。其中,国籍标志(nationality mark)是识别航空器国籍的标志,登记标志(registration mark)是航空器登记国在航空器登记后给定的标志。当航空器“载有适当的国籍标志和登记标志”时,该航空器的登记可作为证明其国籍的表面证据。依据《芝加哥公约》附件 7《航空器国籍和登记标志》,国籍标志须从国际电讯联盟(International Telecommunication Union, ITU)分配给登记国的无线电呼叫信号中的国籍代号系列中选择,并将国籍标志通知国际民航组织。例如,美国的代号为

N,英国的代号为G,法国的代号为F,俄罗斯的代号为RA,日本的代号为JA,等等。依据我国《民用航空器国籍登记条例》,我国民用航空器的国籍标志为罗马体大写字母B,登记标志为阿拉伯数字、罗马体大写字母或者二者的组合。民用航空器的国籍标志置于登记标志之前,国籍标志和登记标志之间加一短横线。“凡是中国民航民用航空器都必须涂有‘B’标志和编码。”附件7确立了航空器国际标志与登记的国际标准,各缔约国的规定如与附件7的规定有差别时,应通知国际民航组织备案认可,并在附件7的附录中加以说明。

《芝加哥公约》不承认航空器在两个以上国家登记的有效性。在两个以上国家登记的航空器被视为无国籍航空器。无国籍航空器被禁止从事国际飞行。典型的无国籍航空器是无国籍标志和登记标志的航空器。依据《芝加哥公约》第17条,航空器具有其登记的国家的国籍。该公约第18条对“双重登记”做出规定,航空器在一个以上国家登记不得认为有效,但其登记可以由一国转移至另一国。该公约上述规定仅仅表明,一个航空器不能在两个以上的国家有效登记。约翰库伯教授对该条的解读是“登记并非创设国籍,登记仅仅是国籍的证据而已。对《芝加哥公约》任何条款的理解不应与此相反”,即登记只是航空器取得国籍的必要条件,而不一定是充分条件。依据《中华人民共和国民用航空法》,经国务院民用航空主管部门依法进行国籍登记的民用航空器,具有中国国籍,由国务院民用航空主管部门发给国籍登记证书。《中华人民共和国民用航空器国籍登记条例》亦明确规定,民用航空器经依法登记,取得中华人民共和国国籍。依法取得中国国籍的民用航空器,应当标明规定的国籍标志和登记标志。民用航空器不得具有双重国籍。未注销外国国籍的民用航空器不得在中国申请国籍登记。因此,我国航空法把登记作为民用航空器取得中国国籍的充分必要条件,且亦明确规定航空器载有的国籍标志和登记标志应具有唯一性。

2.民用航空器遵守附件2《空中规则》

随着国际民航业的飞速发展,为实现安全利用国际空气空间的目标,国际民航组织通过了《芝加哥公约》附件2《空中规则》。该规则确立了公海上空适用于航空器飞行的航空法规则,促进了民用航空器飞行的安全性,被称为防止民用航空器在公海上空相撞的法典。基于《芝加哥公约》第12条的规定,《空中规则》在公海上空对于各缔约国的民用航空器毫无例外地具有普遍的、强制的约束力。该规则使得各缔约国在一定程度上让与其所享有的在公海上空对载有其国籍标志的民用航空器的管辖权。国际民航组织法律顾问迈克尔·米尔德教授如此评论,“一个国际组织的执行机构能以三分之二多数票通过的方式进行对156个缔约国(现在是190个)有约束力的、适用公海上空的《空中规则》的立法,突显了国际立法的独特性。”附件2所包含的空中规则由附件2所载的一般规则、目视飞行规则和仪表飞行规则所组成。这些规则无例外地适用于公海上空。民用航空器机长负责遵守这些空中规则,除非机长绝对必要为了飞行安全才可背离这些规则。附件2的独特性表现在,它只包括标准,而无建议措施。各缔约国必须依据《芝加哥公约》而遵循这些标准。《芝加哥公约》要求每一国家都有义务在“可行的最高程度”上遵守国际标准。当然,该项义务取决于国家的实际执行能力。若一国由于国家实力等原因,缺乏遵守这些标准的资源、技术和知识,而无法遵循某一标准时,国际法不应要求该国做其无力做到的事情,即不要求人做其所不能。若此种情形发生于一国领空之内,则缔约国可依据该公约第38条将“其本国的措施和国际标准所规定的措施之间的差别,通知国际民用航空组织”。但就公海上空而言,公约不允许任何缔约国就《空中规则》提交“差别”,因为《空中规则》无例外地适用于公海上空。如果民用航空器无法遵守《空中规则》,则该民用航空器不能合法地利用公海上空的空间。这样，国际民航组织依据其立法权，制定了约束 190 个缔约国的国际标准，且缔约国不能就该标准向国际民航组织提交“差别”。

3. 航空器应具备的条件

依据《芝加哥公约》第二十九条，关于航空器应备文件的规定如下：

“缔约国的每一航空器在从事国际航行时，应按照本公约规定的条件携带下列文件：航空器登记证；航空器适航证；每一机组成员的适当的执照；航空器航行记录簿；航空器无线电台执照，如该航空器装有无线电设备；列有旅客姓名及其登机地与目的地的清单，如该航空器载有旅客；货物舱单和详细的申报单，如该航空器载有货物。”

第三十条关于航空器无线电设备的规定如下：

1. 各缔约国航空器在其他缔约国领土内或在其领土上空时，只有在该航空器登记国主管当局已颁发了设置及使用无线电发射设备的执照的情况下，才可以携带此项设备。在该航空器飞经的缔约国领土内使用无线电发射设备，应遵守该国制定的规章。

2. 无线电发射设备只准机组成员中持有航空器登记国主管当局为此颁发的专门执照人员使用。

第三十一条关于适航证的规定如下：

“凡从事国际航行的每一航空器，应备有该航空器登记国颁发或核准的适航证。”

第七十七条关于联合经营的规定如下：

本公约不妨碍两个或两个以上缔约国组成航空运输的联营组织或国际性的经营机构，以及在任何航线或地区合营航班；理事会应决定本公约关于航空器国籍的规定以何种方式适用于国际经营机构所用的航空器。

三、军用航空器

军用航空器指隶属于双方军队的航空器，包括有人驾驶和无人驾驶的固定翼飞机、旋翼飞机和直升机①。军用航空器是指国家武装部队所拥有的、有特殊的外部标志的、由军事人员指挥和操纵的航空器。1923 年在海牙起草的《空战规则草案》曾规定，若航空器属于某个国家，外表涂有表示该国国籍及军事性质的标志，接受国家的军事任务并受国家正式任命的和列入空军名册的军官指挥，机组人员是军人，则该航空器是军用航空器。

《美国海上行动法指挥官手册》对军用航空器做了如下陈述：

2.4.1　军用航空器的定义

军用航空器包括一个国家武装部队的现役部队所使用的所有飞机，这些飞机带有该国的军事标志，由武装部队的人员指挥并配备受过正规部队训练的机组人员。无人驾驶飞机同样属于军用航空器。

2.4.2　军用航空器的国际地位

根据 1944 年《国际民用航空公约》，军用航空器属于国家航空器，同军舰一样享有主权豁免权，不受他国搜查和检查。除有过境通行权、群岛海道通过权、紧急避险权外，不经他国允许，国家航空器不得飞越他国领空或降落在他国领土。不经机长同意，外国官员不得登临飞机。如果机长违反了当地海关、移民政策或是检疫制度，飞机应立即离开所在国的领土和

① 中美两国国防部，《中美海空相遇安全行为准则》，2018 年 7 月 18 日.

领空。

2.4.3　国家航空器

国家航空器包括军事、警察、海关和其他由政府指派的用于非商业目的的飞行器。国家航空器享受主权豁免权。民用航空器根据与国防部签约为美国军事服务的，就被美国政府指定为国家航空器。然而，作为一项政策，美国通常不会将美国空运司令部租用的飞机指定为“国家航空器”。

注：2017 版该手册中，将辅助航空器改称为国家航空器。

军用航空器是国家航空器的一种，其所有权只能是国家。军用航空器直接由一个国家的武装部队或准军事机构掌握，主要用于作战、军事侦察、军事运输、军事训练以及其他军事任务的飞行。因为它的这些特殊性，军用航空器的法律地位与民用航空器及一般国家航空器的法律地位有很大的不同。尽管军用航空器和其他航空器一样，“未经特别协定或其他方式的许可并遵照其协定，不得在另一缔约国领土上空飞行或在此领土上降落”，但“如经特许，该军用航空器在没有特别规定的情况下应在原则上享受外国军舰习惯上所享受的优遇”。如军用飞机在地面允许降停的情况下享有完全豁免权，海军舰载机在其母舰停泊在外国港口时，法律地位和母舰完全一样，但不得有起降活动。

军用航空器的权利如下：

(1)自卫权。军用航空器在执行维护国家领土主权的任务时，可以代表国家行使自卫权。有权对侵犯国家领土、领空，危害国家安全的侵犯者进行自卫反击，采取警告、拦截、驱逐、迫降、攻击等措施。

(2)紧追权。军用航空器和军舰一样，对国家管辖海域内的违法船舶享有紧追权，其紧追规则和军舰行使紧追权的规则一样。根据“不间断追逐”规则，对违法船舶发出停驶命令的飞机，除非其本身能逮捕该船舶，否则须其本身积极追逐船舶直至其所召唤的沿海船舶或另一飞机前来接替追逐为止。飞机仅发现船舶违法或有违法嫌疑，如果该飞机本身或接着不间断进行追逐的其他飞机或船舶既未命令该船停驶也未进行追逐，则不足以构成在领海以外逮捕的理由。

(3)惩治海盗权。军用飞机对在海上从事海盗行为的海盗船舶和飞机有扣押和惩治的权力；有权制止非法劫持航空器的犯罪行为，也有权逮捕在海上从事未经许可广播的任何人或船舶。军用飞机在气象恶劣或发生故障时，在别国领土紧急迫降或临时避难，不认为是侵犯领空的行为。

四、航空人员的规定

国际公约中关于航空人员的规定主要见于《芝加哥公约》附件 1《人员执照的颁发》。该附件对民用航空领域各类作业人员执照的颁发和管理做出了比较详尽的规定。附件 1 并没有直接使用“航空人员”的概念，而是通过执照分类方式，间接对“航空人员”的类别和范围加以界定。附件 1 第 2 章标题为“驾驶员的执照和等级”，第 3 章的标题为“驾驶员以外的其他飞行机组成员的执照”，第 4 章的标题为“飞行机组成员以外的其他人员的执照和等级”。上述章节充分显示，附件 1 实际上把“航空人员”分为三大类，即驾驶员、驾驶员以外的其他飞行机组成员、飞行机组成员以外的其他人员。其中，驾驶员细分为飞行学员，私用驾驶员，商用驾驶员，与飞机类别相应的多机组驾驶员，航线运输驾驶员，与飞机、飞艇、直升机和动力升空器相应的飞行教员，滑翔机驾驶员，自由气球驾驶员。驾驶员以外的其他飞行机组成员细分为飞行领航员、飞行机械员、飞行无线电报务员。飞行机组成员以外的其他人员细分为航空器维修员、空中交通管制员、飞行运行员、飞行签派员、航空电台报务员、航空气象人员。分析该附件对“航空人员”的界定模式，可以发现，其是从航空人员所从事的与航空活动有关的具体行为性质这一角度来对“航空人员”进行界定的，这一模式可以概括为“航空微观行为”模式。该模式在客观上对“航空人员”的界定相当清晰，对“航空人员”的分类也非常详尽，实务上可操作性很强。

已对下列人员的分类颁发制定了国际标准和建议措施：

(1)飞行机组：①私人(飞机、飞艇、直升机或动力升空器)驾驶员；②商用(飞机、飞艇、直升机或动力升空器)驾驶员；③多机组(飞机)驾驶员；④航线运输(飞机、直升机或动力升空器)驾驶员；⑤滑翔机驾驶员；⑥自由气球驾驶员；⑦飞行领航员；⑧飞行机械员。

(2)其他人员：①航空器维修；②空中交通管制员；③飞行运行员/飞行签派员；④航空电台报务员。

空中交通管制员执照颁发要求和等级类别如下：

(1)颁发执照的要求：申请人必须年满 21 周岁。在下列科目中具备与空中交通管制员执照相适应的知识水平：航空法、空中交通管制设备、基础知识、人的行为能力、气象学、领航、运行程序。

(2)空中交通管制员等级必须由下列类别组成：①机场管制等级；②进近管制等级；③进近雷达管制等级；④进近精密雷达管制等级；⑤区域管制等级；⑥区域雷达管制等级。

第四节　有关公用数据及案例分析要素

一、公用数据

1. *水平参考系统*

世界大地测量系统－1984(World Geodetic System 1984－coordinate system，WGS－84)必须用作空中航行的水平(测地)参考系统。报告的航空地理坐标(标示经纬度)，必须使用 WGS－84 的测地参考数据表示。海里是英制单位，千米是国际标准 ISO 公制单位。航海地图都是用海里计算的，我国规定 1 海里等于 1.852 千米。海里的长度并不固定，各国也采用不同的长度。因为在航海上，规定地球子午圈的 1′弧长为 1 海里(就是 1°纬度所对应的经线的长度)。但由于地球并不是一个标准的球体，故而在不同的纬度上，子午圈 1′弧长各不相同。WGS－84 的综合指导材料载于《世界测地系统－1984(WGS－84)手册》(国际民航组织文件 DOC 9674)。

2. *垂直参考系统*

必须用平均海平面(Mean Sea Level，MSL)基准面，即引力相关高度(标高)与通称的大地水准面平面之间的关系，作为空中航行的垂直参考系统。大地水准面普遍最接近平均海平面。按其定义，它是在地球引力场中，同各大陆不断延伸的静止 MSL 相一致的等势平面。

3. *时间参考系统*

空中航行必须使用世界协调时(Universal Time Coordinated，UTC)作为时间参考系统。

当使用不同的时间参考系统时，必须在航行资料汇编(Aeronautical Information Publication，AIP)的 GEN 2.1.2 中注明。

4.语言能力

空中交通服务提供者必须保证，空中交通管制员对《芝加哥公约》附件 1 所规定的无线电话通信所使用的语言具有使用和理解能力。除非空管单位间使用相互商定的语言进行通信，否则必须使用英语进行此种通信。

二、案例分析要素①

如何对航空案例进行分析，在国际民航组织文件 DOC 9426(*Air Traffic Services Planning Manual*)中给出了基本方法和程序(见图 1-4)。

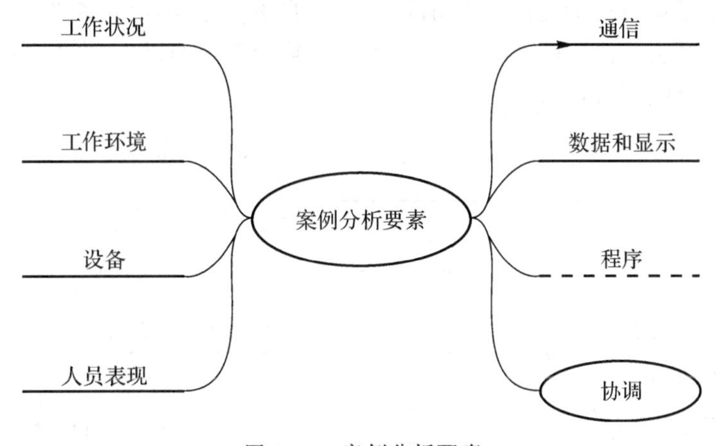

图 1-4　案例分析要素

分析一次飞行冲突和事故事件，应考虑系统运行的以下因素：

(1)程序：所应用的程序和间隔标准，在该情况下是否正确？

(2)数据和显示：按照有关指令，所显示的数据是否正确？对于显示的信息是否完全能够适当的判读和利用？

(3)协调：规定的协调程序是否正确、足够？是否正确地应用？

(4)通信：设计人员所使用的用语是否正确？有无任何导致错误和不清楚的通信？有无没有注意到的信息和信息复诵？

(5)设备：有关技术设备性能是否得到充分发挥？

(6)人员表现：有无可能影响个人工作的任何因素，如疲劳、病痛等等？(调查可以认定个人差错，但指明疏忽的程度。)

(7)工作环境：考虑影响工作的环境，比如噪声、高温、光线等。

(8)工作状况：人员是否熟悉交通环境和有关数据？职责是否明确？

完成一次空中交通管制的事件分析，应得到各个方面的资料。

空中交通服务调查委员会报告中指出："万一是管制员的差错，委员会不应做出对人员处分和制裁的建议，因为调查的目的是防止危险事件而不是分摊过失和责任。"

案例分析(见图 1-5)基本要求如下：

① 国际民航组织文件 DOC 9426 第二部分空中交通管制事件分析。

(1)遵守公共的说理规则。国际法规中明确的概念、内涵、属性是讨论的基础,如飞行调配的优先级是在国家法规中明确的。避免一些行业倾向性问题,如体制、机制构成的合理性。

(2)就航空事故本身提出与本专业相关的问题,空管人员主要从空管的角度阐述,对于其他专业的问题只要有逻辑完整性即可。如川航英雄机组在高空玻璃破碎后,操纵飞机安全降落的案例,重点讨论空管在该项事件中的处置流程和相关依据,不讨论设备维护问题。

(3)在讨论中自信、清晰地表达自己的看法,进行逻辑说理,提供法规依据和论据支持,如空管的基本矛盾、空域使用的优先级划分等,避免情绪化的结论。互联网上有很多关于体制或者机制方面的讨论,其中很多站在部门利益的角度提出的概念、论点、论据不能作为观点的支撑,比如低空空域中,合作目标、非合作目标的管理是复杂问题,其对不同目标的威胁程度也不尽然,因此在没有明确地理位置背景的情况下讨论“自由飞行”是没有意义的。

(4)能够耐心倾听其他讨论者的观点,能够进行连续不断的讨论,将不同的规章相联系,清楚法规知识的多样性和整体性。

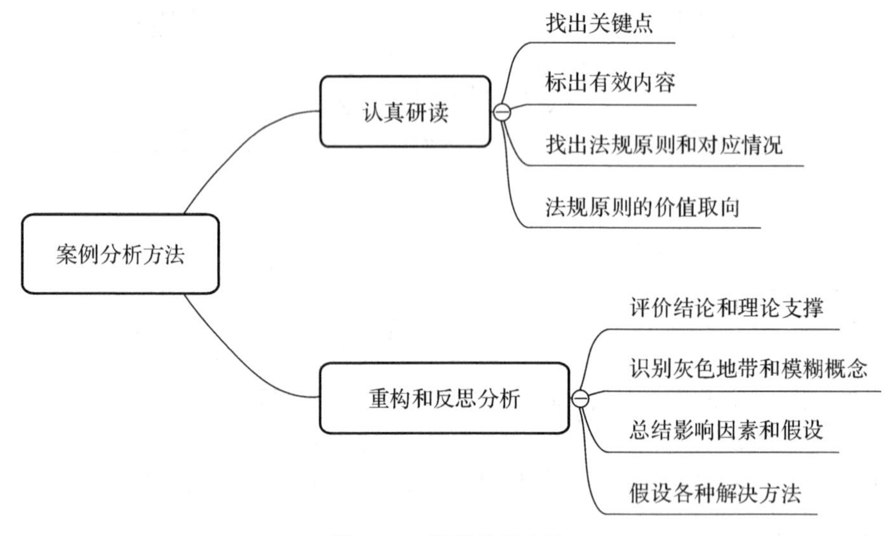

图 1-5　案例分析方法

第二章　国际公约有关飞行的规章

本章知识点提示：国际民航组织规章框架　《国际民用航空公约》的适用范围　附件2《空中规则》

目前公认的国际飞行规则是在国际民航组织领导下制定的公约以及相关标准和建议措施，这些标准也称为《国际民用航空公约》的“附件”。为了更便于执行，还颁布有“航行服务程序”以及“地区补充程序”等。

第一节　国际民航组织规章体系

一、国际民航组织规章名称

1.《国际民用航空公约》

《国际民用航空公约》(本章以下将其简称为《公约》)是最高级的航行法规。除序言外，它分为空中航行、国际民航组织、国际航空运输和最后条款等四部分。它的第一部分就是航行，内容为一般原则和《公约》的应用，包括飞越缔约国领空、航空器国籍、便利航行的措施(航空器需满足的条件，指需携带的各种证书、文件)、国际标准和建议措施等六章。

2. 国际标准和建议措施(即公约的各附件)

《公约》第54条“按照本公约第六章的规定通过国际标准及建议措施，并为便利起见，将这些标准和措施称为本公约的附件。即为使各国一致遵循，为便利和改进航行而根据公约制定。”各附件必须根据航委会的建议，由理事会三分之二多数采纳通过，并且必须在不遭受到多数缔约国反对的条件下才能生效。各缔约国若不能执行，则需立即将本国的规章与《公约》附件的国际标准部分之间的差异通知国际民用航空组织(简称“国际民航组织”)(International Civil Aviation Organization，ICAO)，由ICAO将这些差异附印在这些附件的后面以便通告所有国家。

3. 航行服务程序和地区补充程序

航行服务程序(Procedures for Air Navigation Services，PANS)，是指因为太细不宜收入标准和建议措施的各种运行措施和材料，而其通常是对相关标准和建议措施中基本原则的补充，大多由专业会议及地区航行会议拟订。航行服务程序统称PANS，由航委会审议后报理事会批准。各缔约国本身的程序若与这些程序之间存在差异，则需要按照《公约》附件15《航空情报服务》的规定在其本国的航行资料汇编中显著表明。符合PANS地位的材料，应该是适合在全球范围基础上加以运用的材料。若确认各国或地区差异对于空中航行的安全是重要的，则理事会请缔约国在其航行资料汇编中公布差异情况。

航行服务程序与标准和建议措施地位不同。后者由理事会完全按照《公约》第九十条的程序，根据第三十七条讨论通过，而《航行服务程序》则由理事会批准并推荐给各缔约国在世界范围内使用。航行服务程序中包含的材料在达到成熟和稳定要求时最终可被批准作为标准和建议措施，而且还包括作为相应标准和建议措施基本原则的扩充资料而编写，以及专门为方便用户使用标准和建议措施而设计的材料。

航行服务程序不具有理事会赋予作为《公约》附件而讨论通过的标准所具有的地位，因此当不予实施时，无须遵守《公约》第三十八条所规定的通知差异的义务。

目前航行服务程序共分下列三册：

(1)《国际民航组织航行缩略语及代码》。

(2)《航空器的运行》(分《飞行程序》及《目视和仪表飞行程序》两卷)，*Aircraft Operations* (PANS－OPS，DOC 8168)。

(3) *Air Traffic Management* (DOC 4444－ATM/501，4 版，2001)。

地区补充程序有些是适用于跨地区的，有些则是各地区共同的，故合编成一册。地区补充程序(SUPPs)，在 ICAO 各相关地区范围内适用。虽然地区补充程序中的材料与航行服务程序中的材料相似，但地区补充程序没有航行服务程序在全球适用的地位。

4. 各种会议报告内容

各种会议报告内容包括各个会议和各个议题主要考虑的要素、意见及建议，供航委会理事会审议和采取措施。这些报告都发给与会者，是否装印成可卖品将由理事会决定。

5. 各类技术资料

根据理事会批准的原则政策，由秘书决定编印出版。技术手册是为了便于各国一致地应用国际标准、建议措施和航行服务程序而提供的指导性、扩充性材料，它们有数百种之多，一般不具有规章性质的地位，但是其中一些在《公约》附件中也有提到，作为贯彻执行附件的规定时需要参照的材料。技术通告意在将一些专门材料(例如一些技术研究和分析、复制或摘录一些缔约国提供的资料等)分发给各缔约国。

6. 指导材料

为了补充 SARPs 和 PANS 并促进其执行而制定的指导材料作为附件的附篇颁布，也可以作为单独的文件，如手册、通告和地名代码/地址目录等，予以颁布。通常，指导材料在通过相关的 SARPs 时同时得到批准。手册中提供的资料，是对标准和建议措施及航行服务程序的补充和/或扩展。手册以方便执行为目的，并定期修订，以确保其内容反映当前的做法和程序。

7. 各地区航行规划

由秘书长根据地区航行会议的建议和理事会的意见决定编印。它们详细列出 ICAO 各地区国际航行所需的设施和服务，建议各国在做本身的航行设施和服务计划时遵循，以便能和他国的计划一起形成完整的、能满足将来需要的体系。这些规划定期修订，以反映要求的变化或建议已被完成的情况。通告提供缔约国感兴趣的专项信息。通告与手册不同，通常不予更新。

二、标准和建议措施的内涵

《公约》的 19 个附件中，有 17 个属于技术性质，因此归空中航行局及其各科室负责。剩下《简化手续》和《保安》两个附件，则属于航空运输局的管辖范围。由于大多数附件涉及技术问题，介绍制定过程时也将以技术问题为重点。

标准和建议措施，统称 SARPs(Standards and Recommended Practices)，如：International Standards And Recommended Practices Aeronautical Telecommunications, International Standards Rules Of The Air。

标准的定义：凡有关物理特征、结构、材料、性能、人员或程序的规范，其统一应用被认为对国际空中航行的安全与正常是必要的，各缔约国将按照《公约》予以遵守；不可能遵照执行的，则根据《公约》第三十八条执行，即任何国家如认为对任何上述国际标准和程序，不能在一切方面遵守，或在任何国际标准和程序修改后，不能使其本国的规章和措施完全符合此项国际标准和程序，或该国认为有必要采用在某方面不同于国际标准所规定的规章和措施时，应立即将其本国的措施和国际标准所规定的措施之间的差别，通知国际民航组织。任何国家如在国际标准修改以后，对其本国规章和措施不做相应修改，应于国际标准修改案通过后 60 天内通知理事会，或表明它拟采取的行动。在上述情况下，理事会应立即将国际标准和该国措施间在一项或几项上存在的差别通知所有其他各国。

如中国在递交给国际民航组织关于缩小垂直间隔的程序和政策中就进行了如下描述：

国际民航组织(ICAO)第三次亚太地区空中航行会议建议：在北大西洋地区成功实施缩小的垂直间隔标准(Reduced Vertical Separation Minimum, RVSM)之后，在亚洲和太平洋地区也应当引入 RVSM。这主要是因为航空器营运人和空中交通服务(Air Traffic Service, ATS)提供人将获得巨大收益。ICAO 9574 号文件在 FL290 和 FL410(含)之间实施 300 米(1 000 英尺[①])的垂直间隔标准手册中包含有对 RVSM 的解释。

ICAO 亚太地区 RVSM 工作组已经协调制定出该文件的基本内容：

自协调世界时 2007 年 11 月 21 日 16:00UTC 时起，中国将在沈阳、北京、上海、广州、昆明、武汉、兰州、乌鲁木齐情报区和三亚飞行情报区岛内空域(1 号扇区)，高度层为 8 900 米(FL291)(含)至 12 500 米(FL411)(含)的空域内实施米制的缩小垂直间隔。在上述飞行情报区内 8 900 米(FL291)以上至 12 500 米(FL411)定义为缩小垂直间隔空域。

运营人/航空器应当在 2007 年 11 月 21 日之前获得批准，以便使 ATS 提供人能够顺利规划 RVSM 的实施方案。

运营人必须取得适当的注册国或运营人所属国的适航和运行批准，方可实施 RVSM 运行。有关要求参见中国民用航空总局(CAAC)相关的 RVSM 适航和飞行标准政策。

建议措施的定义是：凡有关物理特征、结构、材料、性能、人员或程序的规范，其统一应用被认为对国际空中航行的安全、正常或效率是有利的，各缔约国将力求按照公约予以遵守。缔约国不能遵守的，请其通知理事会。

SARPs 措词广泛，仅限于根本性要求。对于通信设备等复杂的系统，SARPs 材料由两部分构成：置于附件正文内、具有根本监管性质的材料，又称核心 SARPs；置于附件之附录或手册中的详细技术规范。

各国就 SARPs 通知的差异作为附件补充公布。

附件 18 关于危险品的各项规定，由危险品的安全航空运输技术细则加以补充。虽然这些详细的规范没有 SARPs 或 PANS 的地位，但其地位特殊，要求缔约国予以遵守。

---

① 1 英尺(ft)＝0.304 8 m。

三、国际民航组织颁布的有关飞行规章

• 《空中交通服务规划手册》(DOC 9426)
• 《民用航空器拦截》(DOC 9433)
• 《关于军事活动对民用航空器飞行造成潜在危险的有关安全措施手册》(DOC 9554)
• 《缩小垂直间隔实施手册》(DOC 9574)
• 《基于性能导航(PBM)手册》(DOC 9613)
• 《平行或接近平行仪表飞行跑道同时运行手册》(DOC 9643)
• 《确定最小间隔空域规划方法手册》(DOC 9689)
• 《空中交通服务数据链应用手册》(DOC 9694)
• 《全球航行计划》(DOC 9750)
• 《平行跑道或近平行跑道的同时运行》(CIR207)
• 《目视冲突避让中的操纵技术》(CIR213)
• *Global Air Traffic Management Operational Concept*(DOC 9854)
• *Manual on Air Traffic Management System Requirements*(DOC 9882)
• 《安全管理手册》(DOC 9859)
• 《防止跑道侵入手册》(DOC 9870)
• *Manual on Global Performance of the Air Navigation System* (DOC 9883)
• *Construction of visual and instrument flight procedures*(DOC 8168)
• 《航行服务程序——空中交通管理》(DOC 4444)
• 《等待、反向及直角程序暂行手册》(DOC 9371)
• *Manual on Flight and Flow — Information for a Collaborative Environment* (DOC 9965)
• *Civil/Military Cooperation in Air Traffic Management* (CIR330)

第二节 《国际民用航空公约》关于航行部分内容

《国际民用航空公约》有序言和4个部分,共22章96条。

序言概括了签订《公约》的目的。第一部分是空中航行,包括《公约》的一般原则、在缔约国领土上空飞行、航空器的国籍、便利空中航行的措施、航空器应具备的条件、国际标准与建议措施。第二部分是国际民航组织,包括组织、大会、理事会、航行委员会、人事、财政和其他国际协议。第三部分是国际航空运输,包括资料和报告、机场和其他航行设施、联营组织和合营航班。第四部分是最后条款,包括其他航空协定和协议,争端和违约,战争、附件、批准、加入、修改和退出、定义。

以下仅对有关航行的内容做一介绍。

一、公约的一般原则和适用范围

1. 签订《国际民用航空公约》的目的

《公约》序言概括了签订《公约》的目的:“鉴于国际民用航空的未来发展对建立和保持世界

各国之间和人民之间的友谊和了解大有帮助，而其滥用足以威胁普遍安全，又鉴于有需要避免各国之间和人民之间的摩擦并促进其合作，世界和平有赖于此，因此，签字各国政府议定了若干原则和办法，使国际民用航空得以按照安全和有秩序的方式发展，并使国际航空运输业务得以建立在机会均等的基础上，健康、经济地经营。为此目的缔结本公约。”

2.《公约》的一般原则和适用范围

《公约》第一章是公约的一般原则和适用范围，只有简短四条，但十分重要。

第一条　缔约各国承认每一国家对其领土之上的空气空间(Airspace)具有完全的和排他的主权。像巴黎公约[①]一样，这是首先确认国家领空主权的原则。

第二条　对领土的定义。领土是一国主权下的陆地区域及与其邻接的领水。

第三条　对航空器的划分：

1)本公约仅适合于民用航空器，不适用于国家航空器。

2)用于军事、海关和警察部门的航空器应认为是国家航空器。

3)一缔约国的国家航空器，未经特别协定或其他方式的许可并遵照其中的规定，不得在另一缔约国领土上空飞行或在此领土上降落。

4)缔约各国承允在发布关于其国家航空器的规章时，对民用航空器的航行安全将予以应有的注意。

第四条　民用航空的滥用

缔约各国同意不将民用航空用于和本公约的宗旨不相符的任何目的。

第三条明确规定，《公约》只适用于民用航空器。国家航空器只有经过特别协议或许可，方可在另一国领土上空飞行或在该领土上降落。第三条第 4)款，主要指军民共同使用空域、军民空中交通服务等方面的协调，以及军用机在公海上空的活动等，都要考虑民用航空器的航行安全。

第四条关于民用航空的滥用：“缔约各国同意不将民用航空用于和本公约的宗旨不相符合的任何目的。”《公约》为了促进国际航行和国际航空运输的发展，对民用航空作了许多规定，其中包括许多带保护性和特权性的条款。如果利用这些对民用航空的保护和特权进行与《公约》宗旨不符合的活动，那就是对民用航空的滥用。根据该条款各国须承诺不滥用民用航空，其重要性不言而喻。

关于航空器的划分，《国际民用航空公约》和《巴黎航空公约》一样，是以航空器的用途或使用目的作为划分国家航空器的基础，而不是以航空器的拥有者来划分。第三条只对国家航空器下了定义，即用于军事、海关和警察部门的航空器是国家航空器(《巴黎航空公约》中国家航空器还包括用于邮政的航空器)，对民用航空器未另作定义。《巴黎航空公约》明确规定，国家航空器外的一切航空器都属于私有航空器。《公约》第三条没有这样明确，但也可以理解为它是用排斥法来定义民用航空器的。

还有一个没有解决或没有明确的问题就是空气空间问题，《公约》对此未作规定或说明。但是就目前情况来说，空气空间不包括外层空间，国家领空主权不及于外层空间则是已经肯定了的。1961 年 12 月 20 日联合国大会通过决议，决议中规定：

---

① 全称为《巴黎航空公约》。

1)国际法包括《联合国宪章》,适用于外层空间和天体。

2)外层空间和天体供一切国家按照国际法自由探测和利用而不得为国家所有。

1963 年 12 月 13 日,联合国大会通过了《各国探测和利用外层空间活动法律原则的宣言》,宣布了以下 9 项原则:

1)为全体人类的幸福利用外层空间;

2)一切国家有按照国际法探测和利用外层空间和天体的自由;

3)禁止将外层空间和天体据为国家所有;

4)各国探测和利用外层空间应按照国际法并为维持国际和平与安全;

5)各国对其政府机关或非政府团体的外层空间活动承担国际责任;

6)各国对可能导致损害的外层空间活动应事先进行国际协商;

7)发射物体的登记国对该物体保留所有权,对在外层空间运行的物体及其人员保持管辖和控制;

8)各国对其发射物体所造成的损害担负赔偿责任;

9)各国对宇航员给予一切可能的援助,并将其送还登记国。

这个宣言虽然不具有国际公约的约束力,但是由于该宣言中的原则受到了普遍赞同,所以其对于外层空间的活动起着指导作用,实际上奠定了国际法中关于外层空间法的基础。

1966 年 12 月 19 日联合国大会通过《关于各国探索和利用包括月球和其他天体在内的外层空间活动原则的条约》(简称《外层空间条约》,已于 1967 年 10 月 10 日开始生效)。它是 1963 年法律宣言的发展和补充。该条约规定各国可以按照国际法自由进入外层空间和各国不得将外层空间据为己有的原则。因此,到目前为止,外层空间不适用领空主权原则,除非今后国际上做出相反的规定。

但是,空气空间和外层空间的分界线在哪里?确定了这个分界线,那么分界线以下是空气空间,受国家领空主权管辖;分界线以上是外层空间,目前则不受国家主权支配。

这一高度分界线至今尚无定论,有人认为应当在 30~40 km 高度处,因为这是飞机可以活动的最高高度;有人认为应取大气层最高的限度 1.6×10^4 km;有人认为应以人造卫星不依靠大气可以运行的最低限度为准,即 100~110 km;还有人认为应以同步卫星轨道的高度为准,即 3.6×10^4 km。

目前,据认为比较有可能的是以下两种方案:

(1)以人造卫星的近地点为准,这是根据 1968 年在布宜诺斯艾利斯国际法协会会议上通过的一个决议。决议中规定:“1967 年条约①中所指‘外层空间’一词应被理解为 1967 年 1 月 27 日条约开放签字之日成功地进入轨道的任何人造卫星最低的近地点和该点以上的所有空间,但并不妨碍今后是否可能或不可能把低于该近地点的任何部分的空间包括进去的问题。”

(2)以卡门线或卡门区为准,这是一个比较精确的方案,以飞行得以进行的条件作为考虑的基础。这个恒高度是空气动力和离心力之和所能达到的高度。高度高,空气密度降低,气动力升力也降低,离心力则增加。卡门线的高度约为 80 km。

近地点和卡门线这两个方案的抉择尚有待国际上协议确定。

① 指《外层空间条约》。

二、飞行的权利

根据国际航空运输的发展和实践，《公约》把定期航班和不定期飞行区分开来了。这在当时(1944年)是一条很重要的分界线，根据这一划分，两者能享受的权利完全不同。

《公约》第五条“不定期飞行的权利”规定：

“缔约各国同意其他缔约国的一切不从事定期国际航班飞行的航空器，在遵守本条约的基础上，不需要事先获准，有权飞入或飞经其领土而不降停，但飞经国有权令其降落。为了飞行安全，当航空器所欲飞经的地区不得进入或缺乏适当航行设施时，缔约国保留令其遵循规定航路或获得特准后方许飞行的权利。”

“此项航空器如为取酬或出租而载运乘客、货物、邮件但非从事定期航班飞行，在遵守第七条规定的情况下，亦有上下乘客、货物或邮件的特权，但上下的地点所在国家有权规定其认为需要的规章、条件或限制。”

《公约》第六条“定期航班”规定：

“除非经一缔约国特准或其他许可并遵守此项特准或许可的条件，任何定期国际航班不得在该国领空飞行或进入该国领土。”

以上是《公约》十分重要的两条。第五条第一段原则上给了不定期飞行以第一和第二种业务权，第二段原则上给了不定期飞行以第三和第四种业务权，由于条文上没有明确说明，也不排除第五种业务权。我们说原则上给予了什么业务权是因为被飞越国保留规定各种条件的权利。有时这种条件过多过严会使飞行不能进行，因此只能说是原则上给予了这种权利。

再看《公约》第六条对定期航班的规定，就知道定期国际飞行在《公约》中是一无所获的。因为《公约》第六条没有给定期航班以任何权利，它只能通过双边协定另行解决，这说明在芝加哥会议上关于它的争论是严峻的。

制定《公约》时以定期航班和不定期航班飞行作为分界线区别对待，在当时不失为解决会议上种种矛盾的一个方案。但是随着国际航空运输的发展，特别是不定期航班的发展，这种划分越来越困难了，例如在定义上，在运力和运价的管理和协调上，都出现了不少问题。

《公约》第七条第二句：“缔约各国允许不缔结任何协议在排它的基础上特许任何其他国家或任何国家的空运企业享有任何此项特权，也不向任何其他国家取得任何此项排它的特权。”这在国际上是有争论的。首先，这句话的意思不清楚，可以有不同的理解。一种解释是，这意味着如甲国给了乙国这种国内载运权，则不但丙国、丁国等等在提出要求时甲国应给予这种权利，而且丙国、丁国等等有权要求这种权利。另一种解释是，甲国可以给乙国国内载运权，只要不规定这是排它的特权，否则任何其他第三国也有权要求同样的特权。为了不产生误解，在许多协定中往往有这样的条款：“本协定中的任何规定不得被解释为授予缔约一方的空运企业以在缔约另一方境内为取酬而装载旅客、货物、邮件运往该缔约另一方境内的另一点的权利。”

另外，《公约》第七条第二句限制性很大，有些国家之所以不愿意向另一国开放其国内运载权，就是怕这样做后将被迫向所有其他国家开放。这一规定是违反《公约》第一条国家主权原则的，它限制一国行使其国家主权。这一问题有待解决。

《公约》第八条禁止无人驾驶的航空器在另一国领土上空飞行，除非经过特许。

三、航空器的国籍和其他应具备的条件

航空器具有其登记的国家的国籍，航空器不得双重登记，但其登记可以从一国转移至另一国，转移或登记都按有关国家的法律和规章办理。航空器上应当载有国籍标志和登记标志。

《公约》第二十九条，航空器应备文件规定航空器从事国际飞行必须携带以下七种文件：

1. 航空器登记证；
2. 航空器适航证；
3. 每一机组成员的适当的执照；
4. 航空器航行的记录簿；
5. 航空器无线电台许可证，如该航空器上装有无线电设备；
6. 列有乘客姓名及其登记地与目的地的清单，如该航空器载有乘客；
7. 货物舱单和详细的申报单，如该航空器载有货物。

各缔约国间相互承认对方所发航空器适航证和机组的合格证和执照为有效，但这种证书或执照的要求应等于或高于《公约》所制定的最低标准，对在本国上空的飞行，一缔约国对其国民持有的由另一国发给的合格证和执照，保留拒绝承认的权利。

缔约国可以禁止或限制在其上空飞行的航空器载运某些货物或物品，如军火、作战物资、照相机等。

四、国家行使主权

《公约》中的许多条款是体现国家主权的。《公约》第九条规定："缔约各国由于军事需要或公共安全的理由，可以一律限制或禁止其他国家的航空器在其领土内的某些地区上空飞行。在非常情况下，或在紧急时期内，或为了公共安全，缔约各国也保留暂时限制或禁止航空器在其全部或部分领土上空飞行的权利并立即生效。"缔约各国可以命令进入其禁区或限制区的任何航空器在其领土内指定的机场降落。

《公约》规定一国可以命令入境或飞越其领空的航空器遵循规定的航路，在指定的机场或有关机场着陆，接受检查。航空器、机组、乘客、货物在出入境时应遵照该出入境国家法律规定，办理出入境、放行、移民、护照、海关、检疫等受验手续，在空中时应遵守所在国的空中规则和法令。对外国航空器使用本国的机场和航行设施可以征收费用，收费标准应公布并报国际民航组织。对禁区、限制区以及机场和设施的收费等，《公约》强调对各国航空器不得有差别待遇。对违反空中规则的航空器，各缔约国承允对违反规则的一切人员起诉。

五、便利空中航行

便利空中航行是《公约》第四章的主题。《公约》第四章第二十二条简化手续规定："缔约各国同意采取一切可行的措施，通过发布特别规章或其他方法，以便利和加速航空器在缔约各国领土间的航行，特别是在执行关于移民、检疫、海关、放行等法律时，防止对航空器、机组、乘客和货物造成不必要的延误。"这一条是至关重要的，因为现代国际航空运输繁忙，机型大、载量多，如果不设法简化手续，必将延误国际航空运输，这对各方都是不利的。

《公约》第四章中对航空器遇险和失事作了如下规定：

第二十五条　航空器遇险

缔约各国承允对在其领土内遇险的航空器在其认为可行的情况下，采取援助措施，并在本国当局管制下准许该航空器所有人员或该航空器登记国的当局采取情况所需的措施。缔约各国搜寻失踪航空器时，应在按照本公约随时建议的各种协同措施方面进行合作。

第二十六条　失事调查

一缔约国的航空器如在另一缔约国的领土内失事，致有死亡或严重伤害或表明航空器或航行设施有重大缺陷时，失事所在地国家在该国法律许可的范围内，依照国际民用航空组织建议的程序，着手调查失事情形。航空器登记国应有机会指派观察员在调查时到场，而主持调查的国家，应将关于此事的报告及调查结果通知航空器登记国。

六、国际标准及建议措施

《公约》第六章是专门关于国际标准及建议措施的规定，各国承允在航空器、人员、航路以及各种辅助服务的规章、标准、程序、组织方面力求统一，以方便和改进空中航行，并规定国际民航组织将就以下各个方面制定并随时修改国际标准和建议措施：

1. 通信系统和助航设备，包括地面标志；
2. 机场和降落地区的特性；
3. 空中规则和空中交通管制办法；
4. 飞行和机务人员证件的颁发；
5. 航空器的适航性；
6. 航空器的登记和识别；
7. 气象资料的收集和交换；
8. 航行记录簿；
9. 航空地图及图表；
10. 海关和移民手续；
11. 航空器遇险和失事调查。

以上 11 个方面除海关和移民手续是属于航空器从事国际飞行在出入境时必须履行的程序外，其他都是航空技术方面的问题。这方面《公约》规定得比较具体，是其成功的一面。国际民航组织随后将这些方面的标准和建议措施作为公约的附件，开始时为 12 个附件，后来逐渐增加，目前已发展为 19 个附件。这 19 个附件除附件 9 和附件 18 属于航空运输的范畴外，其他 17 个附件都是关于航空技术和飞行方面的问题。

七、飞行规则

飞行是航空活动的主要内容，因此进行航空飞行时，既要保证飞行安全，又要对空域进行有效利用，还要为航空运输中的乘客提供高质量的服务，在航空事业日益发展、空中飞行流量日趋饱和的现代社会，必须确立空中航行的基本原则，制定统一的空中交通规则，以保证航空活动高效、有序地进行。

飞行规则的性质、内容和适用范围决定了规则应具有公开性、规范性、权威性和国际性。

涉及飞行规则的国际公约主要有《公约》第十二条及其附件 2《空中规则》的国际标准。

《公约》第十二条规定了航空器飞行应当遵守所在国航空飞行和运转的基本规则，并要求各缔约国制定的飞行规则应与《公约》制定的规章相一致。

第十二条　空中规则：各缔约国承允采取措施以保证在其领土上空飞行或在其领土内运转的每一航空器及每一具有其国籍标志的航空器，不论在何地，应遵守当地关于航空器飞行和运转的现行规则和规章。各缔约国承允使这方面的本国规章，在最大可能范围内，与根据本公约随时制定的规章相一致。在公海上空，有效的规则应为根据本公约制定的规则。各缔约国承允保证对违反使用规章的一切人员起诉。

依据《公约》第三十七条，作为《公约》附件2《空中规则》即为国际上关于航空器飞行和运转的规则和规章。

八、其他

第八十九条　战争和紧急状态

如遇战争，本公约的规定不妨碍受战争影响的任一缔约国的自由，无论其为交战国或中立国。如遇任何缔约国宣布其处于紧急状态，并将此事通知理事会，上述原则同样适用。

第九十二条　公约的加入

本公约应对联合国成员国、与联合国有关系的国家以及在此次世界战争中保持中立的国家开放加入。

第九十一条和第九十二条规定以外的国家，在世界各国为保持和平所设立的任何普遍性国际组织的许可之下，经大会4/5的票数通过并在大会可能规定的各种条件下，准许参加本公约；但在每一情况下，应以取得在此次战争中受该请求加入的国家入侵或攻击过的国家的同意为必要条件。

《公约》第九十二条规定，《公约》对第二次世界大战中保持中立的国家是开放的，这是接受了《巴黎航空公约》的教训。《巴黎航空公约》最初将战争中的中立国都排斥在外，造成被动，后来修改了该公约才使北欧等组织或国家参加了公约。因此，公约第九十二条的规定是明智的。

《公约》第九十三条是针对战争中的交战国家的，对这些国家的加入规定了更严格的条件。这些国家后来也都先后经大会决议同意其加入。

《公约》第九十五条规定，退出公约必须书面通知美国政府，从收到通知书之日起一年后生效。

《公约》从1944年12月签订后至今已有70多年了，而《巴黎航空公约》的寿命只有25年。从对《公约》的修改来看，《公约》经受了时间的考验。从批准加入《公约》的国家来看，开始时是26国，而现在已广泛地为世界绝大多数国家所接受。因此，《公约》是当今国际航空的一部重要法典。

第三节　附件中有关飞行管理内容

《公约》有19个附件，附件所含标准与建议措施涉及国际航行的安全、有序和效率等方面，是对《公约》的进一步说明和完善。这19个附件分别为：

附件1《人员执照的颁发》

附件2《空中规则》

附件3《国际航空气象服务》

附件4《航图》

附件 5《空中和地面运行中所使用的计量单位》

附件 6《航空器的运行》

附件 7《航空器国籍和登记标志》

附件 8《航空器的适航性》

附件 9《简化手续》

附件 10《航空电信》

附件 11《空中交通服务》

附件 12《搜寻与援救》

附件 13《航空器事故和事故征候调查》

附件 14《机场》

附件 15《航空情报服务》

附件 16《环境保护》

附件 17《保安——保护国际民用航空免遭非法干扰行为》

附件 18《危险品的航空安全运输》

附件 19《安全管理》

以下对这 19 个附件中有关飞行规则的内容及其作用做简单的介绍。

一、附件 1《人员执照的颁发》

向飞行机组成员(飞行员、飞行工程师和飞行领航员)、空中交通管制员、航空站经营人、维修技术员和飞行签派员颁发执照的标准和建议措施在《公约》附件 1 中做了规定。有关的培训手册向各国提供了关于培训课程的范围和深度的指南,以确保对安全的空中航行的信心得到维持,这正是《公约》及其附件 1 的意图。这些培训手册还为其他航空人员(如机场应急人员、飞行运行官员、无线电话务员和其他有关领域的人员)的培训提供了指南。当今的航空器运行是如此复杂多样,无论这种可能性是多么小,都必须对由于人的失误或系统组件故障导致的整个系统失效的可能性进行防范。人是航空器运行环节中关键的一链,而同时由其本性决定其也是最灵活和多变的。有必要进行适当培训,以把人的失误减至最少,并提供有能力、有技能、熟练的合格人员。附件 1 和国际民航组织培训手册描述了在各工种中精通业务所需的技能,从而有助于相关人员胜任工作。附件 1 的体检标准,要求航空人员定期进行健康检查,对可能的造成能力丧失的体格状况提供了早期警报,有助于飞行机组和管制员的总体健康。

人的因素计划处理了已知的人的能力和局限性,向各国提供了关于这一重大课题的基本信息,以及设计适当培训方案所需的材料。国际民航组织的目标是,通过提高各国对民航运行中人的因素的重要性的认识并做出回应,从而提高航空安全。执照颁发是对特定活动予以授权的一种行为,由于不适当地从事此种活动可能会产生严重后果,在未经授权的情况下则应禁止这种活动。执照申请者必须达到所规定的与要从事的任务的复杂性相一致的一些要求。为颁发执照而进行的检查是对身体健康和行为能力的定期测试,以确保独立监控。因此,培训和执照颁发共同成为实现总体合格的关键要素。国际民航组织在执照颁发方面的主要任务之一是促进发照方面的差异的解决,以确保国际执照颁发标准与现行做法和未来可能的发展一致。这日渐重要,因为飞行机组将面对越来越大的交通密度、空域拥挤、高度复杂的终端区格局和更精密的设备。为完成这一任务,对附件 1 做定期修订,以反映迅速变化的环境。

二、附件2《空中规则》

航空旅行必须安全、高效。这就尤其需要有一套国际上一致同意的空中规则。国际民航组织制定的这些规则是由附件2所载的一般规则、目视飞行规则和仪表飞行规则所组成的。它们无例外地适用于公海上空，并且在与被飞越国家的规则不冲突的情况下，也适用于这些国家的领土上空。

(一)附件2的地位和适用范围

附件2和附件11的标准和建议措施，指导着《航行服务程序——空中交通管理》(PANS-ATM，DOC 4444号文件)和《地区补充程序——空中规则和空中交通服务》(DOC 7030号文件)的应用，后一文件中包括适用于地区的补充程序。

公海上的飞行应注意到理事会于1948年4月通过的附件2和1951年11月通过对附件2第一次修订时做出的决定，即附件2公约是在第十二条意义范围内，构成航空器飞行和机动操作的规则。因此，在公海上一律适用这些规则，没有例外。

凡具有一缔约国国籍和登记标志的航空器，不论其在何地，只要与对所飞行领土具有管辖权的国家颁布的规则不相抵触，均适用本空中规则。如果一缔约国只要未向国际民用航空组织通知有相反的决定，即认为该国就其登记的航空器而言，已经同意。

(二)附件2的体例

附件2对空中规则的标准、措施和程序做出了详细的规定，而各国在制定本国飞行规则时也通常依据或参考附件2的基本内容。附件2的体例如下：

第1章　定义

第2章　空中规则的适用范围

适用空中规则的领土范围，空中规则的遵守，遵守空中规则的责任，航空器机长的权限，酒类、麻醉剂或药物的使用。

第3章　一般规则

人员和财产的保护、避免碰撞、飞行计划、信号、时间、空中交通管制服务、非法干扰、拦截。

第4章　目视飞行规则[①]

第5章　仪表飞行规则[②]

适用于一切IFR飞行的规则、适用于在管制空域内IFR飞行的规则、适用于在管制空域外IFR飞行的规则。

附录1　信号

遇险信号和紧急信号；拦截时所用的信号；用以警告未经批准的航空器正在或行将进入限制区、进入限制区、禁航区或危险区的目视信号；机场交通信号；引导信号。

附录2　民用航空器的拦截

(1)缔约国要遵守的原则

---

① Visual Flight Rules, VFR.

② Instrument Flight Rules, IFR.

(2)被拦截航空器的行动

(3)拦截时的无线电通信

附录 3　巡航高度层表

附录 4　无人驾驶自由气球

(三)附件 2 内容介绍

航空器的机长负责遵守这些空中规则。航空器必须按照一般飞行规则以及目视飞行规则(VFR)或者仪表飞行规则(IFR)飞行。如果飞行机组能够保持离云层有一定距离，水平方向至少 1 500 m，垂直至少 300 m(1 000 ft)并保持前视能见度至少 8 km，就可以允许按照目视飞行规则飞行。对于在空域的某些部分和低高度的飞行，以及直升机的飞行，这些要求则不那么严格。除非经特殊允许，航空器不能在夜间或在 6 100 m(20 000 ft)以上按照目视飞行规则飞行。各种气球被归类于航空器，但无人驾驶的自由气球只能按照本附件规定的详细条件飞行。除上述天气条件外，必须遵守仪表飞行规则。国家也可以不论天气条件如何而要求在指定空域遵守仪表飞行规则，或者驾驶员在好天气的情况也可以选择适用仪表飞行规则。大多数的航线运输飞机在任何时候都是按照仪表飞行规则飞行的。根据空域类型，这些航空器不论天气条件如何，都能得到空中交通管制服务、空中交通咨询服务或者飞行情报服务。按照仪表飞行规则飞行时，航空器必须装备与其所飞航路相适合的仪表及导航设备。在空中交通管制下运行时，航空器必须准确地保持指定给它的航路和高度，并随时向空中交通管制报告其位置。所有飞越国际边界的飞行和其他大多数从事商业运营的飞行，均必须向空中交通服务部门提交飞行计划。飞行计划的内容有航空器的识别标志和设备、起飞地点和时间、所飞航路和高度、目的地和预计到达时间，以及如果无法在目的地降落时将使用的备降机场。飞行计划还必须写明是按照目视飞行规则还是按照仪表飞行规则飞行。无论飞行计划的种类，驾驶员在目视飞行条件下，根据“看见就避让”的原则负责避免碰撞。但是，要按照仪表飞行规则的飞行或者是由空中交通管制单位将其进行间隔，或者是能得到关于碰撞危险的航行情报。

空中的航行优先权规则与地面、水面的有关规则相似。但是，由于航空器是在三维空间运行的，所以就需要一些额外的规则。当两架航空器在同一高度层交叉相遇时，除非它们必须把航行优先权让给飞艇、滑翔机、气球以及拖曳物件的航空器之外，在右侧的航空器享有航行优先权。被超越的航空器享有航行优先权，而超越的航空器必须向右改变航向，与对方保持适当间隔。当两架航空器迎面接近时，它们都必须向右改变航向。

由于在所有情况下拦截民用航空器都有潜在的危险，国际民航组织理事会在附件 2 中制定了一些专门的建议，并敦促各国通过适当的规章和管理行动予以执行。这些专门建议载于该附件的附篇 A 中。当所有有关各方都遵守了所有这些规则时，就能有助于安全、高效的飞行。

三、附件 3《国际航空气象服务》

飞行员需要熟悉要飞行的航路和目的地机场的气象条件。

附件 3 中所述的气象服务的目标是促进空中航行的安全、效率和正常。实现这一目标的手段是向经营人、飞行机组成员、空中交通服务单位、搜寻和援救单位、机场管理部门和其他与航空有关的各方提供必要的气象信息。气象信息提供者和使用者之间的密切联络是至关重要的。

在国际机场，通常由气象室向航空用户提供气象情报。各国准备了适当的电信设施，以使机场气象室能向空中交通服务部门和搜寻与援救部门提供情报。气象室与管制塔台或进近管制室之间的电信联络应达到这样的要求，即通常在15 s内可以与要联系的点建立起联系。航空用户需要机场的报告和预报以履行其职能。机场报告包括地面风、能见度、跑道视程、现行天气、云况、空气和露点温度以及气压，每0.5 h或1 h发布一次。只要任何参数变化超过预先确定的对运行有重要影响的限度，还将补充发布特殊报告。机场预报包括地面风、能见度、天气、云况和温度，每3 h或6 h发布一次，有效期为9～24 h。有关的气象室对机场预报进行持续监测，必要时还须加以修订。

一些国际机场还有着陆预报，以满足着陆航空器的需要。着陆预报附在机场报告后，有效期为2 h。着陆预报包括跑道综合区预见的地面风、能见度、天气和云况。为了协助飞行员进行飞行规划，多数国家都提供气象讲解，而其形式越来越多地采用自动系统。讲解包括航路上天气、高空风和高空气温的详细资料，常常以气象图的形式给出，讲解还包括航路上有害的气象现象的警报、目的地机场及备降机场的报告和预报。为了向飞行中的航空器提供重大天气变化的情报，设立了气象观察室。观察室负责准备有害天气状况警报，其中包括雷暴、热带气旋、严重飑线、大冰雹、严重颠簸、严重积冰、山地波、沙暴、尘暴和火山灰云。观察室还发布可能对航空器或地面设施产生不利影响的机场气象状况警报，如预计的暴风雪警报。此外，观察室还发布爬升和进近航道上的风切变警报。另外，也要求飞行中的航空器报告航路上碰到的恶劣天气现象。这些报告由空中交通服务单位向所有有关的航空器发送。

在多数国际航路上，航空器要对高空风和温度做例行观察。由飞行中的航空器发送的这些观察数据可以用于制作预报。航空器对风和温度的这些观察是通过使用空地数据链通信自动完成的。就航路预报而言，所有飞行都需要预先的、精确的气象信息，以绘制一个可以利用最佳风向和节省燃油的航路。随着燃油价格的上涨，这一点越来越重要。因此，国际民航组织实施了世界区域预报系统（World Area Forecast System，WAFS）。这一系统的目的是，向各国和航空用户提供标准化的、高质量的关于高空温度、湿度、风和重大天气的预报。WAFS以两个世界区域预报中心为基础，使用最新的计算机和卫星通信，以数字形式准备全球预报，并直接发给各个国家和用户。过去几年，发生了多次火山爆发后航空器遭遇火山灰云的事件。为对火山灰云进行观察，并向飞行员和航空公司提供报告和警报，国际民航组织在其他国际组织的协助下，设立了国际航路火山观察系统（International Airway Volcano Watch，IAVW）。IAVW的基石是九个火山灰咨询中心，其向航空用户和有关气象室发布全球火山灰咨询信息。自动化的观察系统在机场越来越有用，目前认为在观察地面风、能见度、跑道视程、云底高、气温和露点温度以及气压方面，满足了航空的要求。鉴于全自动化系统性能的提高，现在可以在机场非营运期间内使用，而无需任何人为干预。

四、附件4《航图》

附件4中所载的标准和建议措施以及解释性说明对各国提供各种类型的ICAO航图所承担的义务做了规定，并详细地规定了航图的覆盖范围、格式、识别和内容，其中包括标准化地使用符号和颜色。其目的是为了满足按照统一和一致的方式提供航图的需要，使它包含符合规定质量的有关资料。如果出版的航图在标题中列明ICAO，则说明航图制作者遵守了附件4的普遍标准和与ICAO特定类型航图的有关标准。

ICAO 理事会于 1948 年首次通过了最初的标准和建议措施。附件 4 起源于国际民用航空会议于 1944 年在芝加哥通过的技术附件草案当中的附件——航空地图和航图。附件 4 第一版(它规定了 ICAO 七种类型航图的规范)通过之后,已经做过 50 多次修订,以便适应空中航行和制图技术的快速发展。目前 ICAO 航图系列包括 21 种类型,每种类型的航图旨在满足特殊的用途。航图的范围涵盖单独机场/直升机场的详细航图,直至为飞行计划之目的使用的小比例尺航图,还包括驾驶舱显示的电子航图。

对计划和目视导航有三种系列的航图,每种航图使用不同的比例尺。

(1)航空领航图- ICAO 小比例尺航图在规定尺寸的纸页上覆盖了最广阔的区域,它们提供了适宜做远程飞行计划的一般目的的航图系列。

(2)世界航图- ICAO 1∶1 000 000 提供了完整的世界覆盖,并按照固定比例尺以统一格式列出数据,同时它还被用来制作其他类型的航图。

(3)航空图- ICAO 1∶500 000 系列提供了更多的细节,为驾驶和领航培训提供了一个恰当的媒介。这种航图系列最适宜用于低速、短程或中程的航空器在低空和中间高度的飞行。

绝大多数定期航班是按照无线电和电子导航系统划定的航路飞行,因此不需要地面目视参照。这种类型的导航是根据仪表飞行规则飞行,要求飞行遵守空中交通管制服务程序。航路图- ICAO 标出了仪表飞行规则之下对航路导航具有重要意义的空中交通服务系统、无线电导航设施和其他航行资料,其目的是便于在航空器狭小的驾驶舱空间进行操作,资料的格式编排能使其在不同的自然和人工灯光条件下易于阅读。当飞行跨越浩瀚的洋区和人烟稀少的地区时,作业图- ICAO 为保障连续不断地记录航空器的飞行位置提供了一个手段,有时也制作出来以补充更为复杂的航路图。当飞行接近其目的地时,对预期降落的机场周围的地区需要有更多的细节。区域图- ICAO 向驾驶员提供了协助从航路阶段过渡至最后进近阶段,以及从起飞过渡至飞行航路阶段的资料。这种航图被设计用来使驾驶员遵守离场和进场程序以及盘旋等待程序,上述程序应该同仪表进近图上的资料进行协调。通常,进场和离场的空中交通服务航路或者位置报告要求不同,无法将其在区域图上清楚地标出。在这种条件下,制作了一份单独的标准仪表离场图(SID)- ICAO 和标准仪表进场图(STAR)- ICAO。区域图还可以由雷达最低高度图- ICAO 加以补充,目的是提供资料以便使飞行机组能对雷达管制之下配备的高度进行监视和核对。仪表进近图- ICAO 向驾驶员提供了仪表进近程序的图形资料,以及机组在不能够执行着陆时应当遵守的复飞进近程序。这种类型的航图包括平面和剖面的进近示意图,并配有相关的无线电导航设施和必要的机场和地形资料的完整细节。目视进近时,驾驶员可以参考目视进近图- ICAO,它标识了从空中易于辨认的机场基本布局和周围的特征。除了提供方位之外,这种航图还被设计用来重点突出潜在的危险,比如障碍物、较高的地形和危险空域地区。机场/直升机场图- ICAO 提供了机场或者直升机场的标图,它能够使驾驶员辨认重要的特征,在着陆之后迅速腾空跑道或直升机场着陆区,并遵守滑行指令。航图标出了机场/直升机场的活动区、目视指示器的位置、滑行引导设备、机场/直升机场灯光、机库、候机楼和航空器/直升机场停机位、校正检查导航设备的各个基准点,以及道面强度和无线电通信设施频率的运行资料。在大型机场,如果机场/直升机场图- ICAO 不能清楚地标出航空器滑行和停机的全部资料,则通过机场地面活动图- ICAO 和航空器停放/停靠图- ICAO 补充提供细节。机场周围障碍物的高度对航空器运行至关重要,这方面的详细资料载于机场障碍物图- ICAO,其分为 A 型、B 型和 C 型。这些航图用来协助航空器经营人对复杂的起飞质量、距离和性能进行必要的计算，包括起飞当中发动机失效的紧急状况。考虑到障碍物，机场障碍物图标出了跑道的平面和剖面图，起飞飞行航迹区域及起飞滑跑和加速停止可用距离。对在起飞区有重要障碍物的每条跑道都提供了这方面的数据。有些机场障碍物图提供的详细地形资料包括覆盖自机场之外 45 km 的区域。电子航空资料的提供和交换，以及越来越多地实施具有高精度位置和连续位置定位点的导航系统，为迅速开发驾驶舱里显示的电子航图创造了良好的环境。经过完整开发的电子航空航图显示器，其潜在功能远远超过了纸张航图，并能够提供显著的效益，比如连续标识航空器位置和根据飞行阶段以及其他运营方面的考虑，自行调整航图显示。附件 4 第 20 章电子航图显示器- ICAO 对电子航图显示器的标准化规定了基本要求，但并不对这种新的制图技术的发展实行不当的限制。

自 1948 年通过 ICAO 七种最早类型的航图以来，附件 4 当中的规定经历了重大的发展。为了保证航图能够满足现代航空运行的技术和其他方面的要求，ICAO 正不断地跟踪、改进和更新航图的规范。

五、附件 5《空中和地面运行中所使用的计量单位》

附件 5 包含了基本上以公制为基础的国际民航组织全部计量单位表。

六、附件 6《航空器的运行》

附件 6 包括三个部分：

第Ⅰ部分　国际商业航空运输——定翼飞机

第Ⅱ部分　国际通用航空——定翼飞机

第Ⅲ部分　国际运行——直升机

简单而言，附件 6 的实质是从事国际航空运输航空器的运行必须尽可能地实现标准化，以确保最高限度的安全和效率。理事会于 1948 年首次通过了关于从事国际商业航空运输航空器运行的标准和建议措施(它们基于参加 1946 年举行的第一次运行专业会议国家所提出的建议)，这些建议构成了附件 6 第Ⅰ部分的基础。为了同新兴和充满活力的航空业同步发展，正在不断地对最初的规定进行审议。比如，完全针对国际通用航空的附件 6 第Ⅱ部分已于 1969 年 9 月开始适用。同样，针对所有国际直升机运行的附件 6 第Ⅲ部分于 1986 年 11 月开始适用。第Ⅲ部分最初仅针对直升机的飞行记录仪，但是按照第Ⅰ部分和第Ⅱ部分涵盖定翼飞机运行的相同完整方式对涵盖直升机运行的全面修订于 1990 年 11 月被通过执行。对今天种类繁多的航空器仅制定一套国际化的运行规则和规章是不现实的。

航空器的范围为商业运输机至单座的滑翔机，它们都会跨越国界飞入邻近的国家。远程喷气飞机在一次飞行中就可能飞越许多国际边界。每种航空器相对于其型号都有独特的操作特点，在变化的环境情况下可能会有特殊的运行限制。商业航空特有的国际性质和通用航空程度较低的国际特性，都要求驾驶员和经营人遵守范围广泛的国家规则和规章。

附件 6 的目的是通过对安全运行做法制定标准为国际空中航行的安全做出贡献，并通过鼓励 ICAO 缔约国为按照这些标准运行的属于其他国家的商业航空器飞越其领土提供便利，为国际空中航行的效率和正常做出贡献。ICAO 的标准并不排除制定比附件当中所载的标准更为严格的国家标准。在航空器运行的所有阶段，最低标准是最能够接受的妥协，因为它们在不影响安全的情况下能够使商业和通用航空得以持续发展。被所有缔约国接受的标准涵盖航空器的运行、性能、通信和导航设备、维修、飞行文件、飞行人员的职责和航空器保安等领域。由于涡轮发动机的出现和由此产生的高性能航空器设计，有必要对民用航空器的运行采取新的做法。航空器的性能标准、飞行仪表、导航设备和许多其他运行方面对新技术提出要求，它们反过来又需要制定国际规章以保障安全和效率。举例来说，高速远程及短程航空器的投入使用产生了一些与在相对低高度飞行续航性相关的问题，燃油消耗成为一个重要因素。许多国际民用航空承运人的燃油政策需要考虑到在预期目的地出现恶劣气象情况时，可能改航飞至备降机场的必要性。明确规定的国际标准和建议措施根据航空器和每个机场的环境因素都制定有最低运行标准。根据运营人国家的批准，航空器经营人必须考虑到定翼飞机或直升机的机型、航空器安装设备的精密程度、进近特点和跑道助航设备，以及机组在全天候条件下飞行时执行程序的操作技巧。另外一个发展是为保证双发飞机延程飞行，通常是跨水飞行的安全所采纳的规定(通常被称为 ETOPS)。这种运行类型的出现是由于现在制造的大型双发飞机极具吸引力的经济性能。人的因素是航空器安全和有效运行的一个重要组成部分。

附件 6 明确规定了各国对其经营人，特别是飞行机组监督的责任。其主要的规定要求对监督飞行运行制定一种方法，以便保证持续安全程度。它要求对每种型号的航空器提供运行手册，并要求每个承运人承担责任确保对所有运行人员的职责和义务，以及这种职责同航空公司整体运行的关系进行正确指导。机长对保证飞行准备是全面的并符合所有要求承担最终的义务。如果机长对航空器可以适航表示满意，并认为航空器的仪表、维修、质量和载荷分布(以及载荷物的固定)以及运行限制满足了其他的标准，还要求他检查认可飞行准备表。附件 6 的另外一个重要方面是要求经营人制定限制飞行机组成员的飞行时间和飞行值勤期的规则。同一条标准还要求经营人提供充沛的休息时间，以便飞行中或连续飞行时间之后产生的疲劳不得危及飞行安全。保持警觉的飞行机组不仅必须能够处理任何技术方面的紧急情况，同时也能处理其他机组成员的紧急状况，并且在撤离航空器时必须反应正确、有效。运行手册当中必须包括这些规则。航空器安全运行的关键是了解每种特定型号航空器的运行限制。附件 6 对今天使用的航空器规定了最低性能运行限制。这些标准考虑到了可能对各种类型的航空器性能产生影响的绝大部分因素——航空器的质量、标高、温度、气象条件和跑道条件，以及包括一台或多台动力装置失效条件下起飞和着陆的速度。经过计算并认为能够适用于各种类型飞机的特征和大气条件的性能水平详细示例包含在附件 6 第Ⅰ部分附篇 C 当中。

ICAO 正积极致力于对未来的运行要求进行预测，比如最近批准了一套新的程序，它对超障要求和所有类型的国际民用商业航空的仪表进近程序做了修改。劫持民用航空器给机长带来了额外的负担。除了纯粹的技术性质的预防措施之外，ICAO 已经对这种行为所需要的各种安全预防措施做了研究，尽可能多地涵盖各种紧急情况。附件 6 第Ⅱ部分是涉及国际通用航空的定翼飞机。第Ⅲ部分包括了直升机的国际商业运输飞行和通用航空飞行。有些国际通用航空运行可以由经验和技术水平低于商业民用航空人员的机组执行。某些通用航空航空器上安装的设备可能不能达到商业运输航空器上安装设备的标准。通用航空的运行标准不是十分严格，它的运行比商业航空运输享有更大的自由度。有鉴于此，ICAO 承认国际通用航空驾驶员和其乘客不一定享有商业航空运输付费旅客所享有的相同安全水平。但是，附件 6 第Ⅱ部分被特别设计用来保证第三方(地面人员和在空中其他航空器内的人员)所能接受的安全水平。因此，商业和通用航空航空器在相同环境中运行时需要遵守最低的安全标准。

七、附件7《航空器国籍和登记标志》

附件7的基础是《公约》第十七条至第二十条。航空器必须随时携带证书，并且必须有一块至少刻有航空器国籍或共用标志和登记标志的识别牌，固定在航空器主舱门的显著地方。多年来的大量努力使得航空器的分类尽可能简明，然而却包含了人类智慧所能够发明的所有类型飞行机械。

八、附件8《航空器的适航性》

为了安全，航空器的设计、构造和运行必须符合航空器登记国的有关适航要求。

九、附件9《简化手续》

简化手续(FAL)的标准和建议措施(SARPs)源自《公约》的多项规定。《公约》第三十七条责成ICAO随时制定并修改针对海关和移民手续的国际标准和建议措施以及程序。《公约》第二十二条要求各缔约国采取一切可行措施，以便利和加速航空器在各缔约国领土间的航行，特别是在执行移民、检疫、海关和放行等法律时，防止对航空器、机组、旅客和货物造成不必要的延误。

十、附件10《航空电信》

国际民用航空中的三个最复杂和最根本的要素是航空通信、导航和监视。这些要素由《公约》的附件10涵盖。

附件10分为五卷：第Ⅰ卷无线电导航设施，第Ⅱ卷通信程序(包括具有PANS地位的程序)，第Ⅲ卷通信系统，第Ⅳ卷监视雷达和避撞系统，第Ⅴ卷航空无线电频谱的使用。

这一附件的五卷包含了与航空通信、导航和监视系统有关的标准和建议措施(SARPs)、航行服务程序(PANS)和指导材料。

十一、附件11《空中交通服务》

空中交通管制、飞行情报和告警服务，一并称为空中交通服务，在不可或缺的地面支持设施中占有重要地位，保证了全世界空中交通的安全和高效运行。

《公约》的附件11界定了空中交通服务，并规定了提供这些服务所适用的世界范围的标准和建议措施。世界的空域被划分为一系列连续的飞行情报区(FIRs)，并在其中提供空中交通服务。在有些情况下，飞行情报区覆盖大面积空中交通密度相对较低的大洋空域，此时只提供飞行情报服务和告警服务。在另外一些飞行情报区内，大部分空域是管制空域，此时则要提供空中交通管制服务，而不仅仅是飞行情报和告警服务。

根据附件11的规定，空中交通服务的首要目的是，无论是在机动区域内滑行、起飞、着陆、处于航路上还是在目的地机场的空中等待状态下，防止航空器相撞。附件11同时还处理加速并维持空中交通有序流动的方式，并为进行安全和高效的飞行提供建议和情报，以及为遇险中的航空器提供告警服务。为了达到这些目的，国际民航组织的规定呼吁建立飞行情报中心和空中交通管制单位。所有航空器都按照仪表飞行规则(IFR)或目视飞行规则(VFR)飞行。按照IFR飞行时，航空器从一个无线电辅助设备飞向下一个设备，或参照自身携带的机载导航设备飞行,驾驶员可以此时刻确定航空器的位置。IFR 飞行可在除最严酷的天气之外的所有情况下进行,而按照 VFR 飞行的航空器必须在天空保持无云,并且要在能见度条件能够允许驾驶员看到并避开其他航空器时进行。第 3 章规定了向这些飞行提供的服务类型。例如,如果 IFR 飞行是在管制空域内运行,将向其提供空中交通管制服务。如果是在非管制空域内运行,则将提供飞行情报服务,其中包括已知交通情报,并由驾驶员负责安排其飞行避开其他交通。除非是在特定区域,否则一般不向 VFR,飞行提供管制服务,在这种情况下,除 ATC 当局明确要求的之外,将把 VFR 飞行和 IFR 飞行间隔开,而不在 VFR 飞行之间提供间隔服务。但是,并不向所有航空器提供空中交通服务。如果航空器完全在不要求飞行计划的管制空域之外运行,这样的飞行甚至可能不被空中交通服务所知。

安全是国际民用航空压倒一切的关键,而空中交通管理对航空安全做出了巨大的贡献。附件 11 载有一项重要要求,即国家须实施系统的和适当的空中交通服务(ATS)安全管理计划,以保证维持在空域内和机场上提供 ATS 的安全。安全管理系统和计划是对确保国际民用航空安全的重要贡献。

空中交通管制服务包括空中交通管制单位按照附件 11 第 3 章中的规定发布放行许可和情报,以实现航空器之间的纵向、垂直或横向间隔。该章还涉及放行许可的内容、ATC 单位之间的协调和从一个管制单位的区域飞向另一个管制单位的区域时管制责任移交的协调。有序的移交程序要求在任何时候一架航空器必须只能接受一个空中交通管制单位的管制。空中交通管制单位有时面临着在某个地点或区域交通需求超出能力的情况,这出现在繁忙机场的高峰时刻。附件 11 规定,需要时 ATC 单位必须明确对交通流量的限制,以避免航空器在飞行中的过度延误。

附件 11 还规定了民用空中交通管制单位与军事当局或其他负责可能影响民用航空器飞行的活动的机构之间进行协调的要求。要向军事单位提供有关民用航空器的飞行计划以及其他有关飞行数据,以协助在民用航空器接近或进入限制区时得到识别。

向在管制空域内运行的航空器和空中交通服务单位了解到的其他航空器提供飞行情报服务。这些情报包括重要天气情报、导航设备可用性变动的情报,机场和有关设施条件变动的情报以及可能影响安全的任何其他情报。此外,IFR 飞行还能收到起飞、到达和备降机场的天气条件的情报,在管制区域和管制地带之外运行的航空器相撞的危险和为水域上空的飞行提供关于海面船只的情报。VFR 飞行还收到关于可能使目视飞行不能实施的天气条件的情报。

附件 11 还载有适用于运行飞行情报服务广播的规范,包括航站自动情报服务广播。附件 11 的第 5 章涉及告警服务,在未能与航空器建立通信联络或航空器未按时到达而相信或得知其处于紧急状态,或收到情报得知航空器已经或即将进行迫降时,向援救协调中心告警。告警服务自动提供给接受空中交通管制服务的所有航空器,并在实际可行时提供给所有其驾驶员已申报飞行计划或通过其他方式被空中交通服务所得知的其他航空器。告警服务还提供给已知或相信正受到非法干扰的航空器。告警服务的作用是调动所有一旦需要就能提供援助的有关援救和应急组织。附件 11 中的其余章节涵盖适用于空-地通信、ATS 单位之间通信和这些单位与其他重要办公室之间通信的 ATS 要求。这些章节还规定了向每种空中交通服务单位提供的必要情报。无论何时只要可能,空-地通信应能进行直接、迅速、不间断和无静电干扰的双向无线电话通信,ATS 单位之间的通信应能交换印字电文,对于空中交通管制单位而言,还要能在管制员之间进行直接的话音通信。鉴于通过空-地无线电频道交换的情报以及从其他单位和办公室收到的情报的重要性，附件 11 建议记录此种通信。

附件 11 的一个附录详细说明了空中交通服务航路的识别原则，以使驾驶员和 ATS 无需借助地理参照即可准确无误地识别任何航路。另一个附录规定了对于用无线电导航设施标明和未用无线电导航设施标明的重要点的代号要求。附件 11 还载有一系列附篇，涉及关于各不同事项的指导材料，包括从空域的组织到空-地频道的 ATS 要求以及标准进场和离场航路的设立和命名。制定应急计划是所有提供空中航行服务的国家的重要责任。附件 11 的一个附篇载有简明扼要的指南，以协助各国在空中交通服务和相关辅助性服务被中断时提供安全和有序的国际空中交通业务，并指导在服务被中断时如何维护主要的世界空中航路。

天空可以是无边无际的，但空中交通却不能如此。随着越来越多的航空器加入已经十分拥堵的空中航路之中，空中交通管制的概念、程序、设备和规则将继续发展，该附件的规定也将如此。

十二、附件 12《搜寻与援救》

组织搜寻与援救服务是为了解救明显遇险和需要帮助的人。由于需要迅速找到和援救航空器事故的幸存者，因此在国际民航组织附件 12《搜寻与援救》(SAR)中纳入了一套国际上协商一致的标准和建议措施。

十三、附件 13《航空器事故和事故征候调查》

附件 13 为航空器事故和事故征候的调查规定了国际要求。其书写的方式能够为调查的所有参与者所理解。因此，这是一个参考文件，供全世界那些可能通常是在没有任何准备的情况下就被召集来处理航空器事故或严重事故征候调查诸多问题的人使用。例如，附件 12 详细说明了哪些国家可以参加调查，例如出事所在国、登记国、经营人所在国、设计和制造国。附件 12 同时还规定了这些国家的权利和责任。

十四、附件 14《机场》

附件 14 的一个显著之处是其包含的题目范围广泛。它跨越了从机场和直升机场的规划到具体的细节，如辅助电源的切换时间，从土木工程到照明设计，从提供复杂的救援和消防设备到保持机场去除鸟类的简单要求。

十五、附件 15《航空情报服务》

航空情报服务(AIS)是支持国际民用航空最鲜为人知但又最重要的作用之一。航空情报服务的目标是保证国际空中航行的安全、正常和效率所必要的资料的流通。附件 15 明确地规定了航空情报服务如何接收和/或签发、整理或汇总、编辑、编排、出版/储存和分发详细的航空情报/数据，其目的是实现按照统一和一致的方式提供国际民用航空运行使用所需要的航空情报/数据。ICAO 理事会于 1953 年首次通过了最初的标准和建议措施。附件 15 源自《公约》第三十七条。ICAO 空中航行委员会(简称“航委会”)根据地区空中航行会议的建议对附件制定了第一批要求，并于 1947 年根据理事会授权将其作为对航行人员发布国际通告的程序出版。由“对航行人员发布国际通告的程序”诞生了早期的航空字母缩写“NOTAM”。1949 年举行的 NOTAM 专业会议审议了上述程序并建议对其进行修订，此后其作为空中航行服务程序发布，并于1951年开始适用。多年来，为满足航空旅行和相关的信息技术所带来的迅速变化，共对附件15做了33次修订。近几年来，附件15的修订反映了对及时提供高质量的航空情报/数据和地形数据日益增长的需要，因为它们已经成为对数据依赖的机载导航系统的重要组成部分。

附件15包含许多目的为预防航空情报/数据遭受损坏或出现错误的规定，这些损坏或错误的情报可能对空中航行安全产生潜在的影响。不管是小型私人航空器或者大型运输航空器，任何型号的航空器经营人，必须对预期使用的空中航行设施和服务的各项情报有所掌握。比如，经营人在一个国家运行，它必须了解该国有关进入和穿越空域的规章，以及能够提供的机场、直升机场、导航设备、气象服务、通信服务和空中交通服务以及与此相关的程序和规定。经营人还必须在通常较晚得到通知的情况下，对影响这些设施和服务运行的变化有所了解，同时也必须掌握可能影响飞行的空域限制或危险情况。虽然几乎总是可以在起飞前提供这些情报，但是在某些情况下必须在飞行中提供这些情报。

附件15的基本理论源自《公约》第二十八条，即各国有责任向民用航空的各个有关方面提供有关和必要的全部情报，以使航空器能在其领土内以及本国领土外由其负责提供空中交通管制或其他职责的地区从事国际民用航空运行。AIS处理的情报在适用期方面有很大差别。比如，有关机场和其设施的情报可能多年有效，而这些设施可供使用状况的变化（比如由于建设或修理），其有效期则相应较短。情报有时仅在几天或几小时的短暂时间内有效。情报的紧迫程度以受影响的经营人数量或者经营类型而言，其适用范围也有所不同。情报可能会冗长或简练，或者包括图形。因此，航空情报将根据其紧迫性、对运行的重要意义、范围、容量、有效期长短和对用户的相关性分别加以处理。附件15规定航空情报应当作为完整的整套航空情报出版，它包括下列要素：航行资料汇编（AIP）（包括修订服务、AIP补篇）、NOTAM、飞行前资料通告（PIB）、航行资料通报（AIC）、检查单和有效的NOTAM清单。每项要素被用来分发不同类型的航空情报。在多数情况下，关于设施、服务或程序变化的资料，需要对航空公司运行手册或由各个航空部门制作的文件和数据库进行修订。负责更新这些出版物的部门通常按照事先安排好的制作方案工作。如果不加区别地出版含有多个生效日期的航空情报，那就不可能使手册、其他文件及数据库保持最新状态。鉴于可以对设施、服务和程序的许多变化进行预测，附件15规定使用一个有规则的系统，其被称为AIRAC（定期制航行通告），它要求根据事先确定好的生效日期时间表使重大变化开始生效并分发情报（除非运行方面的考虑使其无法实现）。

附件15还规定通常用于国际运行的各个机场/直升机场必须提供飞行前资料，并且对飞行前为规划之目的提供的航空情报内容做了规定，同时对通过自动化航空情报系统提供上述情报规定了要求。此外，还要求保证将飞行机组提供的重要的飞行后资料（比如存在鸟害情况）提供给AIS，以便酌情进行分发。航空情报/数据的必要性、作用和重要性伴随着通信、导航和监视/空中交通管理（CNS/ATM）系统的发展发生了重要的变化。实施区域导航（RNAV）、所需导航性能（RNP）和机载计算机导航系统对航空情报/数据和地形数据的质量（精度、分辨率和完好性）提出了严格的要求。用户对某些航空情报/数据质量的依赖性在附件15当中是明确规定的。附件15在描述关键数据时指出：使用损坏的关键数据使航空器的持续安全飞行和着陆发生严重危险并导致灾难的概率高。鉴于损坏或错误的航空情报/数据可能对空中航行安全产生的潜在影响（机载和地面系统对其直接的依赖性），因此每个国家必须保证用户(航空界和空中交通服务等)能够收到及时的并在其预期使用期限内质量完好的航空情报/数据。为实现这一目标和向用户演示情报/数据应具备的质量,附件 15 规定各国应当建立一个质量系统并在航空情报/数据处理的各个阶段(接收和/或签发、整理或汇总、编辑、编排、出版/储存和分发)配备质量管理程序。质量系统必须在每个职责阶段有文件记录并可以证明,保证其具备组织结构、程序、过程和资源,以便找出和改正情报/数据在制作、更新和运行使用阶段出现的任何异常现象。显而易见,这种质量管理体系能够从任何一点对所有情报/数据进行追查,能往回追溯到以前各次处理过程直至其起源。在国际民用航空的全部活动中,或许提供和维持航空情报服务不能排在最引人注目的地位,而且向依赖数据的机载导航系统提供 AIS 情报的复杂性确实有必要对用户具有透明度。

十六、附件 16《环境保护》

附件 16(第Ⅰ卷和第Ⅱ卷)的内容是保护环境免受航空器噪声和航空器发动机排放的影响——这两个问题在《公约》签署时几乎未做任何考虑。

十七、附件 17《保安——保护国际民用航空免遭非法干扰行为》

附件 17 主要涉及管理及协调方面,以及保护国际航空运输安全的技术措施,要求各缔约国建立自己的民用航空保安方案,其中包括其他适当机构提出的附加保安措施。

十八、附件 18《危险品的安全航空运输》

附件 18 规定了需要遵守的广泛标准和建议措施,以便安全承运危险品。附件 18 还使技术指南的各项规定对各缔约国具有约束力,其中包含了正确处理危险品的非常具体和必要的大量指南。随着化学工业、生产技术以及包装工业的发展,它们需要频繁更新。理事会制定了一项专门程序,以定期修订并重新发布技术指南,以便与新产品和技术进步同步。

十九、附件 19《安全管理》

该附件汇集了现有附件中国家安全方案、安全管理体系的相关材料,以及手机使用安全数据和国家监督安全活动的相关要素。该附件旨在写各国管理航空的风险。该附件主要包括国家安全管理职责,安全管理体系(包括通用航空飞机),安全数据的收集、分析和交换。

第四节　国际航空飞行管理发展规划

由于世界各国航空情况不同,对飞行规则的实施也有不同。国际民航组织 1983 年提出的“全球空管一体化运行概念”是一种构想。通过实施《全球协调计划》《全球计划》等行动计划,国际民航组织的第 11 次航行会议形成了《全球空中航行计划》(DOC 9750)。国际民航界和国际民航组织的构想是通过一种渐进的、有成本效益的合作方式实施空中航行设施的服务,实现一个无缝隙的一体化式全球空中交通管理系统。

一、关于缩小垂直间隔

缩小垂直间隔(RVSM),将 FL 290 m 以上的垂直间隔从目前的 600 m(2 000 ft)缩小到

300 m(1 000 ft),从而增加了 6 个额外的飞行高度层。《FL 290 至 FL 410(含)之间实施 300 m(1 000 ft)最低垂直间隔标准的手册》(DOC 9574)就实施缩小垂直间隔提供了具体的指导。

二、飞行高度层系统的协调一致

所有国家采用附件 2《空中规则》的附录 3 中所载的以英尺为单位的国际民航组织飞行高度层。

国际民航组织大多数缔约国已选择使用英制度量系统来表示高度和高度层,然而,有些国家仍采用公制系统。使问题更加复杂的是,某些采用公制系统的国家采用了与附件 2《空中规则》中所载的垂直间隔标准不同的其他标准。飞越边界进入实行不同系统国家的航空器需要装备额外的高度表,或使用高度层转换表。空中交通管制员在处理此类飞行时也需要使用高度层转换表。在使用不同系统的国家之间的空域边界实施缩小垂直间隔,增加了人们对安全的关切并导致几个高度层不能使用,其结果是降低了航空器的运行效率和减少了空域容量。应努力实现高度层系统的协调一致,从而使各国能够采用国际民航组织以英尺为单位的飞行高度层。

三、高空空域分类的统一

通过在一个议定的分割高度层以上采用统一的国际民航组织空中交通服务空域分类,进行高空空域的统一分类和相关的空中交通指挥。

应在尽可能的情况下将空域构建为一个连续统一体,其中不存在运行中断、不一致以及不同的规则和程序。统一空域分类能有助于实现这一目标。应在地区内,并在可能的情况下在几个地区间实现统一的空域分类。应将航空运输机和多数公务机运行包括在保证向所有航空器提供主动空中交通管制服务的空域内。在不同容量的空域内提供的空中交通管理应以附件 11《空中交通服务》中所界定的国际民航组织空域分类系统(即 A～G 类)为基础,这种分类应在安全评估的基础上实施,同时要考虑到空中交通的数量和性质。

四、区域导航和所需导航性能(基于性能的导航)

将先进的航空器导航能力纳入空中导航系统基础设施。

基于性能的导航概念的实施,将通过缩小最低间隔来增加容量和提高效率,为那些配备符合性能要求的航空器的运营人带来效益。基于性能的导航还将增进安全,特别是通过一种减少可控飞行撞地的方法来增进安全。许多航空器具有区域导航(RNAV)能力和所需导航性能(RNP)。必要时,应进一步利用这些能力来开发效率更高的航线和不与地基导航设备直接关联的航空器轨迹。某些装备了区域导航设备的航空器也具有极大增强的能力来实现跑道进场排序要求,特别是通过使用飞行管理系统(FMS)中的"要求的到达时间"功能来实现这些要求。按照基于性能的导航概念,将涉及飞行的所有阶段,包括航路(海上的/偏远的和大陆的)、终端和进近。

五、空中交通流量管理

各项战略、战术和预战术措施的实施,目的在于以下述方式来组织和处理交通流量,这就是使在任何特定时间或在任何特定空域或机场所处理的交通总量与空中交通管理系统容量相符合。

必要时在地区基础上实施通常被称为空中交通流量管理的需求/容量措施，将增加空域容量和提高运行效率。如果交通需求经常超过容量，经常不断地造成交通延误，或当预测交通需求将显然超过现有容量时，有关空中交通管理部门在与航空器运营人协商下，应考虑采取一些步骤来改进现有系统容量的使用，并制定增加容量的计划来满足实际或预测的需求。任何这种增加容量的规划都应以一种有条不紊和协作的方式进行。必要时，各国和地区应发展一种协同做法来进行容量管理。通过空中交通管理运行概念设想，对整个空中交通管理采取更具战略性的做法并通过协同决策减少对战术性流量管理的依赖。战术性流量干预无疑仍将是需要的，但空域用户与空中交通管理服务提供者之间更密切的协调能够减少对常规战术性干预的需要，因为这种干预往往会对航空器运行造成不良影响。

六、动态和灵活的空中交通服务航线管理

在导航性能基础上建立更加灵活和动态的航线系统，目的在于实现优选的飞行轨迹。

区域导航航线不受限于地面导航设备的位置，并可为航空器运营人和空中交通管理系统提供效益。所有现代航空器都具有区域导航性能，应努力设计和实施区域导航航线。动态航线管理涉及正在制定飞行计划的航空器。典型的情形包括由航空器运营人的签派调度部门生成的航线变更请求。由空中交通服务提供者处理和批准这些请求，然后将航线变更请求批文传递给航空器。高级的情形将使航空器直接向空中交通服务提供者提出请求，空中交通服务提供者将处理并在必要时修改该请求，然后将批准的航线通知航空器和飞行航线沿途受影响的服务提供者。随机航线在战略上和预战术上划定了一些区域，在这些区域内不指定固定航线，由航空器确定从飞入点到飞出点的适当轨道。用户优选的航线利用航空器运营人的能力，根据一系列飞行参数来确定最佳航迹。根据这一概念，空中交通服务航线或航迹将不固定在预先确定的航线或航路点上，除非为管制目的需要这样做，但此时将向空中交通管理人员提供航迹。用户优选的航线请求由空域用户或其签派调度部门生成并提交给空中交通服务提供者批准，或如果由于将这些请求传递给航空器而引起冲突，则重新进行商议。高级的情形将让航空器直接向空中交通服务提供者提出请求，空中交通服务提供者将处理并在必要时修改该请求，然后将批准的航线发送给航空器。

七、协同的空域设计与管理

在全球基础上应用统一的空域组织和管理原则，使空域设计更加灵活，以动态地考虑交通流量。

协同的空域设计与管理旨在以一种让所有用户参与的协同方式组织空域，以使空域的管理考虑到用户的优选航迹。各国和各地区在进行空域设计时应利用航空器能力。在设计和实施空域变更时，需要考虑到特定空域内各空域用户的机队能力。此外，将与空域用户协作确定利用现有航空器能力的各项程序和/或解决方案。

目前正在出现的其他一些进展，例如协同决策、飞行管理系统（Flight Management System, FMS)中的“要求的到达时间”功能、对全球空中交通管理运行概念的认可以及数据链应用程序的实施等,这些也将有助于改进空域设计与管理。

经过一个逐步发展的时期后,应在将会取得重大效益的地区实施动态空域管理。动态空域管理包括综合决策、基于需求的容量、用户优选航线。综合决策是灵活使用空域原则的扩展,包括飞行中的空域用户就有关保留空域使用的战术评估和特殊用途空域通过时间要求做出决定。航空器飞行管理系统能够提供关于拟议的航线变更的估计航路时间的信息。此外,数据链通信能够支持综合决策的展开。这种通信通过管制员-驾驶员数据链通信(Controller Pilot Data Link Communication, CPDLC)进行,具有向上和向下传输飞行计划情报的能力。

八、终端区设计与管理

通过改进设计和管理技术,优化终端管制区(Terminal Management Area, TMA)。

一个设计和管理良好的终端管制区能够对安全、容量和效率产生重要影响的方式有很多。应对一个国家或一个地区内的所有终端管制区实施统一的终端管制区设计。这种设计应能提供效益,同时尽量减少驾驶员/管制员通信以及优化驾驶员和管制员的工作量。终端管制区到达接受率在战术上应基于一个协同性决策过程,该过程涉及塔台、终端管制区和航路扇区,同时在战略上涉及空域用户,以确保对交通进行最佳处理。

加强终端管制区管理包括以下方面:

(1)完成实施世界大地测量系统-1984;

(2)设计和实施优化的区域导航和所需导航性能进离场程序;

(3)设计和实施基于所需导航性能的进近程序;

(4)加强交通和容量管理。

实施终端管制区动态管理程序可包含若干要素,如动态尾流、旋涡探测和缓解以及协同性容量管理。在商业案例对实施加以支持的地方,应开发和实施决定支持工具以提供更加有条不紊和高效的进离场交通流量管理和更加高效的使用跑道,确定更加节油的航迹和减少噪声暴露。

九、所需导航性能和区域导航标准仪表离场(SIDs)

通过实施基于所需导航性能和区域导航的经改进的空中交通服务航线结构,优化终端管制区(TMA),从而以改进的协调过程为基础,将飞行的航路阶段与最后进近连接在一起。

利用诸如所需导航性能和区域导航等航空器导航能力以及空中交通管理决定支持系统,实施优化的标准仪表离场(SIDs)、标准仪表进场(STARs)、仪表飞行程序以及等待、进近和相关程序,将大大增加容量和提高效率。使用标准仪表离场和标准仪表进场,将最大限度地增加系统容量和可预测性,同时减轻环境影响,减少燃油消耗,并减少空中交通服务协调。各国应利用这些现有的性能特点来设计此种航线结构。通过采用所需导航性能1、区域导航2以及标准1来设计标准仪表离场和标准仪表进场,可实现近期效益,因为这种设计能够保持航线之间的最佳间距,从而获得更大的容量和效率方面的效益。标准仪表离场和标准仪表进场可使航空器高效地从跑道过渡到航路飞行,反之亦然;可将离场交通与进场交通分隔开从而提供安全的航空器间隔;可维持超障余度要求;可满足环境要求;可提供与航空器区域导航系统兼容的可预测的飞行航迹。

十、地面系统与机载系统功能的整合

通过基于飞行管理系统的到场程序以及地面和机载系统的整合,优化终端管制区以实现更加节油的航空器运行。

近年来,人们为制定可在航空器进近目的地机场时提供最高效航迹的飞行程序做出了一些努力。这些程序提供从下降起点到航空器处于平稳着陆状态的不间断飞行航迹而无需在中间作调整。对于设计工作而言,有必要分阶段实施这些程序。航路和进场航线及相关程序的设计应有利于连续下降程序得到经常性的使用。同样,离场程序的设计应有利于不受限制的爬升程序得到经常性的使用。为使终端管制区空域内的效率最大化,利用改进的终端管制区设计和充分利用自动化至关重要。因此,除了连续下降能力外,航空器将日益配备到达时间计算功能。这种能力将与地面自动化结合在一起,以提供到达定位点的时间,进而协助排序过程,使航空器更接近其四维的优选航迹。

十一、跑道运行

加强跑道运行性能从制定跑道容量基准开始。这一基准通常被界定为一个机场在Ⅰ类最低气象条件以上,1 h 内能够处理航班架次的最大数量。这些基准是估计数,随着跑道配置和航空器类型组合的变化而变化。必要时,应将以最适宜的方式利用航空器能力和现有跑道,使全天候气象条件下的吞吐量尽可能接近目视气象条件下的吞吐量作为一项目标。实现每条跑道的最佳容量是一项复杂的工作,涉及战术和战略方面的许多因素。为了有效地管理这项工作,有必要衡量运行变革的效果和监测空域用户与空中交通管理提供者的业绩。后一种情况适用于分析驾驶员和管制员的业绩,并须认识到要保持用户的信心和在现行的安全文化氛围内工作。应制定构成衡量与分析基础的业绩指标。影响跑道占用的战术因素包括飞行运行和空中交通管理因素。飞行运行方面包括操作员行为能力,公司程序的效果,机场基础设施的使用和航空器性能等。各种程序、跑道的物理特性、航空器能力、监视能力、航空器间隔、气象限制、环境限制以及周围土地使用管理等都是跑道容量的制约因素。为最大限度缩小间隔采用的改进程序,如缩小的跑道间隔、精密跑道监视(PRM)、近间距平行跑道 RNP+进近等,将优化间隔应用能力。

十二、仪表气象条件和目视气象条件运行能力的匹配

应增强航空器在不利的气象条件下在机场场面机动的能力。空中交通管理系统的一项目标应是,利用所有机载和服务提供能力,在仪表气象条件(Instrument Meteorological Condition, IMC)下尽最大可能保持目视气象条件 (Visual meteorological Condition, VMC)运行能力。在朝这一目标发展的过程中,应更多使用现代航空器系统和陆基系统的能力,然后将滑行道设计和引导能力与这些条件相匹配。

十三、决策支持系统和警报系统

运用各种决策支持工具来协助空中交通管制员和驾驶员发现和解决空中交通冲突并提高交通流量。决策支持系统有助于及早解决潜在的冲突，可为进行探索性探查以优化各项战略提供基本标准，还可减少对战术行动的需要。这样一来便可加强管制员的执行作用，在可接受的工作量极限的范围内为加大交通管理量提供机会。有一些能够大大增强安全的可供使用的工具，它们包括最低安全高度告警系统、短期冲突警报和跑道侵入警报工具。

十四、数据链应用

应增加数据链应用程序的使用。实施不太复杂的数据链服务(如起飞前放行许可、洋区放行许可、数字式自动终端情报服务、自动位置报告等)能够马上提高空中交通服务提供的效率。正在成功地逐步使用较复杂的与安全有关的数据链通信，这种通信利用种类繁多的管制员-驾驶员数据链通信报文，其中包括空中交通管制放行许可。与话音通信相比，使用管制员-驾驶员数据链通信和实施其他数据链应用程序能够在工作量和安全方面为驾驶员和管制员带来巨大优势，尤其是它们能够提供地面系统与机载系统之间的高效连接，改进数据的处理和传递，减少信道拥塞，减少通信差错，提供可互用的通信媒体和减少工作量。世界各地区都在使用约定式自动相关监视、广播式自动相关监视和管制员-驾驶员数据链通信，但缺乏全球协调。目前的地区举措，包括利用独特的报文集子集和管制员-驾驶员数据链通信程序，阻碍了全球航空器运行的有效发展和获得接受。应在近期以全球协调的方式实施现有的和新兴的技术以支持各项长期目标。要实现协调一致，需要界定全球性的设备要求，因此将最大限度地减少用户投资。

十五、航行情报

应提供实时、有质量保证的电子情报。考虑到区域导航、所需导航性能、基于计算机的导航系统和空中交通管理的要求，需要对航行情报服务提出新的相应要求，以保证情报的质量和及时性。为能够应付和管理情报提供工作并满足这些新要求，航行情报服务的传统作用应转变为一种全系统的情报管理服务，并改变其职责。为促进协调、提高效率与安全和确保空中交通管理界在协同决策时分享同样的情报，实时获得有质量保证的电子情报(航空学、地形和障碍物)至关重要。安装了带有全球地理参考数据集(这些数据集含有关于航路、终端和机场的信息)的机载设备后，电子情报将能加强驾驶员在航路、终端和机场运行时的情境意识。可向不同的空中交通管制站点和飞行前计划单位提供这些情报，也可将其提供给航空公司飞行规划部门或私人/通用航空用户使用。电子情报能够加以剪裁和格式化以使其满足空中交通管理用户的要求和用途。标准化的数据格式将用于创建情报数据库，然后向数据库输入有质量保证的数据集。

十六、气象系统

应提高气象情报的可获性以支持无缝隙的全球空中交通管理系统。应及时获得实时的全球飞行气象情报以帮助空中交通管理部门参与有关航空器监视、空中交通流量管理和灵活的/动态航空器航线的战术决策，这将有助于优化空域的使用。这种严格的要求意味着大多数气象系统应自动化，并且国际航行气象服务应以一种集成全面的方式通过诸如世界区域预报系统(World Area Forecast System, WAFS)、国际航路火山监视(IAVW)和国际民航组织热带气旋警告系统等全球系统来提供。要增强世界区域预报系统、国际航路火山监视和国际民航组织热带气旋警告系统以提高发布的预报的准确性、及时性和实用性，促进优化空域的使用。更多地使用数据链来下载和上传气象情报（通过诸如数字式自动终端情报服务和供飞行中的航空器使用的数字气象情报等系统），将有助于航空器进近的自动排序并有助于容量最大化。为支持终端区运行而开发的自动化陆基气象系统将提供飞行气象情报(如自动低空风切变警报)和自动跑道尾流涡旋报告。自动化系统提供的飞行气象情报还有助于及时发布危险气象预报和警报。这些预报和警报连同自动提供的飞行气象情报，有助于最大限度地增加跑道容量。

十七、世界大地测量系统

所有国家都实施世界大地测量系统。世界各国为确定跑道、障碍物、机场、导航设备和空中交通服务航线位置而使用的地理坐标以各种当地大地参照系统为基础。随着区域导航的引进，地理坐标参考当地大地基准的问题更加明显，这清楚地表明需要一个通用的大地参照系。国际民航组织为解决这一问题，于 1994 年采用了世界大地测量系统-1984(WGS-84)作为用于航行的通用水平大地参照系，于 1998 年 1 月 1 日开始执行。实施全球导航卫星系统的基础是使用一个通用的地理参照系。国际民航组织采用 WGS-84 作为这一基准，许多国家已经实施或正在实施这一系统。不实施该系统或决定使用另一种参照系将会在空中交通管理服务中产生缝隙，并将延迟全球导航卫星系统效益的充分实现。完成 WGS-84 的实施工作是实施空中交通管理的若干增强(包括实施全球导航卫星系统)的先决条件。

十八、导航系统

使基于性能的导航得以引入和发展，这种导航由一个具有准确、可靠和无缝隙的全球定位能力的强大的基础设施予以支持。空域用户需要一个全球互用的，能够提供安全、效率和容量等方面效益的导航基础设施。航空器导航应是直接的，并在基础设施的支持下具有最高的精确度。为满足这些需要，逐步采用基于性能的导航必须由一个适当的导航基础设施予以支持，该基础设施包括一个全球导航卫星系统(GNSS)、自主导航系统（惯性导航系统）和常规陆基导航设备的适当组合。

十九、通信基础设施

发展航空移动和固定通信基础设施，以支持话音和数据通信，纳入新的功能以及提供足够的容量和优质服务来支持各项空中交通管理要求。有关运行概念的组成部分为机场运营、交通同步、冲突管理、空域用户运行。战略描述空中交通管理广泛且越来越多地依赖于获得实时或近实时、相关的、准确、可信任和有质量保证的信息以便做出知情的决定。及时获得适当的航空移动和固定通信能力(话音和数据)以满足空中交通管理要求和提供足够的容量和优质服务,这一点十分重要。航空通信网络基础设施应能满足日益增加的对在所有利益相关方均可参加的透明网络内收集和交换信息的需要。逐步采用基于性能的标准、建议措施和系统层面的功能要求,将有助于更多使用市场上供应的话音和数据电信技术及服务。在这一战略框架内,各国应在尽可能大的程度上利用电信业提供的适当技术、服务和产品。鉴于通信作为一项支持工具在航空中起到的重要作用,共同的目标应是寻求最高效的通信网络服务,以便以最低成本提供具有航空安全水平所需的必要性能和互用性的理想服务。

二十、航空无线电频谱

在全球基础上及时和持续获得适当的无线电频谱,以提供有效的空中航行服务(通信、导航和监视)。有关运行概念组成部分:机场运营、交通同步、冲突管理、空域用户运行、空中交通管理服务交付管理。各国需要处理国际电信联盟(ITU)世界无线电通信会议(WRC)议程上有关航空事项的所有管理方面的问题。特别提请注意,需要维持目前对航空服务的频谱分配。无线电频谱是一种容量有限的稀缺的自然资源,而所有用户(航空和非航空)对无线电频谱的需求仍不断增加。所以,国际民航组织关于航空无线电频谱的战略,旨在长期保护所有无线电通信、监视和无线电导航系统的适当航空频谱。在国际电信联盟中进行的国际协调过程迫使所有频谱用户(航空和非航空)都要不断地维护频谱的要求并证明这些要求的合理性。民航业务在全球的扩展对业已紧张和有限的可用航空频谱造成压力。这一举措的框架包括由各国支持和传播国际民航组织就国际电信联盟世界无线电通信会议议程上的航空无线电频谱要求做出的定量和定性的政策声明。这样做是必要的,目的是保持目前对航空服务的频谱分配,确保继续获得适当的航空无线电频谱,最终使现有的和新的空中航行服务在全球蓬勃发展。

二十一、供国家进行效益评估的实用资料

(1)从燃油量到排放量的换算——当可以得到能够表明已从基础情况向CNS/ATM系统实施转变的燃油消耗(燃油燃烧)数据时,对温室气体排放最直接的评估是使用下列二氧化碳换算系数,即3.16千克CO_2/千克燃油。CO_2排放量=航空燃油消耗量×3.16。

鉴于航空业的全球性和所用燃油的严格规格,这一排放量系数可在全球范围内适用,也是政府间气候变化专家组的Tier1方法(基于所售燃油总量)的基础。使用这一方法结果的准确性几乎完全取决于燃油消耗数据的准确性。

(2)粗估法。

平均每飞行分钟的燃油燃烧量=49 kg

这一数字是根据国际航空运输协会2005年的统计数字,用所有航空公司总的飞行分钟(34亿)(定期航班和非定期航班)去除总的JET A1消耗量(550亿美加仑)得出的。把美加仑换算成千克燃油所使用的系数是3.026 5(3.783 1×0.8)。

平均每飞行1 n mile的燃油燃烧量 = 11 kg

这一数字是根据国际航空运输协会2005年的统计数字,通过用所有航空公司的总飞行公里(279亿)(定期航班和非定期航班)去除总的JET A1消耗量(550亿美加仑)得出的。把

千米换算成海里所使用的定义是 1 n mile = 1.852 km。

平均附加燃油消耗量估算如图 2-1 和表 2-1 所示。

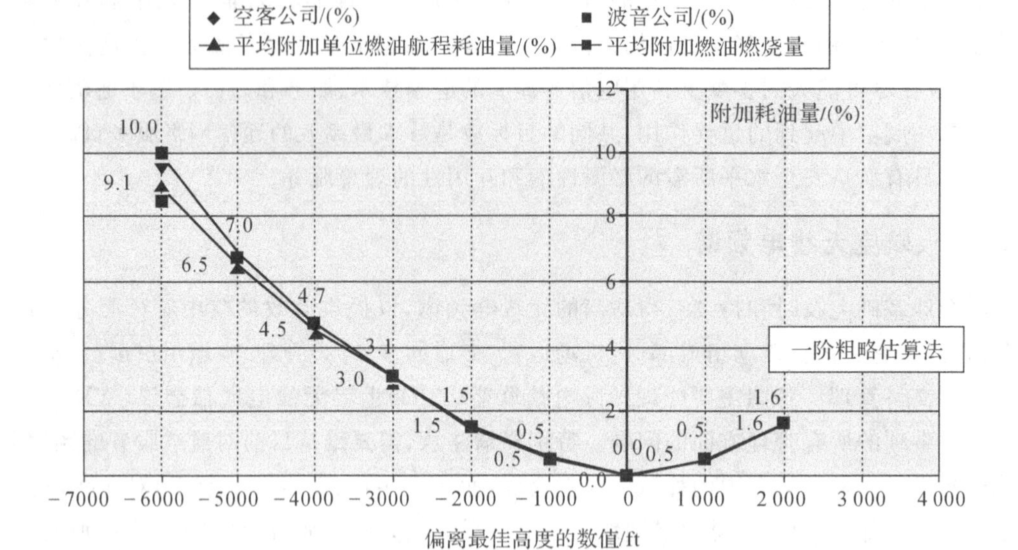

图 2-1　非最佳高度的附加单位燃油航程耗油量和附加燃油燃烧量

表 2-1　与假设最佳高度相比飞行高度层变化产生的平均附加燃油消耗量估算

飞行高度层变化/ft	平均附加 S. R* 耗油量/(%)	平均附加燃油燃烧量/(%)	平均每小时附加燃油燃烧量/kg	平均每 110 n mile 附加燃油燃烧量/kg
-6 000	9.1	10	301	110
-5 000	6.5	7	209	77
-4 000	4.5	4.7	141	52
-3 000	3.0	3.1	92	34
-2 000	1.5	1.5	45	17
-1 000	0.5	0.5	15	6
0	0	0	0	0
1 000	0.5	0.5	15	6
2 000	1.6	1.6	47	18

注：S. R* 一阶粗略估算法，单位燃油航程。

第三章　空中飞行基本规则

本章知识点提示：一般规则 RVSM 的空管运行　紧急情况处理程序　仪表飞行规则

1945 年 10 月举行的第一届空中规则和空中交通管制专业会议，对空中规则的标准、措施和程序提出了建议。这些建议由当时的航行委员会审议后，理事会于 1946 年 2 月 25 日批准。在以后的飞行实践中随着航空器和通信、导航、监视设备的不断发展，空中飞行规则尤其是仪表飞行规则得以不断完善，其内容体现在《国际民用航空公约》附件 2《空中规则》中。

第一节　一般规则

一、空中飞行

机上人员在飞行中（不论飞行种类或航空器于其中飞行的空域类别如何）和在机场活动区内运行应始终保持警惕，以便发现可能的碰撞危险。

1. 接近

1）任何人驾驶航空器不得过于靠近其他航空器而导致相撞危险。

2）除非经过事先安排，航空器不得作编队飞行。

2. 航行优先权

享有航行优先权的航空器须保持其航向和速度，但本规则中任一规定并不解除航空器机长为避免相撞而采取最有效措施的责任。

1）根据下列规则有责任给另一航空器让路的航空器，除非有相当间隔并考虑到航空器尾流的影响，须避免从对方上下穿越或从其前方切过。

2）迎面接近

当两架航空器迎面接近或几乎迎面接近而有相撞危险时，须各自向右改变其航向。

3）交叉相遇

当两架航空器几乎在同一高度上交叉相遇时，看见对方在自己右边的航空器须让路，但下列情况例外：

a）有动力装置重于空气的航空器必须给飞艇、滑翔机和气球让路；

b）飞艇须给滑翔机及气球让路；

c）滑翔机须给气球让路；

d）有动力装置的航空器须给拖曳其他航空器或物件的航空器让路。

3. 超越

从一架航空器的后方，在与该航空器对称面小于 70°夹角的线上向其接近者为超越航空器。即超越航空器此时所在位置，倘在夜间它不能看见另一航空器的左侧或右侧航行灯，被超越航空器享有航行优先权。而超越航空器，不论是在上升、下降或平飞，均应向右改变航向给对方让路。此后，二者相对位置的改变并不解除超越航空器的责任，直至完全飞越对方并有足够间隔时为止。

参考资料 **“碰撞危险”(Collision Hazard)与“空中接近相撞”(Near Midair Collision)不同**[①]

联邦航空管理局由于飞行员违反了联邦航空条例(Federal Aviation Regulation ,FAR)91.13(a)2条(粗心和鲁莽操作)和FAR91.111(a)条(在其他航空器附近运行)，决定将该飞行员的航空公司运输飞行员执照暂停120天。做出该处罚是因为，该飞行员在驾驶自己的红色T-33飞机时，接近一架Mitsubishi MU-2飞机，并从MU-2下部将其赶上，在非常接近MU-2的前方把飞机拉起(见图3-1)。

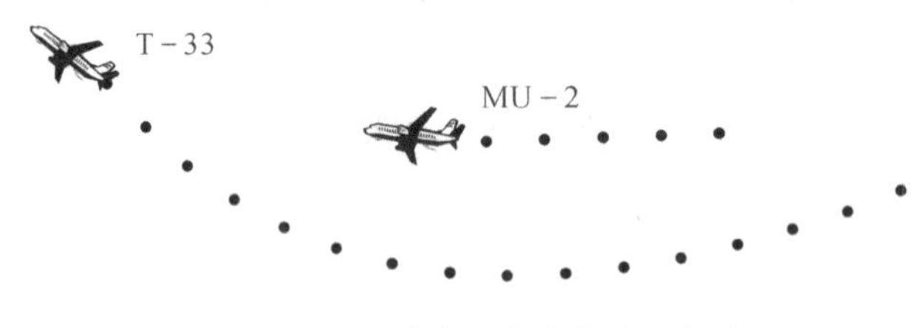

图3-1　碰撞危险与空中接近相撞

在上诉时，该飞行员认为，行政法法官对两架航空器的距离的决定是错误的。飞行员认为距离大于500英尺，因此，根据《飞行员信息手册》(AIM)中关于“空中接近相撞”的定义，并不存在碰撞危险。《飞行员信息手册》第7-6-3.b规定了“空中接近相撞”的定义，即航空器的运行与另一架航空器接近少于500英尺，导致发生碰撞可能性的事件，或者飞行员或飞行机组成员报告两架或多架航空器之间存在碰撞危险。

国家运输安全委员会对这一观点不予采纳，认为《飞行员信息手册》仅仅具有建议的性质，没有规章的约束力，并且《飞行员信息手册》的定义，并非没有确定是否违反了FAR91.111，因为“被告导致了或者几乎导致了空中接近相撞并不重要，被告接近MU-2 500英尺也不重要，重要的是被告运行航空器是否与其他的航空器太近，以至于造成了碰撞危险”。委员会还援引以前的裁决，指出除了接近之外，熟练的飞行员躲避碰撞的行为也是潜在的碰撞危险的证据。因此，委员会维持了行政法法官的决定。

在一份独立的记录中，委员会对行政法法官对其决定的解释表示异议。行政法法官认为，该飞行员并不值得信赖，特别是他有类似事件的历史记录(指出该飞行员承认以前发生过类似事件，他驾驶飞机时遇到一个熟人驾驶执法的直升机，他就从下面超过去，并在极近的前方把飞机拉起，当时直升机离地面只有300英尺)。委员会认为，根据联邦证据规则，这种证据是不允许的，因为禁止将承认其他犯罪、违法或行为的证据作为当事人行为的依据。但是，委员会不认为这一错误是对该飞行员的歧视。

尽管该飞行员的观点比较有趣，但是委员会对此观点不予采纳是很明显的。具有讽刺意

① 中国民航法律网，2008年5月5日。

味的是,美国联邦航空局(Federal Aviation Administration, FAA)却认为《飞行员信息手册》的定义具有适用性,在这种情况下,审理结果有可能会相反。联邦航空管理局可能会主张而安全委员会可能会同意,委员会必须顺从联邦航空管理局利用《飞行员信息手册》的定义来解释规章。这公平吗?不公平。但是,当要求委员会服从联邦航空管理局时,事情就是这样。

二、起飞着陆和地面滑行

1.着陆

(1)在飞行中或在地面、水面上运行的航空器,须给正在着陆或在进入着陆最后阶段的其他航空器让路。

(2)当两架或两架以上重于空气的航空器为了着陆而向同一机场进近时,高度较高的航空器须给高度较低者让路,但后者不能利用本规则切入另一正在进入着陆最后阶段的航空器的前方或超越该航空器。但是,有动力装置重于空气的航空器须给滑翔机让路。

(3)紧急着陆。一架航空器得悉另一架航空器被迫着陆时,须给该航空器让路。

2.起飞

在机场机动区滑行的航空器,须给正在起飞和即将起飞的航空器让路。

3.地面活动的航空器

(1)两架在机场活动区内滑行的航空器,如有相撞危险时,必须遵照下列要求实施:

1)当两架航空器迎面接近或几乎迎面接近时,须各自停止或在切实可行的情况下各自向右改变其方向,以保持适当间隔;

2)当两架航空器交叉相遇时,看见对方在自己右边的航空器须让路;

3)被超越航空器享有滑行优先权,而超越航空器应与对方保持适当间隔。

(2)除非机场管制塔台另行准许外,航空器在机动区内滑行,在所有的滑行等待位置上,必须停止、等待。

(3)航空器在机动区内滑行,在亮着的停止排灯前,必须停止、等待;关灯后,方可前进。

三、航空器应显示的灯光

为了符合要求,对于飞机灯光的特征,在附件8中有所规定。在附件6第Ⅰ部分和第Ⅱ部分的附录中载有飞机航行灯的规格。在《适航性技术手册》(文件号9051)第Ⅲ部分内,载有飞机灯光的详细技术规格,在第Ⅳ部分内载有直升机灯光的详细技术规格。

航空器在滑行或被拖曳的过程中,当其正在滑行、被拖曳或者暂时停住,均被认为该航空器是在运行中。

1.从日落到日出或在经有关当局规定的任何其他时间内飞行中一切航空器必须显示:

(1)引起对该航空器注意的防撞灯;和

(2)用以向观察员示明该航空器的相对航径的航行灯,但不得显示可能与之混淆的其他灯光。

注:为了其他目的而装设的灯光,如着陆灯和机体泛光灯,可用以作为附加的、在《适航性技术手册》(文件号9051)中规定的防撞灯,以加强航空器的明显性。

2.从日落到日出或在经有关当局规定的任何时间之内:

(1)在机场活动区内活动的一切航空器,必须显示用以向观察员示明该航空器相对航径的航行灯,但不得显示可能与之混淆的其他灯光。

(2)除非有固定的和足够的灯光照明，在机场活动区内的一切航空器必须显示用来示明其结构外端的灯光；

(3)在机场活动区内运行的一切航空器必须显示用来引起对该航空器注意的灯光；和

(4)在机场活动区内其发动机已开车的一切航空器必须显示示明这一事实的灯光。

3.必须允许驾驶员可关闭装设的闪光灯或减小其强度，如果这些灯光是或可能是：

(1)严重影响驾驶员满意地完成任务；或

(2)使外部观察员眩眼。

四、模拟仪表飞行(亦称为暗舱飞行)

航空器不得在模拟仪表飞行条件下飞行，除非：

1.航空器装有完全能工作的双套操纵系统；并且

2.有一名合格的驾驶员坐在驾驶座上，担任作模拟仪表条件飞行的安全驾驶员。安全驾驶员对航空器前方及两侧须有足够视野，或须有一名能与其取得联系的合格的观察员处于有充分视野的位置，以弥补该安全驾驶员视野的不足。

五、在机场上及其附近的运行

在机场上或其附近运行时，不论其是否在机场交通地带，航空器必须：

1.观察机场其他交通，以免相撞；

2.遵守或避开其他航空器运行所形成的起落航线；

3.除非另有指示，在着陆前和起飞后作左转弯；

4.除非因安全、跑道位置或空中交通情况而确定另一方向较好外，作逆风起落。

六、水上运行

(1)当两架航空器或一架航空器和一艘船舶互相接近并有相碰危险时，航空器在前进中须仔细考虑当时场合和包括各自技巧限制在内的条件。

1)交叉相遇。看见在自己右方有另一航空器或船舶的航空器须让路，以保持适当间隔。

2)迎面接近。与一架航空器或一艘船舶迎面接近或几乎迎面接近的航空器，须向右改变航向，以保持适当间隔。

3)超越。被超越的航空器或船舶享有航行优先权，而超越航空器须改变航向以保持适当间隔。

4)着陆和起飞。航空器在水上着陆和起飞时，须尽可能远避船舶，以免妨碍其航行。

(2)在水上的航空器应显示的灯光。

在日落至日出之间，或在有关当局规定日落至日出以外的其他时间内，在水上的航空器须显示1972年修订的《国际海上避碰规则》要求的灯光；无法这样做时除外，在这种情况下，它们须力求显示与该《国际海上避碰规则》所要求的特征和部位相似的灯光。

注1：附件6第Ⅰ和第Ⅱ部分的附录载有水上飞机应显示的灯光规格。

注2：《国际海上避碰规则》在第1b)条规则中规定，自日落至日出之间必须遵守关于灯光的规则。因此，按照(六)水上运行第2条的规定在日落至日出之间的较短期间，在适用《国际海上避碰规则》的地区，即在公海上，不得适用。

七、非法干扰

受非法干扰的航空器必须设法将此事实、与此有关联的任何重大情况和当时情况所必需的对现行飞行计划的任何偏离，通知有关 ATS 单位，以便使该 ATS 单位对该航空器给予优先安排并使其与其他航空器的冲突减至最低限度。

注 1：在非法干扰情况下，ATS 单位的职责载于附件 11（第十一章空中交通服务）内。

注 2：受到非法干扰的、装有二次监视雷达应答器的航空器应采取的行动，载于附件Ⅱ、《航行服务程序——空中规则和空中交通服务》（文件号 4444）和《航行服务程序——航空器的运行》（文件号 8168）内。

八、拦截

民用和军用航空器正确地使用和理解仅作为最后手段而进行拦截时采用的任何目视信号，对于飞行安全至关重要，国际民用航空组织通过将此目视信号作为附录而列入附件 2 时，敦促各缔约国保证其国家航空器将严格遵守这些目视信号的规定。因为拦截民用航空器，在一切情况下均有潜在的危险。理事会已制定了特殊建议，敦促各缔约国以统一的方式对之予以应用。

民用航空器机长，当其被拦截时应遵守附件 2 的标准，并按附件 2 附录 1 第 2 节规定的目视信号进行理解和回答。

第二节　目视飞行规则

一、VFR 飞行气象要求

除作为特殊 VFR（Visual Flight Rules）飞行者外，VFR 飞行须如此进行，以保证航空器是在等于或大于表 3－1 中所列的能见度和离云距离的条件下飞行。

除已获得空中交通管制单位的放行许可外，在下列气象条件下，VFR 飞行不得在管制地带内的机场起飞或着陆，也不得进入该机场交通地带或起落航线：

（1）当云幕高低于 450 m（1 500 ft）时；

（2）当地面能见度小于 5 km 时。

在日落至日出之间或在有关 ATS 当局可能规定的在日落至日出之间的其他时间内的 VFR 飞行，须按照该当局规定的条件运行。

表 3－1　目视气象条件中能见度和离云最小距离

<table>
<tr><td rowspan="2">空域类别</td><td rowspan="2">B</td><td rowspan="2">C，D，E</td><td colspan="2">F，G</td></tr>
<tr><td>离 MSL900 m 以上或离地面 300 m 以上，取较高的一个数值</td><td>离 MSL900 m 以下或处于离地面 300 m 和以下，取较高的一个数值</td></tr>
<tr><td>离云距离</td><td>离开云</td><td colspan="2">水平：1 500 m
垂直：300 m（1 000 ft）</td><td>离开云并能看到地面</td></tr>
</table>

续表

<table>
<tr><td rowspan="2">空域类别</td><td rowspan="2">B</td><td rowspan="2">C，D，E</td><td colspan="2">F，G</td></tr>
<tr><td>离 MSL900 m 以上或离地面 300 m 以上，取较高的一个数值</td><td>离 MSL900 m 以下或处于离地面 300 m 和以下，取较高的一个数值</td></tr>
<tr><td>飞行能见度</td><td colspan="3">处于离平均海平面 3 050 m 和在其上：8 km；离平均海平面 3 050 m 以下：5 km</td><td>5 km</td></tr>
</table>

注：1. 过渡高度的高，低于平均海平面（Above Mean Sea Level，AMSL）3 050 m 时，应该使用飞行高度层 FL100 来代替 10 000 ft。

2. 有关 ATS 当局有如此规定时。

3. 对于下列飞行可允许较低的飞行能见度至 1 500 m：

（1）在低能见度条件下，飞行速度将给予足够机会以及时观察其他交通或任何障碍物从而避免碰撞；

（2）在与其他交通遭遇的概率通常较低的场合，如交通量小的区域，或在低空进行航空作业。

4. 如机动飞行的速度，将给予足够机会以便及时观察其他交通或任何障碍物从而避免碰撞时，可允许直升机在飞行能见度小于 1 500 m 的条件下运行。

二、VFR 的管制要求

除有关 ATS 当局批准者外，VFR 飞行不得：

（1）在 FL200 以上运行；

（2）作跨声速或超声速飞行。

除非为起落所需或经有关当局许可，VFR 飞行不得：

（1）在其高离航空器半径 600 m 范围内的最高障碍物小于 300 m（1 000 ft），飞越城市、集镇或居民点的人口稠密地区或露天群众集会的上空；

（2）在（1）所述地区以外，其高离地面或水面小于 150 m（500 ft）飞行。

除空中交通管制放行许可另有示明或有关 ATS 当局另有规定者外，在离地面或水面 900 m（3 000 ft）以上，或在经有关 ATS 当局规定的较高的基准面以上，VFR 飞行巡航平飞时，必须符合附录 3 巡航高度层表中规定的与航海相适应的飞行高度层。

三、VFR 改 IFR

按目视飞行规则飞行的航空器想改为按 IFR 飞行时：

（1）如已提交飞行计划，必须通知对其现行飞行计划将要进行的必要的更改；或

（2）按照“附件 2 第二节一般规则三、飞行计划（一）飞行计划的提交”第 2 条的要求，向有关空中交通管制单位提交飞行计划，并在管制空域内进行 IFR 飞行前取得放行许可。

第三节　仪表飞行规则

一、适用于一切 IFR 飞行的规则

1. 航空器设备

航空器必须装置适当仪表和适宜于所飞航路的无线电导航设备。

2.最低高度层

除非为起飞、着陆所必需或经有关当局批准，IFR飞行的高度层不得低于飞越其领土的国家所规定的最低飞行高度，或者在未经规定最低飞行高度的地区按下列规定执行：

1)在高原和山区，其高度层至少超出在航空器预计位置半径8公里内的最高障碍物600米(2 000英尺)；

2)在1)条所述之外的地区，其高度层至少超出在航空器预计位置半径8公里内的最高障碍物300米(1 000英尺)。

注：航空器预计位置要考虑到在有关航段上可能达到的导航准确性，这就要注意到地面和机上可供使用的导航设施。

3.从IFR飞行改为VFR飞行

1)按仪表飞行规则飞行的航空器，选择改为按目视飞行规则飞行时，如已提交了飞行计划，必须通知有关空中交通服务单位，说明取消IFR飞行，并报告对现行飞行计划所要作的更改。

2)按仪表飞行规则飞行的航空器进入或遇到目视飞行气象条件时，除非预计并打算进行相当长时间的、不间断的在目视气象条件下飞行，不得取消其IFR飞行。

二、适用于在管制空域内IFR飞行的规则

在管制空域内的IFR飞行，巡航时必须沿一巡航高度层飞行；如经准许采用巡航爬高技术，则须在两个高度层之间或一个高度层之上飞行。高度层系选自：

1.巡航高度层表，或

2.但如有关ATS当局在航行资料汇编中另有规定或空中交通放行许可中另有说明时，则规定的高度层与磁航距的相互关系即不适用。

三、适用于在管制空域外IFR飞行的规则

1.巡航高度层

垂直间隔的最低标准须为：

在管制空域外的IFR飞行，巡航平飞时，必须按下述规定，沿与磁航迹相适应的巡航高度层飞行：

按巡航高度层表(见表3-2)，但有关ATS当局对在离平均海平面900 m(3 000 ft)或以下飞行另有规定者例外；或修订的巡航高度层表，当按照高度层表对在FL410以上的飞行如此规定时。

注：有关垂直间隔的指导材料载于《关于在飞行高度层FL 290至FL 410实施300 m(1 000 ft)垂直间隔最低标准的手册》(DOC 9574号文件)中，详细见DOC 4444(2016版本)。

表 3－2　巡航高度层表

航迹											
0°～179°						180°～359°					
IFR 飞行			VFR 飞行			IFR 飞行			VFR 飞行		
FL	高度		FL	高度		FL	高度		FL	高度	
	m	ft		m	ft		m	ft		m	ft
10	300	1 000	—	—	—	20	600	2 000	—	—	—
30	900	3 000	35	1 050	3 500	40	1 200	4 000	45	1 350	4 500
50	1 500	5 000	55	1 700	5 500	60	1 850	6 000	65	2 000	6 500
70	2 150	7 000	75	2 300	7 500	80	2 450	8 000	85	2 600	8 500
90	2 750	9 000	95	2 900	9 500	100	3 050	1 0000	105	3 200	10 500
110	3 350	11 000	115	3 500	11 500	120	3 650	12 000	125	3 800	12 500
130	3 950	13 000	135	4 100	13 500	140	4 250	14 000	145	4 400	14 500
150	4 550	15 000	155	4 700	15 500	160	4 900	16 000	165	5 050	16 500
170	5 200	17 000	175	5 350	17 500	180	5 500	18 000	185	5 650	18 500
190	5 800	19 000	195	5 950	19 500	200	6 100	20 000	205	6 250	20 500
210	6 400	21 000	215	6 550	21 500	220	6 700	22 000	225	6 850	22 500
230	7 000	23 000	235	7 150	23 500	240	7 300	24 000	245	7 450	24 500
250	7 600	25 000	255	7 750	25 500	260	7 900	26 000	265	8 100	26 500
270	8 250	27 000	275	8 400	27 500	280	8 550	28 000	285	8 700	28 500
290	8 850	29 000	300	9 150	30 000	310	9 450	31 000	320	9 750	32 000
330	10 050	33 000	340	10 350	34 000	350	10 650	35 000	360	10 950	36 000
370	11 300	37 000	380	11 600	38 000	390	11 900	39 000	400	12 200	40 000
410	12 500	41 000	420	12 800	42 000	430	13 100	43 000	440	13 400	44 000
450	13 700	45 000	460	14 000	46 000	470	14 350	47 000	480	14 650	48 000
490	14 950	49 000	500	15 250	50 000		15 550	51 000	520	15 850	52 000
											其余类推

2. 通信

在管制空域外进行的 IFR 飞行，必须保持守听有关无线电频率，并按需要与提供飞行情报服务的空中交通服务单位建立双向通信。

3. 位置报告

在管制空域外进行的 IFR 飞行，并经有关 ATS 当局要求：

(1)提交飞行计划。

(2)保持守听有关无线电频率,并按需要与提供飞行情报服务的空中交通服务单位建立双向通信。必须按受管制的飞行,报告位置。

注:在规定的咨询空域内按仪表飞行规则飞行的航空器,选择使用空中交通咨询服务时,预期它是遵守"第二节一般规则六、空中交通管制服务"规定的(但对飞行计划及更改则无需取得放行许可),并将同提供空中交通咨询服务的单位保持双向通信联络。

四、由 IFR 飞行改为 VFR 飞行

只有当空中交通服务单位收到机长就其现行飞行计划发出的特定用语"CANCELLING MY IFR FLIGHT(取消我的仪表飞行规则飞行)",及飞行计划可能有变更时,方可接受由仪表飞行规则(IFR)飞行改变为目视飞行规则(VFR)飞行。不得直接或推测性地要求由 IFR 飞行改为 VFR 飞行。

空中交通服务单位通常除回答"IFR FLIGHT CANCELLED AT… (time)[仪表飞行规则飞行在……(时间)取消]"外,不作任何其他答复。

当 ATS 单位掌握沿飞行航路很可能会遇到仪表气象条件的情报时,如果可行,应该把此情况告知正将仪表飞行规则飞行改为目视飞行规则飞行的驾驶员。

ATC 单位在收到航空器欲将仪表飞行规则飞行改变为目视飞行规则飞行的通知后,除飞行已穿过其空域或地区的那些单位外,必须尽快通知所有其他已发给此仪表飞行规则飞行计划的 ATS 单位。

五、水平速度控制

为便于协助交通安全和有序的流通,可要求航空器根据有关当局规定的条件,以规定的方式调整其速度。应适时通知飞行机组计划的速度控制。

如果飞行机组在任何一时间无法遵守速度指令,应通知有关的 ATC 单位。在此情况下,管制员须采用其他方法在有关的航空器之间建立理想的间距。

在 7 600 m(FL250)或以上的高度层,速度调整应以 0.01 马赫倍数表示。7 600 m(FL250)以下的高度层,速度调整应根据指示空速(IAS)以 20 km/h(10 n mile/h)倍数表示。在较高的飞行高度层,0.01 马赫约相等于 11km/h(6 n mile/h)IAS。处于高高度层的重型航空器,在某些情况下其改变速度的能力非常有限。

为了在两架或更多相继飞行的航空器之间建立理想的间距,管制员既可以先降低后一架航空器的速度,亦可以先增加前行航空器的速度,然后再调整其他航空器的速度。

1.控制基本方法

为了使用速度控制技术保持理想的间隔,需要向所有有关的航空器指配具体的速度。

航空器下降期间保持恒定的 IAS 时,其真空速(TAS)就会减小。如两架下降的航空器保持相同的 IAS,当前方航空器处于低高度层时,其 TAS 就会低于跟随的航空器。如不采用足够的速度差分,两架航空器之间的距离就会减小。为便于计算两架前、后飞行的航空器之间理

想的速度差分，每 300 m(1 000 ft)高度 11 km/h(6 n mile/h)IAS 差分可被用为一般规则。低于 2 450 m(FL80)以下的高度层，IAS 和 TAS 之间的差分对速度控制目的影响很小。

当航空器位于较高的高度层、速度较快和净身时，会增加实现理想间隔的所需要时间和距离。

2. 下降和进场的航空器

在可行的范围内，应准许一架航空器在后一段的飞行中，以减速巡航的方式，消磨被告知在进港时将延误的时段。可要求进场航空器保持其“最大速度”“最低净身速度”“最小速度”或规定的速度。（“最低净身速度”表示航空器净身所能飞行的最低速度，比如不打开增强上升力的装置、减速板和起落架。）

涡轮喷气式航空器从巡航高度层开始下降期间，在低于 460 km/h(250 n mile/h)IAS 内降低速度只有在得到飞行机组同意时才能实施。

应避免指示航空器同时保持大下降率和降低速度，因为这种机动动作通常是不共存的。下降当中任何重大的减速会要求航空器暂时平飞，在继续下降前降低速度。

应允许进场航空器尽可能以净身方式长时间飞行。在 4 550 m(FL150)以下，可将涡轮喷气式航空器的速度降低到不低于 410 km/h(220 n mile/h)IAS，这通常非常接近涡轮喷气式航空器净身时的最小速度。

对于做中间和最后进近的航空器，只能使用正/负不超过 40 km/h(20 n mile/h)IAS 的小幅度速度降低。航空器在最后进近中飞越距跑道入口 7 km(4 n mile)这一点时，不应再使用速度控制。

六、垂直速度控制

为便于交通安全和有序地流通，可要求航空器调整其爬升和下降率。垂直速度控制可适用于两架正在爬升的航空器或者两架正在下降的航空器之间，以便建立或保持一个特定的最低垂直间隔。

垂直速度控制不适用正在进入或已建立等待起落航线的航空器。垂直速度调整应被限制在能按需要建立和/或保持理想的最低间隔。应避免频繁改变爬升/下降率的指令。

如果飞行机组在任何一时间无法遵守规定的爬升或下降指令，应通知有关的 ATC 单位。在此情况下，管制员应毫不耽搁地采用其他方法在有关航空器之间建立理想的间隔。

适当时，可以要求一架航空器加快其爬升和下降率飞至或穿越一规定的高度层，或要求它降低其爬升和下降率。可以要求正在爬升的航空器保持规定的爬升率，等于或大于规定值的爬升率，或者等于或小于规定值的爬升率。可以要求正在下降的航空器保持规定的下降率，等于或大于规定值的下降率，或者等于或小于规定值的下降率。

实施垂直速度控制时，管制员应确定爬升航空器在飞至哪一高度层能够保持其规定的爬升率。如属下降的航空器，则它能够保持规定的下降率，并保证在需要时能以及时的方式采用其他方法保持间隔。同时实施水平和垂直速度限制时，管制员需要了解航空器的性能特点和限制。

七、尾流紊流的类型

关于尾流涡的详细特征及其对航空器的影响载于《空中交通服务规划手册》(DOC 9426)第二部分第五节。尾流紊流的最低间隔标准须按照最大允许起飞质量将航空器机型分为如下三类：

(1)重型(H)——所有质量为 136 000 kg 或以上的机型；

(2)中型(M)——质量大于 7 000 kg 但小于 136 000 kg 的机型；及

(3)轻型(L)——质量为 7 000 kg 或以下的机型。

直升机在悬停或空中滑行时应完全避开轻型航空器。

直升机在飞行中产生涡流，有证据表明，它们的涡流每千克总重要比固定翼航空器的涡流更强烈。针对尾流紊流的非雷达和雷达最低间隔标准的规定分别载于 DOC 9426 第五章和第八章。

重型尾流紊流类型的表示：重型尾流类的航空器，在此类航空器和 ATS 单位的第一次无线电通话联系中，航空器呼叫的呼号后必须紧接“重型”二字。

八、高度表设定程序

1.航空器垂直位置的表达

在机场附近或终端管制区内飞行的航空器，其垂直位置必须以过渡海拔高度(以下)的海拔高度，和过渡高度层(以上)的飞行高度层来表达。当穿越过渡层时，爬升时的垂直位置必须用飞行高度层，下降时的垂直位置必须用海拔高度来表达。

已经接到着陆放行许可而正在使用 QFE 完成进近的航空器，在可以使用场压高度的飞行阶段其垂直位置必须以高于机场标高的高度表示，但属于下列情况的则必须用高于跑道入口标高的高度来表示：

(1)仪表跑道，如入口处低于机场标高 2 m (7 ft) 或 2 m 以上；和

(2)精密进近跑道。

除根据地区航行协议，航空器在航路飞行时，其垂直位置必须按如下表示：

(1)在最低可用飞行高度层(以上)的飞行高度层；

(2)在最低可用飞行高度层以下的海拔高度。

2.过渡高度层的确定

有关的 ATS 单位必须根据 QNH(高度表副刻度拨正以获取地面的标高)的报告与如需要的预测平均海平面气压，在适当时段，确定用于有关机场附近，相关时，有关终端管制区(TMA)的过渡高度层。过渡高度层必须是为有关机场划定的过渡海拔高度之上可用的最低飞行高度层。在为两个或多个相距很近而需相互协调程序的机场确定一共同过渡海拔高度的地方，有关 ATS 单位必须在相关机场附近，适当时，在 TMA 确定一个在任何特定时间均可使用的共同过渡高度层。

参考资料 **我国飞行高度层**

国际民航组织通过了我国提交的关于将中国米制缩小飞行高度层垂直间隔(RVSM)标准正式纳入成为《国际民用航空公约》附件2标准的提案,我国缩小飞行高度层垂直间隔配备标准将于2009年11月正式生效成为国际民航标准。中国民航空管标准上升成为国际民航组织的标准,这在中国民航历史上尚属首次。

2007年11月22日,我国成为国际上第一个使用米制高度层实施缩小飞行高度层垂直间隔的国家,RVSM空域内飞行高度层数量由7个增加到13个。此次成功实施缩小间隔,是继1993年、2001年我国两次高度层改革后进行的第三次高度层改革,标志着我国空管技术手段和空管指挥能力的进一步提升,是民航运输发展的又一座里程碑。RVSM运行一年来,民航空管系统经受住了两次自然灾害和奥运空管保障的考验,实现了提高空域容量、减轻管制调配难度和工作负荷,以及提升运行效率和节省燃油的目的,对于促进航班正常、确保飞行安全起到了重要作用。我国缩小飞行高度层垂直间隔的成功实施,为国际上其他实施米制的国家起到了很好的示范作用。

由于《国际民用航空公约》附件2、附录3中米制高度层配备标准不合理,即使是实施米制高度层改革的国家,也没有一个国家采用该配备标准。因此,经我国提议,国际民航组织决定对《国际民用航空公约》附件2中的米制高度层配备标准进行修订。一年来,我国民航空管部门积极加强与国际民航组织、国际航空运输协会、俄罗斯等有关国际组织和周边国家的协调,得到了理解和支持。2008年10月,国际民航组织航委会讨论并通过了关于将中国米制缩小飞行高度层垂直间隔配备标准正式纳入成为《国际民用航空公约》附件2标准的提案,完成了技术层面的审核。

由于国际民航组织修改国际标准一般至少需要两年时间,根据其工作程序,国际民航组织理事会将于2009年3月履行完成最后的审批手续,我国缩小飞行高度层垂直间隔配备标准将于2009年11月正式生效,成为国际民航标准。

[来源:中国民航局 www.caac.gov.cn (2008-11-26]

第四节 RVSM空域的空管运行

为了增加空域容量,提高航空公司的运行效益,减轻空中交通管制系统的运行负荷,ICAO从20世纪70年代开始研究缩小垂直间隔(RVSM)。缩小垂直间隔在国际民航界通常称为“Reduced Vertical Separation Minimum (RVSM)”,即在高度层29 000 ft(8 850 m)至41 000 ft(12 500 m)之间的高度层空间范围内,飞机之间的最小垂直间隔由过去的2 000 ft(600)缩小为1 000 ft(300 m),该空间范围内飞行高度层的数量从原有的7个增加到13个,新增6个飞行高度层,可用飞行高度层数量增加了86%,显著增加了空域容量。这个高度层空间范围刚好是现代喷气式民航客机巡航阶段所主用的高度层,从而能有效增加空域容量,提高航空公司的运行效益,减轻空中交通管制指挥的工作负荷。我国RVSM主要在

8 400～12 500 m之间高度范围内进行。

一、关于 RVSM 的有关概念

CVSM 是 Conventional Vertical Separation Minimum 的缩写，意思是“常规垂直间隔最低标准”。即在飞行高度层 FL290 之下采用 1 000 ft(300 m)的垂直间隔最低标准，在飞行高度层 290 之上采用 2 000 ft(600 m)的垂直间隔最低标准。

RVSM 的转换空域为从非 RVSM 空域到 RVSM 空域之间的转换空域，即从 2 000 ft 垂直间隔的标准垂直间隔空域过渡到 1 000 ft 垂直间隔的 RVSM 空域，或者离开 1 000 ft 垂直间隔的 RVSM 空域，进入 2 000 ft 垂直间隔的区域，称作 RVSM 转换区域。

缩小垂直间隔标准(RVSM)空域：是指在飞行高度 8 700 m(29 000 ft)和飞行高度 12 300 m(41 000 ft)之间使用 300 m(1 000 ft)最小垂直间隔的任何空域。

按照 RVSM 的标准从事的飞行活动称为最小垂直间隔飞行。

RVSM 空域是特殊资格空域，RVSM 空域是需要具备特殊资格才能运行的空域。根据有关规定，在 RVSM 空域内，对得到 RVSM 批准的飞机将提供 1 000 ft 的垂直间隔；未得到 RVSM 运行批准的飞机将不得在 RVSM 空域内运行，而只能在飞行高度层 FL290 以下 FL410 以上飞行。欧洲 RVSM 空域特殊程序中规定仅允许在仪表飞行规则下引导飞行操作。

二、国际上实施缩小垂直间隔的进程

ICAO 从 20 世纪 70 年代开始研究缩小垂直间隔标准并积极在全球范围内推广。ICAO 颁布了《在 FL290～FL410(含)之间的实施 1 000 ft 垂直间隔标准手册》(DOC 9574)。ICAO 的一般概念审查小组在 1998 年蒙特利尔提供了欧管局、美国、日本、加拿大的完整研究报告，主要结论是：

“RVSM 技术上是可行的，并且不会对设备提出不合理的技术要求。能够带来显著的经济效益，并使空域流量大大增加。”

FAA 在准备民用空域内实施 RVSM 过程中，发布了大量的重要空中交通文件。他们建立了一套方案，即：

(1)检查民用空域内 RVSM 的作用和效益；

(2)验证民用空域内与 RVSM 相关的运行条款；

(3)评估程序化、自动化及人为因素问题和解决方法。

FAA 的其国内 RVSM 方案还在环形模拟环境下进行快速和实时的人为因素实验。快速模拟环境包括在计算机产生的航路后和与预先设计的性能参数相符合的运营的计算机产生的航空器，空中交通回波也由计算机生成。RVSM 方案将使用快速模拟环境，它可以帮助验证民用空域 RVSM 的效益。以人为本的实时模拟环境还包括模拟的航空器，但回波来自真实环境中实际管制员处理事件的信号。FAA 进行一系列的实时模拟，其目的是验证和解决与民用 RVSM 有关的空中交通运营、程序和人为因素。

六名持有执照的专职管制员参加了真实的模拟训练过程。主观数据表明 RVSM 对管制员的影响是很有益的，尤其表现在：可减小工作载荷，减小复杂性，减小潜在的错误概率及过渡的畅通。参加实验的管制员认为 RVSM 对增加扇区容量、减少耗油成本及增加他们的能力以满足管制员的需求具有帮助。总体来看，管制员很容易向 RVSM 标准过渡。

继 1997 年 3 月北大西洋空域首次实施缩小垂直间隔并成功、安全运行后，在太平洋、欧洲大陆、中东、北美、南美、日本、韩国等空域陆续顺利实施了缩小垂直间隔。非洲印度洋地区也于 2006 年 9 月实施缩小垂直间隔。世界各地区多年的实践表明实施缩小垂直间隔是安全的，缩小垂直间隔所涉及的技术已经成为成熟技术并得到了全面的应用。

如果航空公司不取得 RVSM 运行资格，在涉及 RVSM 运行的区域运行时，在飞行高度、航线选择和运行区域等方面将受到重重限制。在燃油价格居高不下的今天，这些限制将导致航空公司运营成本增加、效益降低、利润缩水。目前，国内凡是开通国际航线的航空公司都必须具备 RVSM 运行资格。因此实行 RVSM 是大势所趋。

三、我国 RVSM 间隔的确定

1. 确定 RVSM 飞行层方案需要考虑的因素

(1)空客或者波音的飞机无论是否具备米制高度表显示，当管制员指挥飞机到一个米制高度层(例如 10 200 m)时，飞行员都只能按照对应的英制高度层(10 200 m 对应的英制高度为 33 500 ft)调整飞机的高度设置，其最小刻度为 100 ft。因此，飞机的实际飞行高度是按照对应的英制高度的，米制高度表只是起到显示参考的作用。因此在规定我国米制 RVSM 高度层时，就应该为每个米制高度层规定对应的、以 100 ft 为单位的英制高度层。

(2)飞机应答机发送的 C 模式高度信息，也是以最小单位为 100 ft 的英制高度发送的。因此，管制员雷达显示器上雷达标牌显示的飞机高度为百英尺高度换算成的米制高度。

(3)由于波音或者空客飞机实际飞行高度只能按照米制高度层转换为英尺，并按照 100 ft 取整后的英制高度飞行，因此，存在部分米制飞行高度层，它们的垂直间隔按照米制是 300 m，但是经过英尺转换取整后只有 900 ft。例如，我国目前的高度层 2 700 m 和 3 000 m，转换为英尺并按照 100 ft 取整后分别为 8 900 ft、9 800 ft，因此飞机实际飞行垂直间隔为 900 ft。

2. 过渡高度层的设置

如果不采用过渡高度层，则高度层的安排见表 3 - 3(简略表)。

表 3 - 3　高度层转化表

走向	RVSM 高度层/m	RVSM 高度层转/ft	米制 RVSM 高度层转为英尺并按 100 ft 取整/ft	管制员看到实际雷达标牌显示
向西	9 000	29 527	29 500	出现了 900 高度差
向东	8 700	28 630	28 600	
向西	8 400	27 559	27 600	0 841
向东	8 100	26 575	26 600	0 811

由表 3-3 可见，在 8 700 m 和 9 000 m 之间换算成英尺则飞行高度只有 900 英尺的高度差，为了避免两对飞行高度层之间的垂直间隔由于米制飞行高度层转换为英尺按照 100 ft 取整后之后 900 ft 的现象，将 8 900 m(29 199 ft)至 9 800 m(32 152 ft)向下取整，将11 900 m(39 042 ft)至 12 500 m(41 010 ft)向上取整。这样，在 8 400 m 至 8 900 m 间有 500 m(1 640 ft)垂直间隔，在 8 900 m 至 12 500 m 间有 300 m(1 000 ft)垂直间隔。所有飞行高度层取整后至少有 1 000 ft 的垂直间隔。

航管法规的基本要求是具有方便的可操作性和便于管制员记忆。新高度层沿袭了我国目前的飞行高度层配备标准，空管设施设备及相应法规标准无需做计量单位变更。与现行高度层划分方法相一致，8 400 m 以下无需变动，8 400 m 至 12 500 m 总体上由 600 m 分层改成 300 m，符合我国现行高度层配备标准，便于操作使用。12 500 m 以下按照习惯的“东单、西双”进行高度层配备，便于管制员和飞行员通话和记忆；8 900 m 至 12 500 m 将定义为民航的缩小垂直间隔空域(RVSM Airspace)，其内对应的英制高度层统一比国外高 100 ft，规律性强，便于民航飞行员操作和使用。该方案使得 8 400 m 以上与国外飞行高度层的差值不超过 30 m，进出国境的航空器可实现安全、顺畅的高度层转换。

四、RVSM 实施对航空器的要求

由于 RVSM 的核心是精确地控制飞机的飞行高度，国际民航组织对实施 RVSM 的飞机有明确、细致的设备要求：

(1)两个独立的高度测量系统，高度测量的平均误差不得超过±25 m，确保偏离的指定的飞行高度层不得超过 45 m。如果飞行员得到了偏差超过 90 m 通知时，飞行员应尽快采取措施。

每个系统应由下列部件组成：

(1)交叉耦合的静压源系统，如果静压管在易结冰的区域，应具有防冰能力。测量由静压系统感知的静压，将之转换为气压高度，并向机组显示此气压高度。自动高度报告目的提供与显示的压力高度相对应的数字化编码信号的设备。能进行静压源误差修正(SSEC)。能从高度测量系统中提供高度自动控制和警告基准信号。

(2)一部具有高度报告能力的二次监视雷达应答机(SSR)，如果只安装一部，必须具有转换到任意一个高度测量系统的能力。

(3)自动高度控制系统。

国家空管委员会通知中对军用航空器设备做了如下要求：

“新的配备标准实行后，测高系统精度仍不满足 300 米分层要求的军用飞机，不得进入航路航线飞行。”仅仅对设备的部分参数做出了明确的规定，由此可见对军用航空器设备的要求采取了灵活的处理方法。

五、对不符合 RVSM 运行航空器的管制实施方法

不符合 RVSM 运行的航空器不得计划在 RVSM 空域内 8900 米(FL291)和 12500 米

(FL411)(含)之间飞行,但下列情况除外:

1.该飞机正在被起始交付给注册国或运营人的航空器;或

2.该飞机以前取得了RVSM批准,但在经历设备失效之后,为了满足RVSM要求或取得批准,正在飞往维修设施进行修理的航空器;或

3.该飞机正在用作慈善或人道主义目的的航空器;或

4.国家航空器。

国际民航组织的文件中对如何在RVSM空域实施未经RVSM批准的军事运行,提出了运行方法:

规定临时保留空域;

规定禁用高度层;

规定适用于军事航空器的专门航路;

规定适用于FL29000以上的要求最小垂直间隔为2 000 ft的军事航空器的专门航路。

欧洲关于RVSM空域中的飞行政策做出了明确的规定:“由于大多数国家航空器的高度测量系统均不符合要求,因此作为一个基本原则,如果不另外声明,用作国家航空器被认为是未获RVSM批准的。”

目前国际上实施缩小垂直间隔的国家普遍采取的做法是军用飞机仍然使用600 m或者更大的垂直间隔,不需要进行特殊的改装。

六、RVSM空域的一些管制方法

(一)在RVSM空域的飞行指挥方法

飞行调配的优先级:在高度层分配时,符合RVSM运行的航空器优于不符合RVSM运行的航空器。

飞行调配应用的间隔:在RVSM层内飞行的不符合RVSM运行的航空器与所有其他航空器之间的垂直间隔标准为600 m(2 000 ft)。

不具备RVSM运行能力的航空器获准穿越RVSM空域上升至12 500 m(FL411)以上,或穿越RVSM空域下降至8 900 m(FL291)以下的指定高度层运行时:

(1)禁止以低于正常上升率或下降率的速率上升或者下降;

(2)禁止在穿越RVSM的高度层范围时平飞。

由于系统失效或其他应急情况需要快速下降和/或返航或改航到备降场的特殊程序:

(1)能够保持在指定高度层飞行时:应当获得并保持一个航迹,该航迹与原来指定的航路或航迹平行,方向两边任意,横向距离为25 n mile。一旦确定了这种偏离航迹,应当爬升或下降150 m(500 ft)。

(2)不能保持在指定高度层飞行时:用转弯获得并保持一个航迹,该航迹与原来指定的航路或航迹平行,方向两边任意,横向距离为25 n mile。此时如有可能,把下降率减小到可能的最小值。在以后的平飞过程中,应选用偏移正常高度层150 m(500 ft)的高度层。

(3)穿越邻近飞机流量活动密集的区域和航路的改航操作：在开始改航穿越邻近交通流向之前，该航空器应在保持偏离指定的航迹或航路 25 n mile 的同时，加速爬升或下降到交通运行主要使用的高度层以上或以下(即 FL410 以上或 FL290 以下)，然后保持偏离正常使用的高度层 150 m(500 ft)的高度飞行。但是如果机组不能或不愿意进行大的爬升或下降，飞机应在偏离正常高度层 150 m(500 ft)的高度层上飞行，直至获得一个新的 ATC 许可。

(二)在 RVSM 空域飞行中飞行指挥的一些用语

在 RVSM 空域飞行中飞行指挥的一些用语见表 3－4。

表 3－4　RVSM 中的指挥用语

语　义	术　语
用于管制员确认航空器的 RVSM 准许状况	(航空器呼号)，证实 RVSM 已批准。 COMFIRM RVSM APPROVED
用于飞行员报告非 RVSM 准许状况： 1.在 RVSM 空域的频率上首次呼叫(管制员将复诵相同的短语)，及 2.在申请所有有关 RVSM 空域的飞行高度层的飞行高度层改变时；及 3.在复诵所有有关 RVSM 空域的飞行高度层的飞行高度层许可时 此外，除国家航空器外，飞行员在复诵涉及垂直穿越 8 900 m(FL291)或 12 500 m (FL411)的飞行高度层许可时应当包括该短语	不是 RVSM NEGATIVE RVSM
用于飞行员报告 RVSM 准许状况	是 RVSM　AFFIRM RVSM
用于非 RVSM 准许的国家航空器的飞行员在回答短语“(呼号) CONFIRM RVSM APPROVED”时，报告非 RVSM 准许状况	不是 RVSM，是国家航空器 NEGATIVE RVSM, STATE AIRCRAFT
用于管制员拒绝进入 RVSM 空域	(呼号)不能许可进入 RVSM 空域，保持[上升或下降到]高度层(数字) (呼号 call sign) UNABLE ISSUE CLEARANCE INTO RVSM AIRSPACE, MAINTAIN [or DESCEND TO, or CLIMB TO] FLIGHT LEVEL
用于飞行员报告严重颠簸影响航空器保持 RVSM 的高度保持要求的能力	由于颠簸，不能保持 RVSM。 UNABLE RVSM DUE TURBULENCE
用于飞行员报告航空器的设备等级已经降低到 RVSM 空域内飞行要求以下	由于设备原因不能保持 RVSM。 UNABLE RVSM DUE EQUIPMENT

续表

语 义	术 语
用于在设备或与天气有关的应急情况之后，飞行员报告可恢复在 RVSM 空域飞行的能力	准备好恢复 RVSM 运行 READY TO RESUME RVSM
用于管制员确认航空器已经再次取得 RVSM 准许，或确认飞行员已经准备好恢复 RVSM 飞行	能够恢复 RVSM 时报告 REPORT WHEN ABLE TO RESUME RVSM

(三)RVSM 空域的特殊情况处理

RVSM 空域飞行中所遇到的非正常程序和应急程序与其他发生的类似情况有一定的区别，所以在处置上也略有不同。这里主要用于由气象条件、飞机性能、增压失效、空中火警等情况所造成的不能保持指定高度，需要快速下降和/或返航、改航到备降场的情况。机长有权根据当时的情况决定其所采取的最安全的行动。

在太平洋 RVSM 空域非正常程序和应急程序采取以下方法(各 RVSM 飞行空域会有一些特殊规定)：

在 RVSM 空域飞行中如果发生设备失效或遇到颠簸时，机长应根据对具体情况的判断来决定采取最合适的行动。对于一定的设备失效或由于颠簸所造成的高度偏差能保持在限制范围内，最安全的行动可能还是继续在 RVSM 空域中飞行，飞行员和管制员采取预先的警惕措施以保证间隔。而对于严重的设备失效或强烈的颠簸而无法使飞机保持在规定的高度限制范围内，最安全的措施可能是根据所获得的修改的 ATC 许可，离开 RVSM 空域。如果不能事先获得 ATC 许可，按照在 RVSM 空域规定的应急机动程序离开指定的航路或航迹。

一般情况处理程序如下：

(1)如果飞机不能按照空管指令继续飞行时，只要有可能，应使用适用的遇险或紧急无线电通讯术语，在开始行动之前获得修改的指令。

(2)如果不能事先获得指令，也应在可能的最早时间获得 ATC 许可，并且在获得修改的指令之前，应：

1)以适当的时间间隔，在当时使用频率和 121.5 MHz 紧急频率上广播所在位置(包括 ATC 航路代号或航路编号)和行动意向。

2)通过目视和 TCAS 显示来观察空中活动动态，判断有无可能的交通冲突。

3)打开飞机的外部灯光。

(3)应急情况处置程序。

1)紧急情况下的飞行员处理方法。

如果不能按照预先获得空中交通管制修改的指令，应在可能的情况下，向左或向右转 90°，离开指定的航路或航迹。偏转的方向取决于飞机和其他编组航路或航迹的关系，例如：飞机是在编组航路的外面、边沿还是内部。其他影响偏转方向的因素还包括地形条件、气象条件和分配给邻近航路或航迹的高度层。例如：在 ATS 航路 R220 上，安克雷奇和东京之间运行的航空器，如有可能，应避免向北偏离航路，因为它邻近安克雷奇/东京和俄罗斯的边界线。

2)随后的处置。

(a)飞机能够保持在指定高度层飞行时：应当获得并保持一个航迹，该航迹与原来指定的航路或航迹平行，方向两边任意，横向距离为 25 n mile。一旦确定了这种偏离航迹，应当爬升或下降 150 m(500 ft)。

(b)飞机不能保持在指定高度层飞行时(飞机性能限制)：用转弯获得并保持一个航迹，该航迹与原来的航路或航迹平行，方向两边任意，横向距离为 25 n mile，此时，如有可能，把下降减小到可能的最小值，在以后的平飞过程中，应选用偏移正常高度层 150 m(500 ft)的高度层。

(c)飞机不能保持在指定高度层飞行时(紧急下降)：用转弯偏离指定的航迹或航路 25 n mile的同时，按紧急下降程序下降到 10 000 ft/14 000 ft。在下降过程中密切观察和注视 TCAS 显示，时刻准备避让可能造成的交通冲突。在到达选择的高度时所选择的高度层应偏移正常高度层：150 m(500 ft)。

(d)穿越邻近交通流向的改航(太平洋 RVSM 空域)：在开始改航穿越邻近交通流向之前，飞机应在保持偏离指定的航迹或航路 25 n mile 的同时，加速爬升或下降到太平洋交通运行主要使用的高度层以上或以下(即 FL410 以上或 FL285 以下)，然后保持偏离正常使用高度层 150 m(500 ft)的高度飞行。但是，如果飞行员不能或不愿意进行大的爬升或下降，飞机应在偏离正常高度层 150 m(500 ft)的高度层飞行，直到获得一个新的交通管制许可。

我国 RVSM 空域中对紧急情况下飞行员处置做了如下规定：

(1)通知管制员并请求协助；

(2)尽可能保持管制许可的飞行高度，同时评估当时的情况；

(3)通过目视，或者使用 TCAS 观察空中交通；

(4)打开外部灯光用以警示附近的其他航空器；

(5)如果无法与管制员建立联系，在 121.5 MHz 频率(作为备份，可以使用驾驶员之间空对空 123.45 MHz 频率)上广播航空器位置、飞行高度和机组行动意图。

管制员的基本处理方法如下：

(1)评估交通情况以决定是否可以通过提供横向、纵向和增加垂直间隔的方法调配航空器，在允许的情况下，使用合适的最小间隔；

(2)向飞行员通报飞行冲突的情况；

(3)发布新的空中交通许可，指挥航空器改变飞行高度；

(4)向其他航空器通报驾驶员空中报告的情况。

尽管国际上已经有了多年的 RVSM 空域的空中交通管制经验，但如何将其灵活的借鉴、应用到我国的航空管制工作中，仍需要广大管制员不懈努力加以解决。

(四)RVSM 执行中的有关问题

本部分的问题参见民航 RVSM 宣传材料。

(1)问：俄罗斯产的飞机按照米制飞行，另外一架波音飞机在其上按照英制飞行，会出现实际垂直间隔只有 270 m 的情况，应当如何处理？

答：如果俄罗斯产的飞机按照米制在飞（8900 m），另外一架波音飞机在其上一个高度层按照英尺在飞（30 100 ft），出现实际垂直间隔只有 270 m。这时，管制部门会采取以下措施保证飞行安全：

选择一：凡是俄罗斯产的 RVSM 飞机，如果飞行量比较小，按照 600 m 垂直间隔调配。

选择二：凡是俄罗斯产的 RVSM 飞机，按照 300 m 垂直间隔调配，就只能指配 10 100～11 900 m的高度层，或者 8 400 m（含）以下，因为这些高度层公英制差异最多只有 10 m。

选择三：凡是俄罗斯产的 RVSM 飞机，按照 300 m 垂直间隔调配，要求其制定米制高度对照表，指挥其飞 8 900 m，它实际飞 8 870 m。

俄罗斯产的飞机飞行量比较少，倾向于选择一，或者选择二和选择一联合，比较稳妥。

（2）问：对头飞行的飞机之间只有 300 m 垂直间隔，是否会经常产生 TCAS 告警？

答：我国要求飞机必须装备 TCAS 7.0 版本或者 ACASⅡ的机载防撞系统。

飞机装备了 TCAS 7.0 版本，即使对头飞行只有 300 m 垂直间隔，也不会产生 TCAS 告警。

（3）问：空中飞行时出现颠簸，应当如何处理？

答：当航空器遇上中度以上颠簸无法保持高度，或者当航空器遇上尾流或受到航空器机载防撞系统（ACAS）等系统警告干扰时，航空器驾驶员应当通知管制员以申请改变飞行高度层、航迹或速度。

参考资料　我国三次飞行高度层系统改革①

我国的飞行高度层系统自 1964 年建立至今经历了三次大的改革，总体体现了垂直间隔逐步缩小、可飞飞行高度层逐渐增加、空域容量持续增大的态势，为推动我国民航运输发展，保障飞行安全，起到了十分重要的作用。

一、我国较早时期飞行高度层配备规定

20 世纪四五十年代，国际上提出了飞行高度配备设想，其目的是防止飞机空中相撞。随着飞机性能的提高和飞行量的增加，飞行高度层需求不断加大，航空业界于 1958 年在空中规则及空中交通服务/搜寻援救会议明确航空器巡航高度层表，其 1962 年 4 月 1 日生效，由此飞行高度层系统的概念正式建立。飞行高度层系统至少包含气压基准面界定、飞行方向确定、高度层间隔以及飞行规则 4 个方面。

1. 新中国飞行高度配备规定

建国初期，我国政府就很重视航空活动。1950 年 11 月 1 日，中央军委首次颁布了《中华人民共和国飞行基本规则》。该规则附件二第四条规定："当真航路角在自零度到 179 度的范围内，在固定航路（航线）的方向上，规定下列飞行高度（高度配备）：600 米，1 200 米，1 800米，2 400 米，3 000 米等；而在相反的方向上，当真航线角为由 180 度到 360 度方向范围内时，则规

① 许超前. 我国三次飞行高度层系统改革的比较与思考[J]. 中国民用航空，2014(12)：29－31.

定高度为:900 米,1 500 米,2 100 米等。方向计算由起飞地点的地球子午线算起,或由磁子午线算起。"

这条规定反映了当时我国中低空飞行高度配备的基本方法,反映了当时民用飞机飞行高度性能,同时也反映了当时我国高空飞行需求比较低,所以对飞机高空飞行高度配备规定还不够具体。

2. 我国飞行高度层系统的建立

第二次世界大战结束后,民用航空发展十分迅速。解决了密封性和增压系统后,飞机可以到 3 000 米以上飞行。飞机飞行速度达到亚声速、声速、超声速后,航线运行就需要在高空活动。这就对高空飞行高度层划设和使用提出了新要求,需要建立起飞行高度层系统,满足航空发展的需要。

1964 年 1 月 11 日,为了适应航空发展的新特点、新要求,我国重新颁布了《中华人民共和国飞行基本规则》。该规则第 61 条规定首次确定了我国飞行高度层系统,并确定了飞行高度层之间的垂直间隔:600 米至 6 000 米之间为 300 米;6 000 米以上为 1 000 米。这与当时苏联的飞行高度层系统一致,适应了当时航空器发展的潮流,基本与国际接轨。

二、第一次改革

从我国首次确立飞行高度层系统到实施第一次改革,经历了近 30 年。在这个过程中,我国航空界的前辈们,能够把握世界航空发展规律,从我国的国情出发,适时提出改革飞行高度层系统的意见。

1. 方案出台

鉴于我国航空发展现状及发展需要,我国空中交通管理部门组织人员第二次修改《中华人民共和国飞行基本规则》。1977 年 4 月 21 日,国务院、中央军委颁布了修改后的飞行基本规则。该规则第六十四条规定:"转场飞行的高度层,按照下列办法划分:真航线角在 0 度至 179 度范围内的,高度由 600 米至 6 000 米,每隔 600 米为一个高度层;高度在 6 000 米以上,每隔 1 200 米为一个高度层。真航线角在 180 度至 359 度范围内的,高度由 900 米至 5700 米,每隔 600 米为—个高度层;高度在 6 600 米以上,每隔 1 200 米为一个高度层。飞行高度层应当根据标准大气压条件下假定海平面计算。真航线角应当从航线起点和转弯点量取。"此次修改,飞行高度 6 000 米以下,垂直间隔不变;飞行高度 6 000 米以上民航可用高度为 600 米一个飞行高度层,将垂直间隔由 1 000 米缩小到 600 米。在这个高度段,飞行高度层从 7 个增加到 11 个,空域容量扩大。此时,我国的飞行高度层系统基本与国际接轨。当时,我国民航飞行量不大。1977 年我国民航班机飞行和其他航空用户转场飞行不超过 10 万架次。能与国际民航组织的规范标准对接的规则的出台,从法规层面上讲体现了其先进性和前瞻性。

2. 暂缓执行

飞行基本规则重新颁布后,国内部分航空器运行单位建议第六十四条推迟执行。理由:一是技术条件不成熟,多数高度表精度和飞行员操纵误差,在飞行高度 6 000 米以上达不到 600 米分层的要求;二是思想认识不统一,理论计算方法不一致,例如高度表误差、飞行员操纵误差等取值范围的界定,以及各种差值综合计算方法等都存在较大的分歧;三是存在在飞行量不太大、对空域容量需求不很迫切的情况下,是否有必要急于缩小垂直间隔的问题。此后,飞行高度层系统改革进入了一场旷日持久的研究论证,这部规则十分重要的条款不得不暂缓执行。

3.继续论证

虽然第六十四条被推迟执行，但航空领域的决策者们始终非常重视飞行高度层系统的改革，特别是进入20世纪80年代后，随着中国共产党建设重心转移和国家改革开放，航空运输发展十分迅猛，飞行量急剧增加，航路、航线飞行拥堵的状况时有发生。飞行高度层不够用，航空器不能充分使用有利高度层飞行等矛盾非常突出，引起了国家领导层的高度关注，他们要求有关部门组织相关机构和专家进行研究论证。我国空中交通管理部门迅速开展相关工作。

1982年，继续就实施飞行基本规则第六十四条广泛征求意见，部分航空单位建议继续暂缓执行，要求加快我国航空器测高系统的改装工作。

1984年，对13个飞行单位、7种机型，抽样1 000块高度表进行测试，通过对数万个数据的统计分析，发现约5%的高度表误差大于规定值。当飞行高度达到10 000米时，个别高度表最大误差达±280米。部分飞行单位要求先改装航空器测高系统，再改革飞行高度层系统。

1985年，提出修改方案：飞行高度6 000米以上，垂直间隔运输机按500米配备，其他飞机按1 000米配备，但征求有关单位意见时，航空部门分歧较大，没有形成一致意见，方案没有出台。

1986年，召开了一次较大范围的研讨会，专门研讨我国飞行高度层系统改革问题，虽然会议没有就飞行高度层系统改革达成一致意见，但对我国民用航空发展迅速，空域需求强劲，迫切需要改革现行飞行高度层系统形成共识。

1987年，有关部门组成联合工作组，在广泛调研论证的基础上形成报告，提出如下意见：一是飞行高度层系统改革技术性很强，十分复杂，必须遵循航空运输发展规律，循序渐进；二是缩小飞行高度层间隔，是我国航空事业发展的必然趋势；三是加快部分航空器测高系统改装和空管设施设备的建设，为缩小垂直间隔提供技术支撑；四是启动空中交通技术文件和规章制度修改，并加强各类航空人员培训。

与此同时，还派出空管专家、观察员参加国际民航组织的活动，跟踪了解情况，学习先进经验。当时，国际民航组织推荐的风险计算模型——概率计算方法(在DOC 9426中)，很快被我国航空界所接受。基于该模型，专家们就我国缩小垂直间隔的方法和步骤提出意见、建议。1992年上半年，再次召开研讨会，邀请有关单位的专家、教授共同研讨我国飞行高度层系统改革问题。会议接受了国际民航组织推荐的风险计算模型，统一了思想认识；建议国家启动飞行高度层改革准备工作，改造部分航空器测高系统。会议形成的意见得到国家有关部门认可，在此基础上形成的改革方案很快得到批准。

飞行基本规则第六十四条规定从出台到得以执行，经历了比较长的一段时间，这体现了国家对于涉及飞行安全问题的慎重。由于我国第一次飞行高度层系统改革处理得当，后来我国两次飞行高度层系统改革都没有引起理论上的震荡和认识上的反复。

4.认真准备

1992年下半年，军民航组成联合工作组，第一次飞行高度层改革准备工作全面展开。完成了《我国境内国际国内民航班机飞行航线和高度配备规定》(简称《飞行管制一号规定》)和《全国城市空中走廊飞行规定》(简称《飞行管制三号规定》)的编修。军航、民航、航空工业相关单位还分别组织人员修订各自的飞行规章和技术标准，并对相关人员进行了培训考核验收。《飞行管制一号规定》和《飞行管制三号规定》编修任务的完成，为我国第一次飞行高度层改革奠定了坚实的基础。

5. 批准实施

经过有关部门长期共同努力,1993 年 6 月 25 日,国家颁布了飞行管制的一号规定和三号规定。此后,军民航分别完成飞行规章和技术标准的修订颁布工作,全面组织相关人员培训。国务院、中央军委决定《中华人民共和国飞行基本规则》第六十四条自 1993 年 10 月 15 日零时起全面实施。第一次飞行高度层系统改革尘埃落定。

三、第二次改革

因我国周边国家飞行高度 29 000 英尺(约 8 850 米)以下,施行 1 000 英尺(300 米)一个高度层,国境地带飞行高度层转换存在不安全因素,飞行高度层第二次改革有现实需求。同时,随着国家加大投入,对部分航空器的测高系统进行改造并加装"应答器",有效提高了测高精度,并使航空管制人员能实时掌握航空器的位置、高度等信息,使第二次改革具备技术基础。另外,2000 年 7 月,国家颁布了第三次修改后的《中华人民共和国飞行基本规则》,第二次改革全面启动。航空器测高系统精度要求基本达到,业内人士对改革形成共识,有苏联的飞行高度层改革模式可以参照,加之积累了我国第一次飞行高度层改革的经验,所以第二次飞行高度层改革推进工作进行得比较顺利。通过第二次改革,在 6 000 米至 8 400 米高度段,飞行高度层增加了一倍。尽管这一高度段不是我国境内民用飞机主用飞行高度层,但它却起到了 3 个方面的重要作用:一是中低空飞行高度层增多,有利于航空公司在短程航线上选用更适合自身的高度层,同时,可使管制员在调配使用高度层时更加灵活;二是该高度层系统基本与国际接轨,与国家改革开放的要求相适应;三是国境地带公英制转换更加人性化,飞行安全更有保障。

四、第三次改革

使用英制的周边国家先后施行了 RVSM。由于公英制转换关系,9 000 米飞行高度层与 29 000 英尺飞行高度层相对,约相差 150 米。这样使用不同制式的飞行高度层国际飞行时,国境地带存在飞行安全隐患,使用公制的国家有必要研究新的飞行高度层系统。

当然,我国也可改用英制,直接套用现成的国际民航组织标准。但我国的计量标准是公制,与航空相关的设备设施、法规标准等的计量都使用公制。飞行高度层使用英制,不符合我国国情。第三次改革已无法沿用前两次改革模式,其一,我国航空器适航标准不统一;其二,我国飞行高度层与 RVSM 计量标准不同,无法借鉴 RVSM 的成功经验;其三,我国周边国家英制、公制共存,我们必须考虑与之相衔接的问题;其四,我国空管自动化系统使用范围广、数量多,必须对现有系统进行升级改造。因此,改革难度很大,必须创新改革模式。

经过反复研究论证和无数次雷达模拟仿真,民航提出了一个"舍半求同"的创新方案,即飞行高度 8 400 米以下,以及飞行高度从 8 900 米至 12 500 米,都为 300 米一个高度层,舍弃飞行高度 8 400 米到 8 900 米半个高度层,求得同向飞行高度层基本一致。这样既可很好地与 RVSM 相衔接,又可有效解决国境地带飞行安全隐患。该方案得到了国务院、中央军委的批准,并于 2007 年 11 月 22 日在我国管辖的空域内全面实施。值得一提的是,我国第三次改革得到了国际民航组织的充分肯定,改革成果已纳入该组织标准,并在使用公制的国家推广应用。中国民航的技术标准真正走向世界,被国际大家庭所认同,彰显了中国民航的软实力。

五、我国飞行高度层系统改革经验

1. 加强理论研究

我国较长时间内对高度表误差、飞行人员操纵误差取值及计算方法不统一，其实质是缺乏理论研究，特别是在未能建立自己理论体系时，必须学习、研究他人的理论体系，借鉴他人先进的理论指导我们的实践。在我国飞行高度层系统改革，引进风险计算模型后，很快统一了思想认识，为改革方案的出台提供了强大的理论支撑。第二、三次改革得以平稳顺利实施，重要原因之一就是有坚实的理论基础。

2. 加强基础设施建设

苏联在每次改革前，都要对部分航空器测高系统和飞行高度维持系统进行改装。我国也采用了同样的做法，在改革前对部分航空器测高系统和应答机进行改装，同时，大力建设地面通信导航等监视设施设备，使空管基础设施比较完备。这是我国三次改革成功的重要技术基础和保障。

3. 坚持与国际接轨

一个国家的飞行高度层系统，不仅涉及本国的航空单位，还涉及来往本国飞行的外国航空公司、航空器和飞行人员，涉及周边国家间的飞行高度层系统能否有效衔接，所以飞行高度层系统改革必须与国际接轨。

4. 主动作为才能有为

公制飞行高度层系统，飞行高度 8 400 米以上缩小垂直间隔，我国是世界上第一个实施的国家，没有成功的经验可以借鉴。但我国航空界没有被困难吓倒，主动作为、共同努力，最终取得了改革的成功，并成为国际民航标准，充分说明了只有主动作为才能有为。

5. 垂直间隔能否继续缩小

飞行高度 6 000 米至 12 500 米，能否继续缩小垂直间隔，增加飞行高度层，目前还没有定论。在民用飞机不断增多，航班飞行量不断增加的情况下，如何继续增加空域容量，将是今后研究的一个重要课题。由于高度表精度以及飞行控制精度的限制，今后通过缩小垂直间隔增加飞行高度层的可能性不大，但是增大空域容量的需求是无限的。

第五节　无人驾驶自由气球

一、无人驾驶自由气球的分类

无人驾驶自由气球须分类如下：

(1)轻型：一个无人驾驶自由气球携带一件或多件业载而其总共质量小于 4 kg。

(2)中型：一个无人驾驶自由气球携带两件或多件业载而其总共质量等于或大于 4 kg 而小于 6 kg。

(3)重型：一个无人驾驶气球携带的业载：

1)其总共质量等于或大于 6 kg；或

2)其中包括一件等于或大于 3 kg；或

3)其中包括一件等于或大于 2 kg 而其面积密度大于 13 g/cm^2；或

4)用绳索或其他装置悬挂业载而需要 230 N 或更大的冲力方可使该业载与气球脱离。

5)条中所述的面积密度，系将该件业载的总质量(g)除以其最小表面的面积(cm^2)。

二、一般运行规则

(1)无人驾驶自由气球，未经施放地点所在国家的有关准许，不准运行。

(2)无人驾驶自由气球(供气象目的专用的小型气球并按有关当局规定方式使用者除外)，未经有关其他国家的有关准许，不得使之飞越其他国家领土。

(3)当作运行计划时，如经合理估计，该气球可能漂移到另一国家领土上的空域内，则须在施放该气球前取得(2)条所述的准许。可以为一系列的气球飞行或为某种重复飞行，如大气研究气球飞行，一次取得这种准许。

(4)无人驾驶自由气球必须按照登记国和预计飞越国规定的条件运行。

(5)无人驾驶自由气球不得使之如此运行，以至气球或其任一部分，包括其业载，当撞击地面时会危害与此运行无关的人员或财产。

(6)重型无人驾驶自由气球，未经与有关 ATS 当局事先协调，不得使之在公海上空运行。

三、运行限制和设备需求

(1)在下列情况下，重型无人驾驶自由气球未经有关 ATS 服务当局批准，不得使之在气压高度 18 000 m(60 000 ft)以下的任何高度运行或穿越：

1)有云或遮蔽现象其范围超过 4/8 天空；或

2)水平能见度小于 8 km。

(2)不得如此施放重型或中型无人驾驶自由气球以致使其在低于 300 m(1 000 ft)的高度飞越城镇或居民点的人口密集地区或与该次运行无关的人群露天集会的上空。

(3)重型无人驾驶自由气球除非符合下述条件，不得使之运行：

1)无论是自动或是遥控的，至少装有两套各自独立工作的业载飞行终止装置或系统；

2)对于聚乙烯零压气球，至少采用两套各自独立工作的方法、系统、装置或其组合，用来终止气球囊的飞行；

注：超压气球不需要这类装置，因其卸去业载后即迅速上升、胀破而不需一种装置或系统去刺破气囊。关于这一点，超压气球是一简单而不能扩张的气囊，能够承受压力差，内部较外界大。给其充气，使之在夜间气体压力较低时仍能使气囊充分扩张。这种超压气球在没有过多气体逸出前，能大体上保持恒定高度。

3)气球囊上装有雷达反射装置或涂有雷达反射材料，以便对地面 200～2 700 MHz 频率范围工作的雷达提供回波，和/或在气球上装有某种其他装置，以便使用人在地基雷达有效范围外继续跟踪。

(4)除非重型无人驾驶自由气球装有二次监视雷达应答器，能够报告高度，可以持续地用一指定编码工作，或当需要时可由跟踪站启用，不得使之在使用地基 SSR 设备的区域内运行。

(5)无人驾驶自由气球，如装有拖曳天线而需大于 230 N 的力方可使之在任何一点断裂时(除非天线上每隔不大于 15 m 之处系有彩色小旗或飘带者)，不得使之运行。

(6)在日落至日出之间或在有关 ATS 当局规定的在日落至日出之间的某一段时间(经过运行高度的修正)内,重型无人驾驶自由气球[气球及其附件和业载(不论附件和业载在运行中是否与气球分离)上装有灯光者除外],不得使之在气压高度 18 000 m(60 000 ft)以下运行。

(7)装有长达 15 m 以上悬挂装置(不是指颜色非常醒目的张开的降落伞)的重型无人驾驶自由气球(该悬挂装置,涂有高度醒目的交替彩色带条或系有彩色小旗者除外),不得使之在日出至日落之间在气压高度 18 000 m(60 000 ft)以下运行。

四、终止运行

遇有下列情况时,重型无人驾驶自由气球的使用人,须终止运行装置:

(1)当已知天气条件低于规定的运行要求时;

(2)如因故障或其他原因,致使继续运行对空中交通或地面的人员、财产有危害时;或

(3)在未经批准而行将进入另一国领土上的空域之前。

五、飞行通知

(一)飞行前通知

(1)中型或重型无人驾驶自由气球预定飞行的先期通知,至少须在预定飞行七天之前通知有关空中交通服务单位。

(2)预定飞行的通知须包括有关空中交通服务单位可能需要的下述情报:

1)气球的飞行识别标志或项目代码名称;

2)气球的分类和说明;

3)SSR 编码或 NDB 频率(如适用时);

4)使用人姓名和电话号码;

5)施放地点;

6)预计施放时间(多次施放时的开始和完成时间);

7)如系多次施放,施放气球的数目和两次施放之间的定期间隔;

8)预期上升方向;

9)一个或几个巡航高度层(气压高度);

10)预计穿越 18 000 m(60 000 ft)气压高度或上升至巡航高度层[如在 18 000 m(60 000 ft)或其下]所需的时间,以及预计地点;

11)预计结束飞行的日期和时间以及计划的碰撞/回收区的地点。如气球是从事长期飞行,从而不能精确预报出结束飞行的日期和时间以及碰撞的地点时,则须采用“长期”一词。

(3)施放前的情报中如有任何更改,至少须在预计施放 6 h 之前告知有关空中交通服务单位,如系探测太阳或宇宙干扰,涉及关键的时间因素,则至少须在预计开始运行 30 min 之前告知。

(二)施放通知

施放中型或重型无人驾驶自由气球后,使用人须立即通知有关空中交通服务单位下列各项:

(1)气球飞行识别标志;

(2)施放地点;

(3)实际施放时间;

(4)预计穿越 18 000 m(60 000 ft)气压高度的时间,或预计上升到巡航高度层如系在 18 000 m(60 000 ft)或其下的时间,以及预计地点;和

(5)按照“五、飞行通知”(一)(2)7)和 8)条先前通知的情报中的任何更改。

(三)取消通知

得悉按照“五、飞行通知”(一)条先前通知的中型或重型无人驾驶自由气球的预定飞行业已取消后,使用人须立即通知有关空中交通服务单位。

六、位置记录报告

(1)当重型无人驾驶自由气球在气压高度 18 000 m(60 000 ft)或其下运行时,使用人必须监测气球的飞行航径,并按空中交通服务的要求,提出气球位置报告。除非空中交通服务要求更加频繁的气球位置报告时外,使用人须每两小时记录位置一次。

(2)当重型无人驾驶自由气球在气压高度 18 000 m(60 000 ft)以上运行时,使用人必须监测气球的飞行进展,并按空中交通服务的要求,提出气球位置报告。除非空中交通服务要求更加频繁的气球位置报告时,使用人须每 24 h 记录一次位置。

(3)如气球位置不能按照第(1)条和第(2)条予以记录,则使用人须立即通知有关空中交通服务单位。此项通知须包括最后一次的记录位置。当重新跟踪到气球,须立即通知有关空中交通服务单位。

(4)在重型无人驾驶自由气球计划下降开始之前 1 h,使用人须发给有关 ATS 单位有关该气球的下列情报:

1)现时所在的地理位置;

2)现时的高度(气压高度);

3)预计穿越气压高度 18 000 m(60 000 ft)的时间(如有这种情况时);

4)预计碰撞地面的时间和地点。

(5)重型或中型无人驾驶自由气球的使用人,当气球运行结束时,须通知有关空中交通服务单位。

第六节　紧急情况和意外事件的程序

ICAO DOC 4444 第十五章的内容是关于紧急情况、通信失效和意外事件的程序。

一、处理的一般原则

每一种紧急情况周围出现的各种不同的环境使得人们不可能制定出准确、详尽的应该遵循的程序。本节所概括的程序旨在给空中交通服务人员一般性指导。处置紧急情况时,空中交通管制单位必须保持充分、完全的协作,空中交通管制人员必须使用他们最好的判断力。如果遇到紧急情况的航空器驾驶员此前经 ATC 指令按某一编码使用应答机,这一编码通常应

予保留，但在特殊情况下，该驾驶员另有决定或者收到其他通知者除外。ATC 没有要求设定某一编码的，驾驶员应将应答机设定为模式 A，编码 7700。

当一架航空器声称发生紧急情况时，ATS 单位应采取如下适当的和相应的行动：

a）除非飞行机组明确地声明或另获所知，须采取所有必要的步骤核实航空器的识别标志和机型、紧急情况的类型、机组的意图以及航空器的位置和高度；

b）对可提供的最恰当的协助形式做出决定；

c）向任何其他有能力对航空器提供援助的 ATS 单位或其他服务单位寻求协助；

d）向飞行机组提供任何所要求的情报以及其他相关的资料，如合适的机场、最低安全高度，以及气象资料的细节；

e）向经营人或飞行机组取得下列有关资料：机上人数、剩余燃油量、可能出现的危险物质及其性质；和

f）按 ATS 单位指示的规定通知有关的 ATS 单位和当局。

应尽可能避免改变无线电的频率和 SSR 的编码，通常只有在能够向有关航空器提供改善的服务时才做此改变。对遇到发动机失效的航空器的飞行机动指令应限制到最低程度。适当时，应将出现紧急状况的航空器的情况通知给在其附近飞行的航空器。

必须为已知或相信处于紧急情况，包括受到非法干扰的航空器提供优于其他航空器的优先权。

二、非法干扰

空中交通服务人员必须随时准备识别非法干扰航空器的任何迹象。

当怀疑某一航空器受到非法干扰，而又未提供自动清晰的二次监视雷达 A 模式编码 7500 和 7700 的显示时，雷达管制员必须通过调节二次监视雷达的译码器至 A 模式编码 7500，然后再调节到编码 7700，以求核实他的任何怀疑。

装有二次监视雷达应答机的航空器应将应答机调至 A 模式编码 7500，专用于表明受到非法干扰。航空器可将应答机调至 A 模式编码 7700，表明它受到严重急迫危险的威胁，并需要立即援助。

当已知或怀疑某一航空器受到非法干扰或收到炸弹威胁警告时，空中交通服务单位必须立即注意该航空器的请求或其希望得到要求，包括需要得到的有关导航设施、飞行航路沿线的，以及任何可能要降落机场的程序和服务的有关信息，并且必须采取必要的措施，加速该飞行各个阶段的实施。

空中交通服务单位还须：

（1）在不期待航空器做出回答的情况下拍发，并连续拍发与飞行安全有关的情报；

（2）利用一切可行的办法监视并标绘飞行进程，除非与航空器保持着正常的通信联络，否则在不要求航空器发回任何信息或做出其他回答的情况下，要与相邻的空中交通服务单位协调管制交接；

（3）通知并持续保持与该次飞行进程有关的空中交通服务单位的联系，其中包括相邻飞行情报区的有关空中交通服务单位；

（4）在航空器与指定当局之间转递与非法干扰情况有关的电报。

三、紧急下降

接到某一航空器穿越其他航空器进行紧急下降的通知后，必须立即采取各种可能的措施，以保证所有有关航空器的安全。当认为有必要时，空中交通管制单位必须通过有关的无线电设备立即广播紧急电报；如不可能时，必须要求有关电台立刻广播紧急电报。

这种紧急广播一经发布，有关区域管制中心、进近管制单位或有关机场管制塔台必须立即就紧急下降期间和之后所应遵循的附加程序，向所有有关的航空器发布进一步的放行许可。另外，有关 ATS 单位必须通知其他任何可能受到影响的 ATS 单位和管制扇区。

四、空地通信联络失效

当无法与在管制区或管制地带内飞行的航空器保持双向无线电通信联络时，空中交通管制单位采取的行动必须按下列所述进行：

一旦知道双向通信联络已经失效，须立即采取措施，要求航空器做一个用雷达可观测到的指定的机动飞行，或可能时，拍发一个表示确认的指定信号，证实该航空器能否收到空中交通管制单位发出的信息。

如果航空器不能表明它能够收到并确认信息，须根据下述该航空器的假定情况，保持通信失效的航空器与其他航空器之间的间隔：

(1)在目视气象条件下：继续保持目视气象条件飞行，在最近的合适机场着陆，用最迅速的手段向有关空中交通管制单位报告其到达信息。

(2)在仪表气象条件下：

1)除根据地区航行协议制定的其他规定外，保持最后指定的速度与高度，或在航空器在强制报告点上空不能报告其位置后，当较高时，保持 20 min 的最低飞行海拔高度，随后根据申报的飞行计划调整高度与速度；

2)按照现行飞行计划航路，继续向前飞行到指定为预定着陆服务的有关导航设备上空，并且当要求保证按下述 3)实施时，在此导航设备上空等待至开始下降；

3)在或尽可能接近于最后收到和确认的预期进近时间，或未收到和确认的预期进近时间时，在或尽可能接近于现行飞行计划中的预计到达时间，开始从 2) 中所述的导航设备上空下降；

4)按照指定的导航设备规定的程序，完成正常的仪表进近；和

5)可能时，取下述晚者，或在 3) 中所述的预计到达时间或最后确认的预期进近时间之后的 30 min 内着陆。

一旦已知双向无线电通信失效，必须在相信航空器可守听的频率上，包括可使用的无线电导航设备或进近设备的音频频率上，向该航空器盲发说明有关空中交通管制单位所采取行动的信息，或在紧急情况下理应发出的指令，以引起有关航空器的注意。还必须发出下列情报：

(1)便于穿云程序的天气情况以避免交通拥挤；和

(2)适当机场的天气情况。

空中交通服务单位必须向该航路沿线的所有有关空中交通服务单位发送有关失去无线电通信联络的情报。目的地机场所在地区的区域管制中心，如没有申报的飞行计划中所规定的

（若干）备降机场及其他有关情报时，必须采取措施来获取。如情况表明出现通信失效的管制飞行可能继续向前飞向申报的飞行计划中规定的（若干）备降机场（之一）时，必须将失去通信联络的情况通知为备降机场提供服务的空中交通管制单位以及任何其他可能受改航影响的空中交通管制单位，并要求他们当航空器处在通信有效范围内时，设法与之建立通信联络。尤其当根据与经营人或指定的代表达成的协议，已向有关航空器盲发继续向前飞至备降机场的放行许可，或当准备在那里着陆的机场的天气情况不好，认为很可能改航去备降机场时，更适用此条。

当空中交通管制单位接到发生通信失效的航空器已经恢复通信或已经着陆的情报后，该单位必须通知航空器发生通信失效时所飞行地区的空中交通管制单位，以及飞行航路沿线的其他有关空中交通服务单位，如该航空器仍在继续飞行，必须提供继续进行管制所必需的情报。

五、VFR 飞行迷失方向

迷航航空器是指严重偏离预定航迹或者报告自己迷失的航空器。

VFR 飞行报告说它不知道自己的位置或迷失方向，或遇到恶劣的气象条件，应被视为处于紧急状态并按此处理。在此情况下，管制员应以清楚、简洁和冷静的方式进行通信联络，并要注意在此期间不要质问驾驶员是否在为飞行做准备或执行飞行时可能造成的过错和疏忽。根据情况，应要求驾驶员提供下列被认为是相关的情报以便更好地提供协助：

a)航空器飞行状况；

b)位置（如果知道）和高度层；

c)如有关联，最后所知位置之后的空速和航向；

d)驾驶员的经验；

e)装备的导航设备和是否正在接收任何导航助航设备的信号；

f)如相关，选择的 SSR 模式和编码；

g)离场和目的地机场；

h)机上人员数目；

i)续航能力。

如与航空器的通信联络微弱或失真，在气象条件和其他情况允许时，建议航空器爬升至较高的高度层。

可以使用雷达、定向仪、导航助航设备或由其他的航空器观测提供导航协助，以帮助驾驶员确定航空器的位置。提供导航协助时须谨慎，以确保航空器不要入云。必须意识到 VFR 飞行变成迷航可能是由于遇到恶劣气象条件。

应向驾驶员提供附近合适机场现行的目视气象条件的报告和资料。

如果报告维持目视飞行有困难或不能保持目视飞行，应通知驾驶员航空器所在区域或相信其所在区域的最低飞行高度。如果航空器低于这一高度，并以足够程度的概率确定了航空器的位置，可提出航迹、航向或爬升的建议以使航空器回到安全的高度。

只有在得到驾驶员的要求或同意时才可以向 VFR 飞行提供雷达协助。所提供的雷达服务的类型须与驾驶员达成协议。

在恶劣气象条件下提供雷达服务时，首要的目标是使航空器尽快地回到目视飞行。必须谨慎以防止航空器入云。

一旦出现驾驶员不能避免仪表飞行的情况，可遵循下列指导原则：

(1)不能提供任何协助的在 ATC 频率上的其他交通，可要求其转换到其他的频率以保证与航空器的通信联络不致中断，另一种作法是要求被提供协助的航空器转换到其他的频率；

(2)如可能，保证航空器在云外面进行转弯；

(3)应避免含有仓促飞行机动的指令；和

(4)如果可能，应在云外面下达航空器降低速度或放下起落架的指令和建议。

六、迷航或不明航空器

迷航航空器：远离其计划航迹或报告它已迷航的航空器。

不明航空器：已被观察到或已报告在一特定区域内飞行但尚未被识别的航空器。

一架航空器同时可以被一个单位认为是“迷航航空器”而被另一个单位认为是“不明航空器”。

空中交通服务单位一经发现迷航的航空器，必须立即采取一切必要步骤帮助该航空器并保护其飞行。如该单位已知航空器迷航或行将迷航飞入某一有被拦截风险或其他危及其安全的区域时，空中交通服务单位为其提供领航尤为重要。

如不知道航空器的位置，空中交通管制单位必须：

a)在没有双向通信联络时，设法同该航空器建立双向通信联络；

b)采取一切可用手段确定其位置；

c)考虑当时可能已经影响该航空器导航的所有因素后，通知其他空中交通服务单位该航空器可能已因迷航或可能因迷航而进入其区域；

d)按照当地协议的程序，通知有关军事单位并向其提供迷航航空器的有关飞行计划和其他数据；

e)要求 c) 和 d) 两项中所述的单位以及飞行中的其他航空器给予各种帮助，以建立与该航空器的通信联络和确定其位置。

如已确定了该航空器的位置，空中交通服务单位必须：

a)通知该航空器它所处的位置和应采取改正的行动；和

b)必要时，向其他空中交通服务单位和有关军事单位提供有关迷航航空器的有关资料和发给该航空器的所有建议。

空中交通服务单位一经发现在该地区有不明航空器时，它必须根据有关军事当局按照当地协议的程序提出的要求尽力确定该航空器的身份并提供必要的空中交通服务，为此，该空中交通服务单位必须视情采取下列适当步骤：

a)设法与该航空器建立双向通信联络；

b)询问该飞行情报区内的其他空中交通服务单位有关该飞行的情况，并要求他们帮助与该航空器建立双向通信联络；

c)询问为相邻飞行情报区服务的空中交通服务单位有关该飞行的情况，并要求他们帮助与该航空器建立双向通信联络；

d)设法从在该区域内飞行的其他航空器获取情报。

七、空中放油

处于紧急情况或其他紧急状态之下的航空器可能需要放油以减轻最大着陆全重以便进行安全着陆。

当在管制空域内飞行的航空器要求空中放油时，飞行机组须通知 ATC。ATC 单位应就下述情况与飞行机组进行协调：

a)如果可能，拟飞行的航路应避开城市和城镇，最好在水面上飞行和远离报告有或预计有雷雨的地区；

b)拟使用的高度层不得低于 1800 米(6000 英尺)；和

c)空中放油的时间。

其他所知交通和空中放油航空器的间隔应为：

a)最少 19 公里(10 海里)水平间隔，但不能在空中放油航空器的后面；

b)如在空中放油航空器后面 15 分钟飞行时间内或相距 93 公里(50 海里)，垂直间隔为：

1)如在放油航空器上方，最少 300 米(1000 英尺)；和

2)如在放油航空器下方，最少 900 米(3000 英尺)。

注：其他交通必须保持恰当垂直间隔的区域的水平边界，按正在放油的航空器的飞行航迹任一侧各延伸 19 公里(10 海里)，并从其前方的 19 公里(10 海里)延伸至其航迹后方 93 公里(50 海里)或 15 分钟(包括转弯)。

如果航空器在放油作业中保持无线电缄默，应就飞行机组监听的频率和无线电缄默终止的时间达成协议。

ICAO DOC 4444 15.4.3.2 Separation 原文如下：

Other known traffic should be separated from the aircraft dumping fuel by:

a) at least 19 km (10 NM) horizontally, but not behind the aircraft dumping fuel;

b) vertical separation if behind the aircraft dumping fuel within 15 minutes flying time or a distance of 93 km

(50 NM) by;

1) at least 300 m (1 000 ft.) if above the aircraft dumping fuel; and

2) at least 900 m (3 000ft.) if below the aircraft dumping fuel.

Note. — The horizontal boundaries of the area within which other traffic requires appropriate vertical separation extend for 19 km (10 NM) either side of the track flown by the aircraft which is dumping fuel, from 19 km (10 NM) ahead, to 93 km (50 NM) or 15 minutes along track behind it (including turns).

八、紧急间隔

在紧急情况期间，如果不可能发布指令保证维持所适用的水平间隔，所适用的最低垂直间隔的半数可被用作紧急间隔。例如一空域适用的最低垂直间隔为 300 m(1 000 ft)时，航空器之间的紧急间隔则为 150 m(500 ft)，一空域适用的最低垂直间隔为 600 m(2 000 ft)时，航空

器之间的紧急间隔则为 300 m(1000 ft)。

在使用紧急间隔时，须通知有关的飞行机组正在适用紧急间隔并通知所使用的实际最低间隔。除此之外，须向所有有关的飞行机组提供必要的交通情报。

ICAO DOC 4444 15.6.1 Emergency separation 原文如下：

15.6.1.1 If, during an emergency situation, it is not possible to ensure that the applicable horizontal separation can be maintained, emergency separation of half the applicable vertical separation minimum may be used, i. e. 150 m (500 ft) between aircraft in airspace where a vertical separation minimum of 300 m (1 000 ft) is applied, and 300 m (1 000 ft) between aircraft in airspace where a 600 m (2 000 ft) vertical separation minimum is applied.

15.6.1.2 When emergency separation is applied the flight crews concerned shall be advised that emergency separation is being applied and informed of the actual minimum used. Additionally, all flight crews concerned shall be provided with essential traffic information.)

九、短期冲突告警(STCA)程序

生成短期冲突告警是 ATC 雷达数据处理系统的功能。STCA 功能的目的是以及时的方式生成可能违反最低间隔的告警，以协助管制员在管制飞行之间保持间隔。

在 STCA 功能中，雷达从装备有 C 模式能力应答机的航空器获取的其现在和未来的三维位置用于接近监视。如果两架航空器三维位置之间的距离预计在规定的时间内降至低于规定的所适用的最低间隔，会向航空器在其管辖之下飞行的雷达管制员生成一个声音和视觉的告警。

关于使用 STCA 功能的 ATS 单位指示须规定：

a)有条件生成 STCA 飞行的类型；

b)在空域的那些扇区和区域内实施 STCA 功能；

c)向管制员显示 STCA 的方法；

d)生成告警以及告警警告时间的参数；

e)在何种条件下 STCA 功能会被限制用于单独的雷达航迹；和

f)在 STCA 受到制约时飞行所适用的程序。

当对管制飞行生成 STCA 时，管制员须毫不耽搁地采取行动保证不得违反所适用的最低间隔。

在 STCA 生成之后，只有在违反了最低间隔的情况下才要求管制员填写一份空中交通事故征候报告。

有关 ATS 当局应保留生成的全部 STCAs 电子记录。应对每一 STCA 的数据和情况进行分析以查明告警是否正当。不正当的告警，如采用了目视间隔，应不予理会。应对正当的告警进行统计分析以便找出空域设计和 ATC 程序可能存在的缺陷，及监视整体的安全水平。

十、关于装备机载避撞系统 (ACAS)

向装备机载避撞系统的航空器提供适用的空中交通服务程序，必须与向未装备机载避撞系统的航空器所提供适用的空中交通服务程序相一致。特别是，防止碰撞、适当间隔的建立及可能提供的与飞行冲突与可能采取的回避行动相关的情报,必须符合标准的空中交通服务程序,并且必须排除对已装备机载避撞系统设备的航空器性能的考虑。

当驾驶员报告根据机载避撞系统的决策信息(Resolution Advisory,RA)采取的机动飞行时,在驾驶员报告恢复至现行空中交通管制指令或许可的条件前,管制员除必须提供有关的交通情报外,不得试图改变航空器的飞行航径。

当一架航空器按照解决建议脱离其放行许可,管制员即停止负责向这架航空器和其他受影响的航空器提供间隔,作为解决建议引发的飞行机动的直接结果。管制员只有在:管制员接收了驾驶员关于航空器已恢复了现行放行许可的报告或管制员接收了驾驶员的报告,即航空器正在恢复现行的放行许可,同时发布了由飞行机组认收的替代的放行许可时才恢复行使向所有受影响的航空器提供间隔的职责。

ACAS会对ATC产生重大影响。因此应对ACAS在ATC环境下的操作进行监控。

在RA事件或其他重大的ACAS事件之后,驾驶员和管制员应填写一份空中交通事故征候报告。

空中交通管制员不一定知道航空器具有的机载避撞系统功能。

关于机载避撞系统使用的操作程序载于《航行服务程序——操作》(PANS-OPS)(DOC 8168)卷Ⅰ第八部分第3章。

十一、最低安全高度警告程序

生成最低安全高度警告(MSAW)是ATC雷达数据处理系统的功能。MSAW功能的目的是通过以及时的方式生成对可能违反最低安全高度的告警,协助防止可控飞行撞地事故征候。

在MSAW功能中,应对装备C模式能力应答机的航空器报告的高度层和规定的最低安全高度进行监视。当察觉或预计一架航空器的高度低于规定的所适用的最低安全高度时,会向管辖航空器飞行的雷达管制员生成一个声音和视觉警告。

关于使用STCA功能的当地指令须规定:

a)有条件生成MSAW飞行的类型;

b)空域内规定了MSAW最低安全高度的扇区和区域及在此内实施MSAW功能;

c)规定的MSAW最低安全高度的数值;

d)向管制员显示MSAW的方法;

e)生成MSAW以及警告时间的参数;和

f)在何种条件下MSAW功能会被限制用于单独的雷达航迹以及在MSAW受到制约时飞行所适用的程序。

当对管制飞行生成一个MSAW时,应毫不耽搁地采取下列行动:

a)如果向航空器提供有雷达引导,须要求航空器立即爬升至所适用的安全高度,如需要避开地形,应给予新的雷达航向;

b)在其他情况下,须立即通知飞行机组已生成了一个最低安全高度警告,并要求其检查航空器的高度。

MSAW事件之后,管制员只有在有关的航空器非有意违反最低安全高度并可能造成可控飞行撞地的情况下，方须填写一份空中交通事故征候报告。

十二、航空器无线电通话呼号的改变

当两个或多个航空器的无线电通话（RTF）呼号相似，易于发生混淆时，为安全起见，空中交通管制单位可以指令航空器改变其 RTF 呼号类别。

呼号类别的改变必须是暂时的，并且只能在容易发生混淆的空域内使用。

为避免混淆，空中交通管制单位应适时参照航空器所在位置和/或高度层确认指令其改变呼号的航空器。

除两个有关空中交通管制单位已对改变的呼号进行了协调外，当某个空中交通管制单位改变航空器呼号类别时，该单位必须保证该架航空器被移交至另一空中交通管制单位时恢复至飞行计划所示的呼号。

有关空中交通管制单位应提醒有关的航空器应恢复至飞行计划所示呼号的时间。

十三、在大洋空域内飞行中紧急情况的特别程序①

这些程序主要是在需要下降和/或中途返航或改航时适用的。驾驶员必须采取必要行动确保航空器的安全，必须由驾驶员的判断来决定要采取行动的顺序，并考虑主导情形。空中交通管制必须给予一切可能的协助。

(一)一般程序

(1)如果航空器不能按照其空中交通管制的放行许可继续飞行，和/或航空器不能保持该空域所规定的导航性能精度，在可能时，在启动任何行动之前，必须获得经修改的放行许可。

(2)必须视情使用无线电通话遇险信号(MAYDAY)或紧急信号(PAN)，最好呼叫三遍。空中交通管制随后对该架航空器所采取的行动，必须基于驾驶员的意图和空中交通的总体情况。

(3)如果不能获得预先放行许可，在获得经修改的放行许可之前，应使用以下应急程序，并且驾驶员必须尽早通知空中交通管制，提醒他们所涉及的航空器的机型和问题的性质。一般而言，航空器应在最不可能与其他航空器相遇的飞行高度层和偏移航迹上飞行。具体而言，驾驶员必须：

1)开始向右或向左转至少 45°弯，离开指定航路或航迹，获得与指定航迹中心线偏移 15 n mile(28 km)的同向或逆向航迹。在可能时，应该根据航空器相对于任何既定航路或航迹系统的位置来决定转弯的方向。可能影响转弯方向的其他因素有：

a)备降机场的方向；

b)净空余度；

c)正在飞行的任何策略横向偏移，和

d)相邻航路或航迹上配备的飞行高度层；

2) 已开始转弯之后：

a)如果不能保持指定的飞行高度层，则在操作可行的范围内，开始时尽量减少下降率(驾

① ICAO DOC 4444，2016 版本。

驶员应考虑到下方同向航迹上的航空器可能正在进行 1 n mile 或 2 n mile 策略横向偏移程序(SLOP)飞行的可能性，并在 FL410 或以下选择与通常使用的高度相差 150 m(500 ft)的最终高度，或在 FL410 以上选择与通常使用的高度相差 300 m(1 000 ft)的最终高度；或

b)如果能保持指定的飞行高度层，航空器从指定的航迹中心线偏移 19 km(10 n mile)后，爬升或下降选择一个飞行高度层，在 FL410 或以下，该飞行高度层与通常使用的飞行高度层相差 150 m(500 ft)，或在 FL410 以上，与通常使用的飞行高度层相差 300 m(1 000 ft)；

3)与附近的航空器建立通信联络并向其发出告警，在正在使用的频率和 121.5 MHz 上(或者作为备份，在驾驶员之间 123.45 MHz 的空对空频率上)并适当时在正在使用的频率上有适当间隙地广播航空器识别标志、飞行高度层、位置(酌情包括 ATS 航路代号或航迹代码)及其意图；

4)通过目视并通过参照机载防撞系统(ACAS)(如有装备)，保持监视是否有交通冲突；

5)打开航空器所有外部灯光(要与有关的运行限制相称)；和

6)始终打开二次监视雷达(SSR)应答机。

(二)当离开指定航迹时的程序

如果意图是获得同向偏移航迹，则驾驶员应考虑把转弯限制在 45°航向改变以内，以不致飞过偏移应急航迹，或如果意图是获得和保持逆向偏移航迹，则：

(1) 在巡航高度上对倾斜角度的运行限制将通常导致飞过意欲获得的航迹。在此种情况下，应在 180°航向改变后继续转弯，以在操作上可行时尽早重新切入偏移应急航迹；和

(2) 此外，如果在 56 km(30 n mile)横向间隔航路结构中实施此种返航，必须对相邻航路上的逆向交通保持高度警惕，任何爬升或下降最好在接近任何相邻 ATS 航路 19 km (10 n mile)范围之前完成。

(三)双涡轮发动机飞机延伸航程运行(ETOPS)

如果由于一台发动机停车或 ETOPS 关键系统失效，使得双发航空器采用了紧急程序，驾驶员应该尽早将这一情况通知空中交通管制部门，提醒空中交通管制注意所涉及的航空器机型，并要求从速处理。

第四章 飞行间隔

本章知识点提示:航空器位置关系　安全目标　飞行间隔标准　飞行冲突　侧向偏置程序①

由于涉及飞行间隔的影响因素不同地区有不同的特点,世界各国航空飞行安全间隔标准不尽相同。本章介绍国际民航组织推荐使用的间隔标准。

第一节　航空器飞行间隔现状与发展

一、垂直间隔的研究

大约在20世纪40年代末,全球陆续形成了在飞行高度层FL290(即高度为29 000 ft,约等于8 839.2 m)以上,垂直间隔为2 000 ft(约等于609.6 m),以下为1 000 ft(约等于304.8 m)的高度分层格局,但还没有统一的国际标准。以FL290为两种垂直间隔的分界点也不是一个权威性的结论,较普遍的看法是认为29 000 ft是当时航空器所能达到的最高升限,也就是说,当时在垂直方向上,只是给航空器配备了1 000 ft的间隔,来保证飞行安全。

20世纪50年代末,人们认识到气压式高度表感受压力/高度的精度是随着飞行高度的升高而减小的,因而,认为有必要在某一高度以上扩大垂直间隔。后来在航空器升限超过29 000 ft后,就使用了2 000 ft的垂直间隔。1966年,经过国际民航组织的多年努力,在全球范围内正式建立了上述的飞行高度层划分标准,并沿用至今。

1954年6月,国际民航组织成立了一个垂直间隔委员会,在1956—1957年期间,首次对垂直间隔问题进行了研究;1958年12月,垂直间隔委员会第三次会议认为,尽管已经收集了大量资料,但仍不能制定出一个确切的方法,来评估一种间隔的安全性。该委员会随后解散,国际民航组织建议世界各国就这个问题继续进行研究。

1966年和1967年,北大西洋地区系统规划小组在其召开的第二和第三次会议上,试图用数学方法来评估飞行间隔的安全性;在第四次会议上,对北大西洋航路横向间隔进行研究时,取得了一定的成果;1968年的第五次会议第一次将这一方法用于垂直间隔的研究。人们发现尽管得到了相当数量的资料,但仍不能对缩小FL290以上空间垂直间隔的相撞风险进行可靠的计算。

1966年,英国皇家飞机研究院的P. G. Reich等人,在大量收集有关数据,进行分析研究的基础上,制定出一种预测航空器空中相撞风险的数学模型,后来其被称为Reich模型。经过多

---

① 本章节主要指导材料:《空中交通服务规划手册》(DOC 9426),《确定最小间隔空域规划方法手册》(DOC 9689),《基于性能导航(PBN)手册》(DOC 9613)。

年的发展与应用，Reich 模型已普遍为国际航空界所接受，成为一种较为合理的预测空中相撞风险的模型。除将其用于水平间隔的研究外，世界上许多国家，如英、美、加、法、荷、德、日、俄等，在确定本国的最小垂直间隔配备方法时，都普遍采用了该模型。

1971 年，国际民航组织在统一度量单位委员会第二次会议上，重新对垂直间隔委员会的工作进行了审议，在以后出版的 106 - AN/80(1972)号通报中总结了他们的工作，增加了一些新的材料。同时一些国家(如丹麦、英国等)也提出了一些其他的研究方法。

20 世纪 70 年代中期爆发了全球性的能源危机，随着欧佩克大幅度提高油价，世界各国要求更加有效地利用空间的呼声不断高涨，各航空公司越来越重视降低燃油消耗，使燃油价格在运营成本中所占的比例逐渐下降，缩小垂直间隔和增加飞行高度层数就是最直接、最有效的方法。

1974 年，国际民航组织的下属机构间隔总原则审查委员会在其第二次会议后，开始进行在 FL290 以上采用 1000 ft 垂直间隔的可行性研究。在 1975 年召开的第三和第四次会议上，该委员会对缩小垂直间隔问题进行了讨论，并提出要同步研究影响飞行高度层配备的整体系统误差的分布和大小，以及各个分误差和它们之间的相对关系。由于没有大量的统计数据，委员会做出结论，即目前还找不到比进行数据收集和规划分析更好的办法，并且用当时的方法来确定航空器之间的垂直导航性能，将花费大量的财力和时间，因而该项研究没有取得更大的进展。同时委员会也指出，将垂直间隔缩小至 1 000 ft 将带来巨大的潜在效益，各成员国应继续就此问题进行研究。

作为一种过渡办法，空中导航委员会曾研究在 FL280～370 之间推荐使用 1 500 ft(约等于 457.2 m)的垂直间隔，但 1980 年其第四次会议做出结论，即这种过渡方案仍然缺乏大量的数据采样，难以进行可靠的安全评估，并且他们认为这种过渡方案也是不必要的，应该一步到位，直接进行 1 000 ft 垂直间隔的研究。只有苏联于 1984 年在高度 8 100～12 100 m 实施了 500 m 的垂直间隔，形成了 300 m、500 m 和 1 000 m 垂直间隔的高度分层格局。

1982 年以后，由于航空器测高系统性能的改善、管制监控能力的提高，以及各国对 FL290 以上空域的需求不断增长和飞行高度层数增加所带来的巨大的燃油效益等因素的影响，在国际民航组织协调下，一些航空发达国家和地区，如美国、加拿大、西欧、日本和苏联开始有计划地进行调研和对垂直间隔的系统研究。

1988 年 12 月，在加拿大蒙特利尔召开了间隔总原则审查委员会第六次会议，向各国推荐使用 Reich 模型进行最小垂直间隔的研究。会议认为：确定减小目前垂直间隔的可行性，亦即确认在交通量增加的情况下是否继续保持现行的垂直间隔，不仅要以工作判断为依据，还要运用科学的方法以及实际试验数据，对减小垂直间隔后的风险，做出准确的预测和评估，从而进行科学的决策。各有关国家也向大会提交了本国、本地区的实测数据及统计分析结果。

1990 年 11 月在加拿大蒙特利尔召开了该委员会的第七次会议，审议通过了有关最小垂直间隔的指导性材料，并提出了在全球范围内缩小垂直间隔对垂直导航性能、各类垂直误差、飞行技术误差和军用航空器飞行等诸多方面的要求和应具备的条件，以及对缩小垂直间隔后的相撞风险的评估和所带来的各种效益的分析。此后 RVSM 在世界各地陆续被采纳。

二、北大西洋航路横向间隔的研究

北大西洋航路是一条东西方向的、连接欧洲和北美洲之间的非常重要和繁忙的空中通道。由于旅客数量、时差和机场噪声限制等因素，大量的航班相对集中，汇集成了两股不同的飞行流向。一股是每天早晨由欧洲出发，飞往北美洲的西行流，另一股是每天晚上由北美洲出发，飞往欧洲的东行流，由此形成了两条单向航路和两个单向飞行高峰，即世界协调时间 11:30—19:00 的西行高峰和 01:00—08:00 的东行高峰。

1964 年，北大西洋航路的横向间隔为 120 n mile，纵向间隔为 15 min，垂直间隔在 FL290 以下为 1 000 ft，以上为 2 000 ft。当时有人提出将横向间隔缩小为 90 n mile，以提高航路系统的经济性和可用性，但因缺乏实施新间隔后相撞风险分析的可信度，该建议没有被采纳。

由于北大西洋地区天气的多样性，航空器每天穿越北大西洋的航路是变化的，为了对这些大量的飞行流量提供更好的服务，每隔 12 h 就要启用一次平行航路系统，以使尽可能多的航空器处于或接近其最佳飞行航迹。由于横向间隔标准较大，经济飞行高度层(FL310～390)的数量有限，该航路在飞行高峰时段非常拥挤。

当时，北大西洋的大部分地区仍处于雷达覆盖之外，因此，航空器只能接受程序管制服务，即在进入该空域前，必须从管制单位取得其申请航路飞行速度和飞行高度层的放行许可，管制人员需要对其申请的内容进行审查，确定是否会与已放行的航空器发生飞行冲突，并对可能的冲突进行调配，然后将已获放行许可的航空器的航路点手动输入导航系统。

航空器在跨北大西洋飞行期间，必须采用高频语音通信，在每一个航路点向管制单位报告其所在位置、飞行高度层和飞越航路点的时间。管制人员根据报告，确定航空器是否在已获放行许可的航路上。

1965 年，国际民航组织成立了北大西洋地区系统规划小组，研究北大西洋航路的横向间隔标准，并确定缩小间隔标准的决策流程。

1966—1968 年，人们开发出评估北大西洋航路横向间隔的数学模型(即 Reich 模型)，并利用在北大西洋地区采集的数据，进行了航空器相撞风险与间隔标准之间关系的研究。在研究结果的基础上，提出了一个可以接受的最大的航空器空中相撞风险值，即“安全目标值”(Target Level of Safety, TLS)。将根据某个横向间隔计算的相撞风险与安全目标值进行比较，就可以确定所建议的横向间隔标准是否足够安全。

安全目标值是目前国际上常用的进行安全评估的一种方法。它是衡量一个国家或地区飞行安全程度的指标，表示航空器在单位时间内平均发生致命事故次数的期望值。因而，安全目标值是一个由有关单位或机构制定的标准，其大小受许多因素的影响，但首先必须考虑国力和公众心理的承受力。假如以时间作为 X 轴，随着空域环境的改善、机载设备性能的提高以及管制能力和手段的改进，实际的空中相撞率应呈逐年非增趋势，因而，安全目标值也应该满足非增规律，同时安全目标值也不能变动得过于频繁，在一定时期内要保持相对稳定，故实际上安全目标值是呈阶跃性下降的。

从当时采集到的数据和观察到的情况发现，许多航空器在飞越北大西洋航路时，都经常偏离指定的航路，其主要原因如下：

(1)管制系统误差：由飞行人员与管制人员之间对指定的飞行高度层、飞行马赫数和飞行航路的指令误解产生。

(2)航路点加入误差:由飞行人员将错误的航路点输入航空器飞行管理系统中引起。

(3)设备失效:由导航系统功能全部或部分失效造成,航空器保持飞行航迹的精度降低。

在对采集的数据进行评估和分析时,北大西洋地区系统规划小组发现,尽管缩小横向间隔是可行的,但由于观测到少数航空器的导航误差很大,故对整个机队实施缩小的横向间隔是不可能的,因此,北大西洋地区系统规划小组建议划设最低导航性能规范空域,以满足大多数航空器对北大西洋航路的需求,同时排除那些不符合规定标准的航空器在该航路上的飞行。

1975 年 5 月,在巴黎召开了北大西洋地区系统规划小组第十一次会议。会议一致认为:应为北大西洋航路实施 60 n mile 横向间隔,并具有扩展至 30 n mile 的能力,制定一个新的最低导航性能规范和监控计划,使得在以后 10 年内的航空器实际相撞风险满足横向安全目标值的要求。

相应规范在 1975 年提出,1976 年 5 月被国际民航组织采纳。1978 年,北大西洋地区系统规划小组的数学专家工作组召开会议,研究横向导航性能和最低导航性能规范空域存在的大于 30 n mile 的横向偏移问题,但建议在当时不能采用 60 n mile 的横向间隔。

1980 年 10 月 30 日,在大量存在的航空器横向导航误差被减小后,北大西洋航路成功地实施了 60 n mile 的横向间隔。

第二节　飞行间隔的确定

空中交通管制中,航空器按预定航线飞行的责任是赋予机组的,飞行管制系统通常并不承担航空器航行的责任。

如图 4-1 所示,为了研究方便,认为在两架航空器 A 和 B 航行过程中,B 是一个质点,以 A 为中心有三个长方体,λ 体取飞机的长、宽、高,当 B 进入这个体后即认为发生了两机相撞。S 体的长、宽、高即飞机之间的横向、纵向、垂直安全间隔,B 进入了 S 体即认为航空器相撞的可能性急剧增大,此刻状态称为“飞行冲突”,在程序管制中这个纵向安全距离有可能在 100 km 以上,飞行管制的任务就是保证 B 点不进入 S 体。邻近面是为了研究方便设立的,认为从这个时候开始两架航空器就存在碰撞的可能了。

因为各国国情的不同,世界各国航空器活动的安全间隔标准都不尽相同。

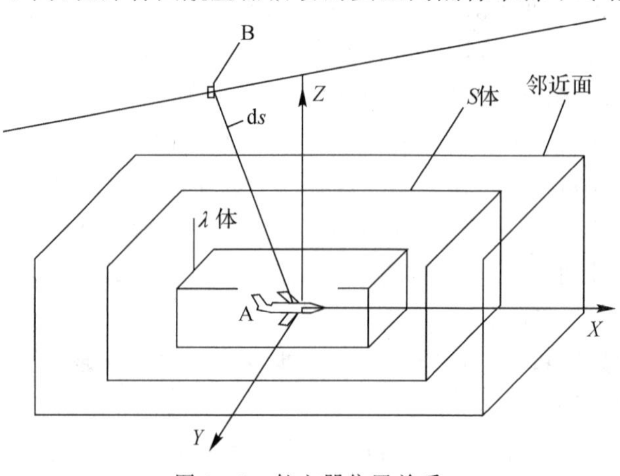

图 4-1　航空器位置关系

一、航空器之间位置关系

在 ICAO－DOC 4444 号文件中将航空器的接近分为四种：

(1)Risk of collision (有碰撞危险)：the risk classification of an aircraft proximity in which serious risk of collision has existed。航空器之间存在严重的碰撞危险。我国的飞行管制工作中称之为危险接近。危险接近的标准数据是为了对飞行管制工作的质量进行评估的一个统计标准。美国联邦航空局将航空器空中危险接近(Near midair collision)泛指航空器之间的距离小于 150 m 或者飞行员报告存在碰撞的危险。在 ICAO 的 DOC 9426 报告中，明确指出当察觉一次飞行中航空器偏离半个间隔标准时主管当局应当调查偏离的原因，以便确定任何重复发生的可能及采取改进行动。要使危险接近间隔标准顺利执行，基本的要求有两个：一是简单化，意图是使各级航管人员不被不必要的复杂性所累；二是标准化，使整个系统采用共同标准。基于以上考虑，许多国家将现有安全间隔标准的一半作为"航空器危险接近"的标准来掌握。

(2)Safety not assured (安全无保证)：the risk classification of an aircraft proximity in which the safety of the aircraft may have been compromised. 航空器之间由于距离接近安全受到威胁。我国的飞行管制工作中称之为违反安全间隔，即图 4－1 中 B 点进入了 A 点的 S 体。

(3)No risk of collision(无碰撞危险)：the risk classification of an aircraft proximity in which no risk of collision has existed. 航空器之间不存在碰撞危险。我国的飞行管制工作中称之为航空器之间保持安全间隔，即图 4－1 中 B 点在 A 点的 S 体以外。

(4)Risk not determined (危险不确定)：the risk classification of an aircraft proximity in which insufficient information was available to determine the risk involved, or inconclusive or conflicting evidence precluded such determination. 没有足够信息可以判断航空器是否安全，如飞机的位置不能确定。

飞行冲突管理概念是在 2003 年 9 月 22 日 ICAO 第十一次航行会议正式通过的《全球空中交通管理运行概念》(DOC 9854－AN/458)中提出的，并从作用、相关术语、管理层次、战略管理、间隔保障和避撞等六方面进行了详细地描述。其作用是把航空器与障碍物相撞的风险限制在一个可以接受的水平。针对管制员来说冲突管理就是基于 ICAO 空中交通管理运行概念，凭借听觉和视觉接收飞行计划、航行通告、雷达显示、陆空话音及告警设备的文字、数字、语音、声音或光信息，并对这些信息进行加工，在头脑中建立时空状态，形成空中交通态势图，感觉航空器与危险物之间的位置关系，确定飞行冲突类型，启动冲突解脱程序，提供安全间隔。

二、安全目标的确定

在 ICAO DOC 9574 *Manual on Implementation of a* 300 *m* (1000 *ft*) *Vertical Separation Minimum Between FL* 290 *and FL* 410 *Inclusive* 中，TLS(安全目标等级)在 RVSM 为 2.5×10^{-9}/h 严重事故，有关相撞风险模型的进一步信息，可以查看《确定最小间隔标准的空域规划方法手册》(DOC 9689)。

确定间隔标准首先必须决定适当的安全绩效指标，然后再确定什么是可接受的结果。选出的安全绩效指标需要适于应用。在空中交通服务的安全管理中可以应用的典型措施如下：

(1)不良事件的最大概率,如空中相撞、失去间隔或跑道侵入;

(2)每1万个航空器起降架次的最大事故征候数量;

(3)每1万次横越大西洋飞行的失去间隔的最大可接受数量;

(4)每1万个航空器起降架次的短期冲突告警的最大数量。

因为航空事故很少,所以事故率不是安全绩效的理想指标。

《空中交通管理运行概念》(DOC 9854)对飞行冲突给出了如下解释:飞行冲突指航空器与危险物之间的最低间隔标准可能被破坏的任何一种情形。冲突范围是提供间隔时所考虑的航空器未来航迹上潜在危险的范围。应与航空器隔开的危险物有:其他航空器、地形、天气、尾流、不兼容的空域活动,及当航空器在地面上时停机坪或机动区内的场面车辆和其他障碍物。最低间隔标准是指将航空器与危险物之间的碰撞风险保持在一个可接受安全等级的最小间隔。间隔模式是与最低间隔标准相关的一套经批准的应用规则、程序和条件。间隔保障是保持航空器与危险物之间至少有适当的最小间隔的一个战术过程。

ICAO DOC 9859《安全管理手册》(SMM)中对飞行安全进行了如下解释:

不良状况被界定为“非预期的交通状况导致安全系数减小的运行情况”。

国家安全方案管理监督部门确定一个安全方案要达到的,以下述形式表达的可接受的安全水平:

(1)对于航空公司经营人,每十万小时发生致命事故的次数为0.5次(安全指标);

(2)每飞行十万小时发生事故征候的次数为50次(安全指标),三年内降低25%(安全目标);

(3)每飞行十万小时发生重大航空器缺陷事故征候的次数为200次(安全指标),比前三年平均数降低25%。

《确定最小间隔标准的空域规划方法手册》(DOC 9689),对相撞风险计算建立了数学模型:

航空器空中相撞率原理公式在垂直方向上的分量CR_z,即为航空器由于失去垂直间隔而产生的垂直相撞率CR_z,即:

$$CR_z = N_x P_y(0) P_z(S_z) + N_y(0) P_z(S_z) P_x + N_z(S_z) P_x P_y(0)$$

式中:$P_y(0)$为同一航迹上的两架航空器,其实际的横侧距离d_y小于λ_y的概率;$N_y(0)$为同一航迹上的两架航空器,其实际的横侧距离d_y小于λ_y的期望频率;$P_z(S_z)$为安排在垂直间隔为S_z的相邻高度层上的两架航空器,其实际的垂直距离d_z小于λ_z的概率;$N_z(S_z)$为安排在垂直间隔为S_z的相邻高度层上的两架航空器,其实际的垂直距离d_z小于λ_z的期望频率。

根据国际民航组织的文件《确定间隔标准的空域规划方法手册》(DOC 9689-AN/953)推荐的方法,可以得到垂直、横向与纵向相撞率的计算公式如下:

垂直相撞率为

$$CR_z = N_x P_y(0) P_z(S_z)\left\{1 + \frac{\lambda_x}{V}\left(\frac{|Y'|}{2\lambda_y} + \frac{|Z'|}{2\lambda_z}\right)\right\}$$

横向相撞率为

$$CR_y = P_y(S_y) P_z(0)\frac{\lambda_x}{S_x}\left\{E_s\left(\frac{|X'_s|}{2\lambda_x} + \frac{|Y'|}{2\lambda_y} + \frac{|Z'|}{2\lambda_z}\right) + E_o\left(\frac{|X'_o|}{2\lambda_x} + \frac{|Y'|}{2\lambda_y} + \frac{|Z'|}{2\lambda_z}\right)\right\}$$

纵向相撞率为

$$CR_x = N_x P_y(0) P_z(0)\left(\frac{X'}{2\lambda_x}+\frac{|Y'|}{2\lambda_y}+\frac{|Z'|}{2\lambda_z}\right)$$

式中，CR_z、CR_y、CR_x 分别为垂直、横向和纵向相撞率，即每单位飞行小时致命事故的期望值，机型、间隔和飞行的高度范围不同，其值也不同。依据其值的变化情况，来确定危险接近间隔规定。x、y、z 分别代表纵向、横向与垂直方向。λ_x、λ_y、λ_z 分别代表飞机的平均长度、平均翼展和平均高度。作战飞机的取值分别为 14.6 m、9.04 m 和 3.89 m，运输飞机的取值分别为 42.85 m、35.24 m 和 11.50 m。S_x、S_y、S_z 分别代表两架飞机之间的纵向、横向和垂直间隔。$|X'|$ 为由于失去纵向间隔而相撞的两架飞机的平均纵向相对速度。$|Y'|$ 为同航线的两架飞机的平均横向相对速度，取值为 4 n mile/h。$|Z'|$ 为同飞行高度的两架飞机的平均垂直相对速度，取值为 10 n mile/h。V 为飞机的飞行速度，作战飞机取值为 900 km/h，运输飞机取值为 852.92 km/h。N_x 为在纵向范围间隔小于 λ_x 的次数，平均取值为 0.37。$P_y(0)$ 为同航线两架飞机的横向重叠概率，取值为 0.44。$P_y(S_y)$ 为横向间隔为 S_y 的两架飞机的横向重叠概率。$P_z(0)$ 为同飞行高度两架飞机的垂直重叠概率。$P_z(S_z)$ 为垂直间隔为 S_z 的两架飞机的垂直重叠概率，机型、间隔和飞行的高度范围不同，其值也不同。E 为系统利用率，两条相邻航路在 S_x 的距离内的飞机数量，用于衡量交通密度。下标 s、o 为分别代表顺向和逆向飞行。

三、飞行间隔的保障

ICAO 颁布的《全球空中交通管理运行概念》(DOC 9854)给出了飞行间隔保障的有关要求。

1. 间隔保障

间隔保障是保持航空器与危险物之间至少有适当的最小间隔标准的战术过程。只有当不能有效使用战略冲突管理，如空域组织和管理、需求与容量平衡及交通同步时，才采用间隔保障。

间隔保障是一个适用于冲突范围的重复过程，包括：

a)根据航空器当前位置和已知危险的预测航迹实施冲突探测；

b)制定解决方案，包括选择间隔模式，以使航空器与有关冲突范围内的所有已知危险物保持间隔；

c)通过传递解决方案并启动航迹修改来实施方案；

d)监控解决方案的执行过程，确保按照最小间隔标准避开危险物。

考虑划设新航路时，应对该新航迹进行检查，以确保在所考虑的冲突范围内无冲突。为减少对航空器航迹的修改，在程序和信息允许的情况下，应尽可能扩大冲突范围。应认识到，需要时可以缩小冲突范围，以解决短期冲突。

ATC 各个阶段包括：

a)规划——目标是与空中交通管理环境融为一体，以使用户选择航迹与系统指定航迹完全匹配；

b)停机坪——目标是指挥航空器移进和移出停机位置；

c)离开地面——引导航空器从停机坪进入起飞排序；

d)起飞——管理起飞排序和跑道，以使航空器排队进入空域；

e)散开——目的是使航空器升空，飞出终端区进入航路结构；

f)巡航——在该阶段航空器保持一定高度飞向目的地，但无需做出与进场阶段相关的动作；

g)汇聚——在该阶段，航空器排序并保持间隔，进入终端区准备着陆；

h)进近——在该阶段，航空器被引入跑道并落地；

i)地面到达——引导航空器脱离跑道进入停机坪；

j)停机坪——引导航空器进入停机位。

2.间隔模式

间隔模式是与最低间隔标准相关的一套经批准的应用规则、程序和条件。

间隔模式将主要考虑所需安全等级、活动和危险性质、执行者的资格和职责及适用的其他条件，如天气条件和交通密度。

实施间隔保障前最重要的是，必须明确指定好负责将航空器与危险物隔开的管理人。由于该角色是在提出间隔保障要求前被确定的，所以必须对所有空域用户活动的所有危险物确定预定间隔保障提供者。但不同的危险可以有不同的预定间隔保障提供者，如在某些情况下，相对于天气和地形，空域用户可能就是预定间隔保障提供者，而相对于其他危险，间隔保障服务提供者又是预定间隔保障提供者。

空中交通管理系统将被设计得能最大限度地减少对用户运行的限制，特别是在可能时能避免对航迹进行战术改变，因此，预定间隔保障提供者将是空域用户，除非安全或空中交通管理系统设计需要间隔保障服务。

3.间隔的责任者

自主间隔是指空域用户就是负责将其自身活动与一个或多个危险物隔开的间隔保障责任者。

完全自主间隔是指空域用户就是负责将其自身活动与所有危险物隔开的间隔保障提供者。在这种情况下，将不涉及间隔保障服务，但可能会采用其他空中交通管理服务，包括战略冲突管理服务。

指配间隔用于某个空域用户的活动。产生这种结果的原因可能是已指定了不同的预定间隔保障提供者，或出现了间隔保障提供者委托的情况。

合作间隔是指将间隔保障提供委托给他人。该委托被认为是暂时的，且应知晓委托终止条件。该委托可能针对某些类型的危险或特定的危险物。如接受委托，则接受方有责任使用适当的间隔模式遵守委托要求。

第三节　国际民航组织标准中的飞行间隔规定

在《国际民用航空公约》附件2《空中规则》和附件11《空中交通服务》等有关文件中对飞行间隔有具体的规定。

一、一般要求

1.配备的间隔

空中交通管制单位至少必须为管制的航空器配备下述一种间隔：

a）垂直间隔，根据巡航高度层表指定不同高度层，进行配备：

但凡有关航行资料汇编或空中交通管制放行许可另有说明不适用高度层表中所规定的高度层与航迹相互关系者除外。

b）水平间隔，采用下列间隔予以配备：纵向间隔，使在同一航迹、交叉航迹或逆向航迹上飞行的航空器之间保持一个间隔，以时间或距离表示；横向间隔，使航空器保持在不同的航路上或在不同地理区域内飞行。

c）混合间隔，由垂直间隔和上述 b）中的间隔混合组成。每种混合间隔的最低标准可以低于单独的最低标准，但不得低于它的一半。混合间隔只能在地区航行协议的基础上采用。

2. 安全间隔的适用条件

a）A 类和 B 类空域的所有飞行之间；

b）C、D 和 E 类空域的所有仪表飞行规则（IFR）飞行之间；

c）C 类空域中的仪表飞行规则飞行与目视飞行规则（VFR）飞行之间；

d）仪表飞行规则飞行和特殊目视飞行规则飞行之间；和

e）当有关空中交通服务当局有此规定时，在特殊目视飞行规则飞行之间。

3. 间隔的改变

凡在发生诸如非法干扰和航行困难等特殊情况下需要特别防范措施时，应采用大于规定的最低间隔标准的间隔。采取这种措施时，应适当考虑所有有关因素，以免因采用过大的间隔而阻碍空中交通的流通。航空器受到非法干扰构成一种特殊情况，这就可能需要在受非法干扰的航空器和其他航空器之间采用大于最低间隔标准的间隔。

当航空器的导航、通信、测高、飞行操纵或其他系统发生故障或性能下降，航空器的性能降至所飞空域要求的水平之下时，飞行机组应毫不耽搁地通知 ATC 单位。故障或性能下降影响现用间隔最低标准的，管制员须采取行动建立其他适当类型的间隔或最低间隔标准。

二、垂直间隔标准

管制人员在为航空器配备垂直间隔之前，应先要求航空器按照规定的高度表设定程序进行高度设定，以便正确地以飞行高度层或飞行高度表示不同的飞行高度。

1. 垂直间隔的标准

CVSM 是 Conventional Vertical Separation Minimum 的缩写，意思是“常规垂直间隔最低标准”，即在飞行高度层 FL290 之下采用 1 000 ft(300 m)垂直间隔最低标准；在飞行高度层 FL290 之上采用 2 000 ft(600 m)的垂直间隔最低标准。

2. 缩小的垂直间隔标准

在指定的空域内，并按照地区航行协议规定，在飞行高度层 FL410 以下，或者在根据具体情况指定的一个更高的高度以下，垂直间隔标准为 300 m(1 000 ft)；在飞行高度层 FL410 或指定高度以上，垂直间隔标准为 600 m(2 000 ft)。

DOC 4444(2016 版)中给出了如下规定：

5.3.2　垂直间隔的最低标准

垂直间隔的最低标准(VSM)须为：

a) 在飞行高度 FL290 以下的 300 米(1 000 英尺)标称高度,及在此高度或其之上的 600 米(2 000 英尺)标称高度,但以下 b) 款规定的情形除外;和

b) 在指定的空域内并按地区航行协议规定:在飞行高度层 FL410 或按具体情况规定的某一更高的高度以下的 300 米(1 000 英尺)标称高度,及在此高度或其之上的 600 米(2 000 英尺)标称高度。(RVSM)

注:有关垂直间隔的指导材料载于《关于在飞行高度层 FL 290 至 FL 410 实施 300 米(1 000 英尺)垂直间隔最低标准的手册》(DOC 9574)中。

3. 飞行高度层的使用

(1)除了空中情况和协调程序允许,航空器可以做巡航爬升外,通常一个管制单位只能为一架航空器批准一个飞行高度层,进一步的爬升放行许可由接收方的管制单位发布。只有获准做巡航爬升的航空器可以在两个飞行高度层之间飞行。

(2)当航空器的飞行航线一部分在管制空域内,一部分在管制空域外,而两者的飞行高度层又不一致时,应尽可能在管制空域内改变飞行高度层。

(3)航空器不允许在最低飞行高度层以下飞行。当航空器将低于最低飞行高度层进入某一管制区域时,无论飞行人员是否要求,接受方管制单位应尽快向该航空器发布修正的放行许可。

(4)航空器应按照指定的时间、地点和飞行速度改变飞行高度层。必要时,管制单位应对其进行垂直速度控制。

(5)已经在某一个飞行高度层的航空器,通常比要求进入该飞行高度层的航空器有使用该飞行高度层的优先权。当两架或多架航空器在同一飞行高度层时,前面的航空器通常具有优先权。

(6)在一架航空器报告已经离开某一个飞行高度层后,可以允许另一架航空器进入该飞行高度层。

但是,如果该飞行高度层存在强紊流、位置较高的航空器正在做巡航爬升,或者由于性能差异导致两架航空器之间的间隔小于规定标准时,则不准进入,直到离开该飞行高度层的航空器报告已经处于或者已经穿越到另一个飞行高度层为止。

(7)当有关航空器已经建立同样的等待航线时,在指挥其下降时,应考虑航空器之间下降率的差异,以便保持规定的垂直间隔。

4. DOC 4444 号文件关于 RVSM 使用的要求

5.1 对高度层情报的验证

5.1.1 向管制员显示的来自气压高度的高度层情报精确度的容差值在 RVSM 空域是±60 米(±200 英尺)。在其他空域,容差值须为±90 米(±300 英尺),除非有关 ATS 当局认为更实际可行时可规定更小的标准,但不得小于±60 米(±200 英尺)。配备间隔时不得使用几何高资料。

5.1.2 显示给管制员的来自气压高度的高度情报的精确度,须在具有适当装备的空中交通管制单位初次与有关航空器联络时至少验证一次,或如不可行,此后要尽快进行。验证须通过与从同一架航空器的无线电通话所收取到的高度表的高度情报同时进行的比较来完成。无

须将此种验证通知其来自气压高度的高度情报在认可的容许值之内的航空器驾驶员。确定存在高度误差时不得使用几何高资料。

5.1.3　如果所显示高度情报不在认可的容许值内,或者超过在验证后查明误差超过认可容许值时,须相应地要求驾驶员检查气压设定和证实航空器的高度。

5.1.4　如果证实已经使用正确的气压设定而仍存在误差,则应按情况采取下列行动:

a) 要求驾驶员在不致导致丢失位置和识别情报的情况下,停止C模式或ADS-B高度数据的发送,并将采取的行动通知与航空器有关的下一个管制岗位或空中交通管制单位。或

b) 将误差通知驾驶员,指示继续相关的运行以防止丢失航空器位置和识别情报,并经有关ATS当局批准,用报告的高度层取代标牌显示的高度层情报。将采取的行动通知与航空器有关的下一个管制岗位或空中交通管制单位。

5.2　占用高度的确定

5.2.1　用于在RVSM空域确定被某架航空器占用的特定高度层的标准为±60米(±200英尺)。在其他空域,标准须为±90米(±300英尺),除非有关ATS当局认为更实际可行时可规定更小的标准,但不得小于±60米(±200英尺)。

5.5.2　航空器保持某一高度。只要来自气压高度的高度层情报显示航空器在5.2.1规定的指配高度层适当的容差以内时,即可认为该航空器保持了指配的高度层。

5.2.3　航空器脱离某一高度。当来自气压高度的高度情报显示预期方向与原指配高度出现大于90米(300英尺)的变化时,即可认为该被放行离开某一高度的航空器已开始机动飞行并已脱离先前占用的高度。

5.2.4　航空器上升或下降时穿过某一高度。当来自气压高度的高度情报显示航空器在要求方向上已通过此高度90米(300英尺)以上时,即可认为该上升或下降的航空器已穿过了某一高度。

5.2.5　航空器到达某一高度。当来自气压高度的高度情报显示航空器在5.2.1规定的指配高度适当的容差之后经过三次显示更新、三次传感器更新或15秒,以较高者为准,该航空器即可视为已到达被放行的高度。

5.2.6　只有当显示给管制员的高度情报之间有差异和为管制目的而使用的高度情报差异超过上述值时,管制员方须进行干预。

三、横向间隔标准

采用横向间隔,以保证计划航路的那些航空器将被横向隔开的部分之间的距离绝不少于包括导航误差加给定缓冲在内的规定距离。航空器应按照要求配备相应的横向间隔,管制人员可以根据相同或不同的地理位置、不同的航路、目视观察、导航设备或者区域导航,来确定航空器之间的横向间隔是否符合标准。

在交叉航迹或ATS航路上使用无方向性信标(NDB)、全向信标(VOR)或全球卫星导航系统(GNSS)。要求航空器根据下述适用于导航设备的最小值隔开的指定航迹飞行。两架航空器之间的横向间隔凡符合下述者即为成立:

(1) 全向信标(VOR):两架航空器确定的航迹间夹角至少为15°,其中至少一架航空器距

离设备 28 km(15 n mile)或以上；

(2) 无方向性信标(NDB)：两架航空器连通无方向性信标的确定航迹夹角至少 30°，其中至少有一架航空器距离设备 28 km(15 n mile)或以上；

(3) GNSS/GNSS：每架航空器都确立在两个航路点之间具有零偏移的航迹上，其中至少有一架航空器距离表 4－1 规定的共同点为最低距离；

(4) 全向信标/全球导航卫星系统：使用全向信标的航空器确立在全向信标径向线上，使用全球导航卫星系统的另一架航空器确认确立在两个航路点之间具有零偏移的航迹上，其中至少有一架航空器距离规定的共同点为最低距离。

表 4－1　领空、飞行情报区、防空识别区

	航空器 1：使用 VOR 和 GNSS，航空器 2：使用 GNSS	
在共同点测量的航迹之间的角度差	飞行高度层 010～190，距离一个共同点的距离	飞行高度层 200～600，距离一个共同点的距离
15°～135°	27.8 km	43 km

注：表中距离为地面距离。使用 DME 提供范围信息是从 DME 信号源到接收天线之间的斜距。

1. 地理间隔

依据可确切表明某航空器正飞越通过目视或参照导航设备而确定的不同地理位置的位置报告，使用相同或不同的地理位置。

2. 使用同一导航设备或同一领航方法

使航空器在指定的航迹上飞行，并符合下面的横向间隔标准。

(1)全向信标台(VOR)：两架航空器之间的航迹夹角至少为 15°，其中至少一架航空器应距离 VOR 台 28 km(15 n mile)或以上(见图 4－2)。

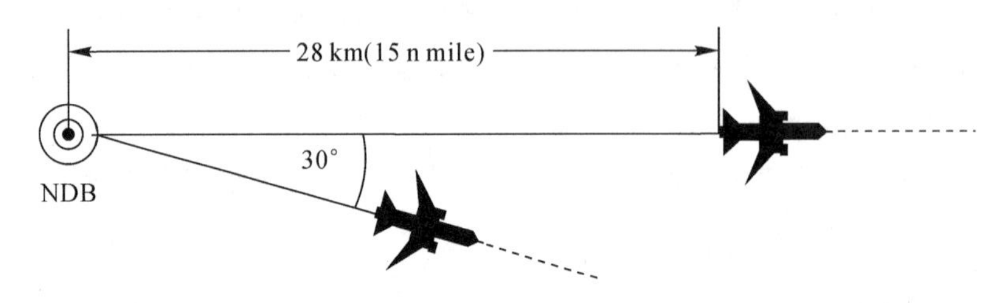

图 4－2　使用同一个 VOR 台时的横向间隔

(2)无方向性信标台(NDB)：两架航空器之间的航迹夹角至少为 30°，其中至少一架航空器应距离 NDB 台 28 km(15 n mile)或以上(见图 4－3)。

(3)当航空器在适用基于全球导航卫星系统的航迹间隔之前，管制员必须确认以下内容：

1) 确保航空器是使用全球导航卫星系统航行的；

2) 航空器是在允许从事策略横向偏移的空域内，并且没有采用横向偏移。

各缔约国可以减少取得横向间隔的距离。

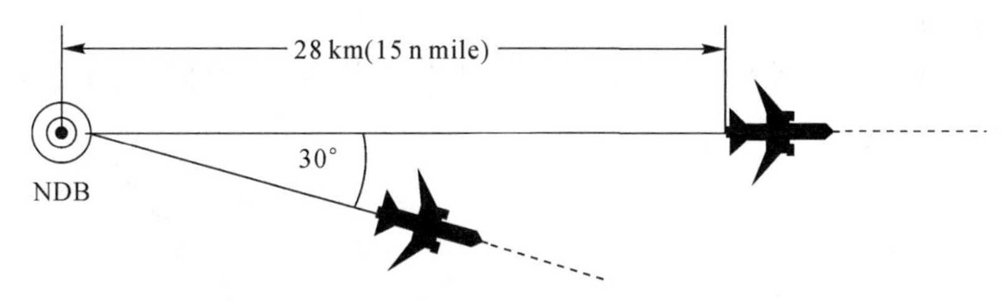

图 4-3　使用同一个 NDB 台时的横向间隔

3. 在平行航迹或管制航路上的区域导航/所需导航性能飞行

当航空器在指定空域内或指定航路上，且规定有所需导航性能要求时，可以将装备有区域导航设备的航空器安排在有一定间隔的平行航迹或管制航路中心线上飞行，从而保持规定的横向间隔，且两架航空器飞行航迹或航路的保护区不会重叠。

在指定空域内或指定航路上，航空器在平行航迹或非交叉航迹或 ATS 航路上运行时的间隔必须按照下述标准建立：

a) 93 公里(50 海里)航迹之间的最小间距，必须规定有 RNAV 10(RNP 10)、RNP 4 或 RNP 2 的导航性能。

b) 42.6 公里(23 海里)航迹之间的最小间距，必须规定有 RNP 4 或 RNP 2 的导航性能。通信系统必须满足所需通信性能 240(RCP 240)，并且监视系统必须满足所需监视性能 180(RSP 180)。必须通过制定契约式自动相关监视的事件合同，说明最大 5 海里门限值的横向偏离改变事件及航路点改变事件，来确保对遵守情况的监测。

c) 27.8 公里(15 海里)航迹之间的最小间距，则必须规定有 RNP 2 或 GNSS 装备的导航性能。在实施此种间隔时，必须保持管制员与驾驶员之间直接的甚高频(VHF)话音通信。和

d) 13 公里(7 海里)航迹之间的最小间距，如果是在一架航空器爬升/下降进入另一架航空器的高度层时予以适用，则必须规定有 RNP 2 或 GNSS 装备的导航性能。在实施此种间隔时，必须保持管制员与驾驶员之间直接的甚高频(VHF)话音通信。和

e) 37 公里(20 海里)航迹之间的最小间距，如果是在一架航空器爬升/下降进入另一架航空器的高度层时予以适用，且使用的是上述 d)规定以外的其他通信类型，则必须规定有 RNP2 或 GNSS 装备的导航性能。

实施支持 93 公里(50 海里)、42.6 公里(23 海里)、37 公里(20 海里)、27.8 公里(15 海里)和 13 公里(7 海里)横向间隔最低标准导航能力的指导材料载于《基于性能导航(PBN)手册》(DOC 9613 号文件)。实施 93 公里(50 海里)、42.6 公里(23 海里)、37 公里(20 海里)、27.8 公里(15 海里)和 13 公里(7 海里)横向间隔最低标准的指导材料载于第 341 号通告《横向间隔最低标准的实施指导》。

4. 在交叉航迹或管制航路上的区域导航/所需导航性能飞行

此时，横向间隔用于汇聚或分开的交叉航迹飞行，且航迹在 15°～135°之间(见图 4-4)。

(1)对于交叉航迹，航迹之间横向距离小于规定间隔标准的点称为横向间隔点。横向间隔点以内的区域称为冲突区。

(2)横向间隔点距航迹交叉点的距离可通过碰撞风险分析来确定，同时应考虑航空器导航

精度、飞行密度等因素。

(3)如果两架航空器中至少有一架在冲突区以外,则认为它们之间有横向间隔。

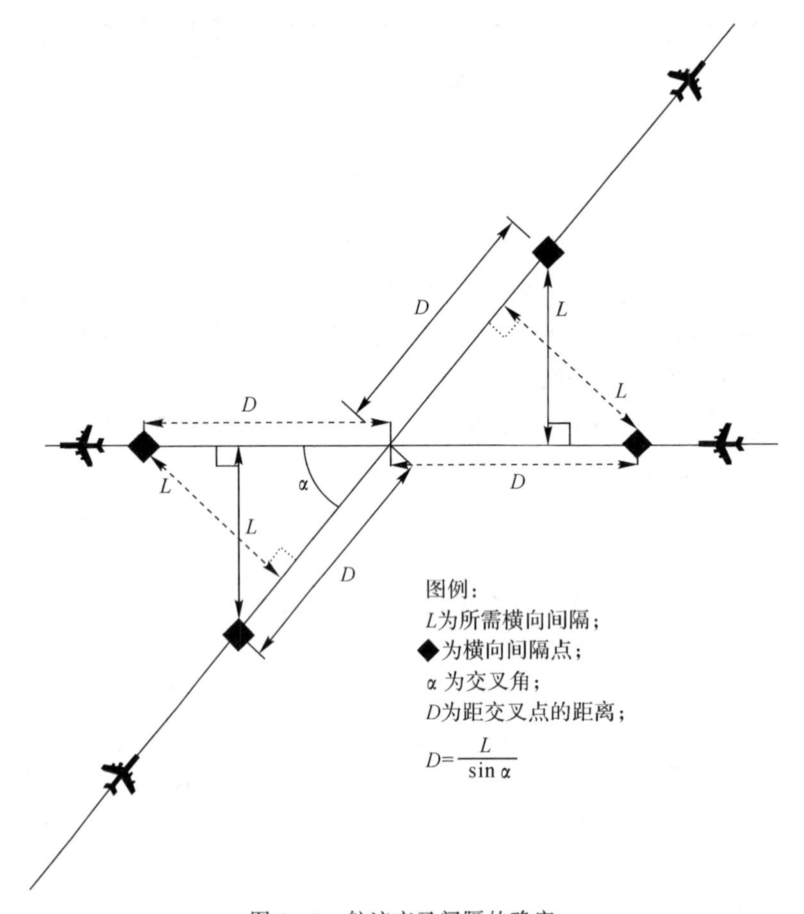

图 4-4 航迹交叉间隔的确定

5. 转弯时的间隔

对于飞越航路点而言,要求航空器首先飞越航路点,然后才能执行转弯。在转弯之后,航空器可以前行接入转弯之后紧随的航路,或者在重新接入航路之前行至下一个规定的航路点。这就要求为转弯的飞越一侧提供额外的横向间隔(见图 4-5)。

四、纵向间隔标准

1. 纵向间隔的使用

当航空器在同向航迹上飞行时,如果后面航空器的空速大于前面的航空器,应注意保持规定的纵向间隔,必要时应进行速度控制。

建立纵向间隔的方法有要求航空器在规定时间起飞、在规定时间到达某一地点上空、在指定时间之前在某一地点上空等待。

当航空器超声速飞行时,如果需要进行速度控制,通常应在开始跨音速时进行调速,不要在超声速飞行阶段进行限速。

同向航迹：同方向航迹，或者飞行航迹的夹角小于45°或大于315°，且保护区相互重叠。

反向航迹：反方向航迹，或者飞行航迹的夹角为135°～225°，且保护区相互重叠。交叉航迹：飞行航迹的夹角为45°～135°，或者225°～315°。

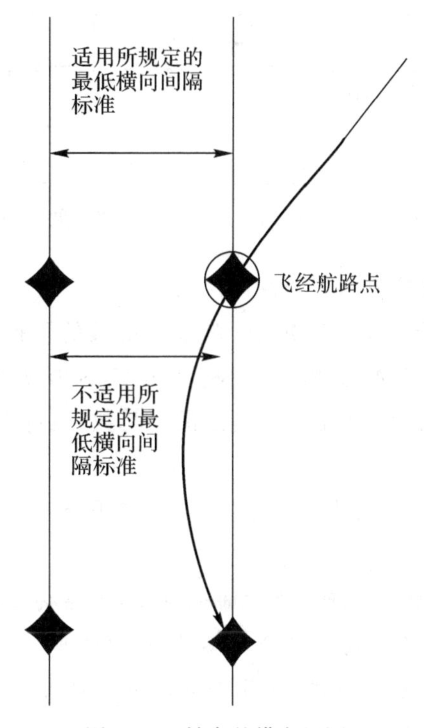

图4-5　转弯的横向间隔

2. 用时间确定的纵向间隔标准

(1)同高度、同航迹航空器之间的纵向间隔标准通常为15 min。若可以用导航设备测定航空器位置和速度，则为10 min。

若前方航空器的真空速比后面航空器快37 km/h(20 n mile/h)以上时，则由同一机场起飞的航空器之间，或沿航路飞行飞越同一报告点的航空器之间，或已经加入航路的起飞航空器与已经飞越某一规定定位点的航路飞行航空器之间，纵向安全间隔标准为5 min。

若前方航空器的真空速比后面航空器快74 km/h(40 n mile/h)以上时，则由同一机场起飞的航空器之间，或沿航路飞行飞越同一报告点的航空器之间，或已经加入航路的起飞航空器与已经飞越某一规定定位点的航路飞行航空器之间，纵向安全间隔标准为3 min。

(2)同高度、交叉航迹航空器之间的纵向间隔标准通常为15 min，若可用导航设备测定航空器的位置和速度，则为10 min。

(3)航空器穿越同向航迹上另一架航空器的飞行高度层时的纵向间隔标准：穿越时为15 min；若用导航设备测定航空器位置和速度，则穿越时为10 min；若改变高度时，一架航空器飞越同一个定位点在10 min之内，则穿越时为5 min。

(4)航空器穿越交叉航迹上另一架航空器的飞行高度层时的纵向间隔标准：

穿越时为15 min；若可用导航设备测定航空器的位置和速度，则为10 min。

(5)在逆向航迹上,如果没有横向安全间隔,则在两架航空器预计相遇时间的前、后10 min之内要有规定的垂直安全间隔,直至两架航空器相遇,如图4-6所示。

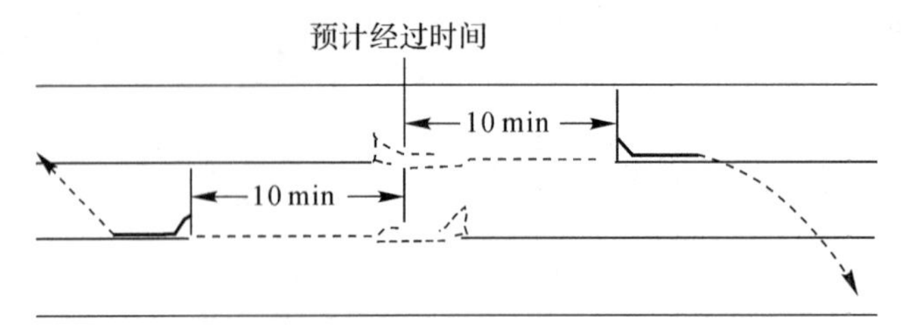

图4-6 穿越逆向航迹飞行高度层航空器之间纵向间隔标准

3. 使用马赫数飞行时,用时间确定的纵向间隔标准

涡轮喷气式航空器在飞行时,可以使用管制单位批准的飞行马赫数,但不能随意改变,即使由于颠簸等原因,需要对马赫数做暂时的调整,也必须尽快通知管制人员。如果由于航空器的性能限制,在上升或下降飞行中不能保持规定的马赫数,飞行人员应向管制人员提出改变马赫数据的要求。

(1)当使用马赫数飞行时,沿同向航迹平飞、上升或下降飞行的涡轮喷气式航空器间的纵向间隔为:

前面航空器的飞行马赫数等于或大于后面航空器,通常为10分钟;前面航空器比后面航空器分别快0.02、0.03、0.04、0.05、0.06个马赫时,纵向间隔分别为9、8、7、6、5分钟。

(2)当使用ADS-B高度层更换程序(ITP)的最小纵向间隔距离时,如果满足下列高度层更换程序标准,驾驶员可请求实施高度层更换程序爬升或下降:

a) 高度层更换程序航空器与参照航空器之间的高度层更换程序距离必须为:

1) 不小于28公里(15海里),最高接近地速37公里/时(20节)[①];或

2) 不小于37公里(20海里),最高接近地速56公里/时(30节);

b) 高度层更换程序的机载设备必须显示高度层更换程序航空器与参照航空器目前航迹之间的夹角小于45度;

c) 高度层更换程序航空器与任何参照航空器之间的高度差必须为600米(2000英尺)或以下;

d) 爬升或下降率不得低于1.5米/秒(300英尺/分),或管制员规定的任何更高速率;和

e) 必须按照指定的马赫数爬升或下降。如果空中交通管制没有分配马赫数,高度层更换程序航空器必须在高度层更换程序整个机动飞行期间维持目前的巡航马赫数。

如果满足下列条件,管制员可以批准航空器实施高度层更换程序的爬升或下降:

a) 驾驶员已经要求实施高度层更换程序的爬升或下降;

b) 高度层更换程序请求当中的每架参照航空器的航空器识别完全匹配[②]——相应航空器在飞行计划中填报的航空器识别;

① 1节(kn)=1.852 km/h。

② 见DOC 4444附录2飞行计划。

c) 高度层更换程序航空器与任何参照航空器之间报告的高度层更换程序距离为28公里(15海里)或以上；

d) 高度层更换程序航空器与参照航空器位于：

1) 同向相同航迹并且某一航路点的所有转弯必须限于小于45度；或

2) 平行航迹或同向航迹，机动期间不允许转弯；

e) 高度层更换程序爬升或下降结束之前，不得向高度层更换程序航空器发出速度或航路变化许可；

f) 高度层更换程序航空器与任何参照航空器之间的高度差必须为600米(2000英尺)或更小；

g) 高度层更换程序爬升或下降结束之前，不得向任何参照航空器发出修改速度、高度或航路的指令；

h) 高度层更换程序航空器与每架参照航空器之间的最大接近速度必须为0.06马赫；和

i) 高度层更换程序航空器不得是另一个高度层更换程序许可中的参照航空器。

(3)使用ADS－B爬升和下降程序(CDP)的基于距离的最小纵向间隔

当同向航迹的航空器获准穿越另外一架航空器的高度层进行爬升或下降时，签发许可应满足下列要求：

a) 通过包含0.25海里或更高位置精确度(性能指数为6或更高)的近似同步需求ADS－B报告，由地面自动化系统确定航空器之间的纵向距离；

b) 根据上述a)确定的航空器之间的纵向距离：

1) 当前行的航空器与跟随的航空器同速或更快时，不小于27.8公里(15海里)；或

2) 当跟随的航空器更快但不超过前行的航空器18.5公里/小时(10节)或0.02马赫时，不小于46.3公里(25海里)；

c) 航空器之间的高度差不大于600米(2 000英尺)；

d) 所签发的许可具有一项限制，要求确保自第一份需求报告申请之后15分钟内重新建立垂直间隔；和

e) 保持管制员—驾驶员的直接话音通信或管制员—驾驶员数据链通信。

5.4.2.8.2　ADS－B爬升和下降程序(CDP)的适用应由持续监测进程予以辅助。

(4)离场航空器之间的纵向间隔标准如下：

a)若航空器的航迹夹角大于或等于45°，且起飞后立即实施横向安全间隔，则纵向安全间隔标准为1分钟。

b)若两架航空器沿同一航迹飞行，且前一架航空器比后一架快74千米/时(40海里/时)以上，则纵向安全间隔标准为2分钟。

c)若离场航空器穿越先起飞航空器的飞行高度层，且二者沿同一航迹飞行，则在穿越飞行高度层时应保持5分钟以上纵向安全间隔。

(5)离场航空器与进场航空器之间的纵向间隔如图4－7和图4－8所示。

在进场航空器已开始其程序转弯或基线转弯转入最后进近之前，可以向任何方向起飞。

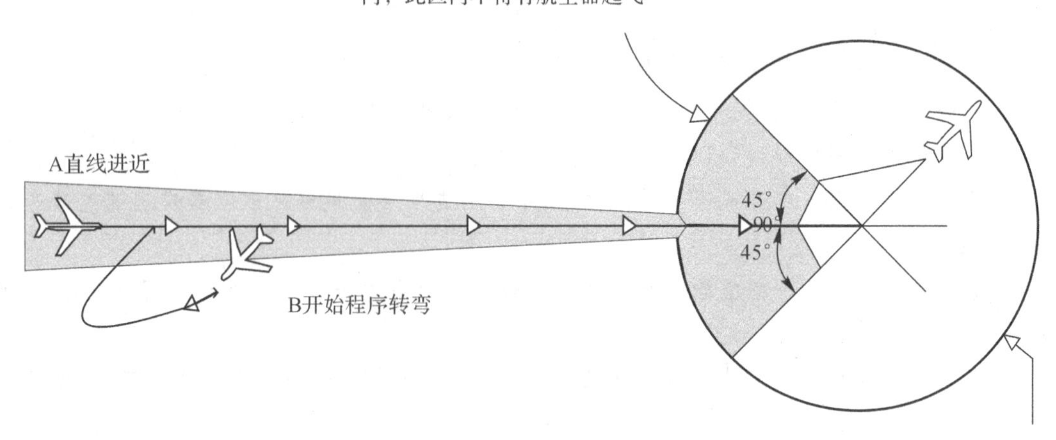

图 4-7　离场航空器间隔

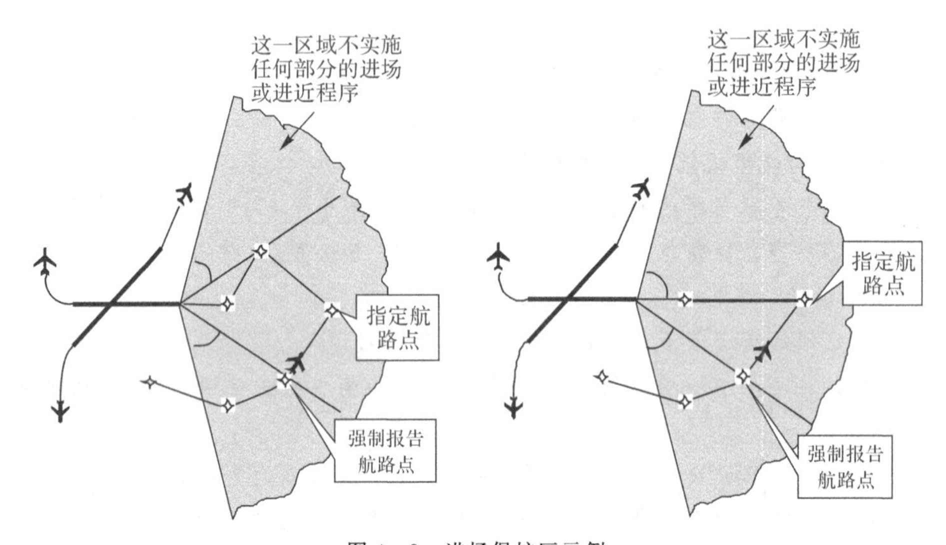

图 4-8　进场保护区示例

在进场航空器转入最后进近后，若离场航空器预计在进场航空器飞越仪表跑道首端前3 min之内起飞时，可以向与进近反方向呈45°角以外的方向起飞。

如果进场航空器正在做直线进近，在其预计飞越仪表跑道5 min之前，离场航空器可以向任何方向起飞；在进场航空器预计飞越仪表跑道首端前3 min以内或指定定位点之前，离场航空器可以向与进近反方向呈45°角以外的方向起飞。

如果一架进场航空器正在执行RNAV(Area Navigation)或RNP(Required Navigation Performance)仪表飞行程序，则离场航空器可以在进场航空器进场保护区之外的离场航迹上起飞，条件是：

a) 进场航空器报告飞越了仪表飞行程序上某一强制报告航路点之前适用垂直间隔,此一航路点的位置需由有关空中交通服务当局予以确定;

b) 起飞是在进场航空器飞越仪表飞行程序的一个指定航路点之前,此一航路点的位置需由有关空中交通服务当局予以确定;和

c) 离场航空器始终在进场保护区之外,直至建立另一种形式的间隔。

(6)尾流间隔的确定。

有关的 ATC 单位将不需要为以下航空提供间隔:

a) 在同一跑道做 VFR 进场着陆的重型或中型的前方着陆航空器;和

b) 正在做目视进近的 IFR 进场飞行,当航空器已报告看到前方航空器并被要求遵守和保持与该架航空器的自我间隔。

进场航空器,下列最低标准须适用于在一重型或中型航空器之后着陆的航空器:

a) 中型航空器于重型航空器之后——2 分钟;

b) 轻型航空器于重型或中型航空器之后——3 分钟。

离场航空器,在重型航空器之后起飞的轻型或中型航空器之间,或在中型航空器之后起飞的轻型航空器之间适用于 2 min 最低间隔,当这些航空器均在使用:

a) 同一跑道;

b) 间隔小于 760 米(2500 英尺)的平行跑道;

c) 交叉跑道,当第二架航空器的预计飞行航迹与第一架航空器的预计飞行航迹在相同高度或在其下 300 米(1000 英尺)穿越;

d) 间隔大于 760 米的平行跑道,当第二架航空器的预计飞行航径在相同高度或在其下 300 米(1 000英尺)穿越。

五、降低最低间隔标准

最低间隔标准可以在下列情况下降低。

在以下适当条件下,最低间隔标准由有关空中交通管理当局决定:

a) 当特殊的电子或其他助航设备可使航空器机长准确确定航空器的位置,并且有可靠的通信设备,能将位置无延误地发送给有关空中交通管制单位时;或

b) 当有关空中交通管制单位可结合迅速可靠的通信设备,被提供有从 ATS 监视系统获取的航空器位置情报时;或

c) 当特殊的电子或其他导航设备可使空中交通管制员迅速、准确地预估航空器的飞行航迹,并且有可靠的设施能经常把航空器的实际位置同预估位置加以核实时;或

d) 当装备有 RNAV 设备的航空器在可以提供必要的最新情报,以保证其导航精度的电子导航设备的覆盖范围内飞行时。

六、应用 ADS - C 间隔标准

在以 ADS - C 为基础的空中交通管制(ATC)系统中,向管制员显示的位置资料的精度取决于航空器机载导航或定位系统。因此,任何影响航空器导航能力的航空器系统的降低,都会

影响向管制员显示的位置数据的精度。

DOC 4444 号文件给出了相关内容：

13.5.2 确定高度层的占用

13.5.2.1 用于确定向管制员显示的 ADS－C 高度层资料为准确资料的允许误差值在 RVSM 空域必须为±60 米(±200 英尺)，在其他空域须为±90 米(±300 英尺)。如果有关 ATS 当局认为实际可行，可规定更小的标准，但不得小于±60 米(±200 英尺)。

13.5.2.2 如果 ADS－C 高度层资料未在允许的误差值以内，必须用话音或 CPDLC 对这一资料进行核实。如果已核实 ADS－C 高度层资料不正确，有关 ATS 当局必须就这一资料的显示和使用决定所要采取的行动。

13.5.2.3 当 ADS 高度层资料显示航空器从其原来分配的高度层的预计方向出现大于 90 米(300 英尺)的改变时，或通过用收悉的 CPDLC 或驾驶员的话音报告进行了核实，那么允许离开其高度层的航空器则被视为已经开始机动飞行并离开了原先占用的高度层。

13.5.2.4 当 ADS－C 高度层资料显示航空器在所要求的方向已经以大于 90 米(300 英尺)穿越了这一高度层，或通过用收悉的 CPDLC 或驾驶员的话音报告进行了核实，那么正在爬升或下降的航空器则被视为已经穿越了这一高度层。

13.5.2.5 当用收悉的 CPDLC 或驾驶员的话音报告对分配的高度层进行核实之后，正在爬升或下降的航空器则被视为已经到达放行高度层。ADS－C 高度层资料只要维持在 13.5.2.1规定的适当允许误差值之内，该航空器则被视为保持这一高度层。

注：可以使用一个高度层范围偏离情况合同以监视航空器是否持续遵守有关的允许误差值。

13.5.2.5.1 当准备使用 CPDLC 核实航空器已经到达其被放行的高度层，应使用第 129 条上行链电文“报告保持(高度层)”或第 200 条上行链电文“报告到达”。

注：第 175 条上行链电文“报告到达(高度层)”不能对航空器保持其指配的高度层做出相同的保证。当驾驶员对飞行管理系统下载自动答复该电文时，航空器到达指配的高度层即会发出答复，不论航空器是否保持其指配的高度层。

13.5.2.6 如拟使用 ADS－C 高度层资料在过渡高度层以下配备垂直间隔，有关当局须确保这一资料已根据相应的气压高度进行了校正。

管制员为确保不违反最低间隔标准，决定在特定条件下适用间距时，所必须考虑的因素包括航空器的相对航向和速度、ADS－C 技术局限性、管制员的工作负荷和通信拥挤所引起的任何困难。

使用 ADS－C 以距离为基础的最低间隔标准可用于从 ADS－C 获取的航空器位置之间，或用于 ADS－C 获取的位置和雷达或 ADS－B 获取的位置之间。必要时要对航空器的位置进行推断或者加以改动，以确保它们表示的是航空器在同一时间的位置。

所显示的 ADS 位置符号应能够使管制员对报告的、推断的或加以改动的位置进行区别。如果对所显示的推断或加以改动的位置符号信息的完好性有任何疑义，必须通过指令合同请求进行更新。

在同一等候定位点上等候的航空器之间不得采用以 ADS 为基础的间隔。在等候航空器和其他飞行之间采用水平间隔必须符合有关ATS当局规定的要求和程序。

第四节　飞行冲突的管理

一、飞行冲突管理的几个层次

空中交通活动中，航空器空间位置状态的不断变化，使得冲突管理过程也表现出相应的动态性。管制员监视空中交通动态，根据飞行动态的变化，检测飞行冲突，随时启动冲突管理。根据ICAO《全球空中交通管理运行概念》要求及我国空管运行程序等具体情况，管制员冲突管理可分为四个层次，其中第一层为飞行计划预先调配，第二层为飞行实施阶段的中期冲突探测和解脱，第三层为飞行中的短期冲突探测和告警，第四层为机载冲突检测和避撞。

1. 飞行计划预先调配

飞行计划预先调配属于管制员冲突管理的第一层，即ICAO DOC 9854－AN/458提出的战略冲突管理(Strategic Conflict Management，SCM)。该层次是在飞行前一天或更早，根据中长期的航班飞行计划、临时航班飞行计划、飞行训练计划，以及飞行空域容量的限制、气象条件等进行飞行计划冲突计算，判断可能的冲突航段、冲突时间和冲突类型，并依据有关法规、标准和程序通过对飞行计划的修改来实现对冲突的调配。飞行计划调配涉及全局或局部区域内飞行计划的调整，需要军民航管制部门与航空单位之间相互协调后确定，是一种非实时的战略冲突管理技术，在飞行量较小的地区调配较容易，可以通过简单的排序实现；而在飞行量较大的地区，主要通过对整个区域的优化算法来实现。

2. 中期冲突探测与解脱

中期冲突探测与解脱属于管制员冲突管理的第二层。再完美的飞行计划预先调配，在飞行量大的地区，由于重要任务或紧急任务飞行及其他影响飞行活动因素的存在，都需要临时修改或调整飞行计划，从而引发新的飞行冲突。该层次是在飞行实施后，根据飞行计划、历史航迹、飞行意图、航路气象状况等预测某一架航空器几分钟到数十分钟(一般为20 min)内可能存在的冲突，通过提供给管制员冲突解脱建议方案，对冲突航空器的飞行计划进行调整，以保证适当的飞行间隔。

3. 短期冲突探测和告警

短期冲突探测和告警属于管制员冲突管理的第三层。由于飞行活动的动态性及“人-机-环境”不安全因素的影响，航空器很可能会偏离预定的飞行航线或飞行高度，管制员主要依据实时的监视数据，检测在较短时间(一般为2～3 min)内可能出现的飞行冲突，并立即对冲突进行响应，通过甚高频通信设备与飞行员保持联络、发布指令(如改变飞行高度、航向、速度等)，来避免冲突的发生。

4. 机载冲突检测和避撞

机载冲突检测和避撞属于管制员冲突管理的第四层。该层次通过航空器机载设备主动探测周围飞行情况，根据高度层的不同，产生预警TA或解脱建议RA。通常情况下，飞行员此时必须依据解脱建议对航空器的运动进行调整，这是防止航空器相撞的最后技术手段。考虑到可能与之前管制员根据短期冲突告警给出的解脱建议矛盾，目前欧洲已提出了空地协同实现防相撞的思路，通过地空数据链将机载TCAS的监视信息、意图信息、TCAS系统的TA告警和 RA 解脱建议等信息，下传给空中交通管制系统，使管制员在发现 TCAS 告警并给出解脱指令前获得航空器的监视信息和意图，在航空器 TCAS 告警时及时地得到航空器的状态，有利于管制员增强对当前态势的判断，避免出现与 TCAS 建议相反的指令。

二、侧向偏置程序的应用

自 1997 年在北大西洋空域率先实施缩小垂直间隔以来，世界各国基本都已经实施了缩小垂直间隔。但 2006 年 9 月，巴西的一架波音 737－800 与一架公务机空中相撞，这引发了人们的深思。这起空难发生时，两架飞机同高度相对飞行。有专家评论认为，这起空难使我们更加清晰地认识到，即使空中只有两架飞机，也有可能发生空中相撞，如果实施侧向偏置，该空难可能会避免。侧向偏置程序英文名称为 Strategic Lateral Offset Procedure，简称为 SLOP，即允许具备侧向偏置能力的航空器在航路中心线向右平行偏置 1 n mile 或者 2 n mile，将提供更大的安全余度，减少因各种非正常情况发生时（包括人为操作失误、高度偏离误差、颠簸导致的高度保持误差等）航空器空中相撞的风险。巴西空难使国际上有关专家积极推进 SLOP 程序在南美空域的应用。一直以来积极倡导实施侧向偏置程序的国际驾驶员协会联合会（IFALPA）认为："侧向偏置程序的好处就在于当有对头飞行时，能够避免空中飞机嘴对嘴的直接相撞；而在南美空域，几乎每一次飞行，你都会和其他飞机对头飞行。"迄今为止，国际上有些空域已经采用了 SLOP 程序。国际民航组织目前只规定了在海洋或者没有雷达覆盖的偏远地区可以使用侧向偏置程序。航空器侧向偏移示意图如图 4－9 所示。

1.侧向偏置程序实施的必要性

由于高精度导航系统如 GPS、GNSS 和其他导航系统组台以及飞行管理计算机（FMC）等在现代航空器中的广泛应用，航空器的水平飞行精度非常高，航空器每次飞行都能够非常准确地沿航路中心线飞行。实施 RVSM 对飞机高度保持性能的要求也非常高。例如航空器在无颠簸、无阵风的条件下进行直飞或平飞时自动控制系统控制高度的系统误差为 20 m，飞机高度系统误差平均值最大不得超过 25 m。这就意味着飞机飞行的垂直和水平误差与飞机的物理尺度基本接近，同一航路上不同飞行高度的航空器发生垂直重叠的概率大大提高，一旦由于种种原因发生航空器出于错误的高度，发生两机空中相撞的可能性就会显著增加。理论计算表明，自从 1977 年以来，空域内航空器垂直重叠的概率增加了 18 倍。传统的飞机导航方式水平误差比较大，发生两机同航线同高度对头飞行时，由于误差的原因反倒可能会使两机"擦肩而过"，不会直接相撞。在按照国际民航组织的要求进行空域碰撞模型分析时，飞机水平导航精度的提高反而增加了航空器碰撞的概率。

2.侧向偏置程序的操作方法

侧向偏置程序既适用于减轻由于提高导航精度而造成增加的横向重叠概率，也用于减轻所遇到的尾流紊流。侧向偏置程序通常是具备侧向偏置能力的航空器向航路中心线右侧偏置 1～2 n mile。实行侧向偏置程序由航空器机长决定，无需向管制员报告。不具备侧向偏置能力的航空器则应当沿航路中心线飞行。在一条航路上，由于航空器相对于其飞行方向存在向右一侧偏置 0 n mile、1 n mile（见图 4－10）或者 2 n mile 的随机可能性，而对头飞行的航空器则在航路的另一侧偏置 0 n mile、1 n mile 或者 2 n mile 的随机可能性。因此，即使由于某种操作失误等原因导致同航线两架对头飞行的航空器处于同一高度，其发生直接碰撞的概率将比不实施侧向偏置程序下降 80%左右。在一条航路上同向飞行的航空器，实施侧向偏置程序发生碰撞的概率也相比下降60%左右。

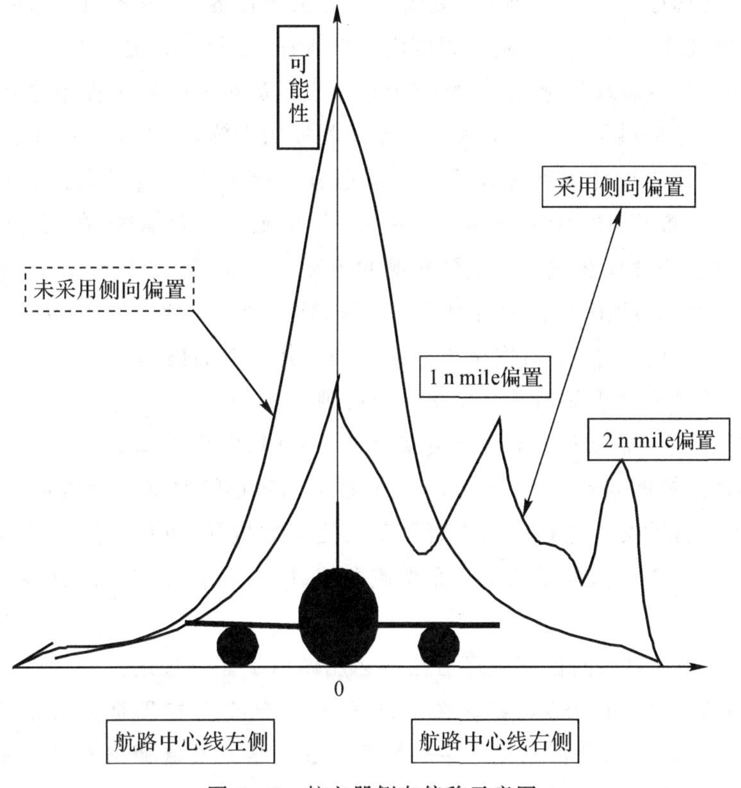

图4-9　航空器侧向偏移示意图

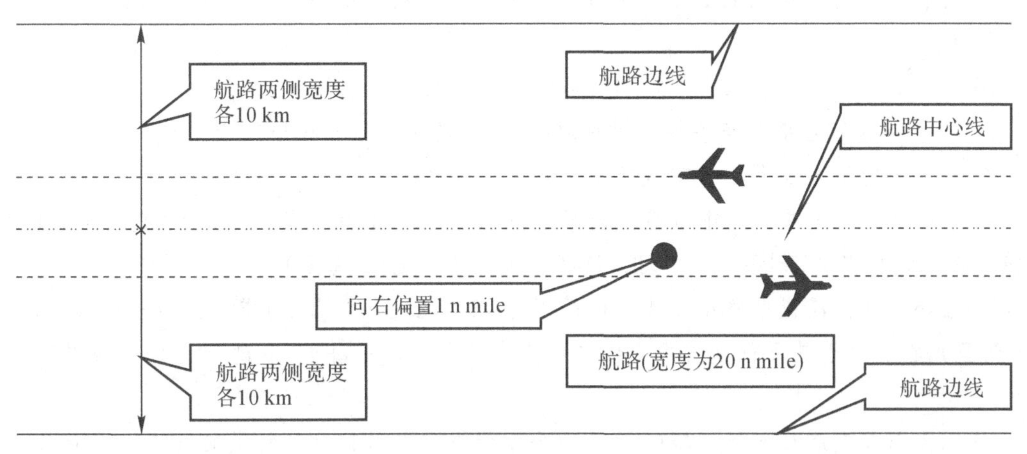

图4-10　航路上相对飞行的航空器向右侧偏置1 n mile示意图

此外，航空器侧向偏置0 n mile、1 n mile或者2 n mile的概率为平均分布时，碰撞概率相对比较小。

如果相对飞行的航空器同时向右偏置1 n mile，则两架航空器侧向间隔为22 n mile(3.7 km)。当发生人为操纵失误导致同航路相对飞行的航空器丧失垂直间隔时，可以避免相撞危险，而且因两航空器存在大于3 km的侧向间隔而不构成事故征候。

3. 正确实施侧向偏置程序

由于侧向偏置程序是由飞行机组决定并进行相关操作的，不需要向管制员进行报告，而且必须向右偏置，因此飞行员能否正确认识侧向偏置程序，是该程序能否顺利实施的一个关键。在国际上应用侧向偏置程序以来，部分航空公司及飞行员对侧向偏置程序的应用表示支持，他们认为侧向偏置程序提供了一个有效的避免空中相撞的措施，增加了一层保护，并且他们希望侧向偏置程序能够作为一种标准操作程序。但也有一部分飞行员对实施侧向偏置并不太支持，在北大西洋空域推行 SLOP 后几年，很少有飞行员施行侧向偏置，在飞行员中还普遍存在一种误解，认为侧向偏置仅在航空器遇到颠簸的情况下才采用。据统计，真正能主动实施侧向偏置的飞行员目前仅有约 10%。随着时间的推移，越来越多的飞行员开始意识到侧向偏置虽然可能增加了飞行员的操作，但对安全飞行是一种极其有效的措施。

4. 侧向偏置程序有利于管制员对空中飞行的调配

事实上，在现阶段，部分管制部门在复杂天气条件时，空中流量大、冲突较多时，经与军方协调后，常常主动指挥航空器偏置 1～2 n mile，这可以防止航空器目标重叠，便于管制员更为清晰地发现空中飞行冲突。这种做法在管制部门逐渐被接受，可以理解为侧向偏置程序的一种准应用。实施 RVSM 后，航空器主动采取侧向偏置，为管制工作中冲突调配能提供了一定的便利。

DOC 4444 号文件对侧向偏移程序方法的运用做出了如下规定：

策略横向偏移程序(SLOP)是经批准的程序，允许航空器在飞行方向相对应的中心线右侧的平行航迹上飞行，以减轻由于提高导航精度和遭遇尾流紊流而增加横向重叠概率。除非间隔标准另有规定，航空器使用该程序不影响所规定的间隔标准的适用。

注 2：附件 2 的 3.6.2.1.1 要求由负责有关空域的空中交通服务主管当局批准施行策略横向偏移。

16.5.1 必须在有关国家当中协调实施策略横向偏移程序。

注：关于实施策略横向偏移的资料见《实施策略横向偏移的程序》(Circ 331 号通告)。

16.5.2 只能批准以下航路空域实施策略横向偏移：

a) 最小横向间隔或航路中心线之间间距为 42.6 公里(23 海里)或以上，在相对于其飞行方向中心线向右侧偏移十分之一海里，最高可达 3.7 公里(2 海里)；和

b) 最小横向间隔或航路中心线之间间距为 11.1 公里(6 海里)或以上但小于 42.6 公里(23 海里)，在相对于其飞行方向中心线向右侧偏移十分之一海里，最高可达 0.9 公里(0.5 海里)。

16.5.3 必须在航行资料汇编(AIPs)中公布经批准可以施行策略横向偏移的航路或空域，以及驾驶员应该遵循的程序。在某些情况下，可能有必要对使用策略横向偏移施加限制，例如，由于与超障余度相关的原因，可能不适于策略横向偏移。航路一致性监测系统必须考虑到策略横向偏移。

16.5.4 施行策略横向偏移的决定必须是飞行机组的责任。飞行机组只得在空中交通服务主管当局已批准施行策略横向偏移的空域内，在航空器配备了自动偏移航迹能力的情况下，施行策略横向偏移。

注 1:驾驶员可以在驾驶员之间的 123.45 兆赫空对空频率上与其他航空器进行联络,以便协调偏移。

注 2:策略横向偏移程序是设计用于包括减轻前方航空器的尾流紊流效应的偏移。如果需要避免尾流紊流,可使用 16.5.2 中规定的向右偏移的限度。

注 3:不要求驾驶员向空中交通管制报告正在施行策略横向偏移。

第五章　空中交通管制运行

本章知识点提示：空中规则适用范围　指挥信号　国际空域划分

空中交通管制运行的规章，主要内容体现在国际民航组织颁布的《国际民用航空公约》附件2、附件11和DOC 4444之中。由于空中交通管制运行方式与空中交通管制设备和技术发展密切相关，其运行规则也在不断改进，如到2016年颁布的文件DOC 4444，已经是第16个版本了。

第一节　空中规则的适用要求

一、适用空中规则的领土范围

凡具有一缔约国国籍和登记标志的航空器，不论它在何地，只要与管辖该地的国家所颁布的规则不相抵触，均适用ICAO附件2《空中规则》。

注：1948年4月ICAO在通过附件2《空中规则》以及1951年11月在通过该附件的修订时，国际民用航空组织理事会决议：该附件所制定的关于航空器飞行和操作的规则是在《国际民用航空公约》第12条的含义之内。因此在公海上均适用这些规则，没有例外。

一缔约国只要没有通知国际民用航空组织有相反的决定，即认为该国，就其登记的航空器而言，已同意：为了在公海上某些区域飞行，而某一缔约国按照地区航行协议已接受对该区提供空中交通服务的责任时，则本附件内的"有关ATS当局"一词，系指负责提供这种服务的国家所指定的有关当局。"地区航行协议"一词，系指国际民用航空组织理事会通常根据地区航行会议的意见而批准的协议。

二、空中规则的遵守

航空器在飞行中或在机场机动区的运行，均须遵守一般规则。此外，在飞行中必须遵守目视飞行规则或仪表飞行规则。

三、机长遵守空中规则的责任

(一)机长的责任

航空器机长，不论其是否操纵航空器，对航空器的运行要遵守空中规则，只有为了绝对必要须背离规则的情况下，方可不遵守本规则。

(二)飞行前的准备工作

飞行开始前，航空器机长须熟悉与此次飞行有关的全部现有资料。场外飞行以及一切

IFR 飞行的飞行前准备，须仔细研究现有天气报告和预报，并考虑如不能按计划实施飞行时所需的油量和备用方案。

(三)航空器机长的权限

航空器机长在其负责期间，对于航空器的处置有最后决定权。

(四)酒类、麻醉剂或药物的使用

凡受酒类或任何麻醉剂或药物的影响，工作能力受到损害的人，不得驾驶航空器或充任飞行组成员。

四、飞行活动的基本要求

(一)最低高的限度

除非因起飞着陆所必需或经有关当局允许，航空器不得飞越城市、集镇、居民点人口稠密地区上空或露天群众集会上空，但如航空器飞行的高在发生紧急情况时，能让其进行着陆而不致危害地面人员和财产时除外。

(二)巡航高度层

一次飞行或一段飞行应飞的巡航高度层须按以下规定表示：

(1)在最低可用飞行高度层或其上的飞行，或适用时，在过渡高度以上的飞行所用飞行高度层；

(2)在最低可用飞行高度层以下的飞行，或适用时，在过渡高度或其下所用高度。

(三)拖曳

除非按照有关当局规定的要求，并经有关空中交通服务单位以有关资料、通知或许可予以指明，航空器不得拖曳航空器或其他物件。

(四)特技飞行

除在有关当局规定的条件下，并经有关空中交通服务单位以有关的资料、通知或许可予以指明，航空器不得做特技飞行。

(五)禁飞区和限制区

航空器不得飞越正式公布其细节的禁飞区和限制区，但符合限制条件或经在其领土上划定此类区域的国家允许者例外。

(六)民用航空器遇到非法干扰

当发生非法干扰而航空器又无法将此情况通知 ATS 单位时，下列程序作为航空器应采用的行动指南：

除非航空器上另有考虑，机长应试图继续沿指定航迹和指定巡航高度飞行，至少要一直到能够通知一个 ATS 单位或在雷达覆盖区域内。

当航空器已遭到非法干扰，必须脱离其指定航迹或其指定高度时，又不能与 ATS 建立无线电联络，机长应尽可能：

(1)除非航空器上另有考虑，应在甚高频紧急频率和其他有关频率上广播报警。当环境允许和这样做有利时，也应使用其他设备，例如机载应答机、数据链等。

(2)为应付飞行中的意外事件，按照可适用的特殊程序进行，如果这种程序业已制定并已在《地区补充程序》(文件号 7030)中予以公布。

(3)如果尚未建立适用的地区程序，如果飞行高度层在 FL290 以上，飞行的高度与该区通常用于 IFR 飞行的巡航高度层相差 300 m(或半个高度层)；在 FL290 以下，相差 150 m (500 ft)。

(七)空投跳伞

除在有关当局规定的条件下，并经有关空中交通服务单位以有关的资料、通知或许可予以指明，不得从飞行中的航空器上进行空投或喷洒。除在有关当局规定的条件下，并经有关空中交通服务单位以有关的资料、通知或许可予以指明，不得跳伞，紧急情况跳伞除外。

第二节　飞 行 计 划

一、飞行计划的提交

向空中交通服务单位提供关于预定飞行或其部分飞行的情报，均须以飞行计划的格式提出。

1. 对提交飞行计划的要求

(1)进行下列飞行前，须提交飞行计划：

1)为之提供空中交通管制服务的任何飞行或其部分飞行；

2)在咨询空域内的任何 IFR 飞行；

3)有关 ATS 当局为了便于提供飞行情报、告警和搜寻援救服务有此要求时，处在或进入指定地区或者沿指定航路的任何飞行；

4)为了便于同有关军事单位或同相邻国家的空中交通服务单位协调，以避免可能为了识别目的而进行的拦截，有关 ATS 当局有此要求时，处在或进入指定地区或者沿指定航路的任何飞行。

5)飞越国界的任何飞行。

注："飞行计划"一词具有不同含义。它可包括飞行计划的全部项目以及全部航线的详细计划，也可以为了取得一小段飞行(如穿越航路或在管制机场起飞或着陆)的放行许可，只包括一些有限情报。

(2)除对重复性飞行计划的提交已作安排外，必须在起飞前向空中交通服务报告室提交飞行计划，或在飞行中发给有关空中交通服务单位或地空管制无线电台。

2. 对提交飞行计划的时限

除有关 ATS 当局另有规定外，需要提供空中交通管制服务或空中交通咨询服务的飞行，至少须在飞起前 60 min 提交飞行计划。如在飞行中提出，则须保证有关空中交通服务单位至少在航空器预计到达下列各点前 10 min 收到：

1)预计进入管制区或咨询区的某一入口点；或

2)穿越装备航路或咨询航路的某一点。

二、飞行计划内容

飞行计划须由有关 ATS 当局认为合适的下列各项情报组成：

(1)航空器识别标志。
(2)飞行规则和飞行种类。
(3)航空器架数、型别和按尾流的分类。
(4)设备。
(5)起飞机场。
(6)预计取开轮挡时间。
(7)巡航速度。
(8)巡航高度层。
(9)所飞航路。
(10)目的地机场和预计经过总时间。
(11)备降机场。
(12)燃油续航时间。
(13)机上总人数。
(14)紧急和救生设备。
(15)其他事项。

三、飞行计划的填写

(1)不论提交飞行计划的目的如何,飞行计划必须根据情况包括关于提交飞行计划的航路或其一段的各项情报,一直到备降机场的一项为止。

(2) 此外,适用时,它还须包括有关 ATS 当局所规定的或飞行计划提交人认为所必要的一切其他各项情报。

四、飞行计划的更改

为 IFR 飞行或作为受管制的飞行运行的 VFR 飞行而提交的飞行计划的一切更改,以及其他 VFR 飞行的飞行计划的重要更改,须尽速报告有关空中交通服务单位。

注 1:起飞前提交的情报中,关于燃油续航时间及机上总人数,如在起飞时发现不正确,即构成对于飞行计划的重要更改,此类更改必须报告。

注 2:提交更改重复性飞行计划的程序载于《航行服务程序——空中规则和空中交通服务》第Ⅱ部分(DOC 4444)中。

五、飞行计划的终止

(1)除有关 ATS 当局另有规定外,对已提交全程或到目的地的末一航段的飞行计划的任何飞行,须亲自或以无线电在着陆后尽早向到达机场的有关空中交通服务单位提出到达报告。

(2) 提交的飞行计划只是有关部分航路(不是到目的地的末一航段),当有此要求时,必须向有关空中交通服务单位作有关报告,以结束飞行计划。

(3)如果到达机场没有空中交通服务单位,当有此要求时,着陆后必须尽速利用最快的手段向最近的空中交通服务单位提出到达报告。

(4)当已获悉到达机场的无线电设备不足,而且在地面又无处理到达报告的其他安排时,须采取以下措施:如有可能,航空器在紧临着陆前须将与到达报告相似的电报,用无线电发给需要此种到达报告的有关空中交通服务单位。通常，须将此发给服务于负责航空器飞行所在地飞行情报区的空中交通服务单位的航空电台。

(5)航空器所发的到达报告，须包括以下各项情报：

1)航空器识别标志；

2)起飞机场；

3)目的地机场(仅在改航着陆的情况下填发)；

4)到达机场；

5)到达时间。

六、信号

航空器观察到或收听到附录2中规定的任何信号时，须按该附录所述信号意义采取行动。

使用附件2附录1中的信号，须按其规定的含义。仅可用于规定用途，并不得使用易于与其混淆的其他信号。

七、时间

必须使用协调世界时(UTC)，并且须以自午夜开始的一天24小时的时、分表示之。

在进行一次受管制的飞行之前，以及在飞行中的其他时间，当有此需要时，必须校准时间。

八、空中交通管制服务

(一)空中交通管制放行许可

(1)在进行一次受管制的飞行或一段受管制的飞行之前，必须取得空中交通管制单位放行许可。此种放行许可，必须通过向空中交通管制单位提交飞行计划的方式申请。

飞行计划可能按照所需只包括一段飞行，藉以说明受空中交通管制的一段飞行或某些机动操作。如放行界限所示，放行许可只包括现行飞行计划中的某一段飞行或提到的某些指明的操作，如滑行、起飞或着陆。如航空器机长对空中交通放行许可并不满意，可以提出申请；如可能时，将发给他修改的放行许可。

(2)每当航空器提出优先放行的申请时，如经有关空中交通管制单位要求，须提出报告，说明申请优先放行的原因。

(3)飞行中的可能再次放行。如在起飞前预计到根据燃油续航时间并根据飞行中的再次放行，可以作出决定飞往更改的目的地机场，同时要把列入飞行计划中的关于更改的航路(如已知)及更改的目的地机场的情报，通知给有关的空中交通管制单位。

(4)在管制机场运行的航空器，没有得到机场管制塔台的放行许可前不得在机动区内滑行，并且必须遵守该单位所给予的任何指示。

(二)飞行计划的遵守

(1)航空器须遵守为受管制的飞行所提交的现行飞行计划或其有关的部分，但经请求更改并已获得有关空中交通管制单位的放行许可，或当出现紧急情况，航空器需要立即采取行动者除外；在执行紧急权限后，只要情况允许，须尽快将已采取的措施通知有关空中交通服务单位，并说明此种措施是根据紧急权限而采取的。

1)除另经有关空中交通管制单位准许或指示外，受管制的飞行，须尽可能：

(a)在划定的 ATS 航路上飞行时，沿该航路的中心线飞行；

(b)在任何其他航路上飞行时，在导航设施和/或标定该航路的点之间，径直飞行。

2)航空器沿用甚高频全向信标台所标定的 ATS 航路的航段上飞行时，必须在转换点(如业已设置)，或尽可能靠近转换点，将其主要领导依据由其后面的导航设施转换到在其前面的导航设施。

(2)无意的改变。受管制的飞行出于无意地偏离了其现行飞行计划时，必须采取下列措施：

1)偏离要求航迹。如航空器偏离了要求航迹，必须立即采取措施，调整航向使航空器尽快回到要求航迹上。

2)真空速的变化。如在位置报告点之间的巡航高度层上，平均真空速与飞行计划的真空速有或预计有±5%的变更时，须通知有关空中交通服务单位。

3)预计时间的改变。如飞行计划中规定的到达下一报告点或飞行情报区边界或到达目的地机场的时间(以先到达的一个为准)与通知 ATS 单位的时间有 3 min(或有关 ATS 当局规定的或根据地区航行协议的其他时限)以上的误差时，须将修正的时间尽早通知有关空中交通服务单位。

(3)有意的改变。请求改变飞行计划必须包括下列情报：

1)改变巡航高度层。

航空器识别标志；请求的新巡航高度层和在该高度层的巡航速度，到达下一飞行情报区边界修正的预计时间(当适用时)。

2)改变航路：

(a)目的地不变。

航空器识别标志；飞行规则；对新飞行航路的说明，包括关于从请求改变航路的位置开始的飞行计划数据；修正的预计时间；任何其他有关情报。

(b)目的地改变。

航空器识别标志；飞行规则；对到达新目的地新航路的说明，包括关于从请求改变航路的位置开始的飞行计划数据；修正的预计时间；备降机场；任何其他有关情报。

(三)位置报告

除经有关 ATS 当局或有关空中交通服务单位根据该当局规定的条件予以免除者外，受管制的飞行必须将飞越每一指定的强制报告点的时间和高度层，连同任何其他所需情报，尽速报告有关空中交通服务单位。经有关空中交通服务单位的要求，飞越另外地点亦须作同样位置报告。在没有划设报告点的情况下，须按有关 ATS 当局规定的或有关空中交通服务单位指定的间隔作位置报告。

(四)管制的终止

受管制的飞行，除已在管制机场着陆外，当其已结束接受空中交通管制服务时，必须尽速通知有关 ATC 单位。

(五)通信

除有关 ATS 当局对在管制机场上组成机场交通的航空器可以另有规定外，进行受管制的飞行的航空器,必须持续守听有关空中交通管制单位的有关频率,必要时与之建立双向通信联络。

第三节 指挥信号

一、指挥用语

在 ICAO DOC 4444 号文件中,给出了国际标准指挥用语,以下给出部分例子。

1. 高度的描述[以下用“(高度)”表示]

a)FLIGHT LEVEL (number); or 飞行高度层 (数目);或

b)(number) METRES; or (数目) 米;或

c)(number) FEET. (数目) 英尺。

2. 高度的变更、报告和升降率

a)CLIMB (or DESCEND);爬升 (或下降);必要时后接:

ⅰ)TO (level); 至 (高度);

ⅱ)TO AND MAINTAIN BLOCK (level) TO (level)至和保持配置高度层(高度)至(高度);

ⅲ)TO REACH (level) AT (or BY) (time or significant point);到达 (高度) 在 (或于) (时间或重要点);

ⅳ) REPORT LEAVING (or REACHING, or PASSING) (level);报告离开 (或到达,或经过) (高度);

ⅴ)AT (number) METRES PER SECOND (or FEET PER MINUTE) [OR GREATER(or OR LESS)];以 (数目) 米/秒 (或英尺/分) [或大于(或小于)];

ⅵ)REPORT STARTING ACCELERATION (or DECELERATION). 报告开始加速(或减速)。

b)MAINTAIN AT LEAST (number) METRES (or FEET) ABOVE (or BELOW) (aircraft call sign);保持至少(数值)米(或英尺)高于(或低于)(航空器呼号);

c)REQUEST LEVEL (or FLIGHT LEVEL or ALTITUDE) CHANGE FROM (name of unit) [AT (time or significant point)];向 (单位名称) 请求[在 (时间或重要点)] 变更高度(或飞行高度层或海拔高度);

d)STOP CLIMB (or DESCENT) AT (level);在 (高度) 停止爬升 (或下降);

e)CONTINUE CLIMB (or DESCENT) TO (level);继续爬升 (或下降) 至 (高度);

f)EXPEDITE CLIMB (or DESCENT) [UNTIL PASSING (level)];加大爬升 (或下降) [直至经过 (高度)];

g)WHEN READY CLIMB (or DESCEND) TO (level);准备就绪后爬升 (或下降) 至 (高度) 时;

h)EXPECT CLIMB (or DESCENT)AT (time or significant point); 预期在 (时间或重要点) 爬升(或下降);

i)REQUEST DESCENT AT (time);请求在 (时间) 下降。

3. 管制移交和/或改频

a)CONTACT (unit call sign) (frequency) NOW;现在联络(单位呼号)(频率);

b)AT (or OVER) (time or place) [or WHEN] (PASSING/LEAVING/REACHING) (level) CONTACT (unit call sign) (frequency);在(或过)(时间或地点)[或当](经过/离开/到达)(高度)联络(单位呼号)(频率);

c)IF NO CONTACT (instructions);如果无法取得联络(指令);

d) STAND BY (frequency) FOR (unit call sign);在(单位呼号)(频率)上等待;

e)REQUEST CHANGE TO (frequency);请求改换至(频率);

f)FREQUENCY CHANGE APPROVED;同意改频;

g)MONITOR (unit call sign) (frequency);监听(单位呼号)(频率);

h)MONITORING (frequency);正在监听(频率);

i)WHEN READY CONTACT (unit call sign) (frequency);准备就绪,联络(单位呼号)(频率);

j)REMAIN THIS FREQUENCY;保持现频率。

二、遇险信号和紧急信号

任何规定并不阻止遇险航空器选用任何方法以引起他人注意,发现其位置并获得救助。

关于遇险和紧急信号的电信发射程序的全部细节,参阅附件 10 第Ⅱ卷第 5 章。

关于搜寻和援救目视信号的细节,参阅附件 12。

(一)遇险信号

以下信号,不论合并使用或单独使用,意为受到严重的、迫切的危险,需要立即援助:

(1)用无线电报或任何其他发出信号的方法发出含有“SOS”字组的信号(摩尔斯电码为…— —…);

(2)用无线电话发出的“MAYDAY”信号(按英语拼音发送);

(3)发出带红光的火箭或信号弹,每次一颗,间隔很短;

(4)发出带红光的降落伞照明弹。

注:国际电信联盟无线电规则第 41 条(参阅第 3268、3270 和 3271 款)规定了关于启动无线电报和无线电话自动报警系统的报警信号的资料。

3268　无线电报报警信号,由在一分钟内发出一连串的十二个长划组成。每个长划历时 4 秒钟,在连续长划之间的间隔为 1 秒钟。此种信号可用手拍发,但建议用自动器械拍发。

3270　无线电话报警信号,由两个大体上为正弦波形的、交替发送的单音频组成。一个单音的频率为 2 200 赫,另一单音的频率为 1 300 赫,每一单音的持续时间为 250 毫秒。

3271　用自动方法生成的无线电话报警信号,须至少在 30 秒内连续发送,但不超过一分钟。用其他方法生成,则须在大约 1 分钟内尽可能地连续发送。

(二)紧急信号

(1)以下信号,不论合并或单独使用,意为航空器想报告遭遇被迫着陆的困难,但不需立即援助:

1)重复地打开和关闭着陆灯;或

2)重复地打开和关闭航行灯,但其打开和关闭不同于闪烁航行灯。

(2)以下信号，不论合并使用或单独使用，意为航空器有一极为紧急的电报要发送，该报涉及船舶、航空器或其他交通工具的安全或者其机上或所看到的人员的安全：

1)用无线电报或任何其他发出信号的方法发出的“×××”字组信号；

2)用无线电话发出的“PAN，PAN”信号(按英语拼音发送)。

三、拦截时所用的信号

拦截航空器先用的信号和被拦截航空器的回答及拦截航空器先用的信号和被拦截航空器的回答分别见表5-1和5-2。

表5-1　拦截航空器先用的信号和被拦截航空器的回答

序　号	拦截航空器的信号	意　义	被拦截航空器回答	意　义
1	昼间或夜间——在稍高于被拦截航空器的前方，通常是在其左前方(如被拦截航空器为直升机，则在其右前方)，摇动航空器并不规则地闪烁航行灯(或着陆灯，如果是直升机)，并且，在得到回答承认后，平飞慢转弯，通常向左(或向右，如果是直升机)到所要求的航向	你已被拦截跟我来	昼间或夜间—摇动航空器，不规则地闪烁航行灯并跟随 注：被拦截航空器所要采用的其他动作，在第二节第八条中有规定	明白照办
2	昼间或夜间——做一大于90°的上升转弯，急速脱离被拦截航空器，不要穿越被拦截航空器的飞行路线	你可以前进	昼间或夜间——摇动航空器	明白照办
3	昼间或夜间——放下起落架(如装有)，持续地开着着陆灯，并飞越通过使用跑道的上空，或者，如被拦截航空器是直升机，飞越直升机着陆区的上空。如果都是直升机，拦截直升机做一次着陆进近，来到着陆区附近悬停	在此机场着陆	持续地开着着陆灯，跟随拦截航空器，并且在飞越跑道或直升机着陆区之后，如认为可以安全着陆，进行着陆	明白照办

表5-2　拦截航空器先用的信号和被拦截航空器的回答

序　号	拦截航空器的信号	意　义	被拦截航空器回答	意　义
1	昼间或夜间——收上起落架(如装有)，并闪烁着陆灯，飞越通过使用跑道或直升机着陆区上空，在高出机场场面300 m(1 000 ft)以上但不超过600 m(2 000 ft)[如是直升机，在50 m(170 ft)以上但不超过100 m(330 ft)]，并围绕跑道或直升机着陆区继续盘旋。如不能闪烁着陆灯，则闪烁任何其他可用的灯光	你指定的机场不合适	昼间或夜间如要被拦截航空器跟随拦截航空器到一备降机场，拦截航空器收上其起落架(如装有)并使用第1组中为拦截航空器规定的信号。 如决定释放被拦截航空器，拦截航空器使用第2组中的为拦截航空器规定的信号	明白，跟我来 明白，你可以前进

续表

序　号	拦截航空器的信号	意　义	被拦截航空器回答	意　义
2	昼间或夜间——规则地开关一切可使用的灯光，但其方式要与闪烁灯光有所区别	不能照办	昼间或夜间——使用第2组中的为拦截航空器规定的信号	明白
3	昼间或夜间——不规则地闪烁一切可用的灯光	在遇险中	昼间或夜间——使用第2组中的为拦截航空器规定的信号	明白

四、用以警告的目视信号

用以警告的目视信号是主要用以警告未经批准的航空器正在或行将进入限制区、禁航区或危险区的目视信号。

不论昼间或夜间，从地面以每10 s的间隔连续发射信号弹，每弹在爆炸时所发出的红光、绿光或星光表示：未经批准的航空器正在或行将进入限制区、禁航区或危险区飞行，该航空器要采取必要的纠正措施。

五、机场交通信号

(一)灯光和信号弹信号

1. 指示信号

指示信号含义见表5-3。

表5-3　指示信号含义

<table>
<tr><th colspan="2" rowspan="2">灯　光</th><th colspan="2">自机场管制发给</th></tr>
<tr><th>飞行中的航空器</th><th>地面上的航空器</th></tr>
<tr><td rowspan="5">指向有关航空器</td><td>绿色定光</td><td>可以着陆</td><td>可以起飞</td></tr>
<tr><td>红色定光</td><td>给其他航空器让路并继续盘旋</td><td>停止</td></tr>
<tr><td>一连串绿色闪光</td><td>返回着陆</td><td>可以滑行</td></tr>
<tr><td>一连串红色闪光</td><td>机场不安全，不要着陆</td><td>滑离使用着陆区</td></tr>
<tr><td>一连串白色闪光</td><td>在此机场着陆并滑到停机坪</td><td>滑回机场起点</td></tr>
<tr><td colspan="2">红色信号弹</td><td>不管以前有无指示，暂时不要着陆</td><td></td></tr>
<tr><td colspan="4">着陆和滑行许可，在适当的时候发给</td></tr>
</table>

2. 航空器的接收

(1)飞行中：

(a)昼间

——摇摆航空器的机翼。

注：不应预期航空器在进近中的第四边和第五边做这个动作。

(b)夜间

——闪烁航空器的着陆灯两次；或无此种装置，开关航行灯两次。

(2)在地面：

(a)昼间

——摆动副翼或尾舵。

(b)夜间

——闪烁航空器的着陆灯两次，或无此种装置，开关航行灯两次。

(二)目视地面信号

关于目视地面助航设备(见图 5－1)的细节介绍，参阅 ICAO《国际民用航空公约》附件 14《机场》。

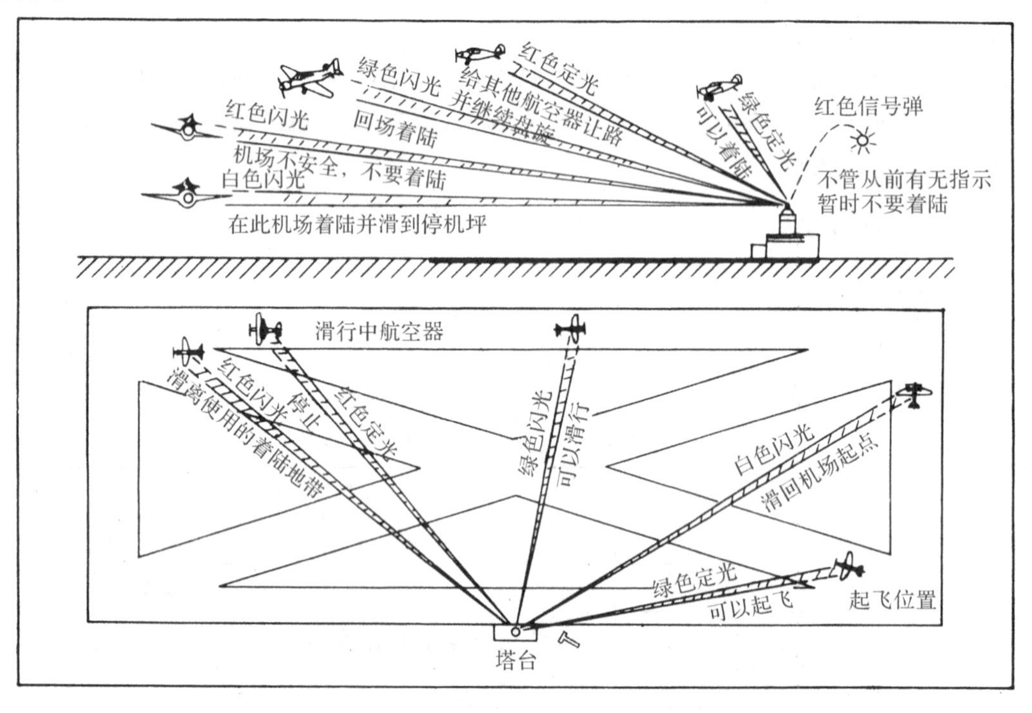

图 5－1　目视地面助航设备

1. 禁止着陆

一块平放在信号区的红色正方形板，上面有两条黄色对角线，表示禁止在该机场上着陆，并且禁止着陆时间可能会延长(见图 5－2)。

图 5－2　禁止着陆示意图

2.进近或着陆时要特别小心

一块平放在信号区的红色正方形板，上面有一条黄色对角线，表示由于机场机动区情况不良或其他原因，在进近或着陆时须特别小心(见图5-3)。

图5-3　进近或着陆提示

3.跑道和滑行道的使用

(1)一块平放在信号区的白色哑铃状的信号，表示航空器只许在跑道及滑行道上起飞、着陆和滑行(见图5-4)。

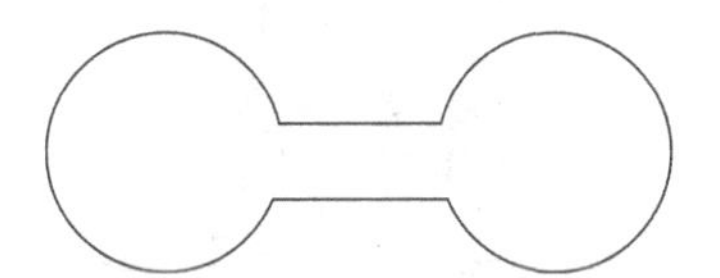

图5-4　跑道和滑行道使用信号

(2)同(1)条一样的一个平放在信号区的白色哑铃形状的信号，但是两头圆形部分各有一条与铃柄垂直的黑条，表示航空器只许在跑道上起飞和着陆，但其他操作则不限定在跑道或滑行道上进行(见图5-5)。

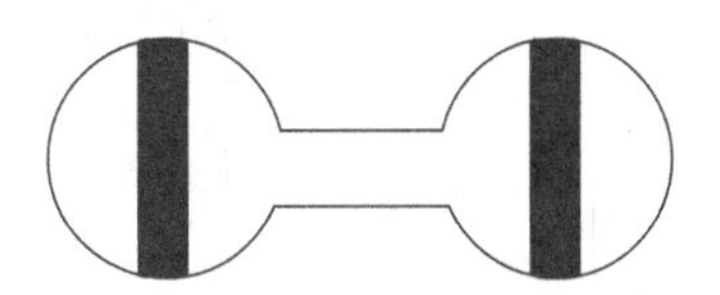

图5-5　跑道和滑行道使用信号

4.跑道或滑行道关闭

单一而颜色鲜明的十字(黄色或白色)，平放在跑道和滑行道或其某一部分上，表示有关区域不宜航空器活动(见图5-6)。

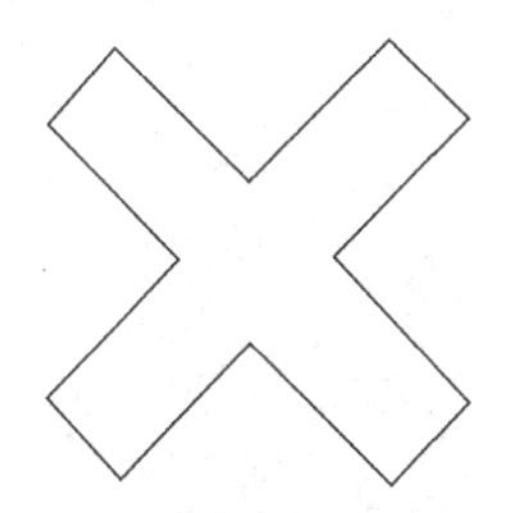

图5-6　关闭跑道和滑行道信号

5. 着陆或起飞方向

(1)一个平放的白色或橙色"T"字布(板),表示航空器须沿 T 字长臂向短臂方向着陆或起飞(见图 5-7)。

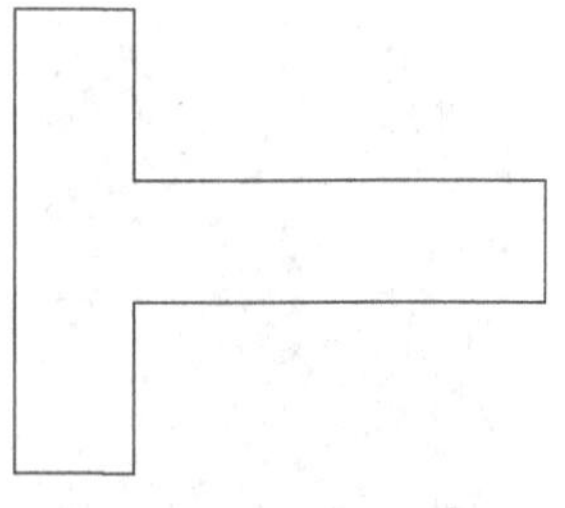

图 5-7 "T"字布(板)

注:夜间使用,要以白色灯光照明 T 字或显示真轮廓。

(2)在机场管制塔台或其附近垂直悬挂的一个两位数字信号,向机动区内的航空器表示起飞磁向,以 10°为单位(个位数四舍五入)(见图 5-8)。

图 5-8 飞行方向提示

6. 右起落航线

在信号区或在使用跑道或简易跑道头平放一个颜色明显的右转箭头,表示航空器在着陆前及起飞后要作右转弯(见图 5-9)。

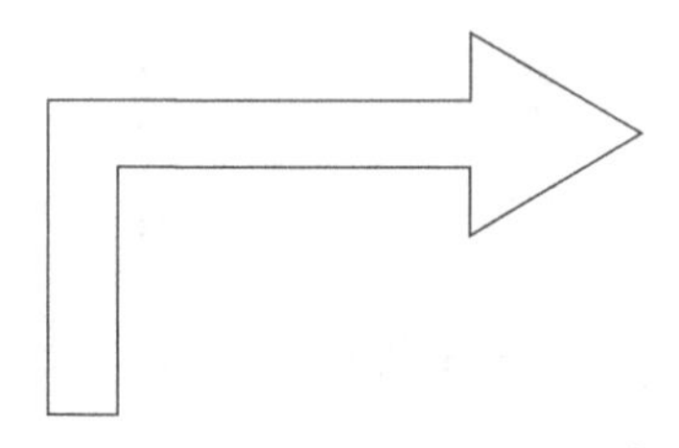

图 5-9 右转弯提示

7. 空中交通服务报告室

一个垂直悬挂的黄底黑色"C"字,表示该处为空中交通服务报告室(见图 5-10)。

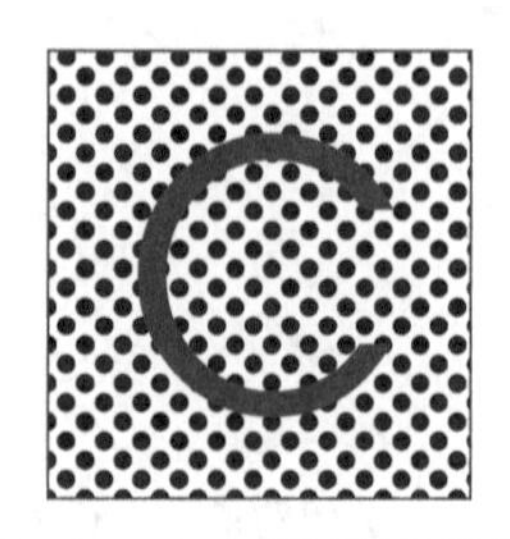

图 5-10 空中交通服务报告室

8.滑翔机飞行活动

一个白色双十字平放在信号区，表示滑翔机在使用机场并进行滑翔飞行（见图 5－11）。

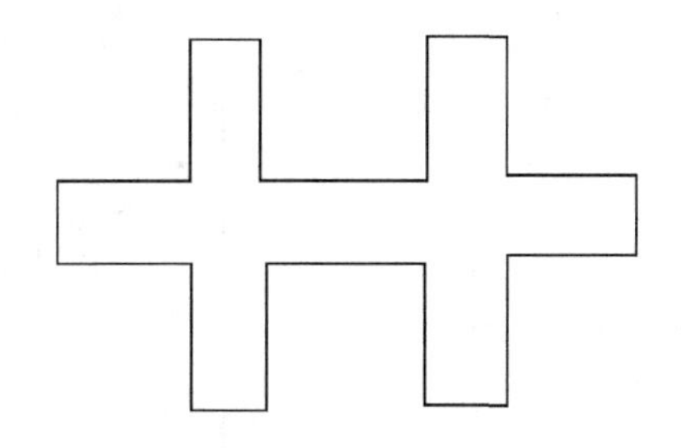

图 5－11　滑翔机飞行提示

六、引导信号

（一）信号员发给航空器的信号

注 1：下列信号（见图 5－12）专供信号员使用。信号员面向航空器，必要时双手持照明装置，以便驾驶员易于看到，并按下列位置站立。

（1）对定翼式航空器，在驾驶员视线内、左翼尖前方；

（2）对直升机，在驾驶员易看见的地方。

注 2：不论用指挥拍、发光的指挥棒或手电筒，下列信号意义仍不变。

注 3：对面向航空器的信号员而言，航空器发动机从右到左数起（即第一台发动机为航空器左外侧发动机）。

使用下列信号前，信号员须确定在该区域内被引导的航空器周围无任何物体。

1.记忆护送员/引导

右手举至头部上方，指挥棒尖朝上，左手指挥棒尖朝下，向身体方向挥动。

2.指示登机门

两臂完全伸出，一直举至头部上方，指挥棒朝上。

图 5－12　信号员引导信号

3.向下一信号员滑行或根据塔台/地面管制指令滑行

两臂指向上方，向身体外侧挥动并伸出手臂，有指挥棒指向下一信号员或滑行区的方向。

4.向前直行

两臂伸开，在肘部弯曲，从胸部高度向头部方向上下挥动指挥棒。

5a).向左转弯(从驾驶员角度)

伸开右臂和信号棒，与身体成90°，左手作出向前进的信号。信号挥动的速度向驾驶员表示航空器转弯快慢。

5b).向右转弯(从驾驶员角度)

伸开左臂和信号棒，与身体成90°，右手作出向前进的信号。信号挥动的速度向驾驶员表示航空器转弯快慢。

6a).正常停住

两臂和指挥棒完全伸开，与身体两侧各成90°，慢慢挥动指挥棒，举至头部上方，直到指挥要棒相互交叉。

6b).紧急停住

急速伸开两臂和指挥棒，举至头部上方，交叉挥动指挥棒。

续图 5-12　信号员引导信号

7.用刹车

一手抬起略高于肩，手张开。确保与飞行机组人员目光接触，然后握拳。在收到飞行机组人员向上翘起大拇指表示确认之前，不许动。

8.放轮挡

两臂和指挥棒完全伸出，举至头部上方，向内“戳”动指挥棒，直至两棒相碰。确保收到飞行机组人员的确认。

9.发动机启动

右臂举至与头部齐平，指挥棒尖朝上，用手臂划圈，同时左臂举至头部上方，指向要开车的发动机。

10.发动机关车

伸出一臂，指挥棒置于身体前方，与肩齐平，将手和指挥棒移至左肩上方，以横拉动作通过喉部前方将指挥棒移至右肩上方。

11.减速

双臂伸开，向下“轻拍”，从腰部向膝盖方向上下摆动指挥棒。

12.减低信号所指一边的一台(或两台)发动机的转速

两臂向下，手心向地，然后上下挥动右手或左手，挥动右手表示左边发动机要减速，挥动左手表示右边发动机要减速。

续图 5 - 12　信号员引导信号

13.向后倒退

两臂放在身体前方，与腰齐平，手臂朝前轮流滚动。要停止倒退，使用6a)或6b)的信号。

14a).往后倒退时转弯
(机尾向右)

左臂向下指，右臂上举过头部，然后放下至前面水平位置，右臂重复运动。

14b).往后倒退时转弯
(机尾向左)

右臂向下指，左臂上举过头部，然后放下至前面水平位置，左臂重复运动。

15.肯定/一切就绪

右臂举至与头部齐平，指挥棒尖朝上，或大拇指伸直，左臂放在体侧膝部。

16.悬停

两臂和指挥棒向两边呈90°角完全伸直。

17.向上运动

两臂和指挥棒向两边呈90°角完全伸直，手心向上，手向上挥动。挥动速度表示上升的快慢。

续图 5-12 信号员引导信号

18.向下运动

两臂和指挥棒向两边呈0°角完全伸直，手心向下，手向下挥动。挥动速度表示下降的快慢。

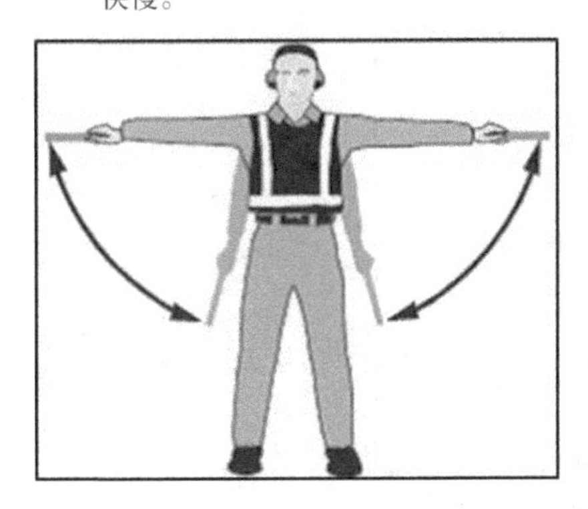

19a).向左水平运动
(从驾驶员角度看)

一臂水平伸直，与身体右侧呈90°角，另一臂朝同一方向来回摆动。

19b).向右水平运动
(从驾驶员角度看)

一臂水平伸直，与身体左侧呈0°角，另一臂朝同一方向来回摆动。

20.着陆

两臂在身体前方交叉，指挥棒朝下。

21.火情

右手指挥棒从肩部向膝部作“扇形”挥动，同时左手指挥棒指向着火之处。

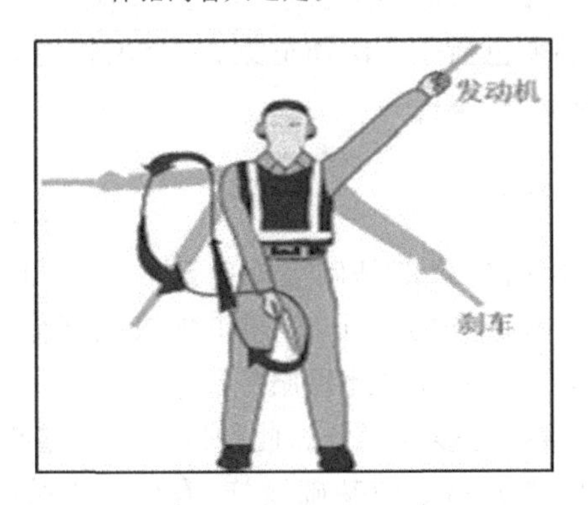

22.等待位置/待命

两臂和指挥棒向两侧呈45°角向下伸直。保持这一姿势，直到航空器被放行作下一个机动。

续图 5-12　信号员引导信号

23.航空器放飞

举起右手和/或指挥棒，行标准敬礼，将航空器放飞。与飞行机组人员保持目光接触，直到航空器开始滑行。

续图 5 - 12　信号员引导信号

(二)航空器驾驶员发给信号员的信号

1. 刹车

注：手握拳或手指伸开的瞬间表示用刹车或松刹车的瞬间。

(1)用刹车。举起手臂，手指在面前水平伸开，然后握拳。

(2)松刹车。举臂，手握拳放在面前，然后伸开手指。

2. 轮挡

(1)放入轮挡。两臂伸出，手心向外，向内移动双手在面前交叉。

(2)取出轮挡。两手在面前交叉，手心向外，向外移动双臂。

3. 准备开车。

伸出一只手的适当数目的手指，手指数目表示第几台发动机要开车。

第四节　搜寻与援救服务

国际民航组织《国际民用航空公约》附件 12《搜寻与援救》中建立了一套国际上协商一致的标准和建议措施。搜寻与援救服务的基本要素必须包括一个法律框架，一个主管当局，有组织的可用资源、通信设施及熟悉协调和运行职能的工作人员。

一、救援的区域

对于公海或主权尚未确定的区域，必须在地区航行协议的基础上商定建立搜寻与援救服务。缔约各国一经承担在此种区域中提供搜寻与援救服务的责任，必须单独或同其他国家合作，按照《国际民用航空公约》附件 12 各项规定安排建立并提供此种服务。

缔约国必须划定搜寻与援救区，并在其内提供搜寻与援救服务。此种区域不得重叠，相邻区域必须连接。设置搜寻与援救区是为了确保提供充分的通信基础设施、有效的遇险告警路线和适当的运行协调，以有效地支持搜寻与援救服务。相邻各国可以在单一的搜寻与援救(SAR)区合作建立搜寻与援救服务。搜寻与援救区的划分是以技术和运行为基础进行确定的，与各国之间的边界划分无关。

一缔约国在遵照本国主管当局可能规定的条件下，必须准许另一国搜寻与援救单位为搜寻航空器事故现场并援救事故幸存者之目的，立即进入其领土。一缔约国当局为了搜寻与援救的目的，希望其搜寻与援救单位进入另一缔约国领土时，必须向有关国家援救协调中心或经该国指定的此类其他当局提出申请，详细说明计划任务及其必要性。每一缔约国必须公布并散发其他国家的搜寻与援救单位进入其领土所需的所有资料，或者将此资料纳入搜寻与援救协议。

二、救援工作程序

(1)情况不明阶段。

在情况不明阶段时，援救协调中心必须最大限度地与空中交通服务单位及其他有关机构和服务部门合作，以便对发来的报告迅速进行评审。

(2)告警阶段。

在告警阶段时，援救协调中心必须立刻向搜寻与援救单位告警，并采取任何必要的行动。

(3)遇险阶段。

在遇险阶段时，援救协调中心必须：

1)查明该航空器的位置，推断这个位置的不确切的程度，并在此情报和当时情况的基础上确定搜寻区域范围。

2)通知可能需要其援助或可能与援助工作有关的其他援救协调中心。

3)守听由遇险航空器、救生无线电设备或应急定位发射器所发出的信息(附件10第Ⅲ卷关于应急定位发射器的规范所规定的频率为121.5 MHz及406 MHz。

三、搜寻与援救信号

1.与水上船只的联络信号

航空器依次执行下列动作，表示该航空器希望引导一艘水上船只前往遇险航空器或遇险船只地点：

a) 绕该船飞行至少一圈；

b) 在紧靠水上船只的前方低空穿过其计划的航向，并：

1) 摇摆机翼；或

2) 开关油门；或

3) 推拉螺旋桨变距杆。

c) 沿欲引导船只航行的方向飞行。

重复这些动作表示相同意义。

2. 航空器作下列动作，表示不再需要受信号所指挥的船只的援助：

在紧靠水上船只的尾部低空穿越其航迹，并：

1) 摇摆机翼；或

2) 开关油门；或

3) 推拉螺旋桨变距杆。

3.水上船只回答救援航空器的信号时，可能用下列信号：

表示确认收到信号：

1）升起“三角信号旗”（垂直的红、白色条）至顶部（表示明白）；

2）用信号灯连续发出列摩尔斯电码“T”的闪光；

3）改变航向跟随航空器。

表示不能遵守：

1）升起国际信号旗“N”（蓝白交错的方格）；

2）连续发出列摩尔斯电码“N”的闪光。

3. 空对地信号

4.航空器使用下列信号，表示已明白地面信号：

a）昼间：摇摆机翼；

b）夜间：开关着陆灯两次，如无此设备，则开关航行灯两次。

如无上述信号，则表示不明白地面信号。

第五节　国际空域划分

一、空域的基本分类

以下是附件11《空中交通服务》有关空域管理内容：

1.空域的分类。

应按如下内容进行空中交通服务空域的分类和指定：

A类　只允许仪表飞行规则飞行，对所有飞行均提供空中交通管制服务，并在相互之间配备安全间隔。

B类　允许仪表飞行规则飞行和目视飞行规则飞行，对所有飞行均提供空中交通管制服务，并在相互之间配备安全间隔。

C类　允许仪表飞行规则飞行和目视飞行规则飞行，对所有飞行均提供空中交通管制服务，并在仪表飞行规则飞行与其他的仪表飞行规则飞行和目视飞行规则飞行之间配备安全间隔。在目视飞行规则飞行与仪表飞行规则飞行之间配备安全间隔，并接收关于其他目视飞行规则飞行的情报。

D类　仪表飞行规则飞行和目视飞行规则飞行，对所有飞行均提供空中交通管制服务。在仪表飞行规则飞行与其他的仪表飞行规则飞行之间配备安全间隔，并接收关于目视飞行规则飞行的情报。目视飞行规则飞行接收关于其他所有飞行的情报。

E类　允许仪表飞行规则飞行和目视飞行规则飞行，对仪表飞行规则飞行提供空中交通管制服务，与其他的仪表飞行规则飞行之间配备安全间隔。对所有飞行均尽可能接收交通情报。E类空域不能用做管制地带。

F类　允许仪表飞行规则飞行和目视飞行规则飞行，对所有参加的仪表飞行规则飞行均提供空中交通咨询服务，如有申请，所有飞行均接受飞行情报服务。

G类　允许仪表飞行规则飞行和目视飞行规则飞行，如有申请，接受飞行情报服务。

2.各缔约国可根据需要选择相应的空域类别，增加对公约和附件内容的分析。

从以上内容可以看出，国际民航组织承认每个缔约国对于领空的绝对管理权，以及由于国防的需要，建立禁区的权利。另外为了飞行安全，它还对空域的类别做了详尽的分类，并指出各国可以根据需要选择与之相适应的空域类别。

二、危险区、限制区、禁区

《国际民用航空公约》有关条文如下：

第一条　主权

缔约各国承认每一国家对其领土之上的空气空间享有完全的和排他的主权。

第九条　禁区

1. 缔约各国由于军事需要或公共安全的理由，可以一律限制或禁止其他国家的航空器在其领土某些地区上空飞行，但对该领土所属国从事同样飞行的航空器，在这一点上不得有所区别。此种禁区的范围和位置应当合理，以免空中航行受到不必要的阻碍。一缔约国内此种禁区的说明及其随后的任何变更，应尽快通知其他各缔约国及国际民用航空组织。

2. 在非常情况下，或在紧急时期内，或为了公共安全，缔约各国也保留暂时限制或禁止航空器在其全部或部分领土上空飞行的权利并立即生效，但此种限制或禁止应不分国籍，适用于所有其他国家的航空器。

3. 缔约各国可以依照其制定的规章，令进入上述第一款或第二款所指地区的任何航空器尽速在其领土内一指定的机场降落。

《国际民用航空公约》对于主权国家设立空中禁区制度，规定了三项限制性条件：

(1)基于军事需要或公共安全的理由；

(2)禁区的范围和位置应当合理；

(3)不得区别对待。

但是，由于航空器所有人或者经营人的国籍问题以及不定期航班的存在，区别对于外国人从事可以不给予外国从事不定期飞行的航空器以“国民待遇”。这样看来，第九条第 1 款的主要意图是防止缔约国利用禁区制度来限制和排斥外国定期国际航班的飞行，而对于不定期飞行则有所忽视。

空中限制区，是指在一个国家的领陆或领水上空，根据某些规定的条件，限制航空器飞行的空域。但是，符合限制区规定的特定条件的航空器不在此限。根据《国际民用航空公约》第九条第 2 款的规定，限制区的适用条件比空中禁区制度宽松：

(1)前者适用的理由不限于军事和公共安全；

(2)限制区的空域范围可以包括全部领土上空；

(3)这种权利的行使可以“立即生效”。此外，该款规定也没有第九条第 1 款所谓的“国民待遇”的问题，也不区分外国航空器的定期飞行与定期飞行。

空中危险区，是指在规定时间内存在对航空器飞行安全构成危险的空域。

危险区与禁区、限制区的主要区别如下：

(1)国家设立空中禁区或限制区只能在其领空内，而划定危险区，按照国际习惯，则可以延伸到毗邻的公海上空；

(2)禁区和限制区一般是长期、固定的，而危险区一般是暂时的，有关危险事项解除后，危险区即告撤销。

三、禁飞区

空中禁飞区[①](restricted airspace)为监督和制裁某个国家或地区,强行在其领空划定禁止其航空器飞入的空域,是迫使他国(集团)让步或屈服的一种空中威慑方式。多在空中力量对比悬殊的情况下,强方在弱方地面管辖控制区域范围强行划定。随着遏制战争被提到战略优先考虑的地位,空中禁飞区作为空中威慑与空中实战之间的新“台阶”已成为当代国际政治、军事斗争的重要手段,并得到了成功的运用。

设立禁飞区缺乏《联合国宪章》的法理依据,类似于联合国的维和行动,一般认为其是安理会根据一般国家法原则和规则的法律实践,在国家法宪章中没有明确的规则依据。尽管如此,禁飞区被实施了,也起到了一定的作用。设立禁飞区首先应基于国际人道主义保护,《空战和导弹战国际法手册及评注》指出“禁止将某些区域标明为空战或导弹战无限制攻击区域”,“施加的措施得超过军事需要的合理所需”。

空中禁飞区出现于1991年海湾战争结束之后。当时美、英等国为了维护其在中东的战略利益,以保护库尔德人为借口,于4月16日出兵,在北纬36°以北的伊拉克地区建立库尔德人“安全区”,宣布伊拉克飞机不得进入该区域上空。1992年8月27日为在武器核查、经济制裁等问题上迫使伊拉克就范,以保护什叶派穆斯林为名,又在北纬32°线以南的伊拉克南部地区建立空中禁飞区,禁止伊军航空器进入该空域。1993年4月,美、英、法等北约国家,根据联合国816号决议,在南斯拉夫波黑共和国地区建立了空中禁飞区,禁止南斯拉夫航空器在该地区飞行,以对波黑塞族武装施加压力。从此,禁飞区被国际社会所公认。

空中禁飞区须在敌对双方空中力量对比悬殊的情况下划定。禁飞一方首先宣布禁飞区的范围,对被禁飞一方保持强大的空中军事压力,严密监视,一旦发现其航空器在禁飞区活动,立即予以打击,并视情逐步扩展禁飞范围,将禁飞重点从禁止飞机飞行扩展到禁止地面防空兵器搜索、监视和攻击执行禁飞任务的飞机,迫使被禁飞一方不断作出让步,从而达成战略目的。

禁飞区[②],是在特殊时期,国家或国际组织在联合国授权下在他国领空范围内设立的区域范围,这种设立主要是基于安全因素的考量。安理会授权设立禁飞区的协议有伊拉克禁飞区所依据的第678号决议、波黑禁飞区所依据的第718号决议、利比亚禁飞区所依据的第1973号决议等三个协议。随着“安全区”的不断实行,联合国对“禁飞区”的授权也愈加多了。设置禁飞区的基本前提:

(1)禁飞区的范围和地理位置应当合理,避免空中航行受到不必要的阻碍。

(2)禁飞区的设立得到联合国安全理事会的授权,得到成员国的理解支持和配合。

(3)联合国的授权完成禁飞区的建立后需要国际组织和大国以自身军事实力为保障和威慑对禁飞区进行实际掌握,执行联合国的禁飞区的决策。

(4)禁飞区设立的客体只能是军事实力弱小,在遭受侵略时无法也无能力捍卫自己国家主权的国家的领土范围。

(5)禁飞区只能设立于军事实力弱小的国家存在内乱之时。一个弱小国家设立禁飞区,必须是由于即使该弱小国家无力侵犯别国主权,但其内部的混乱威胁到了国际的和平与安全。

---

① 空军司令部.中国空军百科全书[M].北京:航空工业出版社,2005:62-63.

② 刘矜希.禁飞区制度的国际法探析[J].法制与社会,2016(5):46-47.

在此种情形下长期严重的动乱在某种程度上很容易进一步蔓延发展为一场人道主义灾难。

参考资料　伊拉克禁飞区

伊拉克国内长期存在民族和宗教矛盾，从民族问题上来看，伊拉克国民的70%多是阿拉伯人，在剩余人口中，20%多是其国内的最大少数民族——库尔德人，很长一段以来作为少数派的库尔德人一直试图开展民族独立运动。伊拉克占据着丰富石油资源和军事战略要地，使得西方大国纷纷对其表现出了极大的兴趣。1991年初，美国及其盟国在安理会678号决议的授权下，从科威特逐出了伊拉克的入侵军队。也正值此时，库尔德人由于长期受萨达姆政权压迫，在美国的极力煽动下，最后揭竿而起。库尔德人相继控制了伊拉克北部及南部的大片区域。在此期间，萨达姆政权为镇压反叛军不惜用凝固汽油弹及化学武器等违反国际人道法的武器伤害大量无辜平民。萨达姆违背人道主义的做法无疑为美、英等国在伊设立禁飞区提供了便利的时机。1991年4月联合国安全理事会通过了第688号决议，大量难民流向并越过国际疆界的事实严重威胁了该区域的国际和平与安全，联合国要求伊当局允许国际救援机构将救济物资直接送到需要援助之人的手中。英、美、法看准此时机，设立了不准伊军进入，保护库尔德人及什叶派的“安全区”。“安全区”建立后，安理会并未出面阻止。由此可知，该“安全区”是间接地受到安理会许可的。1991年4月和1992年8月，美、英等国分别以“保护库尔德难民”和“保护什叶派穆斯林免遭伊军轰炸”为借口，在伊拉克境内北纬36°以北和北纬32°线以南地区建立了两块禁飞区，不准伊军用和民用飞机飞入这一地区，否则将被击落。1996年，美国又宣布将南部禁飞区的范围向北扩展至北纬33°，逼近伊首都巴格达。这样伊拉克60%的领空都被划入禁飞区，伊的空中走廊只有500 km的宽度，实际上剥夺了伊空中飞行的权利。

根据国际法，一国只能在其本国领空、毗连区和专属经济区的上空及公海上空划定空中禁区、限制区和危险区，美、英等国在没有得到联合国授权的情况下，在别国领空设立禁飞区。

四、高度保留区概念辨析

2003年国际民航组织在曼谷召开亚太地区空中航行规划并实施第十三次会议，因美国提议，空中交通服务小组讨论形成备忘录《高度保留区》。该文件明确“作为一种共识，一些军事航空行动必然不能按照某种空中交通程序运行，为了大编队或其他空中行动使用，可以建立固定的或移动的临时空域保留区。高度保留区协调的目的，在于获得避免危及民航安全和减少干扰军用航空器正常行动的最佳安排。实施高度保留程序的目的，在于当某些航空器必须与其他航空器保持小于标准空中交通管制条件下所允许的仪表飞行间隔时，以及多机在规定的高度、时间和区域内飞行时，提高安全水平”。

高度保留区，是指基于提高空域利用率和安全的需要，航空管理当局依据相互协议和特定规则，在本飞行情报区公开为特殊需求用户临时划设的按特定程序标准使用的非排他性的可位移空域。

1. 高度保留区的特点

(1)划设协调性。国际民航组织备忘录《高度保留区》中明确，划设这类保留空域应该由空域用户和空中交通服务当局协调完成。协调按照附件11的规定进行，并提前完成以便按照附件15规定及时发布信息，并说明如“美国国防部与日本、韩国和菲律宾空中交通管制中心通过协调建立了高度保留程序”。

(2)临时可变性。按照国际民航组织和欧洲航行安全组织 《空域管理手册》的说法，灵活使用空域结构保留管制空域、空中交通服务航路、空中交通扇区、危险区、限制区、禁区、临时隔离区、临时保留区空域、跨国界地带等。高度保留区属于典型的临时保留区，只能短期临时划设，甚至地理位置高度限制等还可随时间轴变化，因此不可用于永久性规划，并且开设期限比较短，一般与专项活动(如军事演习、搜救、空中加油)时间相当，不存在防空识别区和空中禁区一旦划设后长时间内不会改变的状况。

(3)不代表主权性。高度保留区由当地飞行情报区的空中交通服务提供方划设和公布，其区域范围只与飞行情报区关联，表示的是谁提供空中交通服务(飞行情报服务)，并不表示行政管理权和主权属性。领空内高度保留区主权特征由领空自身属性决定，与高度保留区无关。非领空高度保留区不存在主权特征，因此挑唆煽动飞行情报区责任国为自己划设的高度保留区来挑起主权争议是徒劳的，没有法律依据。

(4)穿行无别性。高度保留区划设后以航行通告的方式向国际社会公布，公开的内容对任何国家一律适用，各国航空器在符合国际法和高度保留区技术性能要求下，具有平等的穿越高度保留区的权利。

(5)大国主导性。从当前国际高度保留区划设运用实际情况看，高度保留区的程序标准和法规制度制定、组织机构和系统设备建设主要由航空大国主导，高度保留区被称作“军事外交斗争手段方法”的可能性不能排除。国际民航组织明确“美国在太平洋负责高度保留区的军事机构是太平洋军事保留办公室，该办公室人员由美国空军派遣，负责民用航空当局持续保持协调”。

2.高度保留区与空中禁区、限制区、危险区的差别

(1)设置目的上，高度保留区除了强调安全之外，还兼顾空域利用率，空中禁区限制区的目的是保证本国政治军事目标的安全，空中危险区是为了该区域航空器安全，而高度保留区强调的是特定用户活动与其他活动的安全及其自由。

(2)设置范围上，高度保留区和领空主权没有直接关系，关注的是飞行情报区责任区，位置不受“领空或领空附近”限制，并且可以随时间发生位移。

(3)设置组织上，空中禁区、限制区、危险区主要由航空管理当事国根据本国需要划设，高度保留区可能是国际组织和别国申请划设。

(4)运行限制上，空中禁区、限制区、危险区强调排除性，无关航空器一般不得进入；高度保留区强调空域使用的灵活性，即使是领空内高度保留区，任何航空器获得管制许可也可穿越。经获准进入空中禁区、限制区、危险区的航空器都将受到严密监视，而进入高度保留区的航空器却享受以飞行情报区为主的空中交通服务。

第六章　公海空域军民航活动

本章知识点提示：军民航协调过程　对民用航空器拦截　军民航活动安全措施

国际民航组织的标准和建议措施不直接涉及军事航空活动。近年来，局部地区冲突对航空安全造成了潜在和现实影响。国际空域中军事航空和民航及时有效地协调，以及军事活动人员了解、熟悉相关国际规则正变得越来越必要。

第一节　空域军民航活动的协调

涉及军事航空和民航在空中交通管理领域的协调内容，以及国际空域或主权未定空域的运行和协调，分别记载于《国际民用航空公约》附件 2《空中规则》、附件 11《空中交通服务》，国际民航组织航行服务程序 4444 号文件《空中交通管理》，国际民航组织 9750 号文件《全球航行空中计划》、9443 号文件《关于拦截民用航空器的手册》、9554 号文件《关于对民用航空器的运行具有潜在危险的军事活动的安全措施手册》，国际民航组织 328 号通告《无人机系统》以及 330 号通告《军民航空中交通管理协调》。

一、关于军民航协调规章

《国际民用航空公约》附件 2 是在公约第 12 条意义范围内构成航空器飞行和机动操作的规则。因此，在公海上空的一律适用这些规则。

在军民航协调方面，附件 2 主要包含出于国家主权及领土完整需要而进行的军民航协调规则，附件 11 主要包括出于航空安全和效率需要而进行的军民航协调原则。在这些原则中，主要观点是：

(1)军民航保持紧密协调及时交换信息，一方面是为了避免不必要的拦截，另一方面是为了提高运行的安全和效率；

(2)避免潜在影响民用航空器的活动，无论在领空还是在公海上空，军民航协调都是必要的；

(3)军事当局应当公布活动相关信息并尽可能减少对民用航空的影响。

国际民航组织文件 DOC 4444 提供了航空器迷航以及出现不明航空器等情况时的军民航协调程序，同时对于军航运行涉及的各种程序，如要求缩小间隔标准(军民用航空器之间)、临时保留空域等也有阐述。DOC 9750《全球空中航行计划》、DOC 9854《空中交通管理运行概念》从全球航空组块升级以及未来空管运行概念的角度，阐述了军民航的互用性以及军民航协调对航行系统整体性能(尤其是安全及效率方面)提高的重要作用。特别需要引起各国重视的是 9443 号文件《关于拦截民用航空器的手册》以及 9554 号文件《关于对民用航空器的运行具有潜在危险的军事活动的安全措施手册》。这是在 1988 年伊朗 655 航班空难事件后，国际民航组织出台的两部重要文件，旨在协助各国在规划和开展对民用航空器构成潜在危险的军事活动时，保证安全、有序的国际空中交通，特别是防止军事单位未经协调就通告在公海上空进行危险活动的意图和做法。这两个文件整合并有机联系了散落在国际民航组织众多法规中的条款（包括与之相连的民用航空相关规定），对于军民航运行协调具有重要的指导意义。国际民航组织要求各缔约国应当确保相关军民航管理以及运行人员知晓这两部手册的内容。

二、军民航协调过程①

军民航协调，特别是对民航活动安全构成潜在威胁情况下的军民航协调，对于确保空中航行的安全和效率尤为重要。在进行军事飞行活动时，通常从预先计划和飞行实施两个阶段进行军民航协调，并制定相应的安全措施。

（一）飞行计划预先准备阶段

1. 军民航协调的前提及部门

协调是在军事活动可能对民用航空活动造成影响或危险的前提下，可能对民用航空器安全构成潜在影响和威胁的情况，包括：在某一地区，以可能影响民用空中交通的方式，实施空对空、空对地、地对空或地对地发射或试验；某些军事航空器的飞行，如飞行表演、训练演习和有意空投物体或伞兵；发射和回收空间运载工具；在冲突地区或可能发生武装冲突的地区实施的对民用空中交通构成潜在威胁的行动。当出现这些情况时，军事当局应当与空中交通服务当局进行协调。“军事当局”指负责组织军事活动的当局，“空中交通服务当局”指计划开展军事活动的空域内，负责提供空中交通服务的国家指定的当局。这种协调包括在国家领土上空、公海上空、主权未定的领土上空，有关军事当局和空中交通服务当局也可能不同属一个国家。

2. 军民航协调的目标

军民航就此类活动进行协调，是为了在完成军事任务的同时尽可能避免关闭或更改现行航路、经济飞行高度层以及延误定期航班。为此，协调应当包含以下内容：

按照军事任务需求，尽可能缩小活动空域；需要由空中交通服务单位以及对在区域附近飞行的航空器采取的任何特别安全措施；需要军民航当局或单位在活动进行期间实施的协调；采取如下行动时的方式方法，即交换活动开始与结束信息、交换航空器身份识别信息、告警及搜救、发生紧急情况时需要中断活动等。

3. 军航飞行情报的获取

组织活动的军事当局应当了解、熟悉与活动地区有关的数据，这些数据包括：民用航空器运行的类别，空中交通服务空域结构以及空中交通服务责任单位，空中交通服务航线及其水平及垂直范围，空域运行的相关规章制度和特殊规定，等等。这些数据可以通过空中交通服务当局通过以下渠道进行获取：载于地区航行规划中的有关空域组织及结构、国际及地区航线可从国际民航组织地区办事处（分办事处）。用于运行目的的详细资料，可以从国家航行情报资料汇编（AIP）中获取。通航的国家间通常都有 AIP 交换机制。据了解，目前有 80 多个国家与我国交换 AIP。

4. 军民航协调的方法和步骤

具有潜在危险活动的军事组织所属的国家应当启动协调，需要向空中交通服务当局发送

① 刘松．国际民航组织军民航协调及空中安全相关规定浅谈[J]．航空管制，2018(3)：23－25．

有计划活动细节[活动性质、受影响地区、活动范围、时间、安全措施、参与的军民航单位、协调方法(包括无线电通信)]的电文。如果军事当局与空中交通服务当局不同属一个国家,则应当通过A国空中交通服务当局对B国空中交通服务当局进行初始协调(或通过A、B两国协商的其他渠道)。此类协调通常可以使用航空固定电信网(AFTN)网络,各国政府民航当局之间通过此交换的电文被列为航空行政电报。国际民航组织在《国际民用航空公约》附件10《航空通信》,DOC 8400《航空电报缩写和航行通告代码》、DOC 7910《地址的四字地名代码》、DOC 8585《三字收报人代码》中对此有详细规定。在某些情况下,当一个国家的军事组织和另一个国家的空中交通服务当局之间需要协调时,也可以通过本国空中交通服务当局使用AFTN网络开展。当然,以上协调手段并不仅限于AFTN,可以使用双方认为迅速可靠的其他通信方式。

5.军民航协调中问题的处理

如果军民航无法就协调的内容达成一致,如军事当局出于任务的需要无法就活动的时间地点、公布的信息等与空中交通服务当局达成一致,但仍将按照事先制定的计划实施。在这种情况下,空中交通服务当局应当采取以下措施:一是不应当拒绝向机组公布必要的情报(指空中交通服务当局可以获取的军事活动使用空域的相关情况);二是采取必要的措施确保民用航空器的安全,如关闭某些航路并提供绕飞选择。如果有关军事组织属于另一国家(B国),在军事活动做出的使用空域安排完全不能令人满意的情况下,空中交通服务当局可以向该国(B国)的民航当局递送相关情况的报告,并将报告副本发送ICAO有关地区办事处。在突发军事敌对行动妨碍正常协调的情况下,空中交通服务当局、航空公司以及机场必须根据所掌握的情报,对局势加以评估并计划应当采取的行动,以避免危及航行安全。

6.信息公布及时限要求

在军事活动开展的空域,发布相关情报是空中交通服务提供国的空中交通服务当局的责任,组织活动的军事当局的责任是提供相关情报。需要强调的是,即使军民航就有关活动的协调内容无法达成一致,军事当局也不应当拒绝提供具有潜在危险活动的相关情报。《国际民用航空公约》附件15规定:需临时限制空域的活动,至少提前7天发出通知(紧急行动除外);对于取消活动、缩短活动时间或缩小空域范围的通知,应尽快发出,最好提前24小时;对于临时危险区、限制区和禁区以及对航行存在潜在危险的军事演习和密集队形的航空器飞行活动,应使用定期制公布情报(至少28天送达收件人)。

(二)实施阶段

实施阶段——与谁协调、如何协调。实施阶段的协调是建立在计划阶段协调基础上的,按照商定的协调方式和方法开展。出于航行安全考虑,在军事活动实施阶段需要在军事单位与空中交通服务单位之间建立协调关系。“军事单位”指负责具体实施军事活动的单位,“空中交通服务单位”指负责具体提供空中交通服务的单位。

实施阶段——需要什么数据、如何获取。在允许民用航空器飞经具有潜在危险的军事活动区或附近时,民用航空器的安全可能依赖于军事单位对其的明确识别。军事单位应当了解以下相关情报:航班时刻表;飞行计划相关情报,包括航空器标识(航班号及航空器登记标志、机型)起飞机场及时间、航线、高度层、目的机场及时间、二次雷达编码;实际飞行进程情报,包括实际起飞时间、位置(时间)、高度层、二次雷达编码等。负责该活动的军事人员应当了解:识别民用航空器的手段和方法;与空中交通服务单位进行协调的手段和方法;与空中交通服务单位,或作为最后手段,与民用航空器联系时所用的术语。这些信息及数据可以通过以下渠道获取:世界航空公司指南,主管空中交通服务单位提供,引接空中交通服务单位雷达数据,监听民用航空交通服务频率,空中交通服务单位发送的时间及位置报告。

实施阶段——如何协调。实施阶段的协调侧重于运行中的实时协调,其中最为重要的是要就活动的危险性和做出规避动作的必要性向民用航空器发出告警。这种告警一般要协调空中交通服务单位发出,因为空中交通服务单位在正常的民用频道上发出的警告,更有可能被机组听到、正确理解并据以采取行动。极端紧急情况下,军事单位也可以在甚高频应急波道121.5 MHz上,向航空器直接发出警告。需要注意的是,并非所有航空器都有能力在空中交通服务频率以及121.5MHz上保持连续守听,除非航行通告强制性要求在有关地区的飞行都载有并监听应急频率。

(三)特殊阶段

特殊措施指出现武装冲突情况下的协调。在出现或可能出现武装冲突时,《国际民用航空公约》对任何受到影响的缔约国的自由行动不起作用。这时军民航之间的协调尤为重要。负责在受冲突影响的空域提供空中交通服务的国家应承担制定特殊措施以保证国际民用航空器运行安全的责任;应确定冲突地区,评估冲突影响,并决定相关空域是应关闭还是可以继续运行;应发出一项必要情报、建议和应采取的安全措施在内的航行通告(NOTAM);应将NOTAM副本送ICAO有关地区办事处。在冲突国不能够提供必要资料的情况下,负责在受冲突影响的空域提供空中交通服务的国家应从其他来源获取信息,如航空器经营人、国际航协、航空公司驾驶员协会、ICAO地区办事处等。同时,需要弄清潜在危险的性质和范围,以便采取行动。如果提供空中交通服务的国家允许民用航空器经过该地区,则需要特别告知军事单位对民用航空器的识别方法、告警方式以及空中交通的限制。空中交通服务单位需要提醒机组穿越冲突地区要特别注意安全措施,包括:注意航空器上便于军事单位识别航空器和保护专用频率所需设备的可用性和适用性;对121.5MHz的持续监听;确保二次雷达应答机不间断工作;确保航空器外部灯光和客舱内灯光持续工作;等等。当然,如果空中交通服务提供国没有能力做出相应的评估和判断,国际民航组织也可以应要求评估冲突地区空域对航行的影响,协助制定和协调必要的安全措施。

参考资料　英阿马岛空中禁区

1982年4月2日至6月14日,英国和阿根廷围绕马岛主权归属问题进行了一场战争,英阿双方在战争中都充分运用国际法的相关法规为其军事斗争服务。其中,根据国际法规则宣布海上封锁一定范围的海域为"海上禁区"。

在英阿马岛海战中,对马岛实施封锁与反封锁是英阿双方重要的作战样式。英阿双方根据国际法规则,均宣布一定范围的海域为"海上禁区",而其海上封锁与反封锁正是在以设立"海上禁区"的名义下进行的。"海上禁区"实质上就是遵循海战法关于海上作战区域(海战场)的划定。《联合国海洋法公约》规定:公海只用于和平目的,但战争法也承认交战国在海上进行海战的权利。按照海战法的有关规定划定海战场,战争可以在敌国领海和公海进行,但仍不得在中立国领海内交战。交战国宣布一定范围的海域为"海上禁区",有利于中立国识别交战国的军事目标,提醒船只和飞机注意"海上禁区"的存在,尽量避免误伤。

在阿根廷以武力占领马岛之后,英国宣布在福克兰岛周围海域为交战海域,在此海域内的任何阿根廷船只和飞机将作为敌对目标对待。为了避免驶向马岛的特混舰队遭受损失，英国根据船舶安全区协定，宣布任何阿根廷作战船舶或军用飞机接近特混舰队，将被视为敌对目标，试图监视特混舰队的民用飞机也将被视为敌对目标。在特混舰队抵达作战区域后，英国将海上封锁升级为对马岛周围 200 n mile 实行海空全面封锁。通过实施封锁，英军迫使马岛的阿根廷军队陷入孤立无援的境地，削弱其防御能力，为夺取马岛准备了条件。阿根廷依照海上战争法，于英国特混舰队抵达马岛作战区域的当天宣布：从即日起，阿根廷海岸、马尔维纳斯群岛、南乔治亚岛和南桑威奇群岛起的 200 n mile 阿根廷海域航行的所有英国舰船，包括商船和渔轮，任何在根廷领空飞行的英国军用和民用飞机都被认为是敌对的，并将受到相应的对待。阿宣布海上禁区，是为了反制、打破英军的海上封锁，保护阿根廷与马岛的海空联系。

第二节　对民用航空器的拦截

拦截(interception)指一国的军用航空器受命对入侵本国领空的外国航空器，或进入一国防空识别区而不报明身份的航空器，或其他违法航空器采取强制手段，或将此等航空器驱逐出境，或迫令其在本国境内的指定机场降落，予以检查处置的行动。鉴于拦截航空器对民用飞行安全具有潜在的危险，因此对拦截措施不得滥用。《国际民用航空公约》规定："缔约各国承允在发布其国家航空器的规章时，对民用航空器的航行安全予以应有的注意。"(第三条第 4 款)国际民用航空组织理事会亦邀请各缔约国，希望避免拦截民用航空器；如要拦截，仅作为最后手段而采用，以识别为限，按照规定的拦截程序进行，并应提供为安全飞行所需要的任何航行上的引导。

1990 年，国际民航组织理事会出版了《关于拦截民用航空器的手册》DOC 9433。该手册把国际民航组织发布的与拦截民用航空器有关的所有规定和特别建议综合进了一个单一的文件之中，并扩充了第一版(1984 年)的指导资料。规定和特别建议从附件 2、附件 4、附件 6、附件 7、附件 10、附件 11、附件 15，以及 DOC 8168、DOC 4444 中摘录。手册所包含的指导资料是由一个包括民航专家和军事专家在内的空中航行研究小组编纂而成的。另一部单独的《关于对民用航空器的运行具有潜在危险的军事活动的安全措施手册》(DOC 9554)，也是这个研究小组参与了改进。这个从 ICAO 各个文件编辑而成的指导材料目的是有助于有关部门理解和为做这方面工作准备提供参考，同时也希望这些规定和推荐方法有助于执行过程。在国家航空器拦截和识别民用航空器的执行过程中，缔约国被要求确保参与行动的军民航管理部门和人员对该手册的内容给予关注。这为拦截民用航空器提供了一个随时可用的权威参考。

一、拦截的时机

《关于拦截民用航空器的手册》非穷尽性列举了国家航空器可以拦截民用航空器的七种情形。民用航空器的机长应当意识到，在下列情境下民用航空器可以被拦截，即一国的军用、海关、警察航空器：

1. 不能通过除目视巡查之外的其他方式，如通过与空中交通服务部门协调和/或通过二次监视雷达，对被观察已经进入或正在进入该国领空的航空器获取肯定识别；

2. 观察到无适当授权的航空器即将进入或已经进入禁止或限制民航的区域；

3. 观察到在其领空内的航空器，在无已知或明显有效偏离理由的情况下，偏离指定飞航服

务航线(ATS route)或飞行计划航线离开飞航服务航线网络;或

4.怀疑航空器正在从事与《国际民用航空公约》目的不相符的、违背该国法律的非法飞行或和/或运输非法货物或人员。

在下列情境下,也可以发生对民用航空器的拦截,即如果一架航空器:

1.未得到合适许可进入一国领空,并未遵守着陆或离开领空的指令;

2.从与飞越上空许可规定的不同的位置或航线进入一国领空;或

3.对其他航空器构成危险。

二、拦截的基本原则

《国际民用航空公约》附件2中对拦截民用航空器的原则和目的进行了阐述。

拦截民用航空器行为,须受到由缔约国遵照《国际民用航空公约》,特别是第三条d款所发布的有关规章和行政指示的制约。该第三条d款约定:缔约国在发布其国家航空器规章时,对民用航空器的航行安全要予以应有的注意。因此,在起草有关规章和行政指示时须对附录1第2节(拦截总则)和附录2第1节(拦截程序)的规定予以应有的注意。

认识到全世界民用和军用航空器正确地使用和理解仅作为最后手段而进行拦截时采用的任何目视信号,对于飞行安全至关重要,国际民用航空组织通过将此目视信号作为附录1而列入本附件时,敦促各缔约国保证其国家航空器将严格遵守这些目视信号的规定。因为拦截民用航空器,在一切情况下均有潜在的危险。理事会已制定了特殊建议,敦促各缔约国以统一的方式对之予以应用。这些特殊建议载于附篇A内。

民用航空器机长,当其被拦截时,应遵守附录2第2节、第3节的标准,并按附录1第2节规定的目视信号进行理解和回答。

各国应遵守的拦截原则:应避免拦截民用航空器并应仅作为最后手段方使用之。如采用时,拦截应仅限于识别航空器,除非有必要使该航空器返回到原计划的航迹上,引导它们离开禁航区、限制区或危险区,或者指示它们在指定的机场实施着陆。不得采用民用航空器练习拦截。

三、避免拦截民用航空器的途径

(1)拦截控制单位应尽一切可能以获得任一航空器(它可能是一架民用航空器)的识别标志,并通过有关空中交通服务单位对该航空器发出任何必要的指示或建议。为此,至关重要的是:在拦截控制单位同空中交通服务单位之间,要建立迅速可靠的通信手段,并且在这些单位之间要按《国际民用航空公约》附件11中的规定,签订有交换民用航空器动态信息的协议。

(2)禁止一切民航飞入禁飞区和未经国家特别批准不准民航飞行的区域,若要进入这些区域,有可能遭到拦截的危险的情况,要按照《国际民用航空公约》附件15中的规定,清楚地在航行资料汇编(AIP)中予以公布。当靠近已公布的ATS航路或其他常用的航线划设这类区域时,各国应考虑到可供民用航空器使用的导航系统的可用性和系统的总精确度及其保持避开这些划设区域的能力。

(3)必要时,要考虑增建导航设备以确保民用航空器按照需要绕飞禁航区或限制区。

消除或减少作为最后手段采用的拦截中固有的危险性,要尽一切可能保证驾驶员和地面有关单位间的协作。为此至为重要的是,缔约国家要采取以下步骤以保证:

1. 使一切民用航空器驾驶员充分了解他们所采取的行动以及在本附件第二节和附录1所规定使用的目视信号；

2. 经营人或民用航空器机长执行附件6第Ⅰ、Ⅱ及Ⅲ部分关于航空器具有使用121.5兆赫通信能力的规定，并且机上备有拦截程序和目视信号；

3. 使所有的空中交通服务人员充分了解按附件11第2章和《航行服务程序——空中规则和空中交通服务》中规定他们所要采取的行动；

4. 所有拦截航空器机长了解航空器一般性能限制，并且认识到被拦截民用航空器由于技术困难或因非法干扰所引起的紧急状况的可能性；

5. 把清楚而不含糊的指示发给拦截控制单位以及可能的拦截航空器的机长，包括拦截动作，引导被拦截航空器，被拦截航空器的行动，空对空目视信号，与被拦截航空器的无线电通信，并且需要避免凭借使用武器；

6. 拦截控制单位和拦截航空器要配备附件10第1卷的技术规范相一致的无线电话设备，以使他们能在紧急频率121.5兆赫上与被拦截航空器进行通信；

7. 要尽可能提供二次监视雷达设施，以使拦截控制单位识别有可能在区域内遭受被拦截的民用航空器。这些设施能够识别A模式中的单个的四位数字编码，其中包括能立即识别A模式的编码7500、7600和7700。

四、拦截的实施

(一)拦截动作

对于拦截的实施，具体内容在ICAO DOC 9433《关于拦截民用航空器的手册》中做出了规定：

(1)应为拦截民用航空器的航空器规定其拦截动作的标准方法以避免给被拦截航空器带来任何危险。这种方法应考虑到：民用航空器的性能限制需要避免飞得距被拦截航空器过近，以致可能产生碰撞的危险；需避免穿过被拦截航空器的飞行航径或进行有尾流颠簸危险的动作，特别是如果被拦截航空器又是一架轻型航空器的场合。

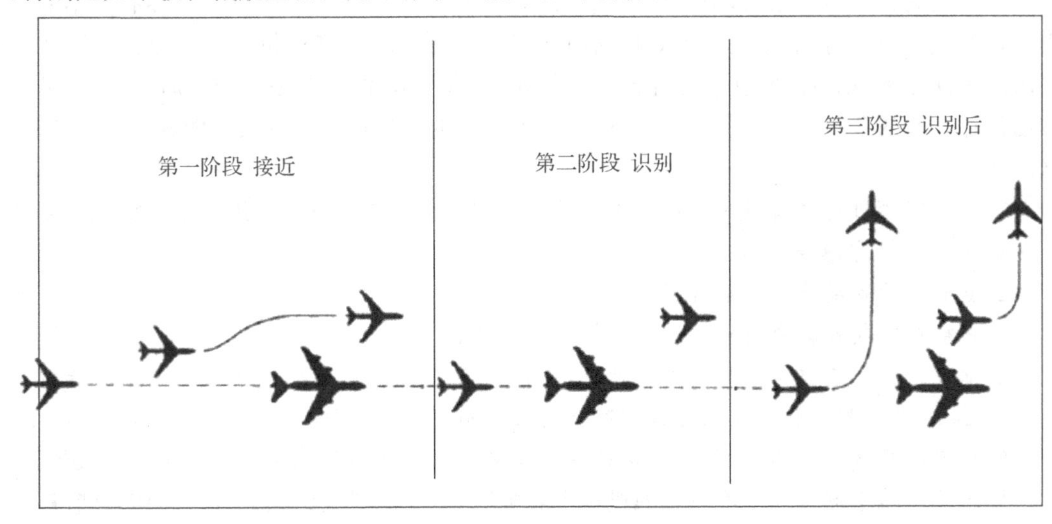

图6-1　拦截民用航空器动作

(2)目视识别动作。建议拦截航空器采用下列动作以试图目视识别一架民用航空器：

1)第Ⅰ阶段,拦截航空器应从后方接近被拦截航空器,长机(或单独的拦截航空器)应在稍高于被拦截航空器的左前方,在被拦截航空器的驾驶员的视界之内,最初距航空器不要近于300 m。任何其他参与(拦截)的航空器应远离被拦截航空器,最好在它的上面和后面,在已调整好速度和位置后,必要时航空器应进行程序的第Ⅱ阶段。

2)第Ⅱ阶段,长机(或单独的拦截航空器)应开始柔和地在同一高度上接近被拦截航空器,至能获得所需的情报的绝对必要的距离为止,不要过近。长机(或单独的拦截航空器)应注意避免惊扰被拦截航空器的飞行组或旅客。在拦截航空器认为是正常的动作,而对于民用航空器的旅客和飞行组来说可能被认为是危险的。任何其他参与(拦截)的航空器应继续保持远离被拦截航空器。识别以后,拦截航空器应按下面第Ⅱ阶段所述,脱离被拦截航空器的周围。

3)第Ⅲ阶段,长机(或单独的拦截航空器)应柔和地以小角度俯冲,离开被拦截航空器,任何其他参与(拦截)的航空器应保持远离被拦截航空器并与其长机重聚。

(3)航行引导动作。

1)如在上述第Ⅰ、Ⅱ阶段的识别动作之后,认为有必要干涉被拦截航空器的航行,长机(或单独的拦截航空器)应在稍高于被拦截航空器的左前方,使后者的机长可以看见所发出的目视信号。

2)拦截航空器机长对被拦截航空器机长知道已被拦截并已认收所发出的信号一事认为满意,这是非常必要的。如果反复使用该文件附录1第2节第1组的信号试图引起被拦截航空器机长注意而不成功,可用其他的信号发出方法来表示这个意图,包括作为最后手段的复燃加力燃烧室的目视效应(采用这种手段对被拦截航空器并不产生危险)。

3)气象条件或地形,有时可能使长机(或单独的拦截航空器)必须处在稍高于被拦截航空器的右前方。在此情况下,拦截航空器的机长必须要特别注意让被拦截航空器的机长能随时清楚地看到拦截航空器。

(二)引导被拦截航空器

附件2《空中规则》中对引导被拦截航空器做出了规定。

凡能建立无线电联络时,应使用无线电话向被拦截航空器发出航行引导和有关信息。在引导被拦截航空器时,必须注意不要把它引向能见度可能降低到保持目视气象条件下飞行所要求的条件之下,如遇到操作效能业已减弱的航空器时,要求被拦截航空器作的动作不要增加其已经存在着的危险性。在特殊情况下,要求被拦截的民用航空器在飞越的领土上着陆时,也必须注意:

1.该指定的机场是适合于该有关类型的航空器作安全着陆的(尤其是如该机场通常不用于民航运输飞行的,更要注意);

2.其周围地形要适于作盘旋、进近和复飞动作;

3.该被拦截航空器有足够保持到达机场的燃油;

4.如被拦截航空器是一架民用运输机,该指定机场要有一条在平均海平面上其长度至少相当于2500米的跑道和足以承受该航空器的承重强度;

5.任何时候只要可能,该指定机场是一个在有关航行资料汇编中有详细说明的机场。

要求民用航空器在一个不熟悉的机场上着陆时,重要的是要给其充分时间作着陆准备。

重点:只有该民用航空器机长能够判断与跑道长度、航空器当时的质量有关的着陆操作的安全性。用无线电话向被拦截航空器提供对于促进安全进近与着陆所需的一切资料尤为重要。

(三)被拦截航空器应采取的行动

附件2《空中规则》中对被拦截航空器行动做出了规定。

一航空器被另一航空器拦截时,必须立即:

1. 遵循拦截航空器所发的指示。按照附件2中附录1的说明,理解并回答目视信号;

2. 如可能,通知有关空中交通服务单位;

3. 试图与拦截航空器或与有关的拦截控制单位建立无线电通信,使用紧急频率121.5兆赫进行呼叫,报告被拦截航空器身份和飞行性质,并且如未建立联络而又有可能时,在紧急频率243兆赫上重复这一呼叫;

4. 如装有二次监视雷达(SSR)应答器,除非有关空中交通服务单位另有指示外,调到A模式编码7700上。

如通过无线电收到从任何来源的任何指示与拦截航空器用目视信号所发的指示有所矛盾,被拦截航空器在继续遵行拦截航空器所发的目视(信号)指示的同时,必须要求立即澄清。

如通过无线电收到从任何来源的任何指示与拦截航空器用无线电所发的指示有所矛盾,被拦截航空器在继续遵守拦截航空器所发的无线电指示的同时,必须要求立即澄清。

附件2的附录1中载有拦截和被拦截航空器所使用的目视信号。至为重要的是:拦截和被拦截航空器须严格遵守这些信号并且正确理解对方航空器所发出的信号,拦截航空器特别应注意被拦截航空器所发出的说明它是处于遇险或紧急情况中的任何信号。

拦截控制单位或拦截航空器和被拦截航空器的无线电通信,在进行一次拦截时,拦截控制单位和拦截航空器应:

1. 首先试图用一种共同语言在紧急频率121.5兆赫与被拦截航空器建立双向通信联络,使用的呼号分别为:“INTERCEPT CONTROL(拦截控制)”,“INTERCEPTOR(call sign)(拦截机、呼号)”和“INTERCEPTED AIRCRAFT(被拦截航空器)”;

2. 如这种试图失败,尽力设法在其他规定的频率或由有关ATS当局规定的频率与被拦截航空器建立双方通信,或通过有关ATS单位建立联络。

如拦截时建立了无线电联络,但不能使用一种共同语言进行通信时,必须试图采用附件2表A-1的字句和发音来表达指示,对指示和重要情报进行认收,并且每个字句发送两遍。

避免使用武器,使用曳光弹来引起注意的做法是危险的,并且期望采取措施避免其使用,以便不危害机上人员的生命和航空器的安全。

五、空中交通管制单位对被拦截航空器的处置

《国际民用航空公约》附件11中对空中交通服务单位在民用航空器被拦截时的处置做出了规定。

空中交通服务单位一旦得知航空器在其责任区内正遭拦截,必须根据情况采取下列步骤:

1. 以任何可用方式,包括紧急无线电频率121.5兆赫,试图与被拦截的航空器建立双向通信联络,除非这种通信联络原已存在;

2. 将拦截一事通知被拦截航空器的机长;

3. 与拦截控制单位(该单位与拦截航空器保持有双向通信联络)建立联络,并提供给该单

位关于被拦截航空器能够得到的情报；

4. 根据需要，在拦截航空器或拦截控制单位与被拦截航空器之间中转电报；

5. 与拦截控制单位密切协调，采取一切必要措施保证被拦截航空器的安全；

6. 如果该航空器像是从相邻飞行情报区迷航出来的，通知为该相邻飞行情报区服务的ATS单位。

空中交通服务单位一旦得知航空器在其责任区外正遭拦截，必须根据情况采取下列步骤：通知为发生拦截所在空域服务的ATS单位，提供给该单位有助于识别该航空器的情报，并请求其按2.23.2.1的规定采取措施。在被拦截航空器与有关ATS单位、拦截控制单位或拦截航空器之间中转电报。

DOC 9433也对管理部门的行为做出了规定①。

DOC 4444文件中关于拦截的内容基本类同于附件11的内容。

六、对敌对国家民用航空器的处置②

对敌对国家民用飞机一般不进行攻击，只有在成为军事目标时后者才能被攻击。就目标而言，军事目标是指那些其性质、位置、目的或用途对军事行动能产生积极效能，如果对其进行全面或部分摧毁、夺占或压制，在当时情况下能产生明显的军事效益的目标。

---

① 4.1.1 Action by States

4.1.1.1 As interceptions of civil aircraft are, in all cases, potentially hazardous, the Council of ICAO has formulated special recommendations which Contracting States are urged to apply in a uniform manner. The term "special recommendations" refers to all subsequent texts which have been extracted from Annex 2, Attachment A (see source references in Appendix A).

4.1.1.2 To eliminate or reduce the hazards inherent in interceptions undertaken as a last resort, all possible efforts should be made to ensure co-ordinated actions by the pilots and ground units concerned. To this end, it is essential that Contracting States take steps to ensure that:

a) all pilots of civil aircraft be made fully aware of the actions to be taken by them and the visual signals to be used, as specified in 4.1.3 and 4.1.4;

b) operators or pilots-in-command of civil aircraft implement the provisions in 4.1.5.2 and 4.1.5.3 regarding the capability of aircraft to communicate on 121.5 MHz and the availability of interception procedures and visual signals on board aircraft;

c) all air traffic services personnel be made fully aware of the actions to be taken by them in accordance with the provisions of 4.1.7;

d) all pilots-in-command of intercepting aircraft be made aware of the general performance limitations of civil aircraft and of the possibility that intercepted civil aircraft may be in a state of emergency due to technical difficulties or unlawful interference;

e) clear and unambiguous instructions be issued to intercept control units and to pilots-in-command of potential intercepting aircraft, covering interception manoeuvres, guidance of intercepted aircraft, action by intercepted aircraft, air-to-air visual signals, radio communication with intercepted aircraft, and the need to refrain from resorting to the use of weapons;

f) intercept control units and intercepting aircraft be provided with radiotelephony equipment compatible with the technical specifications of Annex 10, Volume I so as to enable them to communicate with intercepted aircraft on the emergency frequency 121.5 MHz;

② 1994年的《圣雷莫海上武装冲突国际法手册》对空战中主体资格和目标选择做了进一步完善，对军用飞机、辅助飞机、民用飞机、民用航班、医务飞机的具体认定和地位待遇作了更加科学的规定，该手册对规范空战行为也有一定的指导作用。

(一)航空器性质的改变

下述行动可使敌方民用飞机成为军事目标：

(1)为敌方武装力量担任辅助飞机，如运送军队或军用物资，或为军用飞机加油；

(2)加入或协助敌情报搜集系统，如从事侦察、预警、监视或指挥、控制和通信任务；

(3)在敌方军舰或军用飞机的伴随掩护下飞行；

(4)拒绝执行要求其表明身份、改变航向，或飞往一个对该机来说是安全的且有理由易进入的交战国机场进行临检、搜查的命令，或者正在使用可能被合理地推定为飞机武器系统一部分的火控设备，或者正在进行明显的反拦截机动，以及攻击进行拦截的交战国军用飞机；

(5)装备有空对空、空对舰武器；

(6)正在进行有效协助军事行动的其他行动。

(二)对敌民用航空器的处置

对敌民用飞机的处置可以分为三种情况：

(1)捕获：《圣雷莫国际海上武装冲突法手册》规定，“敌国民用飞机以及机上的货物可在中立区域外被捕获”。对敌民用飞机因其具有敌对性，对民用飞机及机上货物进行捕获是最基本的处理原则。“捕获的行使在于拦截敌国民用飞机，命令其飞往对该类飞机是安全的和可进入的交战机场，并在该机降落后，将其作为捕获品而受审判。”如果要行使捕获，必须提供人员和个人财产的安全，维护捕获的文件和证书的安全。对于捕获应当经过审判。

(2)驱离：“如果没有安全的和可进入的机场，敌国民用飞机可以被迫改变其宣布的目的地。”“作为捕获的替代措施，敌国民用飞机也可以被改变其宣布的目的地。”如敌国飞机主动改变航向，则可以不予捕获。如果没有合适的机场使其降落，我方也可将其驱离。

(3)攻击：敌方民用飞机成为军事目标。

在对敌民用飞机进行处理时①：

第一步，应判明民用飞机是属于敌方还是属于其他国家。判断敌民用飞机应根据其标志，《圣雷莫海上武装冲突国际法手册》规定，“民用飞机标有敌国标志的事实是其敌性的决定性证据”，如果民用飞机标有敌方标志则视为敌方民用飞机。

第二步，对其进行临检和搜索。如没有相应机场，可以将其驱离。如敌国飞机主动改变航向，则可以使其离开。

第三步，如敌民用飞机不接受迫降或改变航向的命令，或有从事《圣雷莫海上武装冲突国际法手册》第 63 条规定的情形的，可以进行坚决的攻击。

七、拦截航空器的无线电通信

附件 2《空中规则》中对民用航空器拦截的无线电通信有如下规定。

在进行一次拦截时，拦截控制单位和拦截航空器应：

(1)首先试图用一种共同语言在紧急频率 121.5 MHz 与被拦截航空器建立双向通信联络，使用的呼号分别为：“INTERCEPT CONTROL(拦截控制)”“INTERCEPTOR(call sign)(拦截机、呼号)”“INTERCEPTED AIRCRAFT(被拦截航空器)”；

---

① 王继.国际法与空军军事斗争.北京：空军指挥学院，2007.

(2)如这种试图失败,尽力设法在其他规定的频率或由有关 ATS 当局规定的频率与被拦截航空器建立双方通信,或通过有关 ATS 单位建立联络。

如拦截时建立了无线电联络,但不能使用一种共同语言进行通信时,必须试图采用附件 2 表 A－1(见表 6－1)的字句和发音来表达指示,对指示和重要情报的认收,并且每个字句发送两遍。

为了让空中交通服务单位掌握全部发展情况和对被拦截航空器的行动要求,在拦截民用航空器(或相信是民用航空器)的各个阶段中,重要的是在拦截控制单位与有关空中交通服务单位之间要保持密切的协作。

表 6－1　附件 2 表 A－1

拦截航空器所使用的字句			被拦截航空器所使用的字句		
字句	发音[1]	意义	字句	发音	意义
CALL SIGN	KOI SA－IN	你的呼号是什么?	CALISIGN(呼号)[2]	KOL SA_IN(呼号)	我的呼号是(呼号)
FOIIOW	FOL－LO	跟我来	WILCO	VILL－K0	明白,照办
DESCEND	DEE－SEND	下降以便着陆	CAN NOT	KANN NOTT	不能照办
YOU IAND	YOUIAAND	在此机场着陆	REPEAT	REE－PEET	重复你的指示
PROCEED	PRO－SEED	你可以前进	AMI OST	AM LOSST	位置不明
			MAYDAY	MAYDAY	我在遇险中
			HUACK[3]	HI－JACK	我已被劫持
			LAND(地名)	LAAND(地名)	我要求在(地名)着陆
			DEsCEND	DEE－sEND	我要求下降

注 1:在第二栏中,画线处为重读音节。

2:在用无线电话与空中交通服务单位通信中,需要发出的呼号要和飞行计划中的航空器识别标志相符。

3:在某些场合下,不允许,也不宜使用“HIJACK”一词。

第三节　对民用航空器使用武器

对于民用航空器能否使用武器以及如何使用武器,在国际公约以及主权国家中一直存有争议。

一、击落民航客机事件

历史上民航客机被击落事件见表 6－2。

表 6－2　历史上民航客机被击落事件

时　间	事　件
1953 年 10 月	瑞典一架 DC－4 客机被以色列战斗机击落,机上 35 人全部遇难
1954 年 7 月	中国击落英国客机。误将客机当作台湾敌机。中国正式道歉赔偿

续表

时 间	事 件
1955年7月	以色列一架L-149客机被保加利亚战斗机击落,57人全部遇难。客机偏航进入他国领空,客机无视拦截指令。保加利亚以本国货币人道主义赔偿
1973年2月	利比亚一架波音727客机被以色列F-4战斗机击落,机上108人全部遇难。客机迷航进入军事地区,拒绝降落。人道主义赔偿
1978年4月	韩国一架波音707客机被苏联苏-15战斗机击中,飞机迫降,2人遇难,108人获救。客机迷航进入他国军事禁区。国际舆论中立,拒绝赔偿
1983年9月	韩国一架波音747客机被苏联苏-15战斗机击落,269人全部遇难。客机偏航侵入军事地区,击落间谍飞机(苏方观点),引起世界公愤,修改《国际民用航空公约》第三条。拒绝赔偿
1985年2月	伊拉克一架波音-727客机被反政府武装低空导弹击落,机上26人遇难
1985年9月	伊拉克一架安-26客机被反政府武装低空导弹击落,机上52人遇难
1986年8月	苏丹一架F-27客机被反政府武装低空导弹击落,机上60人遇难
1987年2月	伊拉克一架安-26客机被反政府武装低空导弹击落,机上43人遇难
1988年7月	伊朗一架A300客机被美国“文森斯”巡洋舰击落,机上290人遇难。客机被错误识别为具有威胁的战斗机。人道主义赔偿,联合国没有决议谴责
1988年12月	阿富汗一架安-32客机被巴基斯坦战斗机击落,机上25人遇难
1996年2月	古巴击落“救援兄弟会”飞机。空投传单,国家自卫行为,美国和安理会谴责。拒绝赔偿
2001年10月	俄罗斯西伯利亚航空公司图-154客机被乌克兰导弹误击,机上78人遇难。被防空演习导弹误伤。国际社会关注,承担责任和赔偿。处理肇事者
2014年7月17日	马来西亚航空公司飞往吉隆坡的波音777客机,在乌克兰被导弹击落。机上298人遇难
2010年1月8日	伊朗导弹击落乌克兰国际航空公司波音737客机,机上176人遇难

就侵入他国领空被击落这一类事件而言,纯粹因为侵入他国领空就被击落在后是明显违反国际法的,一国有捍卫其领空主权的权利并不表明它有对侵入其领空的一切民用航空器使用武力的权利。侵入他国领空的民用航空器往往还需具备其他情形,如侵入军事敏感区域上空却对飞离或降落等地面国拦截飞机的指令置若罔闻,或有自杀式恐怖袭击嫌疑且正飞近战略要地或人口稠密区等,才有被击落的可能性。即使如此,击落都只能是用尽其他一切拦截手段后的最后的、无奈的选择,其拦截、识别和击落程序中都应积极作为,尤其在击落客机的情形下更是如此。《国际民用航空公约》第三分条1984年5月10日通过、1998年10月1日生效后,国际社会和国际法对击落民用航空器的条件、要求和标准越来越高,这与国际法在“必须抑制向飞行中的民用航空器诉诸使用武器”方面规则的发展有很大的关系,也与国际人权法和国际人权保护在二战之后的日渐兴盛密切相关。

从国际社会的反应来看,世界各国对击落民用航空器特别是客机的容忍度是很低的。一旦发生击落民用航空器事件,国际舆论哗然,击落国往往会受到强烈的谴责。当然也有不受谴责的例子,在这些例子中,能够分析出"必须抑制向飞行中的民用航空器诉诸使用武器"的例外情形。这其中有的更可能是因为国家利益或趋从大国意志,如 1990 年以来南美国家击落贩毒飞机系列案例中,民航客机被错误击落都几乎没受到国际谴责。还有的是真正能被国际社会宽容的击落民用航空器的可能情形,如 2001 年以色列击落黎巴嫩飞机是为了反恐,为了保护众多人的生命。从击落国的态度来看,包括在击落事件中态度最强硬的苏联和古巴在内,各国都认同不能对民用航空器使用武力,但若民用航空器被滥用于侦察、恐怖袭击、贩毒等活动却另当别论。问题的关键是如何判断民用航空器被滥用?对此国际法中暂时似乎找不到明晰的答案。

第二次世界大战后,国际上发生了多起民航客机进入外国领空而被击落事件。其中最为严重且在全世界引起公愤并受到严厉谴责的是发生在 1983 年的韩国客机被苏联导弹击落的事件。

波音 747 客机如图 6-2 所示。

图 6-2　波音 747 客机

1983 年 9 月 1 日,韩国大韩航空公司波音 747KAL 007 号民航客机在自纽约飞往汉城(现首尔)途中,在苏联萨哈林岛近海上空被苏联飞机拦截并被两枚导弹击中后坠入日本海,美国众议员拉里·麦当劳(Larry McDonald)也搭乘这架班机预定前往汉城参加美韩共同防御条约签订三十周年纪念仪式。该班机共搭载 240 名乘客以及 29 名机组员,包括韩国、美国、中国台湾、日本等国家和地区旅客。8 月 31 日,从美国纽约肯尼迪国际机场起飞,途中停阿拉斯加州安克雷奇加油,预计在 9 月 1 日当地时间 3 点降落在韩国汉城的金浦国际机场(现今国际线班机已改降仁川国际机场)。该机被拦截时偏离航路 500 km,进入了苏联禁飞区。韩国、美国和日本起初在事故发生的海上进行搜索及救援活动,但没有任何结果。于是,便着手搜索飞机的残骸及牺牲者的遗体和遗物以及飞机的"黑匣子"。苏联阻挠这些国家接近萨哈林岛近海,并且自己进行了搜索作业,经过搜索搜集到了飞机的残骸和牺牲者的物品,并将其转给韩国,但是始终没有找到"黑匣子"。

事情的真相只有苏联一方知道,他们不仅在一个月内找到了飞机残骸还发现了"黑匣子",

只是苏联方面将之束之高阁，直至10年后俄罗斯政府决定公开这一历史往事，1992年在汉城的官方仪式上，时任俄罗斯总统的叶利钦交出尘封已久的“黑匣子”，真相大白于天下。飞行资料记录仪给出了最终的答案，数据显示大韩航空007号航班从安克雷奇起飞后一直使用磁航向，飞行员完全没有启动航点导航系统。客机的控制系统运作正常，全程都在计算飞机应该到达的位置，但是自动驾驶仪确实按照罗盘模式在飞行。调查员发现即使飞机是按照罗盘模式而非航点飞行，在严重偏离航道的时候电脑却持续提醒预定航点，这也许解释了飞行员为什么没有发现这一重大失误，他们也没有注意到指出飞机严重偏航的关键提醒，从副驾驶孙东辉和后方客机的通话中得知，虽然双方相距不远但是他们却遭遇完全不同风向的风，这是一起人为事故。大韩航空007号航班飞行员在起飞的时候就使用错误设定的导航模式，之后也没有察觉到飞机已经严重偏航。调查员对比大韩航空007号航班的座舱语音记录和拦截到的苏方通讯，整个事件有了较为清晰的脉络。大韩航空007号航班的飞行员自以为在航线上，当时苏联军方正在追踪一架美国侦察机，不幸的是两架飞机的外观还很相似。当客机误入苏联领空的时候，苏军还以为是美国的侦察机，急忙调遣截击机进行拦截。客机很快便飞离了苏联领空，苏方认为已经完成驱逐任务，客机随后却飞到了库页岛上空。负责拦截的苏联空军再度升空，苏联空军的长机飞行员已经可以看到007号航班，并发射机炮以示警告，客机没有听到。苏联空军做出了摧毁目标的决定。事件具体可以参见寒鸦《一场激化了冷战的空难》(《坦克装甲车辆·新军事》2018年第一期)。

国际民航组织调查由5名专家组成的事件调查组，经过2个多月的调查之后指出了下列情况：

(1)该客机的驾驶员证件齐全，驾驶员的精神和心理没受过打击。在从阿拉斯加安卡雷奇起飞时，飞机证件和起飞时适航条件合格，一切必要的航行和电子系统正常。飞机准时起飞，预计可按时到达汉城。韩国在当地时间6时命令该飞机按计划的航线飞行，从起飞到降落全程飞行时间7小时53分。

(2)该机在起飞后不久就偏离了指定的航线，后来继续向北偏离，终进入苏联领空。苏联认为这是对它领空的侵犯，苏联军用飞机首两次对它拦截，没有证据证明驾驶员知道两次受到拦截。在18时27分，飞机被苏联两枚空对空导弹击落。出事时，该机偏离指定航线以北300 n mile。

(3)调查小组没有找到证据证明：驾驶员已知道飞机偏离航线，尽管它已偏离了5小时26分钟；偏离航线是有预谋的。调查小组假设有正确调整“习惯航线系统”，由于不够注意和缺乏警惕使飞机不自觉地偏离航线达5个半小时。调查报告还附上了苏联的“初步调查报告”。

该报告指出了以下几点：

(1)KAL 007号飞机侵犯苏联边境；

(2)苏联是在该飞机终止飞行之后才知道它是韩国飞机的；

(3)苏联证实该飞机在起飞前曾与美国侦察机RC135和地球轨道卫星接头，使该机的起飞时间比原定的时间延误了40 min。

苏联认为该机是故意闯入其领空的，因为：

(1)该机偏离航线500 km。

(2)驾驶员未利用机上雷达，否则他早该知道飞机进入的地方。

(3)美国和日本一直监控着该飞机飞行,但没有通知驾驶员飞机已进入苏联领空。

(4)该飞机没有接到苏联的拦截警告。

(5)该飞机已进入苏联的战略禁区。

根据领空主权原则,任何外国航空器未经一国准许而进入该国领空,均应视为构成对该国领空的侵权。被侵犯的国家对入侵的外国航空器可以采取一切必要的合理措施以保卫国防安全的正当权利。该事件之后,美国、日本等17个国家向联合国安理会提交了一个决议案,该决议案中指出:"如此对国际民用航空器使用武力,是不符合关于国际行为和基本人道考虑规范的。"但是该决议案由于苏联的否决权而没有获得通过。国际民用航空组织在1983年9月15日至16日在蒙特利尔召开特别理事会,通过了谴责苏联的决议,同时,为了防止类似事故的再次发生,提出修正《国际民用航空公约》及其附件。1984年5月10日,国际民用航空组织对《国际民用航空公约》的第三条通过了四点修正案,即第三分条,该第三分条从1998年10月1日起生效。

这一修正案的通过,一方面明确了每一国家不得对飞行中的民用航空器使用武器,如果采取拦截这样的强制手段,也必须不危及航空器内人员的生命和航空器的安全;另一方面又重申了每一国家的主权和自卫的权利。这条规则指的是"每一国家",因此不仅适用于缔约国,而且可以说对所有国家的国际习惯法规则,对民用航空器的飞行安全是重要的法律保障。

二、"9·11"事件带来的变化

(一)"9·11"事件

2001年9月11日,在本·拉登及其领导的"基地"组织的精心策划下,19名恐怖分子劫持4架美国民航飞机先后撞击纽约世界贸易中心大楼和位于华盛顿的五角大楼,其中一架飞机坠毁在宾夕法尼亚州,共造成近3 000人死亡,世界贸易中心大楼也因此坍塌。

2001年9月11日,阿塔和奥马瑞登上了从波特兰到波士顿洛根国际机场的早6:00波士顿美利坚航空公司第11次航班和联合航空公司第175次航班。在办理前往波士顿的登机手续时,阿塔被称为CAPPS的计算机辅助乘客预扫描系统识别出来,该系统是为识别应采取特别安全措施的旅客而设计的。根据当时的现场安检规则,阿塔被CAPPS所识出的唯一后果就是,将他所登记的包裹与飞机隔离开,直到已经证实他登上了飞机。

先后共有劫机者19人以旅客的身份登上横穿大陆的4次航班。他们计划劫持这些飞机,并将其变成装载有超过11 400加仑①的喷气燃料的巨型导弹。2001年9月11日上午8:00,他们突破了美国民航安全系统当时为防止劫机而设置的所有安全关卡。

美利坚航空公司第11次航班从波士顿直飞洛杉矶。9月11日,机长约翰·奥高瑙斯基驾驶的波音767载有9名乘务人员、81名乘客(包括5名恐怖分子)。飞机于7:59起飞。8:14它攀升至26 000 ft的高空,所有通信和飞行记录数据均属正常。第11次航班与地面进行了最后一次常规联络。它确认收到了位于波士顿的空中交通管制中心发出的管制指令。在此次联络的16 s之后,管制中心指令飞机上升到35 000 ft。该指令和此后所有联络该飞机的努力均未得到确认。据此及其他证据,分析认为在8:14或者此后不久劫机就开始了。

① 1加仑=3.79×10^{-3} m^3。

在劫机开始的时候,一些劫机分子——很可能是韦尔·艾尔·谢瑞以及瓦利德·艾尔·谢瑞,他们坐在头等舱的第二排——用刀子刺向两名手无寸铁的正准备客舱服务的乘务人员。不能确切地知道劫机分子是如何进入驾驶舱的,因为按照联邦航空管理局的规则,在飞行中驾驶舱门要保持关闭和锁定状态。推测他们是"强行进入的"。很有可能是恐怖分子刺伤乘务人员后拿到了驾驶舱的钥匙,强迫其中一名乘务人员打开驾驶舱门,或者将机长、副驾驶诱出驾驶舱,或者乘务人员仅仅阻止了他们但没有成功。

与此同时或者此后不久,阿塔——机上唯一接受过驾驶飞机训练的恐怖分子——可能与奥马瑞一起,从其公务舱座位进入驾驶舱。这时正坐在阿塔和奥马瑞后面的乘客丹尼尔·莱温被一劫机者(可能是萨塔姆·艾尔·苏卡米)——他正坐在莱温的正后方刺中。莱温曾是驻以色列军队中服役 4 年的军官,他可能意欲制止在其前面的劫机者,但没有意识到另一个劫机者正坐在他身后。

劫机分子很快控制了局势并在头等舱喷洒梅斯毒气、胡椒水或者其他刺激物,以此迫使乘客和乘务人员退向飞机后部,他们叫嚣着说他们有一颗炸弹。

劫机开始后大约 5 分钟,乘务人员贝蒂·昂通过卫星电话报告了机上发生的突发事件,与位于北卡罗来纳州卡里市的美利坚航空公司东南订票办公室取得了联系。这是乘务人员在 9 月 11 日首次在他们的训练内容范围之外采取行动。按照训练内容的要求,在劫机发生时,他们应与机舱人员进行联系。这次电话持续大约 25 分钟,贝蒂·昂镇静且很专业地向地面当局报告了关于在飞机上发生的事件的信息。

8:19,贝蒂·昂报告:"驾驶舱没有回应,有人在公务舱被刺——我想那里有梅斯毒气——我们无法呼吸——我不知道,我想我们可能正被劫持。"她后来报告了两名机组人员被刺的消息。

8:23,管制员试图与飞机联络,但未成功。6 分钟以后,美利坚航空公司行动中心的飞行管制员与美国航空管理局波士顿飞行管制中心就这次航班事情取得了联系,该中心也已经意识到发生的问题。波士顿飞行管制中心意识到这次航班发生的问题是因为,就在 8:25 之前,劫机分子曾试图与乘客取得联系,调整了麦克风音量,一个劫机分子说:"坐着别动。什么事都没有。你的任何动作都将危及你本人和飞机的安全。保持安静。"飞行管制人员而不是昂听到了这次通话。劫机分子可能不知道如何正确使用驾驶舱广播通信系统,因此,无意中将他们的信息在航空管制频道而不是客舱公共送话频道发射出去。

8:25,昂报告说,飞机的"飞行很不稳定",1 分钟以后,第 11 次航班转向南。当昂和后来的斯韦内开始通报那些非法进入驾驶舱者的座号时,美利坚航空公司也开始确认劫机者的身份。斯韦内镇静地报告,航班已被劫持;头等舱一名男子的喉管被割破。

8:28,昂告诉冈萨雷斯,飞机飞行又开始不稳定了。这次斯韦内告诉伍德沃,劫机者是中东人,说出了他们的 3 个座号。其中 1 人几乎不会说英语,而另一人说一口流利的英语。这些劫机者进入了驾驶舱,但她不知道劫机者是如何进入驾驶舱的。飞机正在急剧下降。

8:41,斯韦内告诉伍德沃,客舱的乘客以为头等舱里正在进行常规的医疗急救。在昂和斯韦内正在报告发生的一切时,乘务人员正忙于提供医疗供应之类的职责。

8:41,在美利坚航空公司行动中心,一位同事告诉马尔奎斯,空中交通管制人员们宣布第 11 次航班被劫持并且认为它(美利坚航空公司第 11 次航班)正朝着纽约城肯尼迪机场飞去。他们正让所有飞机让开其飞行航路。

8:44,冈萨雷斯报告与昂失去电话联络,大约在这个时间里,斯韦内向伍德沃报告:“不好了。我们正在急速下降——我们被颠得东倒西歪,到处都是。”伍德沃让斯韦内向窗外看是否能判断出他们的方位,斯韦内回应道:“我们飞得很低,我们飞得非常非常低。我们飞得太低了。”几秒钟以后,她说:“啊!我的上帝,我们飞得太低了。”电话随即中断。

8:46,美利坚航空公司第11次航班撞上纽约市世贸中心北塔楼。

机上所有人员,连同楼内不知有多少人,顷刻间都死亡了。

同样类似事情也发生在其他几个被劫持的飞机上[①]。

9:37:46,美利坚航空公司第77次航班以每小时约530英里的速度撞击五角大楼,致使机上所有人员,连同大楼内许多平民百姓和军事人员丧生。

另一名劫机者亚拉赫的目标是撞击美国的象征——国会大厦或者白宫,但却被联合航空公司第93次航班上手无寸铁但机警的乘客击败了。乘客与他们进行了搏斗,到10:02:23,一个劫机者说:“撞下去,撞下去。”劫机者尚控制着飞机但应该已经判断出乘客们很快就会战胜他们。飞机向下冲去,严重右偏,飞机翻了过来。其中一名劫机者开始大喊:“最伟大的安拉!最伟大的安拉!”随着乘客的反击声,飞机以每小时580英里的速度冲向宾夕法尼亚山克斯维尔的旷野,距离华盛顿哥伦比亚特区仅有20分钟的飞行距离。

第11次航班事件时刻表见表6-3。

表6-3　第11次航班事件时刻表

第11次航班,波士顿到洛杉矶	
7:59	飞机起飞
8:14	最后无线电与空管联络,飞机可能被劫持
8:19	乘务员向航空公司报告被劫持
8:21	机载雷达被关闭
8:23	航空公司试图与驾驶舱联系
8:25	波士顿空管意识到飞机被劫持
8:38	波士顿空管通知东北防空区飞机被劫持
8:46	东北防空区奥蒂斯基地紧急起飞战斗机搜寻第11次航班
8:46	航班撞击世贸中心,北塔
8:53	战斗机起飞
9:16	航空公司总部获悉11航班撞击了世贸大楼
9:21	波士顿空管通知东北防空区第11次航班飞向华盛顿
9:24	东北防空区兰利基地紧急起飞战斗机搜寻第11次航班

(二)“9·11”后对民用航空器处置法理认识变化

9·11事件后,恐怖分子劫持或滥用航空器(尤其是民用航空器)实施恐怖袭击的可能性在增加。“航空安全就是国家安全”(Aviation security is now national security),美国联邦航

① 赵秉志.“9·11”国家调查委员会报告[M].北京:中国人民公安大学出版社,2004.

空管理局(FAA)用这句话高度概括了9·11之后美国的航空政策将发生重大转变。美国投入了大量的资金用于航空安全项目,以努力避免类似事件的发生。

在另一方面,9·11事件引发人们思考的新问题是:如果民用航空器被使用为进攻性武器,那么领空国应当采取什么方式的措施来保护自己的安全。第三分条并没有排除国家行使自卫权,那么在民用航空器被恐怖分子劫持从而本身也成为一个具有重大杀伤力的武器的时候,领空国能否以自卫权作为依据使用武力将其击落?9·11事件后世界各国纷纷表示要击落被恐怖分子劫持的民用航空器,这对“不得使用武力或以武力相威胁”的国际法基本原则和《国际民用航空公约》第三条修正案“必须抑制向飞行中的民用航空器诉诸使用武器”的原则性规定提出了尖锐的挑战,许多人认为此等“杀人执照”是对生命权的极端无视,更有人担心这会导致各国单方面使用武力的泛滥。反恐新形势下,恐怖分子对各国的公然叫板,国际法必须进行反思,寻找理性的应对之策。迄今,在对民用航空器使用武器方面,国际法尚无全面、系统的规定,我们能够明确看到的规则仍然还是“必须抑制向飞行中的民用航空器诉诸使用武器”。但9·11事件后,几乎没有人质疑在极端情形下击落被用作大规模杀伤性武器的民用航空器的必要性。

2003年11月5日,德国政府内阁会议通过了一项新的反恐法案,允许德国空军在紧急情况下击落被劫持的飞机。2005年,德国又出台了《空中安全法》,该法规定德国可以出动战斗机击落被恐怖分子劫持的民航客机。由于该法事实上赋予了国家夺取人命的“正当理由”,因此遭到了包括时任总统克勒在内的许多人的激烈反对,甚至有人就此向联邦宪法法院提出了违宪审查。在2006年3月,德国联邦宪法法院裁决2005年出台的《空中安全法》无效,主要理由有二:一是政府无权夺走无辜公民的生命,二是允许战斗机击落民航客机违反了德国宪法中关于禁止将军事武器用在国内安全领域的规定。而同年8月16日,德国内政部长朔伊布勒在接受《萨克森报》采访时表示,由于劫机危险不断上升,相关部门计划草拟一项新的航空安全法律,并试图修正宪法,以允许联邦军队在紧急情况下击落被恐怖分子劫持的飞机。《萨克森报》援引朔伊布勒的话说:“如果遭劫持的飞机被证明是对德国安全的严重威胁,将其击落就是正当的。”为此,朔伊布勒提到了美国的9·11事件,他认为在9·11恐怖袭击那种情况下击落飞机是“必需的也是法律允许的”。可以看出,德国国内就是否应击落被恐怖分子劫持的航空器进行了艰难的博弈。这一博弈还在进行中,如何平衡反恐需要与生命权的保护成为棘手的法律难题。

这些问题使得领空国面临着两难:一方面它需要维护国家的安全,保护本国人民和财产的安全;另一方面,拦截或击落这种民用航空器又将危及民用航空器上的无辜乘客的生命。但是无论如何,对民用航空器使用武力时必须谨慎行事,只能作为保卫国家安全的最后手段,应尽量避免殃及无辜的民用航空器和机组人员的生命和财产安全。即使领空国以自卫的名义使用武器,也应当遵循自卫行动中的“刻不容缓”“必要性”“相称性”等要求[①]。

“9·11”事件后,恐怖分子劫持或滥用航空器(尤其是民用航空器)实施恐怖袭击的可能性

① 德国宪法法院于2006年否决了一部允许军方击落被怀疑劫持用于恐怖目的的民航客机的法律。该部德国法律是在9·11事件之后颁布的。德国宪法法院院长汉斯·约尔根·帕皮尔做出裁决,“人类尊严权应受到严格的保护,任何形式的侵犯都不被准许”。他指出,该部法律违反了宪法保证——德国军事力量不得用于部署国内安全。德国飞行员也反对该法,称该法会导致悲剧性的错误。舆论认为,德国政府无权为了挽救他人的生命而剥夺机上人员的生命。依据帕皮尔的观点,“把夺取人的生命作为拯救他人的一种手段,意味着把人的生命当成了一种物质,具有可比性。国家出于自身考虑认为可以支配同样需要保护的机内乘客的生命,等同于否定了这些人生命的价值。而这一价值是每个人与生俱来的”。

在增加。为更好地保障空中安全,预防来自空中的恐怖袭击,美国、欧洲大多数国家、俄罗斯、中国、印度等国纷纷表示允许击落被恐怖分子劫持的民用航空器。中国在60周年国庆和2010年世博会等重大庆典或活动时也有类似表态和实践,都宣布要击落敏感区域上空的不明民用航空器。2011年6月12日开始的防空兵网络化模拟训练中,军方击落了恐怖分子劫持的撞向中国商楼的"客机"。

美国准许空军击落任何可能对美国造成威胁的客机,击落命令由总统亲自下达,国防部长或空军3名将军也被授予了紧急行动的特权,纽约警察在非常极端的情况下会选择击落客机。美国制定出了遇到9·11事件类似紧急情况时的新的行动准则,但拒绝透露截击客机的具体程序、判定劫持事实及采取作战行动的细节。

波兰2005年通过法律,授予波兰国防部长和空军司令命令空军击落拒绝降落的被劫持的飞机(无论是民用飞机还是军用飞机)的特权。可是只要拒绝降落就击落与现行国际法的规定不符。如果被劫持的飞机是在荒无人烟也没有战略目标的地域上空飞行,有必要马上击落它吗?符合国际法的做法应该是继续采取驱逐和迫降等措施以保护机上无辜乘客的生命安全。换言之,只有当该机迫近人口稠密区或战略目标的上空且拒绝降落或飞离,击落它才是必要的、合法的无奈之举。

法国准许空军用防空导弹击落威胁对安全很敏感的设备的飞机,击落飞机的命令由总理下达。但如果飞机对许多人的生命构成现实的、迫近的威胁,在万不得已的情况下,法国也会击落吗?按照习惯国际法,答案是肯定的,但这里法国的表态局限于安全威胁。

2006年俄罗斯《反恐怖主义法》授权俄军方地面防空部队击落貌似要袭击重点建筑或居民区的被恐怖分子劫持的飞机,当对嫌疑飞机迫降不成功但其将对人员生命构成威胁或导致生态灾难时。俄罗斯击落飞机的情形仅包括"对人员生命构成威胁或可能导致生态灾难",却未包括"对俄罗斯重大利益构成威胁",如飞机飞向没什么人的也不涉及生态灾难的战略目标。

各国关于击落飞机方面的表态和实践大同小异。大部分国家的表态和实践中没有细致、法定的威胁判断标准和空中事件处理程序,更多层面上只是原则性的政治表态。

三、民用航空器可能被攻击的起因

(一)民用航空器侵入主权国家领空

民用航空器在正常飞行过程中,由于故意或非故意的原因会发生偏离航线飞入其他国家领空的情形。①非因航空器自身的原因。1955年保加利亚击落以色列民航客机,由于当时导航和通信设备不够发达,飞机偏航未经许可进入保加利亚领空,被保加利亚边防战斗机击落。②机组人员的错误操作。1973年以色列击落利比亚客机事件中,利比亚客机误入以色列领空是由于恶劣的沙暴天气以及导航仪器失灵造成的,以致被以色列空军击落。③人为故意操作航空器而用于不正当目的。1996年古巴击落"救援兄弟会"客机事件中,"救援兄弟会"成员所驾驶的客机被用于播撒传单等敌意行为;1990年以来南美国家击落被用于贩毒目的的飞机。

在一些案件中,民用航空器没有发生偏航进入其他国家领空的情况,只是在其正常轨道上飞行,但还是发生击落事件。如1954年中国击落英国民用航空器、1988年美国击落伊朗客机以及2001年乌克兰击落俄罗斯客机。

(二)民用航空器权利滥用

民用航空器可能被滥用于侦察、恐怖袭击和贩毒等活动。冷战期间,苏联曾于1978年和

1983 年两次击落有间谍嫌疑的韩国客机。9·11 事件中，民用航空器被当作大规模杀伤性武器，其后各国纷纷表态要击落有恐怖袭击嫌疑的民用航空器。20 世纪 90 年代以来，哥伦比亚、秘鲁和巴西等国有拦截、击落贩毒嫌疑飞机的长期实践。如果是本国民用航空器被击落，只需符合国内法和人权法的要求就行了，但如果击落的是外国民用航空器，击落国必须寻找国际法上的依据。

当明知在其领空飞行的飞机是民用航空器甚至是客机，怀疑它被滥用于危害国家安全和国家利益，如从事军事侦察、对地重要目标发动恐怖袭击、从事海盗或贩毒等活动，地面国可以击落它吗？这里存在一个滥用判断和相称性问题。

关于滥用判断，迄今的实践似乎表明，只要地面国在充分的证据基础上作出谨慎的判断，即使后来证明这种判断是错误的，国际社会基本上还是能宽容的。但如果是粗心大意的缺乏合理依据的判断，也没有必要的拦截、驱离、迫降等程序，这种击落肯定是国际社会所不能接受的，依据国际法应该承担相应的法律责任。9·11 事件后，各国纷纷表明要击落被恐怖分子劫持的飞机，这一实践对滥用判断的评价标准是否会有松动，只能静待实践发展以考察之。

1996 年古巴击落“救援兄弟会”飞机事件中，古巴军方知道对方是民用航空器，也有确凿证据证明这些民用航空器被滥用于破坏古巴政府的稳定，但仅仅抛洒反政府传单绝对构不成对古巴国家安全的实际威胁，因而击落它属于什么性质行为，有不同解释。《极端情况下击落民用航空器的国际法研究》[①]一书中给出了以下判断：

违反了国际法中的相称性原则(基于正义的需要，着眼于目的和手段的关系以达到各种利益的均衡)，属于非法的反应。对于相称性，国际民航组织于 1984 年 3 月 6 日通过的决议对其做了较为全面的解释，《国际民用航空公约》第一条规定缔约各国承认每一国家对其领土之上的空气空间享有完全的和排他的主权。根据这条习惯国际法规则，国家具有合法权利在其领土上空划设限制区，并对违反者根据本国法律予以惩罚。非私人航空器或由一国指挥的私人航空器闯入他国领空，构成违反国际法行为。不过，对这种违反行为的反应，国际法并不是没有限制，国际法上的“相称性原则”和国际民航组织颁布的特别规则已被接受为习惯规则了。国家有权对威胁其安全和侵入其领空的军用飞机加以拦截或击落，但对没有造成实际威胁的民用航空器予以击落，无论如何都是不符合相称性原则，而是属非法的反应。至于到底什么是对国家安全的实际威胁，只能结合每一事件发生时的国际法规定，具体问题具体分析。

(三)政治环境、军事环境导致错误识别航空器

发生武力攻击民用航空器事件的当事国所处的国际环境对事件的发生有很大的影响，分析以往事故发现，错误地将民用航空器识别为军用飞机而将其击落的事件时有发生。错误识别击落民用航空器的原因有以下几种：

(1)相关国家或国家与政治实体之间处于战争或武装冲突状态，或者相互关系紧张，使得地面国对敌机入侵呈过度敏感状态。1954 年中国击落英国客机事件中，因中国大陆与中国台湾地区处于战争状态，大陆战斗机误将该客机当作台湾敌机击落了。1988 年美国击落伊朗客机事件中，美国和伊朗也处于战争状态。1999 年埃塞俄比亚击落厄立特里亚飞机事件中，埃塞俄比亚和厄立特里亚关系紧张，客机被错误识别为厄立特里亚入侵飞机而遭到击落。

1983 年为何苏联会对一架偏航误入其领空的韩国民航客机痛下杀手？时任美国国防部

---

① 尹生．极端情况下击落民用航空器的国际法研究[M]．武汉：华中科技大学出版社，2015．

长军事顾问的科林·鲍威尔就“007 号航班事件”一针见血地指出，“冷战期间，几乎没有一件事是孤立的。不管发生什么事情，都得放进东西方对抗的基本框架中去考虑”。一般认为最直接的原因是苏联方面一直未能判明 007 号航班的真实身份，将其误认为是美军 RC－135 型侦察机。这一事件发生的根本原因则是美苏冷战对峙的渐趋激烈，使得苏联做出强烈举动。20 世纪 70 年代后期，苏联利用美国的战略收缩，加强了在亚太地区的扩张步伐，并强化远东地区的兵力部署，增强其海上作战力量在西太平洋的活动。此举严重威胁美国利益，对此，1981 年里根上台后，决心重新夺取战略优势，遏制苏联扩张，采取加强对亚太地区的经济援助、巩固亚太安全同盟、强化亚太军力等措施，以应对“苏联的侵略行动所提出的战略挑战”。在美国决心加强对苏联遏制的背景下，美国太平洋司令部对苏联远东地区开展了频繁的海空侦察活动。冷战伊始，作为亚太地区美国军事力量最高直接指挥机构的太平洋司令部，就定期派遣侦察飞机和舰艇在苏联堪察加半岛、萨哈林岛以及鄂霍次克海等地实施海空侦察。1975 年 9 月，太平洋司令部派遣水面舰艇编队执行“鄂霍次克海行动”，进入苏联远东近海宣誓其“航行自由权”，并趁机搜集苏联海空情报。1981 年里根政府上台后，随着总体对苏冷战态势的强化，太平洋司令部增加了在苏联远东地区的军事活动。1983 年初，太平洋司令部派遣“中途岛”号航母编队逼近苏联千岛群岛，其舰载机甚至做出了穿越苏联领空的挑衅之举。同时，太平洋司令部更加频繁地对苏联远东地区展开空中侦察，甚至在 007 号航班失事当晚，仍有代号为“燃烧的风”的 RC－135 型侦察机在苏联远东近海地区飞行，并监听到苏军指挥部与拦截 007 号航班的战斗机间的通话。这些活动加剧了美苏在苏联远东地区的军事对峙，为“007 号航班事件”的发生埋下了伏笔。苏联对美国太平洋司令部的侦察和骚扰活动失去忍耐，开始做出更为强硬的反应。在 20 世纪六七十年代，苏联远东军区受实力限制，对美国太平洋司令部的海空行动尚保有一定的克制。当太平洋司令部派遣军舰进入鄂霍次克海时，苏联方面往往不做强硬反应，或只是消极应对。1979 年 9 月的“鄂霍次克海行动”中，苏联直到美军舰艇进入鄂霍次克海两天后才派遣少量舰艇进行跟踪监视。然而随着苏联军事实力的增长，以及太平洋司令部的海空活动愈加频繁，苏联政府开始要求远东军区对美国的军事挑衅采取更为激烈的对抗措施。1983 年苏联颁布新的《国界法》，要求前线军官严格按照法律程序应对外国军队对苏联边界的挑衅。同时，苏联政府加大了对身处冷战对峙前沿的远东军区的监督力度。1983 年初，美国“中途岛”号航母舰载机编队侵犯苏联领空时，苏联远东防空军受天气影响，未能及时升空应对，莫斯科对远东军区做出了严厉批评，惩处了大批前线将领。在这种气氛下，苏联远东军区只能使用更强硬的手段来应对美国的军事侦察和骚扰活动，增加了美苏擦枪走火的风险。在上述因素的影响下，苏联远东地区已成为美苏冷战对峙的危险前沿地带。007 号航班恰好在此时因迷航误入苏联领空，并被误认为美军侦察机，正如一粒火星掉入火药桶中，从而引发灾难性后果。指挥苏军战机对 007 号航班实施拦截的苏联远东军区防空军参谋长瓦列里·卡明斯基在 20 年后的一次采访中坦诚表示，当他接获“一架美军 RC－135 型侦察机在堪察加半岛闯入领空，并向萨哈林岛飞来”的报告后，就当即决定“无论如何都不能让它离开”。就这样，被苏军误认为是美军侦察机的 007 号航班不幸成为了美苏冷战对峙激化的牺牲品。

（2）军方未仔细识别或识别手段缺乏，导致本可避免的识别错误发生了。如 1988 年美国击落伊朗客机事件中，客机被错误识别为具有攻击意图的战斗机而被击落，识别客机的主体是遥远的巡洋舰，而非战斗机或直升机升空近距离识别。1999 年埃塞俄比亚击落厄立特里亚飞机更是令人难以置信的轻率，在没有任何警告的情况下，埃方看到一架飞机从厄立特里亚领空飞入其领空便将它当作入侵之敌击落了。1954 年中国击落英国客机也是错误识别了客机，没有任何警告就击落，明显缺乏有效的识别和迫降等程序。

(3)某些民用航空器和军用飞机的外形相似，由此也增加了错误识别的发生率。2011 年 6 月 17 日清晨，韩国西部海岛哨兵把韩国韩亚航空公司一架民航班机误认为朝鲜的军用飞机，向其射击近 10 分钟，所幸飞机距离较远而平安无事。这架客机当天从中国成都起飞，机上共有乘客和机组人员 119 人。韩国军队联合参谋本部 20 日表示，日前发生的韩国哨兵误向民航客机射击事件是由于哨兵误判造成，并非民航客机偏离航线。当时正在哨所执勤的两名哨兵在发现来自朝鲜方向的“未确认物体”后，一方面立即向上级汇报，同时根据“先举措，后报告”的原则立即采取警告射击。但因哨所电话占线，导致电话在 20 分钟后才被接通。联合参谋本部还表示，包括民航客机在内的所有飞机与军方的防空武器之间都装有互相识别装置，因此不会出现舆论担忧的误射情况。由于执勤哨兵的举动符合“先斩后奏”的原则和海军陆战队章程，因此不会受到处罚。

(4)反政府武装力量攻击民用航空器。马航 MH17 事件发生后，国际社会对击落主体多方猜测，而乌克兰官方称，马航 MH17 是被乌克兰民间武装击落。现代反政府武装背后通常有强大的财力支持，可能具有比较先进的防空武器。基于此，反政府武装对民用航空器的攻击，主要是出于对政府的示威抗议和胁迫，满足非法使用暴力以及出于一定政治目的的要件，而非政府武装所打击的对象，是具有任意性的无辜的平民。

实际执行时存在很多难以处理的问题：一是客机因降落或其他原因低飞时，非防空武器也可能对其造成致命的伤害；二是包括民航客机在内的所有飞机与军方的防空武器之间是否都装有互相识别装置，以及这种识别装置的可靠性有多少；三是击落民用航空器前是否只依赖这种相互识别装置进行识别就行，还是需要进一步地升空识别、拦截和迫降。

第四节　军事活动对民用活动的安全措施

为了减少军事飞行活动对民用航空的影响，国际民航组织颁布了 DOC 9554《关于对民用航空器的运行具有潜在危险的军事活动的安全措施手册》。作为有关对民用航空器具有潜在危险的军事活动的“标准和建议措施”，由于其性质，不可能为可能出现的每一种情况都规定出应采取的详细步骤和具体行动，因而确定了若干值得考虑的行动并将其编入手册中。该指导材料为参考性质，编写组由来自 7 个缔约国和 3 个国际组织的民用空中交通服务专家和军事专家组成。各缔约国应确保所有关心与对民用航空器具有潜在危险的军事活动有关的国家措施和程序的制定和/或执行的民事和军事行政或业务人员，注意到本手册中的材料。

一、军事单位与民航的协调要求

当任何军事单位规划和进行对民用航空器的运行具有潜在危险的活动时，主管军事当局与有关 ATS 当局之间的协调对保证民用航空器运行的安全是必不可少的。有关空中交通服务当局指负责在有关空域提供空中交通服务的国家所指定的有关当局。不论这类活动是在国家领土上空、公海上空，还是在主权未定的领土上空进行，也不论有关军事当局和空中交通服务当局是否隶属同一国家，实施这种协调都是必要的。

(1)如果突发军事敌对行动或出现任何其他因素，妨碍了这种正常的协调进程，有关国家与 ATS 当局、民用航空器经营人和航空器机长必须根据所掌握的情报，对局势加以评估并规划应采取的行动，以避免危及安全。

(2)可能对民用航空器构成威胁和应与空中交通服务当局进行协调的军事活动的例子包括：

a) 在某一地区，或以可能影响民用空中交通的方式，对任何武器实施空对空、空对地、地对空或地对地发射或试验；

b) 某些军事航空器的飞行，如飞行表演、训练演习和有意空投物体或伞兵；

c) 发射和回收空间运载工具；和

d) 在冲突地区或可能发生武装冲突的地区实施的对民用空中交通构成潜在威胁的行动。

空中交通服务当局应警惕在冲突地区或可能发生武装冲突的地区实施的包含潜在危险活动的军事行动，并作出相应的反应。

(3)如果计划定期地或不断地进行具有潜在危险的活动，应将确保有关各方的业务需要均得到充分协调的任务交给一协调小组。该小组应由有关军事组织、有关 ATS 当局和民用航空器经营人的代表组成。

(4)关于对公海上空的民用航空器运行具有潜在危险的活动，即使有关军事组织和 ATS 当局所属国家感到暂时不能达成外交一致，也应实施协调。如果不可能通过航空或外交渠道实施与有关 ATS 当局的直接协调，应在 ICAO 有关地区办事处或另一国家 ATS 当局的协助下实施协调。

(5)应与负责在有关空域提供服务的所有空中交通服务当局共同协调对民用航空器具有潜在危险的活动，规划具有潜在危险活动的军事组织所属国家应启动协调进程。当涉及的军事组织位于负责为受到影响的空域提供空中交通服务的国家以外的国家时，初始协调应通过对该组织所在国家的空域负责的 ATS 当局或通过其他协议的渠道实施。例如，在（友好的）B 国飞行情报区活动的 A 国海军，规划在 C 国飞行情报区的一项具有潜在危险的活动，经 A 国和 B 国事先商定，B 国的 ATS 当局可与 C 国的 ATS 当局直接协调这项具有潜在危险的活动。该 ATS 当局将能够提供情报与援助以实现与所有相关 ATS 当局和 ATS 单位的协调，并就规划的活动可能对该地区民用航空器的运行造成的影响，提供咨询意见。

(6)正常协调进程的第一个步骤，是向有关 ATS 当局传送或递送一份载有计划活动细节的文电。该文电应说明活动性质、受影响的地区，其中包括其水平和垂直范围、拟定的日期、时刻和持续时间、必要时将采取任何特别安全措施以及参与军事单位和有关 ATS 单位之间实施协调的方式方法，其中包括使用无线电通信。

(7)考虑到必须避免危险和将对所有空域用户的干扰减少到最低限度，应及早采取第一个步骤，以便可以就计划的活动和详细的安排进行对话。

(8)采取第一个步骤的时间选定，还应允许在进行协调对话后有充足的时间公布有关该项活动的情报，使机组能在活动开始前较早地获得这一情报。《国际民用航空公约》附件 15《航空情报服务》第 5 章中的“国际标准”所要求的提前通知是，对已设危险区、限制区或禁区的活动和除紧急行动外，需临时限制空域的活动，至少提前七天。然而，该附件建议，涉及临时危险区、限制区和禁区的设立，撤销和对其进行的预先计划的重大改动，以及涉及航行危险、军事演习和密集队形的航空器飞行活动，应提前更多的时间发出通知。

(9)正常协调进程的目标应是就如下各项达成一致：

a) 选定地点或区域、时刻和持续时间，以避免关闭或更改已建立的 ATS 航线、封锁最经济的飞行高度层或延误定期航班，除非没有其他可供选择的办法。

b) 尽可能把指定进行活动的空域缩小到与实现其目标相一致的最小范围。

c) 需要由进行活动的单位、有关 ATS 单位或在有关区域附近飞行的民用航空器采取的任何特别安全措施。

d) ATS 当局或单位与军事组织或单位需要在活动进行期间实施的协调。

e) 采取如下行动的方式方法：

交换关于活动开始与结束的情报；

——必要时交换关于航空器身份的情报；

——协调特别安全措施，其中包括报警及搜寻和援救服务；和

——在民用航空器紧急情况或其他意外情况下需要中断活动或部分活动时实施协调。

(10)如果未能就令人满意的安排达成一致，ATS 当局不应拒绝向机组公布必要的情报，而应采取必要的步骤以确保民用航空器的安全不被危及，其中包括对航空器的航线进行必要的改变以避开活动区。如果所作安排从民用航空的角度看被认为完全不能令人满意，发布必要情报的 ATS 当局应报告有关军事当局采取行动。如果有关军事组织属于另一国家，该报告应通过该国民航当局递送，并将报告副本发送 ICAO 有关地区办事处。

(11)实施协调的最适当的通信方式，是那些可确保在有关当局之间就对民用航空器具有潜在危险的活动安排进行迅速可靠的交流的通信方式。

(12)可利用航空固定服务（AFS）达到此目的。AFS 包括所有种类和系统的航空电信服务的点对点通信。AFS 中范围最大、应用最广的部分是航空固定电信网（AFTN），这是一个连接所有国际机场、空中交通服务单位、航行通告（NOTAM）室和全世界大部分国家航空管理部门的电传打字机线路网络。AFTN 是进行航空打印通信国际交换的主要手段，也能满足国家航空需要。各国政府民航当局之间通过 AFS 交换的文电被列为航空行政电报。

(13)适用于包括 AFTN 在内的 AFS 使用的一般性程序规定在附件 10《航空通信》第Ⅱ卷中。批准用于航空电报的缩写和航行通告代码载于 ICAO 8400 号文件《空中航行服务——ICAO 缩写和代码》中，而用于地址的四字地名代码载于 ICAO 7910 号文件《地名代码》中，三字收报人代码载于 ICAO 8585 号文件《航空器经营机构、航空当局和服务部门代号》中。

(14)当一个国家的军事组织和另一个国家的 ATS 当局之间需要实施协调时，可使用 AFTN。军事组织可依据当地安排，通过自己国家的 ATS 当局进入这一系统。

(15)军事联络官和在适当的情况下民事联络官的使用，将对通畅协调进程和确保必要的后续行动起到重大作用。在组织大规模军事行动时，由计划者邀请民用航空管理部门在早期参加计划会议已被发现卓有成效，航务人员的互访也十分有益。

二、情报的公布

(1)《国际民用航空公约》附件 15 第 5 章中的“国际标准”规定，各国需就影响空中航行的危险（包括障碍物、军事演习、航空表演、航空竞赛和公布地点以外的大型跳伞活动）的存在签发并发出航行通告（NOTAM）。

(2)在协调进程之后，首先公布关于对民用航空器具有潜在危险的活动的情报的责任在于提供国的有关 ATS 当局。将要发布的情报首先发给同一国家的航空情报服务（AIS）部门，该部门负责签发并发出所需的 NOTAM。向国际发布 NOTAM 的任务由该国的国际航行通告室（NOF）承担，它是 AIS 的一部分。

(3)附件 15 标准规定，对已设危险区、限制区或禁区的活动和除紧急行动外，需临时限制空域的活动，须至少提前七天发出通知。随后取消活动、缩短活动时间或缩小空域范围的通

知，应尽快发出，最好至少提前24小时发出。

(4)关于临时危险区、限制区和禁区以及航行危险、军事演习和密集队形的航空器飞行活动，附件15建议，应使用定期制（AIRAC航行资料规则和管制）来公布情报。AIRAC制以一系列间隔28天的共同生效日期为基础。它应在至少于生效日期前42天发出NOTAM，使之至少在生效日期前28天到达收件人。

(5)NOTAM按一级分发，一般通过AFTN；或按二级分发，一般通过航空邮件。关于一级航行通告格式的规格载于附件15的附录5中。一级航行通告的分发是根据国际航行通告室之间依据对飞行前计划的需要达成的协议事先决定的。关于在国际航行通告室之间目前交换一级航行通告的资料载于ICAO第7383号文件《各国提供的航行情报服务》第2部分中。

(6)不应在不能与航行情报签发国就将要公布的细节达成一致的情况下，拒绝公布关于对民用航空器具有潜在危险的活动的情报。如产生任何意见分歧，应就此向规划活动的组织提出单独告诫。

即使在两国感到暂时不能达成外交一致的情况下，继续交换关于潜在危险活动的NOTAM是重要的。必须铭记，这种情报不仅两个国家的航空公司需要，而且在穿越受活动影响的空域的航线上运营的国际经营人也需要。这些经营人很可能不会参与这种纷争，因此没有理由拒绝向他们提供对其运行安全至关重要的情报，以示惩罚。在这种情况下，应像对待气象服务一样，对待航行情报服务。因此，应根据其国际义务，维护他们的现有通信渠道。

如一个国家由于某种原因，不能充分遵守附件15的规定和ICAO关于公布和分发有关潜在危险活动的情报的区域空中航行规划，应谋求邻近国家或ICAO有关地区办事处的援助。

三、军事单位和ATS单位之间的协调

军事当局和ATS当局之间在规划阶段协调中的一个必不可少的部分，是谋求就进行潜在危险活动的军事单位与有关ATS单位之间所需的协调，以及实施协调的方式方法达成一致。

《国际民用航空公约》附件11《空中交通服务》第6章中的“国际标准”明确说明对通信设备的需要，以便可在区域管制中心、飞行情报中心、进近管制室或机场管制塔台与在各自责任区内提供服务的有关军事单位之间进行直接通话和在需要书面记录时，进行打印通信。这里“有关军事单位”一语，意指对可能影响民用航空器飞行的活动实施管制的常设军事单位。不过，对进行潜在危险活动的，临时设立的或机动的军事单位，建议也适用同样的要求。

理想的是，通信设备应允许在负责进行军事活动的官员与负责在受影响空域提供空中交通服务的空中交通管制单位之间进行直接通话通信。为此，应谋求就军用或民用地面通信线路、微波或卫星中继电话线路或无线电话信道的分别或综合使用达成一致。除非作为最后的解决办法，否则应避免把ATS空对地无线电话信道用于此种协调，因为这可能干扰飞行员与空中交通管制员之间的通信。

对军事单位和ATS单位之间电传、用户电报或传真一类的“打印”通信的需要，取决于潜在危险活动的性质和由此产生的对交换打印形式情报的需要。当军事单位需要不断接收关于活动区民用飞行的计划和实际飞行进程的情报时，应考虑为此使用AFTN，并在有关民航当局的批准下，安排一条连接该网络的特别线路。如果在AFTN上遇到的延迟令人无法接受，应设立分立电传，用户电报或传真连接线。

在军事活动导致对民用航空器实施航线或高度限制的情况下，军事管制单位应通知有关ATS单位活动何时开始和结束，以及何时临时中断活动，以允许民用航空器飞经活动区。有

了直接通话通信，还将使ATS单位可以在某民用航空器由于意外或紧急情况进入活动区时，要求酌情全部或部分停止活动。

一般说来，民用航空器不应在危险军事活动区飞行。然而，在允许民用航空器飞经具有潜在危险的军事活动区或紧靠该地区飞行时，该民用航空器的安全可能依赖于军事单位的明确识别。在这种情况下，应作出安排，以便在所有情况下都为主管军事单位预先提供有关经过该地区的定期或季节性定期航班以及不定期商业飞行和通用航空飞行的情报。

有关计划飞行的情报应包括：

a）在通信中使用的航空器识别标志，即航班号和航空器登记标志；

b）机型；

c）起飞地点和预计起飞时间；

d）航线；

e）飞行高度层；

f）目的地和预计到达时间；和

g）提前分配的专用二次监视雷达（SSR）编码。

关于实际飞行进程的情报应包括：

a）实际起飞时间，或最后报告的位置、时间和高度层；

b）下一报告点和预计时间；和

c）SSR编码。

就危险和作出规避动作的必要性向民用航空器发出的警告，一般应与有关ATS单位协调并只由其发出，除非已确立其他协调程序。如果认为存在极端紧急情况，军事单位可设法在甚高频紧急波道121.5 MHz上，向航空器直接发出警告。然而，必须意识到，并非所有航空器都始终有能力除了在ATS波道上，也在121.5 MHz上保持连续守听(除非航行通告中要求在有关地区的飞行都载有并监听紧急频率，使之成为一项强制性规定)，而且在航空器具备这种能力时，其他通信任务也可能导致中断紧急频道上的守听。

除非通过参照航空器位置，警告清楚明确地载有正确的航空器呼号、SSR工作方式A编码或航空器识别标志，而且除非使用标准的航空用语和共同的国际语言，否则所发出的警告可能不被民用航空器所理解。因此，由有关ATS单位在正常的ATS频道上发出的警告，更可能被听到、被理解并据以采取行动。

军事单位和ATS单位之间，或在紧急情况下军事单位和民用航空器之间的通信，其清楚程度对确保正确理解和避免潜在的灾难性后果，是至关重要的。可能适宜在空对地通信中使用的一些用语例子载于附件11的附录中。当然，特定军事单位和ATS单位可商定选用附加用语，以适应与特定军事活动相关的情况。当对常规或特别协调的要求超出负责进行军事活动的官员和/或空中交通值班管制员或主任管制员的能力时，可能需要指派单独联络官。在其他情况下，使用单独联络官可能也是适宜的。在进行占用大片区域的大规模活动时，最理想的办法可能是在有关区域管制中心设立一个特别协调室。这种协调室应由军事和民事联络人员组成，可被授予如下任务：将包括SSR应答机编码在内的决定性飞行计划和飞行进程数据进行协调和发布，协调航线和飞行高度层的使用，以及帮助解决识别问题和应付紧急情况。

四、正确识别民用航空器

在某些情况下，民用航空器运行的安全取决于军事单位正确识别民用航空器的能力，因此，可能需要做些特殊安排，以确保或增强这种识别能力。

(1)识别过程基于军事单位对从下列消息来源得到的情报所作的对比：

1) 空中交通服务单位；

2) 航空公司航班时刻表；

3) 已申报的飞行计划及相关文电；

4) 起飞电报和飞行进度报告；

5) 来自航空器的各种电子设备，包括机载气象雷达和无线电高度表以及二次监视雷达的应答；和

6) 目视观察。

有关定期或季节性定期民航航班的预告可以从 ABC 世界航空公司指南或航空公司指南(OAG) 刊载的航空公司航班时刻表中获得，或者从已向有关 ATS 单位申报过并由其存储的重复飞行计划中获得。如果每周和每月的计划定期航班表是由有关 ATS 单位为其自身目的而准备的，这些航班表的副本应提交计划实施具有潜在危险的活动的军事单位。航班表应包括所列情报。如没有准备例行的航班表，应弄清军事单位在数据和格式方面的具体要求，并就在不给 ATS 单位过多工作负担的情况下就能满足其要求的最好方式达成协议。

如果每周和每月的计划定期航班表已按惯例交予军事单位，就不必总是定期向其提供申报航班计划的情况。然而，必须作出安排，专就加班和起飞延误较久的定期航班提供情报。

这方面应注意的是，在航空公司指南中或航空公司指南中以及申报的飞行计划中预计离场时间，是指在机场终点站预定或预计离场的时间，即所谓“撤轮挡”时间（即开始滑行的时间)，而不是预计起飞的时间。

(2)主监视雷达对民用航空器的单独识别需把雷达回波同通过其他消息来源，即获知的飞行计划和/或当前位置的航空器身份进行对比。假如知道该军事活动区的二次监视雷达(SSR)编码分配方案和规定给每架飞机的编码，那么利用 SSR 手段识别飞机是较容易的。某一特定地区的 SSR 编码分配方案可以在有关国家的航行资料汇编里获取，或可向相关 ICAO 地区办事处索取。SSR 编码分配方案将表明分配给各国以供指派给国际或国内航班的 A/3 模式编码组，或分配给国家集团以供指派给国际过境航班的编码组。指定给飞行中的航空器的专用 SSR 编码可以向负责的 ATS 单位索取。目前的《航行服务程序，OPS 航空器运行》(ICAO DOC 8168，第Ⅰ卷第Ⅷ部分）要求，凡装有可使用 SSR 应答器的民用航空器，在飞行中始终使用应答器，并用 A 模式编码 2000 应答，除非 ATS 单位另有指示或地区航行协定另有规定。后者可以从有关 ICAO 地区办事处查明。

(3)另一种确认某一雷达应答信号为民用航空器所发出的办法是要求该航空器发送 IDENT，即起动雷达应答器的特殊位置识别功能。需要时，应通过负责的 ATS 单位提出这种要求，因为任何来自军事单位的直接传送信号都会干扰空中交通管制的正常通信，并且如果航空器处在 ATS 的雷达覆盖区内，还会导致混乱。要求所有在某一特定地区内飞行的航空器携带可使用的 SSR 应答器，并要求装有气象雷达及无线电高度表的航空器在飞行中使这些设备始终处于工作状态。这样，可有效地增强对民用航空器“电子特征”的识别能力。然而，只要还没有在全世界规定必须携带这种装置，军事单位依赖的“电子特征”不存在，就会导致对民用航空器的识别错误和必然的危险。

(4)假如环境允许用目视观察到航空器，可以从机翼下和机身上的国籍和登记标志识别民用航空器。商用航空器尾翼面和/或其他部位上航空公司的标识及其特殊的颜色是供识别的

其他特征。民用航空器的驾驶舱和客舱打开全部灯光以及在有可能时照亮航空器标识也能有助于识别。

(5)军事单位可以通过以下一种或几种方式获取有关航班飞经军事活动区的实际飞行进度的情报：

1) 电子手段,如从有关空中交通服务单位得到雷达图像转播；

2) 监听有关民用航空交通服务的频率；和

3) 有关 ATS 单位发送的离场时间及位置报告。

1) 和 2) 中的方法既可以确保能够迅速得到所需的情报并将有关 ATS 单位的日常工作负担降到最低程度,又可使两个单位间的通信保持畅通,以供交换紧急特别情报。2) 中的方法当然要求有关军事单位视情配备甚高频和高频设备,并专门指派军事人员去执行监听民用 ATS 的空对地频率的任务和熟悉标准的航行位置报告程序及指定报告点的名称、名称编码和指定报告点的位置。如果将 3) 中的备用方案当作唯一或主要方法,会导致不能接受的延误,并会迫使 ATS 单位雇用额外工作人员以保持有效运转。重要的是,不论怎样,尽管有雷达监控和/或有空对地通信频率传送的报告进行监听,但如对班机的识别仍存有疑虑,就要向有关 ATS 单位专门索要有关情报。

五、告知和导航协助

如果一个军事单位观察到一架民用航空器正飞入或将要飞入一个划定的禁区、限制区或危险区或任何构成潜在危险的其他活动区时,应通过负责的 ATS 单位向该航空器发出警告。警告应包括离开或绕过此地区所需改变的航向的通知。

如该军事单位无法立即联系上该负责的 ATS 单位,而认为情况又确实紧急,则可通过无线电甚高频的 121.5 MHz 紧急频道向该航空器发出有关警告。重要的是,如该航空器身份不明,发出的警告应包括 SSR 编码。如已注意到该航空器,用对该航空器驾驶员有效的方式向其指出该航空器的位置,如指出 ATS 航线和/或距离某机场,或某航空无线电导航设备、某已被确认的航线点或报告点等参照物的方向及距离。

如目视观察到一未经许可的航空器正在飞入或将要飞入某禁区、限制区或危险区,可按附件 2《空中规则》附录 1 中的"国际标准"所规定的下列目视信号向其明示航空器有必要做出的纠正行动；白天和夜间；地面每间隔 10 秒发射一次抛射弹,连续发射,每次抛射弹爆炸后都要放射红光和绿光或星光。

军事当局向其各单位做情况简介或下达指示时,应强调只要有可能就要同负责的 ATS 单位进行协调和就飞行路线的变化向民用航空器发出警告和建议的重要性,因为未经协调的警告和相关的航行建议一旦被采纳就可能导致与在该地区其他航空器相撞的潜在危险。

《关于对民用航空器的运行具有潜在危险的军事活动的安全措施手册》DOC 9554 - AN/932 附录 A 用 121.5 MHz 进行空地传输的示例如下：

1. 民用航空器的识别

军事单位：航空器位置（位置 *）打开应答机 A 模式编码（编码）[估计] 高度（高度层）和地面速度(地面速度) 这是（军事单位的呼号）请说明您的身份及意图。

航空器：（军事单位呼号）这是（航空器的呼号）位置（位置 *）定期（或包机或私人）飞行从（出发点）飞往（目的地）飞行高度（高度层）[爬行到或下降到]（高度层）。

军事单位：（航空器的呼号）这是（军事单位的呼号）明白完毕。

2.航行警告

军事单位:(航空器呼号)这是(军事单位呼号)您正在接近危险区(名称)(或潜在危险区)向右转(或向左转)航向(数字)以避开冲突。

航空器:(军事单位呼号)这是(航空器呼号)遵照执行向右转(或向左转)航向(数字)。

必须强调的是,就航迹的变化提出的建议应同负责的空中交通服务单位协调,因未经协调的意见可能会导致同该地区其他航空器相撞的潜在危险。

按下列优先选择顺序,表明位置。地理坐标应仅限在没有其他更合适的参照物时使用。

(距离)NM(方向)(导航设备或报告点或机场)[在航路(编号)或在ATS航路(编号)上]

示例:25 NM WEST OF WILLY ON AIRWAY A97(25 NM WILLY以西,在航路A97上)

(距离)NM正切(导航设备或报告点)

示例:ABEAM NILLY ON AIRWAY R54(正切NILLY在航路R54上)

(距离)NM(方向)(有名的地理位置,如城镇、城市、岛屿或山脉的名称)

示例:4 NM,SOUTH OF DAISY ISLAND(4 NM,DAISY岛以南)

(纬度)北或南(经度)东或西

示例:1630 NORTH 14245 EAST(北纬1630度,东经14245度)

有关对民用航空器有潜在危险的军事活动的Ⅰ级航行通告示例如下:

a)GG BCDEYNYX CDEFYNYX DEFGYNYX…

091532 EJKLYNYX

A707 NOTAMN

A) EJKL FIR B) WIE C) UFN APRX DUR

配备有航空母舰的海军部队将在该区域进行作业(参用经度和纬度写明该区域)。为方便协调和保证安全,兹要求凡在此区域低于飞行高度层****运行的民用航空器,必须始终保持二次监视雷达应答器、气象雷达和无线电高度表处于工作状态。民用航空器还需要在121.5 MHz应急频率上保持连续守听,并能应要求就航空器的识别标志、航空器类别、高度、出发点、目的地和飞行类别(仪表飞行规则或目视飞行规则)作出回答,以供识别。要求不能照此行事的航空器避开该区域或通知EJKL ACC。

b) GG DCBAYNYX ACCOYNYX BADCYNYX…

171814 CBADYNYX

A 747 NOTAMN

A) CBAD FIR B) WIE C) UFN APRX DUR

据报告,有准军事部队在(参用纬度和经度写明该区域)区域作业。要求民用航空器在过境该区域时,至少需保持在飞行高度层****飞行,以避免潜在威胁(写明威胁)。

六、空中交通的限制

负责规划对民用航空器有潜在危险的活动的军事当局同负责的ATS当局之间进行协调的目的是达成最妥善安排的协议,以避免对民用航空器造成危险,使民用航空器的正常飞行受到最小的干扰。理想的是,在公布的ATS航线和管制空域之外选择实施有潜在危险活动的地点。

如由于计划中的活动性质和规模不可能选择到这种地点，应该通过军事单位和ATS单位之间的密切协调，将施加给民用空中交通的临时限制压缩到最低程度。

只要有可能，应规定飞行高度，使民用航空器可在没有危险的情况下继续在同一高度或在该高度以上正常飞行。凡大多数民用航空器处于飞行的航路阶段的地区，这一飞行高度应最好处在或低于通常使用的最低巡航高度层。

如无法避免临时关闭某些ATS航线，ATS当局应设法同有关国家达成协议，以便临时启用已公布的备用航线，以绕过有军事活动的地区，或者在没有已公布的便捷备用航线时，开辟临时航线。如有关航线是在公海或在主权未定的领域上空，实施附件11的2.1.2的规定（2.1.2对公海上空或主权未定的空域提供空中交通服务，必须根据地区航行协议予以确定。已接受在该部分空域内提供空中交通服务的缔约国，必须根据本附件的规定筹建和提供服务）。

对于正在向毗邻有军事活动地区的机场下降或从此种机场开始爬升的航空器，可以有必要作出特别安排。如果军事活动的性质允许，须将进场着陆和离场限制在一个特定的方向，否则应考虑暂时停止军事活动，以使进场着陆和离场能正常进行。

七、可能出现武装冲突时的特殊措施

在出现或可能出现武装冲突时，《国际民用航空公约》对任何受到影响的缔约国的自由行动不起作用，不论是交战国还是中立国（公约第八十九条）。因此，民事和军事当局及单位之间密切协调的必要性就更为关键。

负责开始进行协调程序的责任应由自身军队卷入冲突的国家承担。即使协调工作尚未开始或完成，负责在受冲突影响的空域提供空中交通服务的国家应承担制定特殊措施以保证国际民用航空器运行安全的责任。

负责提供空中交通服务的国家，应根据现有的情报，确定冲突的地区，评估冲突对国际民用航空器运行的危险或潜在危险，并决定是应避免飞入或飞经冲突地区，还是在某些特定的条件下可以继续运行。然后，发出一项包括必要情报、建议和应采取的安全措施在内的航行通告（NOTAM），并根据势态的发展随时予以更新。凡与始发和发出NOTAM有关的人，均应知道有关发布的NOTAM持续时间的规定。附件15的5.3.1.2规定，当公布的情况持续时间可能超过三个月或NOTAM已生效三个月时，一项Ⅰ级NOTAM须由Ⅱ级NOTAM取代。应将该NOTAM的副本送给ICAO有关地区办事处一份。其附录B载有此种NOTAM的示例。

如一个国家的军事当局卷入武装冲突，而该国不能很快提供必要的资料，负责提供空中交通服务的国家应从其他来源，如航空器经营人、国际航空运输协会（IATA）、航空公司驾驶员协会国际联合会（IFALPA）、邻国或者有时候从有关ICAO地区办事处，弄清危险或潜在危险的性质和范围，以便采取行动。

需要采取的安全措施，取决于负责提供空中交通服务的国家对会给民用航空器造成危险或潜在危险的性质和范围所作的评估及其就民用航空器能否无危险运行通过该地区所作的决定。

如允许民用航空器经过该地区运行，有关国家应当提请注意下列特别安排：军事单位和ATS单位之间的协调、向工作人员介绍情况、军事单位对民用航空器的识别、发出警告和导航通知以及空中交通限制规定。重要的是，要提醒机组在武装冲突地区飞行或穿越该地区时，要特别提高警惕。在计划飞经武装冲突区或潜在武装冲突区时，经营人应充分注意航空器上便于军事单位识别航空器和保护专用频率所需设备的可用性和适用性。

由负责提供空中交通服务的国家制定的安全措施可包括下列适用于所有在该地区运行的航空器的要求，如：

(1) 对应急频率 121.5 MHz 的持续监听；

(2) 载有具备 C 模式性能的 SSR 应答器并能不间断地工作；

(3) 载有气象雷达并能不间断地工作；

(4) 能持续显示航空器的外部灯光和客舱内的灯光并在可能时能照亮航空器标识灯；和

(5) 运输航空器上的全体机组人员在驾驶舱内，情况需要时还可增加其他人员。

当某国难以确定武装冲突或潜在武装冲突区，难以评估对民用航空器运行的影响和/或难以制定、公布和执行所需安全措施时，ICAO 有关地区办事处和位于蒙特利尔的 ICAO 总部将在要求时提供帮助。应国际航空运输协会(IATA)或 IFALPA 的要求，ICAO 也可提供帮助。如负责在武装冲突区提供空中交通服务的国家因某种原因无力充分履行上述所规定的责任时，ICAO 可协助制定、协调和实施必要的安全措施。这种行动的具体性质和规模取决于所涉及的具体情况。在这种情况下，ICAO 将同负责国、其他有关服务提供国、使用国以及 IATA 和 IFALPA 进行密切合作。

八、我国对不明飞行航空器的拦截规定

《中华人民共和国飞行基本规则》对不明飞行进入我国领空的航空器，就拦截航空器和被拦截航空器的动作信号做了详细规定。

1. 警告

警告分为三种：信号警告、动作警告、射击警告。

信号警告，通常采用晃动机翼的方式。白天，是在目标机的前侧方，摇摆机翼，由内向外做水平移动，并可发射机尾陆空协同信号弹。晚上动作相同，同时伴以不规则地闪烁航行灯。其含义是："你已越境，立即退出。"

动作警告，通常在我方一侧向其做小速度差的连续攻击动作，含义也是警告越境飞机，立即退出。

再严重一点的，则是用"射击"警告，在目标的侧方，平行略靠前，用单炮向前方射击，意思是"立即改变航向！"

被拦截的目标应该如何回应呢？它同样要摇摆机翼，并立即改变航向，如果在晚上，也要不规则地闪烁航行灯。意思就是"明白，照办！"如果被拦截的军机对我视而不见，或者面对种种信号，被拦截目标都不配合，并且有序地开关一切可供使用的灯光，跟闪烁灯光方式不同，那就是说"不能照办"。这时候，我军机通常会采用外逼和引导出境的方式。

2. 外逼

外逼的动作是：在我方一侧，向目标机反复压坡度。白天，可以向目标做连续的攻击动作或采用大角度进入拦截的方法进行冲击；晚上，向目标做连续的攻击动作。这些意思都是告诉对方"向外飞行！"。配合的军机应该"摇摆机翼，立即改变航向"，表示"明白，照办"。如我军机

摇摆机翼(夜间可不规则地闪烁航行灯)用对方目标跟得上的速度向境外方向飞去,那意思就是“跟我来”。

昼间或夜间:摇摆机翼(夜间可不规则闪烁航行灯),用目标跟得上的速度向境外飞行接近边境做大于90°的上升转弯急速脱离目标。不要穿越被拦截目标机的飞行路线。

3.迫降

迫降的动作是,在目标机左前方摇摆机翼。得到回答后,向左以目标跟得上的速度做水平慢转弯,飞向指定机场。如果晚上,还要辅之以不规则地闪烁航行灯。这组动作的意思是“你已被拦截,跟我来!”被拦截目标应表示“明白,照办”。

拦截不明飞行航空器信号如图6-2所示。

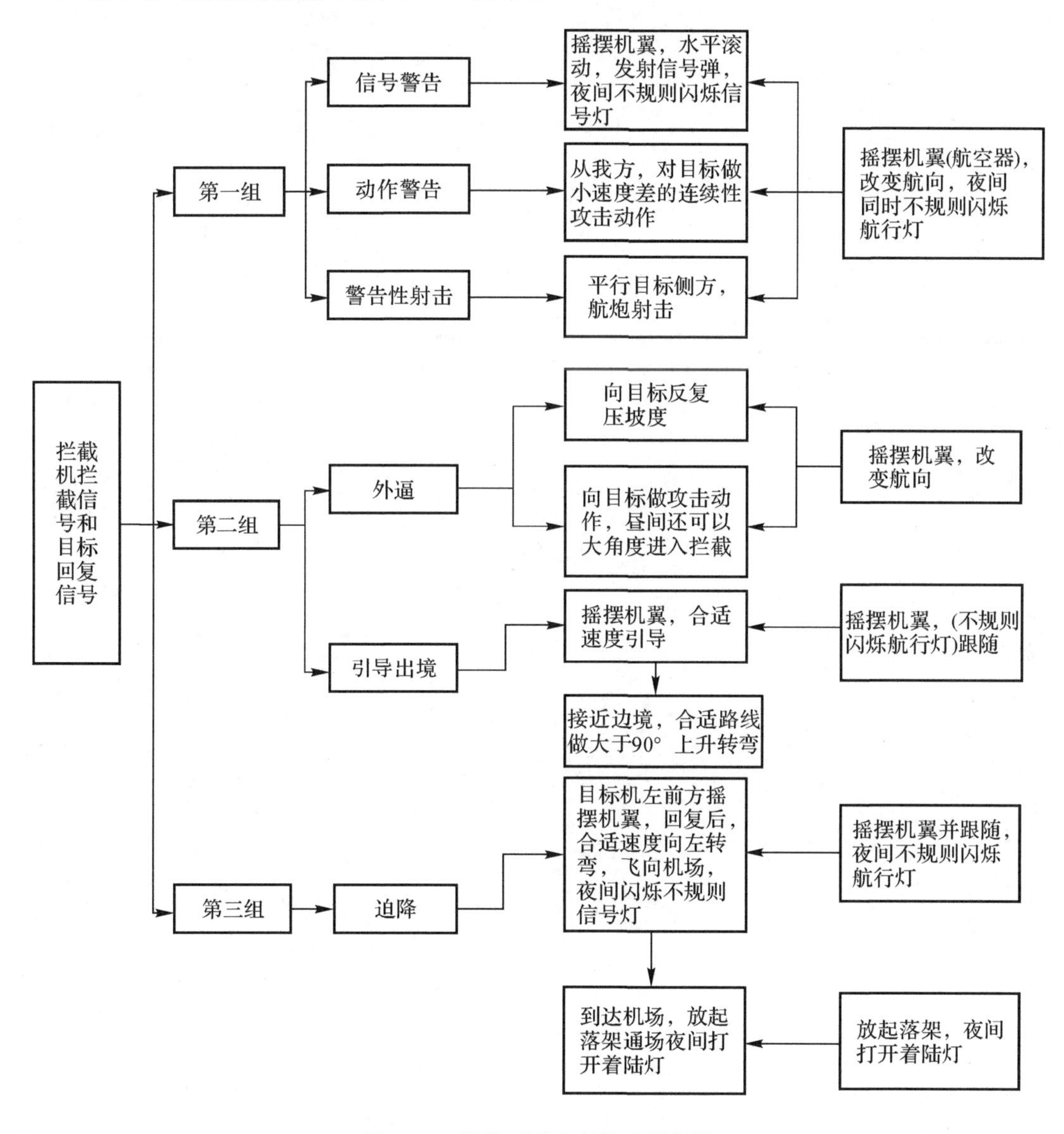

图6-2　拦截不明飞行航空器信号

参考资料　俄罗斯拦截美军侦察机

一架美军侦察机在波罗的海空域对俄实施侦察任务，遭到了一架俄罗斯战机的空中拦截。不听警告的侦察机很快发现，俄罗斯的地面雷达已对其实施了追踪和锁定。美侦察机驾驶员迅速决定躲避，甚至为“尽快摆脱俄国人”连闯三国领空。

未经允许闯入他国领空情况更严重，按照国际规则，对于进入本国境内的军用飞机或者其他有敌对行动的航空器，该国可以予以击落。尽管发射武器击落军机的情况很少出现，但若是两国政治关系比较紧张，那就难说了。2013 年 9 月，一架叙利亚武装直升机“误入”土耳其领空。在提出警告未果之后 5 分钟，土耳其空军战机发射导弹击落了这架直升机。

第七章　公海空域军事航空活动争端

本章知识点提示：军事活动冲突起因　军事活动冲突类型　美苏军事冲突解决　中美军事飞行冲突的滥觞　中美海上飞行冲突有关协议

军事活动分为战时和一般和平时期的军事活动，本章只讨论一般和平时期公海空域的飞行规则问题。

第一节　公海上军事活动

军事活动指武装力量为实现国家政治、经济、军事意图而采取的举动。军事活动区别于其他活动的主要特点是活动主体为武装力量、活动内容与军队或战争有关。

军事活动的主体是武装力量。武装力量是国家各种武装组织的统称，通常是以军队为主，以其他正规和非正规的武装组织为辅结合构成。当代主要国家的武装力量一般包括现役陆军、海军、空军、后备役部队，有些国家还包括宪兵、武装警察部队、战略导弹部队、网络战部队等。

军事活动的内容与军队或战争有关。军事活动与军队有关，但与军队有关的活动不都是军事活动，例如海军应要求参加国家海上经济建设、海军执行国际和国内法律等，这些活动虽都是由海军开展的，但却是经济活动和执法活动。因此，仅从主体上无法界定军事活动。军事活动与战争有关，战争是"敌对双方为了达到一定的政治、经济、领土的完整性等目的互相使用暴力、攻击、杀戮等行为进行的武装战斗"，暴力性是战争的本质。军事以战争为中心，或是战争阶段，或是准备战争阶段，与战争具有相同的目的。故军事活动也是为了捍卫国家领土完整及主权独立等促进国家安全、捍卫国家利益的活动。

一、公海平时军事活动的内容

平时海上军事行动是相对"战时"海上战争而言的。战时，是指国家宣布进入战争状态、部队受领作战任务或者遭敌突然袭击时，作为国家武装力量，为遏制战争、打赢战争而采取的军事行动的核心地位不能动摇。战争是一种状态，有法律上战争状态和事实上战争状态两种。传统国际法认为战争应从用宣战书或最后通牒表示的宣战形式开始，到交战国缔结合约或由战胜国或交战国发表单方或双方声明宣布战争结束而结束。这是战争的法律状态。两次世界大战以来，许多重大国际武装冲突没有正式形式的宣战，只有实际的战斗行动，随着敌对行动的结束而结束。这种事实的战斗武装冲突状态除开始和结束形式外与战争无异，也应属战争。

"平时军事活动"是在尚不构成国际法上的战争或同等水平的武装冲突标准下运用军事力量的军事活动。关于"非战争军事活动"的内容，各国有着不同的表述。美军在系列"联合作战纲要"中列出的具体内容主要有制裁、强制设立隔离区、护航行动、打击和袭击、军备控制、国内外军事支援、显示武力、平息暴乱、反恐、禁毒、保障航行和飞越自由、非战斗人员撤离、搜救行动等。俄军提出了“特殊行动”理论，主要包括心理影响、调解行动、人道主义行动、疏散救助行动、佯动、显示实力、疏散部队、外交代表机构和军人家属、在敌国境内组织持不同政见者的运动和怠工活动。我国在《2008年中国的国防》和《军队非战争军事行动能力建设规划》中提到“反恐维稳、抢险救灾、维护权益、安保警戒、国际维和、国际救援等”。

“公海空域平时军事活动”的内容是以上所列非战争军事活动在公海实施的形式。美国在有关作战手册中列出了人道主义援救、抢险救灾、海上训练、派遣海外军事顾问、军舰海上护航、情报搜集与分享、海上单独及联合军事演习、显示力量、非战斗人员后送等行为，如：例行巡航、海军机动、使用爆炸物或其他武器的试验和演练、设立对外“海军训练场”；以弹道导弹、核潜艇的形式进行的威慑；安装航行和通信设施、安装探测系统等海基装置、安装水雷等常规武器；水文地质调查和军事测量；海上补给、舰艇维修、维系海上平台等。这些列举涵盖了海上平时军事活动的大部分内容，但参与主体多元、武器装备多样、保护利益多重这些特点，使各因素组合后的活动形式多种多样，加之海上非传统威胁的形式不断涌现，无法详尽其活动内容。

二、公海军事航空活动冲突的成因

《联合国海洋法公约》是在世界各地保持基本的和平的环境下制定的。《联合国海洋法公约》制定的主要目的与宗旨是各国对海洋的和平开发与合理利用。这个时期各个国家和平相处，都想尽可能地利用海洋资源，自然不愿意有妨碍各自发展的战乱发生，故而也就愿意以合作的方式和平解决争端。

由于海上军事活动与政治具有极大的关联性，因此无论是国家之间发生了真正的海上军事活动，还是披着航行、飞越与科研外衣下的被掩盖的军事活动，国家之间总会就此产生矛盾，尤其是军事强国对军事弱国构成了潜在的威胁。正是这种复杂的国际环境和各国发展的需求促成了《联合国海洋法公约》的诞生。

公海上空军事航空活动是每个国家军事和政治行为，为了防止泄露自己的军事企图和军事秘密，军事航空活动一般不预先进行航行通告。发生航空活动冲突后，大部分国家通常不会把军事争端交由国际法院或仲裁庭解决。基于这个出发点，缔约国当然会希望尽可能地将有关军事活动争端从强制争端解决程序中排除。因此《联合国海洋法公约》对军事活动争端模棱两可、含糊其辞的措辞，是为了考虑国家主权而给军事争端国的权利留有空间。因此，从军事活动争端本身的敏感性和维护军事活动的机密性出发，各主权国家可以对军事活动争端进行不同方式的处理。

《联合国海洋法公约》赋予各个国家在不同的海域内以不同的权利和自由，可是该公约对专属经济区的军舰的军事测量和情报搜集的性质并未做出任何确切的规定。《联合国海洋法公约》第95条和第96条将完全豁免权赋予了军舰以及公海上的为国家所有或操作的从事非商业服务的船舶。然而，公海上海军活动的高度政治性意味着法院和仲裁庭在海洋军事利用的法律调整方面的作用已经边缘化了，因此选择性排除也是军事争端的政治性的一种自然发展的结果。选择性排除对那些不希望他们的军事活动通过国际强制司法程序被裁判的军事力量有益。很显然的是，国家可以将军事活动的定义尽可能地扩大。

依据《中华人民共和国专属经济区和大陆架法》，“任何国际组织、外国的组织或者个人在中华人民共和国的专属经济区和大陆架进行海洋科学研究，必须经中华人民共和国主管机关批准，并遵守中华人民共和国的法律、法规”。中国外交部发言人也明确表明中国立场，“中方反对任何一方未经允许在中国专属经济区内采取任何军事行动”。在专属经济区内他国的军事测量和情报搜集定性为军事活动是合理的，这样既符合了缔约的初衷，又符合各缔约国的目的。

由以上论述可知，关于军事活动的争端的出发点，一是为了维护国家主权，二是考虑到争端当事国军事机密的保护。即无论是从公约的立法背景来讲，还是依据对公约缔约国的意图分析来看，凡是牵扯到军事活动的争端都可以被排除到国际法院或仲裁庭的强制解决机制之外。

三、军事活动与领海确定

中国是一个海陆兼备的大国，有着绵长的陆上边界以及错综复杂的海上边界。中国与其大多数陆地邻国的边境划界问题已经彻底解决，但海洋划界才刚刚起步，除了中越北部湾海上边界外，中国与其海上邻国在黄海、东海和南海的绝大部分海上边界仍未划定。目前由于历史和现实原因，中国同日本、韩国以及菲律宾等东南亚国家在东海、黄海和南海存在岛礁主权和海洋划界争议仍然悬而未决且存在愈演愈烈之势。在黄海，中国与朝、韩的经济区边界和大陆架边界存在争议。在东海，日本在钓鱼岛问题上继续采取强硬立场拒不承认与中国有主权争议。南海，相关国家一方面不断引进军事武器，另一方面加强对争议岛礁和水域的实际控制。

目前的中国，不存在明显的大规模海上军事入侵的安全威胁态势，但海洋军事强国的战略围堵与遏制，以及因岛礁主权、海洋权益争端引发的海上安全危机是公海空域安全问题的主要来源。长期以来，中国对海洋领土争议一贯主张“搁置争议，共同开发”的和平解决倡议，但随着近年来各国对海洋权益的重视，尤其是中国海军实力的增长极大地引起了有争议空域各国的焦虑，以美国为首的域外国家频繁介入领土争端，中国的海洋安全环境面临威胁。

美军认为的有过分领海、领空声明的国家见表 7－1(具体见《美国海上军事行动法指挥官手册》1993 年版)。

表 7－1　美国认为的过分领海领空声明国家

国家(地区)	原　因
阿尔巴尼亚	15 海里领海。外国军用飞机、船只有特别允许的情况下方能进入领海和领空
阿尔及利亚	与军事有关的船只进入 12 海里领海时需经事先批准
安哥拉	20 海里领海
阿根廷	过分的直线领海基线
巴西	20 海里领海，三艘以上军舰进入领海需经事先批准
中国	军舰进入 12 海里领海需要事先批准
德国	在某些区域为了控制航行将领海范围扩大到 16 海里
希腊	限制 6 海里以外领海上空的 4 海里国际空域
朝鲜	50 海里安全区域，进入这个安全区需事先允许
菲律宾	过分的群岛基线，领海达 285 海里

续表

国家(地区)	原 因
索马里	20海里领海,军舰进入需要事先允许
中国台湾	要求尽可能预先通知
苏联	对包围的公海海域具有历史所有权,军舰通过外部水域需预先批准

美国实施“航行自由行动”针对不同国家的方式见表7-2(具体见马得懿撰写的《俄罗斯应对美国“航行自由行动”对策的得失及其国际法解析》,国际论坛,2018年9月第20卷第5期)。

表7-2 美国的“航行自由”方式

国 家	“航行自由行动”的主要手段和方式
芬兰	外交抗议
海地	外交抗议
俄罗斯(苏联时期)	外交抗议、海上巡航、军舰撞击
利比亚	外交抗议、海上巡航、武力打击
中国	外交抗议、海上巡航

四、国际空域飞行矛盾的解决

(一)公海空域飞行矛盾的特点

公海上空军事飞行矛盾主要是指国家之间由于军事飞行活动秘密和不预先公开等特点,而产生飞行活动事实上的争执和冲突。飞行活动矛盾是国际关系中的普遍现象,往往威胁国际和平与安全,甚至引发武装冲突和战争。

公海空域飞行矛盾具有下列特点:

(1)公海空域使用和飞行矛盾争端对国家与国家之间关系、地区安全、有关国家的正常生活等多个方面具有重要影响。

(2)国家之间不存在一个超国家的机关来解决空域使用和飞行矛盾争端,因此争端的解决主要取决于有关争端当事国的诚意、努力、同意和第三方的斡旋。

(3)公海上特殊空域使用和军事飞行矛盾比许多其他矛盾更加复杂和难以解决。因此,在国际实践中,公海空域使用矛盾的解决没有多方认同的合理解决方法。

(4)公海空域使用矛盾产生的原因,既可能有政治、军事和经济原因,还可能夹杂着事实和历史因素。

(5)公海问题争端的解决受国际关系力量对比的制约,同样的争端在不同的情况下可能解决的办法和结果各不相同。

(二)公海空域飞行矛盾的解决原则

1945年6月25日,在第二次世界大战中共同抗击日、德、意法西斯的五十几个国家在美国旧金山一致通过了《联合国宪章》。该宪章第 2 条第 3 项规定“各会员国应以和平方法解决其国际争端”,把和平解决国际争端列为其七项基本原则之一,标志着和平解决国际争端原则作为国际法基本原则的地位得以确立。作为国际法的基本原则,和平解决国际争端原则已经为国际社会所接受,它不仅是赋予国家的一种法律义务,同时给予国家一种法律权利,即国家不仅有权要求与其存在分歧或争端的国家以和平方法解决它们之间的争端,而且还有权自由选择和平解决国际争端的具体方法。国家有权根据自己的意愿,根据争端的具体情况,通过与其他争端当事国的协议,选择和决定自己认为适当的争端解决办法。

(三)《联合国海洋法公约》关军事活动争端的规定

《联合国海洋法公约》第 298 条对“关于军事活动争端和执法活动争端”做出了规定。“对于由性质属于非商业服务的政府飞机以及船只进行的军事活动争端,以及不属于法院或法庭管辖的关于根据公约第 297 条第 2 款和第 3 款行使主权权利或管辖权的法律之活动的争端,一国在签订、批准或加入到本公约时,或在其后任何时候,在不影响到依据第一节所负担的义务的情况下,可以书面声明针对上述争端的一类或一类以上,不接受第二节规定的一种或一种以上的程序。”

该公约为国家之间的海洋争端制定了一个解决机制。该公约的适用主体主要是主权国家,公约 298 条第 1 款体现的便是争端解决适用强制程序的选择性例外。缔约国有权以声明的方式将“关于诸如海洋划界的第 15 条、第 74 条以及第 83 条在适用和解释上的争端,关于国家之间军事活动的争端和关于因行使国家主权权利即管辖权而产生的执法活动争端,以及正由联合国安全理事会执行《联合国宪章》所赋予其的职务的争端”排除在强制管辖程序之外。

(四)解决争端的基本方法

国际空域发生争端的解决方法可以分为两大类:一是非强制性方法;即和平方法;二是强制方法。其中还可区分为政治方法和法律方法。

1. 强制性解决争端的方法

强制性解决争端方法,是指争端一方为了使另一方按其意愿解决争端而采取的单方强制性手段,诸如反报、报复、平时封锁、干涉乃至使用武力。其中,反报也称回报、还报,是指一国针对另一国的行为还以同样或类似的行为,它主要适用于国家之间和平时期的矛盾和冲突如贸易等方面。反报行为本身不能超出法律限度,其目的一旦达到,争端另一方改变行为,一切反报行为就应停止。

2. 和平方法

(1)政治方法。和平解决国际争端的政治方法,又称为外交方法,它是指法律方法以外的由争端双方解决或由第三方介入的解决方法,主要包括斡旋、协商、谈判、调停、调查、和解。和平解决国际争端的政治方法具有以下的特征:尊重争端当事国主权,国家在享有充分的自由情况下提出和采用的政治解决办法,并可同时或今后采取其他的争端解决办法;政治解决办法适用于各种不同类型国际争端的解决。因此,政治解决办法在国际争端产生时得到广泛使用。

(2)法律方法。和平解决国际争端的法律方法,是相对于政治方法而言,它包含国际仲裁和国际司法解决两种方式。与解决争端的政治方法比较而言,和平解决争端的法律方法适用于解决法律争端和混合型争端,而政治方法适用于各种类型争端的解决。较之政治方法,法律方法拥有更加完善的组织结构和比较固定的法律程序,在政治解决办法未能成功的情况下,争端当事国可以继续利用法律方法解决其争端。

法律方法是和平解决国际争端的最后办法，争端当事国一般不得再诉诸其他争端解决方法。

解决国际争端的法律方式主要有以下两个途径：

1)联合国架构下的国际法院和特设法庭。

2)国际海洋法庭、仲裁法庭。

各国通过平等谈判、在自愿基础上组建并由缔约国自主选择作为解决国际争端之途径的国际法院、国际海洋法庭、仲裁法庭等，充分体现了国际争端解决从"实力取向"向"规则取向"的发展趋势，通过合理利用仲裁员的任命、法官回避等程序性制度，可以使得争端解决机构处于一个相对"公正"的法律地位，机构成员得以利用其丰富的法律知识和高尚的人格品质对案件做出公正裁断。

法律机制的局限性如下：

(1)国际法不同于国内法，其渊源主要由条约、一般法律原则、国际习惯、司法判例及各国权威最高之公法学家学说，以及经当事国同意的"公允及善良"原则等构成。这个表述本身就是一个模糊的概念，如"据信构成国际法渊源的国际习惯"的识别标准问题，怎样构成国际习惯的一般实践与法律确信，至今仍众说纷纭。即便是由各国签署的诸如《公约》等国际条约，为最大可能争取各国同意签署，也留下许多模糊的空间，如关于海洋岩礁的定义问题，"不能维持人类居住或其本身的经济生活"的标准就颇受争议。其他渊源，如公法学家的学说、"公允及善良"原则，更有一个动态的发展变化过程。国际法的这些特点，使得其自身法律刚性不足，当事国对案件审理结果缺乏可预见性。

(2)尽管可以将通过国际司法途径解决国际争端定性为"规则取向"的纠纷解决方式，但在国际法的立法和实践过程中，从未摆脱实力和权力的阴影。现行《联合国宪章》主导下的行为规则，海洋法公约、世界贸易组织的规则，无不是在美欧等发达国家主导下制订的。所谓的国际习惯、主流公法学家的学说以及"公允及善良"原则，也无不体现了西方国家的意志。同时，在国际法院等争端解决机构中任职的法官、仲裁法官等虽然都是来自世界各国国际法学专家，但其国家背景、教育背景、政治观点背景决定了其很难完全真正做到中立、公允，而仅从法律和公正的角度出发来审理国际争端。

(3)联合国框架下的解决机制，在判决、裁决的执行方面都存在一定的问题。一国不履行判决的，他国可以向安理会申诉，实际上并没有强制执行力。

例如"南海仲裁案"虽然经过菲律宾费尽心思地包装掩饰，但依然改变不了其领土主权争议和海洋划界问题的本质。因此，南海争端的仲裁中，胜诉也不能实际地解决问题。

第二节　美军对我国周边空域的影响

一、军事活动频繁介入的起因

在美军战略重心东移的背景下，美国积极介入中国与相邻国家海洋领土争端有其明确的政治目的：

(1)加强与军事同盟的关系：美国借支持其盟国的在争议海洋的领土主张和出售武器等措

施，重新考量其与盟友的关系，军事同盟得以巩固。同时也借此机会发展新伙伴，以期军事同盟得以扩大。

(2)重获亚太地区军事主导权：美国一方面以支持争端国的领土主张为诱饵，另一方面大肆宣扬"中国改变现状说""中国威胁论"等抹黑中国和平崛起的言论，获得在亚太地区加强军事基地建设和军力部署的机会，巩固"第一岛链"和"第二岛链"建设，重获亚太地区军事主动权。

(3)压制中国：美国为了避免自身的战略影响力和战略领导力在亚太地区走向衰落、避免中国实质性"挑战美国"的战略，通过强化美军在西太平洋的军事部署和深化美国对东亚海洋领土争议的外交卷入、政治干预，不惜采取军事威慑的方式，阻止中国海洋战略影响力的扩展。

此外，美国对领土争议的态度由"不站边"转为"积极介入"的转变是美国利益扩大化的结果。美国将钓鱼岛纳入美日安保范围并宣称在南海有所谓的"航行自由"等利益存在，这些都改变了领土争议的性质，促使美国以更加积极的姿态介入东亚领土争端。实质上上述所有的动机其实都落在对中国的遏制意愿上，由此中国周边海洋领土争端问题在一定程度上变成中美在亚太地区的博弈行为，而海洋领土争端也会因为美国霸权主义的国家利益成为两国爆发海上冲突的起因。

纵观历史，所有海洋军事强国都希望尽可能小的领海宽度，因为领海宽度越小，外国军事力量就更容易，也更可以最大限度地接近其他国家的海岸，进而可以占有、获取这些国家的近海资源，并可更容易地进行一些敌对行动的军事活动，如侦察、情报搜集、海上威胁等。海军强国不希望扩大领海宽度，因为这样就意味着限制了他们的海上军事活动的范围。美国政府最初一直坚持 3 海里的领海宽度，也可能希望通过自己的限制领海宽度的行为让其他国家效仿而不去扩大自己国家的领海宽度，直到 1988 年才由里根总统宣布扩大其领海宽度到 12 海里。美国最初的不扩大领海宽度的行为也可能有这方面的考虑，因为，从 3 海里的领海宽度扩大到 12 海里的领海宽度，领海范围的改变就意味着缩小了原来的公海范围，也必定缩小了海洋大国的活动范围。

发展中国家或第三世界的国家更希望主张扩大的领海宽度(最大主张为 200 海里)。因为，对这些国家来说，领海宽度的扩大，意味着沿海国保卫本国领土主权的范围的扩大，其他国家也就不会轻易地达到或靠近自己国家的领土，而且也增强了这些沿海国从海洋方面保卫本国的国家安全的纵深的战略防御。当然，反过来，领海宽度的缩小，便意味着其他国家获得更大的自由的海上军事活动的空间，无论是在平时或是战时，也就进一步削弱了这些国家从海洋方面保卫本国的国家安全的纵深战略防御。如智利这样的国家就不可能有在海洋方面保卫国家安全的海洋战略防御纵深的条件，因为智利是一个南北狭长、东西平均宽度不到 200 公里的国家，拥有这样的地理环境，一旦进入到战争状态的话，就毫无战略纵深可言，因为从海上就可直接攻击其陆地上的任何目标；现在在南海争端中，与中国争议最激烈的越南，其国土狭长，缺乏战略级纵深，南海就对其具有重要的安全利益。

二、美军争夺海上霸权的目标

(一)海洋权力的争夺渊源

第二次世界大战之后，世界进入了一个主权国家数量爆发的时代，重新划分海洋主权边界的世纪来临了，海洋秩序博弈进入了国际立法时代。全球性战争的减少以及运用非武力的手段发展经济来实现和拓展国家利益成为可能。全球化的发展和相互依赖的加强，使国际机制的作用更加突出，在关于海洋利益的领域运用经济和法律手段调节争端成为一种可行、常用的方式。

对海洋秩序作用最大的是多边性的海洋法会议，其所涉及的法律关系包括国际交通、海洋资源的利用、海洋生物资源的养护及研究、海洋环境的保护和保全等。二战前海洋国家凭借海上实力主张海上权利、塑造海洋秩序的努力一方面受到了海洋法会议这种立法机制的制约，另一方面通过影响全球性的立法过程而继续发挥作用。

(二)美国海上秩序的主导地位

美国在这一过程中，一方面从参与者演变为领导者，一方面自身又游离于相关法律、制度的制约之外。由于美国国内政治的原因，在诸多国际条约体系中，美国不是领导者就是落后者。这一特点在海洋问题上比较突出[①]。自 20 世纪中叶以来，美国在海洋领域的举措往往对世界海洋秩序产生着重大影响。

由于科技的发展，人们对海洋的开发从渔业资源扩展到化学资源、矿产资源和其他能源。早在 1937 年，罗斯福就提出 3 海里领海之外海洋资源和海洋空间的管辖和权限设想。1945 年 9 月 28 日，美国总统杜鲁门发布和签署了两项公告和两项行政命令，宣称“在邻接美国海岸的公海海域建立渔业保护区，保护区内的捕鱼活动受美国政府监管和控制”，“邻接美国海岸的公海下大陆架底土和海床的自然资源属于且受美国政府管辖和控制”，史称《杜鲁门公告》(*Truman Proclamations*)。这是海洋政治的一个里程碑，无论是大陆架、专属经济区还是国际海底权益争端，都是以《杜鲁门公告》为开端的。它不仅表明不断发展的技术已开始使海底矿物资源适于经济开发，而且它是国际上第一个对大陆架提出权利要求的公告，改变了世界海洋政治地理格局。公告发布后，引起一场世界范围的“蓝色圈地运动”。许多沿海国，特别是拉美国家纷纷主张将领海延伸到 12 海里或更多。1947 年，智利和秘鲁宣布 200 海里的海洋权；1967 年，马耳他驻联合国代表帕多提出国际海底及其资源是人类共同继承的财产。于是，人类对海洋的划分已经从公海和领海两部分，发展到领海、公海以及第三领域——专属经济区和大陆架，同时广阔的海底区域也成为海洋法律制度规范的对象。1977 年美国《渔业养护与管理法》的实施，是国际社会效仿美国国内法进而促进国际规则演变的另一个典型案例。20 世纪 60 年代，由于受到苏联拖网渔船等因素的影响，美国渔业捕捞量从世界第二位下降到第六位。美国直接通过国内立法，将美国的渔业范围从 12 海里扩展到 200 海里，禁止外国渔船在美国专属经济区作业。正是在美国《渔业养护与管理法》及一些相关法规的影响下，各国纷纷效仿，最终使得联合国海洋会议承认这一现实，将其放进《联合国海洋法公约》中。

为适应从 20 世纪 60 年代以来国际环境的深刻变化，在广大第三世界国家的要求和支持下，从 1973 年到 1982 年，旨在“处理所有有关海洋法的事项与问题”的联合国第三次海洋法会议先后举行了 12 期，167 个国家参加。经过长期、激烈的辩论和斗争，终于在 1982 年 12 月 10 日通过《联合国海洋法公约》。美国一直把《联合国海洋法公约》的诞生视为其外交的重大胜利，并鼓励其他国家加入《联合国海洋法公约》。美国不光在《联合国海洋法公约》的制定过程中实质上处于主导地位，更重要的是，《联合国海洋法公约》涉及的一系列条文均充分满足了美国的关切。然而美国却拒绝加入《联合国海洋法公约》，这反映了一系列复杂的利弊权衡，也对

① 王森，冯梁. 对美国维护“基于法理的海洋体系”的批判研究[J]. 亚太安全与海洋研究，2018(2)：11-15.

全球海洋秩序造成了复杂的影响。从1973年开始，在长达十年的第三次海洋法会议期间，美国与绝大多数国家之间无法就国际海底归属及其区域管理制度问题上的巨大分歧达成妥协。1981年，海洋法会议谈判已经进入最后阶段，新上台的美国里根政府要求推翻公约（草案）第十一部分关于国际海底区域的全部内容，在要求未得到满足的情况下，于1982年12月10日《联合国海洋法公约》公约开放签署之际明确予以拒绝。为了保持美国行动的法理主义姿态，同时不给国际社会造成公然对抗世界海洋秩序发展潮流的说辞，美国政府于1983年宣布接受除第十一部分之外的《联合国海洋公约》为“国际习惯法”。

近些年来美国为了巩固其海上霸主地位，更加注重将维护海洋自由与倡议全球海上合作进行结合，通过“全球海上伙伴关系倡议”和先后两版《21世纪海上力量合作战略》以及《亚太海上安全战略》等白皮书不断强调与盟国及伙伴国的合作，借此获取其他国家的支持，扩大自己对海上安全与秩序的影响力。在2007年美国海军和美国海岸警卫队联合发布的《21世纪海上力量合作战略》的报告中明确指出：“美国武装力量无与匹敌的实力，在任何时候可以向世界上任何地方投送兵力的能力，维护着世界上最为重要战略要地的和平。”这种咄咄逼人的表述，其心可见。美军不仅拥有目前世界上最为庞大的海军舰只，而且武器装备和训练也是世界一流，这使美军的海上力量保持了较之其他国家的绝对优势。2015年3月，美军方发布新版《21世纪海上力量合作战略》，该战略重申“前沿存在”和“加强合作”的基础性作用，强调“印亚太”地区对美国经济发展和海上安全的重要意义，提出“全域介入”和“全球海军网”等新的作战概念。同年8月，美国防部首次发布《亚太海上安全战略》，报告提出了美军在亚太地区追求的三大战略目标——保护海上航行自由、终止冲突和胁迫、敦促遵守国际法和国际准则。

《亚太海上安全战略》目标直接妨碍到其他主权国家利益，其主要内容有：

“增加在亚太海域的军事存在以确保有效遏制冲突和威胁，并及时应对突发事态；强化从东北亚到印度洋的盟友和伙伴关系，共同应对在该地区的潜在挑战；通过军事外交，增大透明度，减少误判或冲突的风险，推动共享的海上航行规则；共同加强地区安全机制，鼓励建立发展一个开放、高效的地区安全架构。”

无论是过去还是未来，美国海洋战略的制定与实施都是支撑美国维护有利于自身的所谓“基于法理的海洋体系”的重要支撑。在1979年（卡特政府执政期间），《联合国海洋法公约》谈判正处于最后阶段，海洋秩序的制度化有望实现突破性进展。美国精英阶层普遍认为《联合国海洋法公约》不足以保证美国的海洋利益，尤其是美国军事利用海洋空间的利益，因此采取政策措施行使《联合国海洋法公约》确立的权利，抵制已经发生且预期中越来越多的沿海国家的“过度海洋主张”，是必要且正当的。

三、美国海上“航行自由计划”的内容与实施

1.海上“航行自由计划”

美国在1979年通过“航行自由计划”，该计划是美国在不加入《公约》的前提下制订、实施的一项维护其海洋强国地位及国家利益的计划，“旨在全面挑战该地区部分沿岸国家过分的海洋主张，确保所有国家在国际法的范围内对海洋和天空的权利、自由和合法使用”。虽然打着维护所有国家合法权益的旗号，实际上肯定还是从美国利益出发，时任总统卡特明确宣称，“鉴于美国在世界事务中的显著地位，它不得不采取主动去保卫其权利免受沿海国家的非法侵蚀”。这一“显著地位”实质上就是美国海上力量的全球优势地位，是“保持美国军事力量全球

机动的畅通无阻”。经过里根政府、布什政府的强化，“航行自由计划”后来成为指导美国海军和平时期行动的重要指导原则。1983 年里根总统在一次海洋政策声明中再次叙述到美国的立场，“……根据 1982 年《公约》中利益均衡的原则，美国将在全球范围内行使和维护其航海和飞越上空的权力和自由。然而美国不会默然同意其他国家单方面的条例，这些条例打算限制国际团体在航海、飞越上空和其他相关的公海使用上的权利和自由。”美国认为国际法中有关海上航行和飞越自由和习惯条例，在 1982 年《公约》的可行条例中已包括并陈述。

美国的利益从军事和经济上涉及世界的各个海洋。美国国家的安全和商业主要依赖于国际上认可的合法权利和自由的航海和空中飞行。自从第二次世界大战以来，大部分的沿海国家发表了各种不认同这些权利和自由的海事声明。这些“引起反对的声明”包括：对未被承认的历史性水域的声明；为了测算领海宽度而不恰当地划定的基线的海事声明；领海宽于 12 海里的声明；对无害通过的军事和商业船只，以及为国家所有和使用的，只是为了非商业性的政府事务的船只强加于不允许的限制的领海声明。

航行自由政策声明，美国将致力于保护和扩大国际法向每个国家所保证的航海和空中飞行的权利和自由，美国保护这些海上权利的其中一条途径就是通过美国的自由航行计划。此项计划包括外交行动和军事行动声明。后者通过进行美国的航海和空中飞行的权利来挫败那些违背国际法的国家声明，并以此表明美国保护航行自由的决心。国务院和国防部将携手负责此项计划的实施。

“航行自由计划”性质的声明，该计划是对国际法认可的权利和自由的和平履行，不具有任何挑衅性。此项计划公正无私地否决了那些联盟、友好、中立和不友好国家类似的过分的海事声明。它的目的是为了世界各国的利益而维护和扩大航行自由。

依照这个计划，美国进行了几个级别的外交活动，以便利用国际法来保护它的权利，美国也同许多沿海国家进行了双边磋商，强调所有国家都有必要、有义务坚持 1982 年公约中提到的习惯规则和条例。在适当的时候，国务院将就具体的违反国际法的海事声明提出正式的外交抗议。自 1948 年以来，美国已提出 370 多个类似的抗议，包括自由航行计划实施以来的 50 多个。

军事行动声明，尽管外交活动为美国显示和维护它的权利提供了一条途径，但是由美国海军和空军通过履行国际上认可的航行权利和自由所发出的行动声明，是对外交活动的补充，军事行动声明明确表明，美国决不同意其他国家的有关海上管辖权问题的过分的声明。这些行动计划的安排包括各机构间要细致地复审。尽管有些维护美国航行权力的行动受到了公众的强烈的责备(如在黑海和锡德拉湾所发生的事情)，但大多数的行动却不是如此。自 1979 年以来，美国军舰和军用飞机已不顾 35 个以上国家的引起反对的声明，在各个海洋行使了他们的权利和自由，而这些引起反对的声明每年均为 30～40 个。

美国声称将致力于维护在全球范围内的传统的航海自由和飞越上空自由，同时又承认其他各国在其领海范围内的权利主张。就海上贸易及全球的海上和空中运行而言，航海和飞越上空权利的有效维护是有必要的。假如所有国家都想分享世界海洋的利益，那么这又是必要而紧迫的。

美军航母战斗群如图 7－1 所示。

2. 计划的实施

该计划在以下多个层面上展开：

图 7-1　美军航母战斗群

(1)由军事力量通过行动来宣示其主张,即美国的空军、海军在相关海域行使“航行自由”“飞越自由”方面的权利。

(2)如果前述行为受到其他国家的限制,则由美国国务院对外国的“过度主张”提出外交抗议(前面所说的美国对习惯法的主张大多是在其外交照会中向有关国家表述出来的)。

(3)美国国务院或国防部同其他国家进行磋商以促进稳定并同海洋法规定保持一致。

“航行自由计划”的核心主要是前两项。将航行自由作为习惯国际法加以主张和强化,实质是美国通过强大的海、空军力量,以实际行动去强化美国的海洋主张。

自 1979 年以来,美国海军、空军在所有大洋上对多个国家实施过“航行自由计划”,几乎每年都要挑战这些国家所谓“过分的海洋权利要求”。每年有大约 30～40 起这样的质疑冲突,在美国看来,“这一强大的航行自由计划将会持续下去,因为航行自由行动的重要性如何高估都不会过分”。美国宣示自己立场的对象既包括自己的军事盟国(如韩国),也包括在军事上属于与之竞争的国家(如中国),还包括美国力图要发展为战略伙伴的国家 (如印度)。这说明美国的首要目标是倡导、维护有利于自己的海洋秩序,而并非根据其他国家与之关系的友好程度而有所变通。

针对不同的国家,美军展开咨询和磋商的手段和方式亦存在一定的差异性。以“航行自由行动”针对的五个国家为例,即芬兰、海地、苏联、利比亚以及中国,就芬兰和海地而言,美国主要采取外交抗议的模式展开咨询和磋商,而对苏联、利比亚以及中国,则主要采取了军舰行动抗议的方式。

四、有关国家对美国“航行自由计划”的态度①

美国“航行自由计划”出台后，第三次联合国海洋法会议的沿海国集团就表达了对“航行自由计划”这一政策无法接受，其与国际法相违背的态度。沿海国集团认为，这一本质上已经获得美国官员批准的政策，令人非常遗憾和难以接受，它与习惯国际法相违背。大多数国家享有不超过12海里的领海主权，并受到“无害通过权”的约束，联合国海洋法会议已经承认上述规定的有效性，“航行自由计划”与联合国海洋法会议中的相关解释相违背。智利、厄瓜多尔和秘鲁的外交部纷纷表示他们不同意“航行自由计划”内容，认为这一计划似乎是出于进攻目的，在其享有主权和管辖权的海域中，他们有权利正当地、和平地行使其权利，并且不会损害通行自由，任何侵犯这一海域的人或国家，要为侵害这些权利负责。中国、苏联、安哥拉、阿根廷、巴西、哥伦比亚、哥斯达黎加、萨尔多瓦、菲律宾、罗马尼亚，越南都发表声明谴责美国这一计划。面对其他国家的反对，在第三次联合国海洋法会议协商中，美国辩解道“航行自由计划”仅仅是表明美国对于国际法一贯的、非挑衅性的理解，到目前为止，对于领海的明确界定仍没有被普遍接受，美国必须要表明自己的想法。美国特使认为“美国在海上的活动完全符合其长期以来的政策和国际法，并认识到权利如果不能固守，最终将会失去”。他还表示，“航行自由计划”的意义还在于，它提醒了各国联合国海洋法会议召开的主要原因。“这一计划的提出是为了挑战沿海国对海洋的迅速扩张，以及这种扩张对传统的海洋通行自由，以及军队和维和部队机动性的影响。事实上，旧的维和国家同盟，和平时期军队在全球的移动能力，以及通用的海洋法体系正在衰落。以合适的条款使其重建，是海洋法会议的重要任务，对此不仅美国，所有国家都存在重大利益。”

此外，其他国家对于美国是否可以享有《联合国海洋法公约》之下，包括航行自由权利在内的各项权利也提出质疑。77国集团认为该公约中的航行条款并没有编纂习惯国际法，而是创造了新的国际法，因此，只有该公约签署国可以从这些条款中受益。里根政府官员则回应称，“公约在非海底领域并没有创造很多实证法(positive law)，而仅仅与现有法律相结合，并继续适用于所有国家。这并不是因为公约本身，而是因为习惯法蕴含在公约中”。虽然并未加入国际公认的公约，但美国认为“航行自由”已然是国际习惯的一部分，在条约法之外也存在，这也是“航行自由计划”存在的法理依据。美国认为存在一个完全独立于公约的国际海洋法。

美国一再声明“航行自由计划”这一计划是依据《联合国海洋法公约》来实施的，为“航行自由计划”寻找合理性和施展空间。认为“航行自由计划”在《联合国海洋法公约》体系外创造了一个执行机制，不仅能确保美国自身行使其公海航行自由权利，也能确保其他国家遵守公海自由相关法律。“航行自由计划”不是怀有敌意的冒险，它是以和平行使国际权利的方式，“公正地拒绝盟友、友国、中立国和敌国的过度海洋主张”。在其他国家的质疑与反对中，美国依然没有中止“航行自由计划”，进一步凸显其单边主义特征。本质上讲，“航行自由计划”就是美国在脱离国际普遍认可的法律机制框架下，为自身利益寻求的法律支持。

1979年制定的“航行自由计划”中不仅定义了美国所认定的“过度海洋主张”，还重申了美国维护航行自由权利的立场和措施，是美国航行自由政策确立的标志。虽然美国强调航行自由宣示权利的方式，将与《联合国海洋法公约》体现出的利益平衡原则保持一致，把自己扮演成

① 潘玉．美国航行自由政策[D]．长春：吉林大学，2017．

“国际法遵守者”和“检察官”的角色，以避免其他国家的“过度海洋主张”被默认，维护国际法的尊严和有效性，但其实际动机很明确，这一计划是保障美国在全球机动性的工具，维护的核心是美国的军事和安全利益。“航行自由计划”与多边条约框架下的公约的效力和执行力相冲突，与海洋法原则相违背，是美国单边主义和强权政治的体现。

第三节　美苏海上争端及安全的条约[①][②]

据美国《防务新闻》的报道，2016 年 4 月 12 日，俄罗斯军两架苏-24 歼击轰炸机在波罗的海公海上空低空掠过美国驱逐舰超过十次，后者当时正在参加北约演习。

一、美苏海上争端的演变

(一)海上争端的起因

二战以后，美国与苏联互为冷战对手，不断调整各自的国家安全战略和军事战略，在军备领域展开了激烈的竞争。1962 年，美国侦知苏联准备在古巴建设中程导弹基地，迅速调集海军近 200 艘舰艇在古巴以东 500 海里的海域实施海上封锁，拦截苏联驶向古巴的舰船，最终逼迫苏联撤销了这一计划。这就是著名的“古巴导弹危机”事件，也是一次几乎引发战争的海上危机。这一事件后，苏联决心大力发展海军，“建成一支可以完成进攻性战略任务的远洋潜艇和火箭导弹舰队”。仅仅 6 年后的 1968 年，苏联海军就大致取得了与美国海军的均势，作战舰艇与美国的数量比达到 2∶1，舰龄优势明显，潜艇有绝对优势，有 2 艘新航空母舰下水。日益强大的苏联海军舰艇开始与美国海军一样，在公海跟踪监视对手，“互相挑战和威胁”，展开激烈的对抗。1966 年，美日在日本海进行反潜联合军事演习，美国的驱逐舰“沃尔克”号被前来跟踪监视的苏联舰艇两次擦伤，苏联轰炸机多次在 100 海里距离以内企图接近美国航母特混编队，美国则在 200 海里以外拦截苏联飞机，追踪苏联的舰艇编队；1968 年北约在东大西洋进行“银塔”军事演习，苏联出动 10 多艘舰艇跟踪；1969 年的北约“黎明”演习，苏联出动 69 艘舰艇；1972 年的北约“特别快车”演习，苏联派出 50 余艘舰艇。同样，苏联的舰艇只要驶出其领海以外，就是美国及北约海军跟踪监视的对象。

(二)海上争端的形式

苏联海上力量的崛起及其活动范围的扩大引发了美苏之间更为严重的海上对抗和冲突，各种海上事件不断，其主要形式包括以下几种：

(1)危险机动。两国舰船采取各种动作迫使近距离的对方舰船不得不避让以防止碰撞。

(2)抵近空中侦察。美苏军机为侦察目的频频抵近对方舰船，美机还常常在苏联潜艇周围投放声呐浮标。

(3)模拟攻击。美苏舰船常常将舰炮、导弹发射架、鱼雷管等武器及监视系统对准对方舰船、飞机。

(4)演习中的意外射击。

---

① 张炜. 冷战时期美苏预防海上突发事件的双边协定[J]. 外国军事学术，2013(6)：41－44.

② 张愿. 1972 年美苏《防止海上事件协定》档案解读[J]. 边界与海洋研究期，2017(1)：40－45.

(5)其他形式的骚扰,如以强探照灯照射对方舰桥,或发射闪光弹等。

本来各国舰船、军机出于表达国家政治意志、搜集情报、获取战术优势等各方面需要,都有可能故意采取一些骚扰或威胁对手的行动。这些可能酿成海上事件的行动甚至可以被视为"炮舰外交"的一种形式,是以有限海军兵力达成若干政治目标的一种手段。在这种情况下,擦枪走火、战略误判、危机升级的可能性大为上升。因此,美苏双方都感到迫切需要通过协商,制定新的游戏规则,限制海上事件的频度和程度,避免不必要的冲突和损失,防止危机升级。

(三)争端的缓解

在20世纪60年代中后期,美国海军的绝对优势地位不再,美苏海上实力相当,这也增强了双方尤其是美国的谈判意愿。以抵近侦查为例,在冷战早期,美国由于其遍及欧、亚的基地网,在空中及海上情报搜集能力上占据绝对优势,而苏联海军却无法针对美国及其军队开展纵深、域外侦查行动。这样的态势使美国在不受限制中获益更多,自然不愿就此问题进行谈判。60年代,随着大规模的情报搜集船和图-95战机投入现役,苏联也开始在美国海岸附近、北美防空识别区及全球针对美海军单位开展情报搜集行动,并频生事端。1972年美国一份报告显示,在过去6年记录在案的79件海上事件中,有32件都与"间谍船"有关联。美方这才感到有必要通过谈判限制其活动。可以说,正是苏联海军侦察能力逐渐与美国对等,才使得苏联拥有了与美国谈判的资本;而苏方侦查能力的增强,也促使苏联希望在保障安全的前提下继续维持其侦查活动,从而使美苏双方拥有了相对接近的谈判立场。总之,交换是谈判能够成立的必然前提条件,正是美苏海上实力对等的局面使两国都对对方有所需求,因而在制定行为规则上存在着共同利益。

从自身迫切的海上安全需求出发,美国率先打破僵局,主动邀请苏联讨论一个"旨在结束两国海军经常而又很严重的海上事件协定",苏联政府接受了这个建议。协定谈判从1968年4月开始,整整进行了4年。

二、1972年美苏防止海上事件协定

美苏防止海上事件协定历来被视为国际军事互信机制建设的典范。然而,协定谈判前后美国政府档案文献显示,在1972年美苏谈判中,共同的安全利益只是谈判的起点,却不是终点。两国考虑问题的着眼点并不只是如何减少海上事件,而是更多地关注如何以有利于自己的方式来减少海上事件。协定的结果也不是由对抗转向缓和,而只是以一种游戏规则下的对抗转换为另一种游戏规则下的对抗。

1972年3—4月间,美国驻地中海第6舰队的2艘驱逐舰进入突尼斯水域,对停泊在那里的苏联新型潜艇实施侦察。为规避并摆脱美国的跟踪,苏联潜艇先后下潜7次,并派出7艘战斗舰艇参与撞挤、阻拦美国的2艘驱逐舰,双方近距离的危险接触持续了整整11天。这次海上事件已经超出了"突发"事件的范畴而几近"冲突",并直接促成了协定的达成。

1972年5月25日,苏联海军总司令戈尔什科夫与美国海军部长沃纳共同签署了《美利坚合众国政府与苏维埃社会主义共和国联盟政府关于防止公海及其上空事件的协定》(简称为《美苏防止海上事件协定》)或"1972年协定"。

(一)美苏双方的意图

美国主动提议谈判确实存在着危机管控的意图。美国决策层意识到,随着更多的美苏舰

船、飞机在狭小海域、空域遭遇，如果不加约束，很可能造成不必要的生命、财产损失，甚至引发更严重的冲突，因此有必要协商制定规则，管束双方“比拼胆量”“强占便宜”的行为，从技术上限制海上事件发生和升级的诱因。但也应注意，美方将海上事件大部分归因于苏联“蓄意而为”的“骚扰行动”，并认为其侵犯了美国公海航行自由，不能予以放任。也就是说，美国不仅关切生命、财产损失和危机升级，也十分关切苏联海上行动妨碍了美国海军的行动自由。而且，既然事件的主要原因在苏方，那么解决问题的主要责任也在苏方。因此，美国大力推动谈判可能更含有限制苏联海军“骚扰”行为、保障美国海军行动自由的企图。

苏联同意进行谈判可能存在以下动机：

(1)防止因青年军官欠缺经验和技术而导致危机升级。苏联军方官员曾透露，苏联海军在十年内快速发展和增长，一批掌握新武器系统的年轻军官走上了指挥岗位，但其中一部分仍缺乏军事斗争经验和驾船技术。苏方担心出现不愿意看到的严重后果，因此决定与美国协商实施管控。

(2)保护规模庞大但缺乏保护的苏联商船队。尽管苏联海军的数量和质量在20世纪60年代大为增长，但仍缺乏在世界范围内阻止美国海军监视、跟踪、拦截苏联商船的能力，因而有必要通过协议，对美国海军舰船及飞机加以约束。

(3)通过建立新的规则，如设置双方舰船与舰船、舰船与军机、军机与军机之间的固定距离，实现以往在跟踪、干扰行动中企图实现的意图。

在此基础上，两国有意通过外交途径化解由此产生的一些冲突：

(1)美苏海上事件的频度和烈度已经远远超出了国家的战略意图和政治需要，稍有不慎，普通的擦枪走火可能演变为全面升级的大规模战争；

(2)苏联海上力量的增强使美苏实力处于对等地位，且双方此前都蒙受了程度大致相当的损失和威胁，各有所需才能相互交换，使双方均能从谈判中获益；

(3)多年越南战争后美苏关系相对缓和，使双方都愿意采取谈判对话的策略而非军事对抗的策略实现自身利益。

从两国政府的动机上看，双方都承认谈判有助于以技术手段消解海上事件发生和升级的客观诱因，但也都有一些自己的利益需求。

(二)苏美双方的谈判的要点

美国在谈判中的主要诉求有以下几点：

(1)公开重申《国际海上避碰规则》并按美国的意愿加以解释，以保护正在进行某些活动的美国舰只。该规则是由国际海事组织制订、旨在防止船舶碰撞的海上交通规则。其中规定，船舶在互见、追越、交叉相遇等情形下，一方应主动尽早让路，不危及对方或使对方窘迫，而另一方则应保持原有航向、航速，具体哪一方避让及如何避让则视不同情形各有规定。此外，还规定机动船应给失去控制的船舶、操纵能力受到限制的船舶、从事捕鱼的船舶及帆船让路。该规则本身并不给予海军舰船行动任何特殊地位，但美国希望将正在从事空中行动、水下行动和行进间补给的舰船解释为“失去控制或操纵能力受限的船舶”，因此其他舰只应该给其让路，以保障其行动不受对方干扰。另外，苏联当时没有起降固定翼飞机的航母（苏方主要为直升机母舰，其起降条件不如一般航母严苛），也不常采用行进间补给的方式，因此该主张显然对美国更有利。

(2)约束苏联监视舰船的危险行为。美苏都惯于将舰船部署于对方舰队或演习区附近，一来便于就对手大规模部署或发动攻势提前预警，二来便于搜集对方单位及部队情报。但苏联监视舰船常常为监视、验证、骚扰目的"危险接近"美国舰船，如过分接近其上浮潜艇，正面穿插航母编队，在鱼雷演习中的舰队中活动，等等，令美海军不堪其扰。因此美方强烈要求将苏联用于搜集情报的拖轮或打着海洋学研究旗号的各类船只纳入协议约束范围。

(3)禁止双方舰船照射对方舰桥及投放声呐中的直升机。美国多年前就停止在舰船上安装大型探照灯，且美军惯用的以军机照射舰只的行动不受该条约束，因此这条主要限制苏联。

(4)在飞机遭遇舰船时，给航母以额外的保护。20 世纪 60 年代，苏联海军为显示其定位、攻击美国海上目标的能力，常以远程轰炸机低空飞越美国航母。因此美国主张限制军机靠近从事空中行动的舰船。

(5)禁止不适当或错误使用国际信号。这也是针对苏联的条款，因为苏联舰船常为占据有利地形，故意发出错误信号，但实际行动却与所发信号不符。

对下列防止海上意外事件的措施，美方却注意尽量回避：

(1)对潜艇及反潜行动的限制。美方预计，苏联可能以潜艇安全为由，要求双方潜艇保持足够距离，建立限制潜艇活动的区域，或限制某些反潜行动，如通过投放深水炸弹定位、跟踪潜艇。而美方认为，美国当时的潜艇技术优于苏联，其反潜部队在行动中也能获得更大战略、情报及训练利益，因此，"任何限制潜艇行动的让步都会危害国家安全"，"任何对美国空中及地面反潜部队与苏联潜艇对峙行动的限制都应避免"。

(2)对美军在封闭海或靠近苏联海域的行动的限制。苏联一贯主张，类似黑海和波罗的海的封闭海，几乎完全为沿岸国国土环绕，对这些国家有重要利益，因此不能完全适用公海自由原则，且认为外国军舰通过一国领海时应先由沿岸国审批，无权随意穿越在苏联 12 海里领海以内的北冰洋若干海峡。但美军为宣示其"维护海上自由权利"的立场、决心及训练部队适应地方环境，常年在靠近苏联的日本海、黑海、波罗的海、挪威海海域活动，不少海上事件由此而生。但美方认为，美国海洋战略正建立于自由进出公海及其所确保的移动性和灵活性的基础之上，且接受任何对海域的限制都将促使其他国家提出类似要求，因此拒绝考虑。

(3)对空中抵近侦查的限制。尽管美国希望限制军机抵近起降飞机中的航母，但不愿扩大到限制军机抵近其他舰船，因为美国军机时常抵近、低空飞越苏联舰船，并对武器、防御系统、雷达等部位拍照，以便评估其战略意义。

与美国类似，苏联方面的各项主张也不完全出于防止海上事件的目的：

(1)"固定距离"问题，即在双方舰船及军机相遇时，苏联要求明确限定双方舰船及军机在各种情形下应保持的最近距离。由于美国军机、舰船必须抵近至一定距离才能获取所需情报，如设置固定距离，苏联就可能通过适当部署，保护重点目标不受美国侦查。而且，苏联的侦查能力及对侦查的依赖程度不及美国，设置固定距离对其影响较小，还可能达到"驱离"美国舰船、封锁战略通道的目的。

(2)单独舰只在与舰队相遇时，不得妨碍舰队行动，不得穿越行进或停泊中的舰队。该提议的实质在于赋予舰队特殊地位，使舰队权利大于单个舰只，使苏联可以将重要舰船部署于舰队之中以规避水面侦查。

(3)在交通密集区域，尤其是海峡、狭隘处入口不允许舰队行动，避免在航道、海峡及其他限制区域建立危及航行的演习区。此条主张实际上是以安全为名，划定不允许舰队行动的特殊海域。本来在交通密集水域确实应尽量避免舰队活动，国际政府间海事磋商组织(IMCO)

也正准备制定一项“交通分道计划”，以规范船舶通过全球约100个重要的海上节点时的航行，但苏联“其他限制区域”“海峡”“隘口”的提法非常模糊，很可能是苏联一贯坚持而美国拒不承认的“专属区”的重演。

(4)相互提前通知将进行的可能危及航行及飞行的活动，包括“在12小时前告知大规模航母舰载机起飞的行动”。该条的后一部分明显将限制美军的灵活性、快速反应能力及利用海军施加外交影响的能力，而苏联却得以提前获得情报，及时部署侦查、拦截部队，并预知美国航母位置。

(5)在与潜艇的共同演练中，辅助潜艇的舰船必须悬挂适当旗语信号，警告其他舰船该区域存在潜艇，并“以国际通用无线电信号进行重复”。采用国际通用无线电信号广播潜艇位置，这无异于引导原本在视距以外的苏联舰只前往观摩美军的反潜演练。

(6)禁止军机在舰船上方及周围投掷物品。美国军机此前曾向苏联潜艇投放声呐浮标引发事故，苏方提出此条应与此相关。

正因为如此，美国经过慎重研究，对苏联大部分主张或直接拒绝，或力图通过文字调整加以限定，如：坚持以“保持适当距离”的模糊言辞限定双方行为，而不接受固定距离；在舰船与舰队相遇时，仅同意“避免以妨碍舰队阵型演变的方式采取行动”；只接受在“交通分道计划”生效的交通密集区域，避免舰队行动；仅同意不允许军机“以危害舰船及其航行的方式”投掷物品；等等。

美苏所有建议中，只有下列几条对双方可以共同接受：

(1)禁止双方舰船及军机采取可能被视为挑衅的行动，如操练火炮、导弹或开启炸弹舱；

(2)双方舰船在视距范围内，增加使用非强制性国际信号，表明状态及意图；

(3)在正式外交渠道以外，建立报告并讨论海上事件的海军之间的交流机制。

(三)《美苏防止海上事件协定》的主要内容

从内容上看，《美苏防止海上事件协定》共有10项条款，从三个方面做了制度性的安排。

1.管理、限制危险动作及其他骚扰行为

协定第二款重申了《国际海上避碰规则》的有效性。第三、四款规定了两国舰船、军机相遇时的规则，如应保持适当距离，尤其注意保护起降飞机或行进补给中的舰船；不允许舰队在通过国际公认的“分道通航制”生效的交通密集区域时进行演习；禁止向对方过往舰船发动模拟攻击、发射任何物品，或以探照灯及其他强照明设备照射舰桥；飞机在接近另一国舰船、飞机时应持最大谨慎，禁止在舰船上空做特技飞行，或以危害舰船及其航行的方式投掷物品等。

2.增强海上通讯联系

协定第三款规定两国舰船互见时，应按照国际信号规则及两国约定发出信号，表明行动及意图。第五款规定两国舰船在互见时，应以适当信号表示其将起降飞机的意图，并要求飞机在夜间及仪表飞行时，应在可行时开启航行灯。第六款涉及双方通信及提前通报制度，要求增加使用国际信号规则中的信号并制定、试验新信号，表示船舶在彼此附近活动的意图；建立无线电广播系统，以提前3～5天为规则，提前告知对航行或飞行构成危险的公海行动(如海军演习或导弹试射)。这些条款属于“沟通性措施”和“透明性措施”，有利于增强双方行为的可预见性，减少因误判而产生的摩擦。

3.建立海军直接交流及定期审查机制

协定第七款规定通过两国海军武官交换有关海上事件的适当情报。这一办法实质上是在外交渠道以外建立两国海军直接交流的平台，以便双方就不太严重的海上事件迅速沟通，而不必全部诉诸正式、公开的外交抗议，减小海上事件在外交上产生的消极影响。第九款要求双方每年召开会议审查协定条款的执行情况。在年度会议上，双方得以对本年发生的海上事件进行说明，并展示证据。这种审查机制一方面对双方行为有一定的约束力，有利于监督双方贯彻执行协定条款，属于“检证性措施”；另一方面建立了常态化的定期交流机制，有利于两军交流较少受到政治风潮的干扰。

协定由前言和10项条款组成，具体内容概要如下：

(1)确立协定的目的是为保证各自军队的舰船在公海以及公海上空的航行安全。

(2)协定的主要依据是1972年《国际海上避碰规则》和1958年《日内瓦公海公约》的公海自由原则等国际法原则和条款。

(3)协定适用于公海上航行的军用船舶和军用航空器。

(4)制定适用军用船舶的8条条款。规定军用船舶在行驶中相互接近、相互监视、在互见距离内机动、在潜艇操演时的规则和应采取的安全措施。规定不得用枪炮、导弹发射器、鱼雷发射管或其他武器瞄准对方船舶，进行模拟进攻，不得向另一方船舷发射其他物体，不用探照灯或其他强光照射船舶驾驶台。规定各方船舶在互见距离内活动时要发出显示其开始降落或起飞飞机意图的信号。

(5)制定适用军用航空器的规则。规定各方飞机不允许对对方船舶和飞机模拟使用武器，进行模拟进攻，或在船舶上空进行各种特技飞行，或向船舶附近投掷各种物体。夜晚在公海上空飞行的飞机要显示航行灯。

(6)建立相互通报制度和通信方式方法。规定缔约双方使用国际通用的无线电频道，提前3～5天通报对公海航行的船舶和飞机有危险的活动。鼓励多使用通用的国际信号，同时建立了两国间海上使用的特别信号。

(7)建立两国直接沟通的渠道。双方通过各自海军武官实现用于交换缔约各方的飞机和船舶在公海上碰撞事件及造成损害或其他事件的情况，并规定了年度检查制度。

尽管该协定适用于在公海海面航行的军舰以及在公海上空飞行的军用飞机，但实际上该协定也被适用于包括专属经济区以及毗连区在内的国际水域与国际空域中的军事活动。

(四)美军对该协定的解读

《美国海上行动法指挥官手册》2007版中对以下内容进行解读。

为了更好地确保双方各自的军舰和军用飞机在海上相遇时航行和飞行的安全，1972年美国和苏联签订了《美苏关于预防公海及其上空意外事件的协议》。两国海军间的这一协议又称《海上意外事件协定》。它非常成功地减少了在海上非常接近的美国和苏联海军部队之间潜在的骚扰活动以及相互炫耀实力的做法。尽管该协定适用于在公海航行的军舰，及其上空飞行的军用飞机，但又被理解适用于在国际水域和国际空域(包括专属经济区和毗连区)的部队行动。

《海上意外事件协定》的主要条款如下：

1. 船只要严格遵守《国际海上避碰规则》的书面内容和精神实质。

2. 船只要保持一定距离，以避免碰撞，在进行监视活动时，要发挥良好的船艺，以便不妨碍或危及被监视的船只。

3. 船只要使用专用的信号，用以表明它们的活动和意图。

4. 一个国家的船只不允许把火炮、导弹发射器、鱼雷发射管或其他武器，对准另一个国家的船只进行模拟进攻，而且也不允许向过往船只的方向发射任何物体，也不允许照射舰艇驾驶台。

5. 与下潜的潜艇一起进行演习的船只，应发出相应的信号，用以警告在这一区域活动的潜艇。

6 当船只接近另一方的船只，尤其是接近那些正在进行补给或从事飞机飞行起降的船只时，应采取适当措施，并且保持一定的距离，不得妨碍这些船只的活动。

7.飞机在接近另一方飞机和船只时，尤其在接近那些从事起降飞机的船只时，应非常小心谨慎，并且不允许模拟使用武器进行模拟进攻或在另一方上空进行特技飞行，也不允许在其附近投掷物体等。

《美苏海上突发事件和危险军事行动协议》提供了有关《海上意外事件协定》的相关信息和处理程序，其中包括美国与俄罗斯联邦《海上意外事件协定》协定框架下进行交流时可以使用公认补充规定。

(五)协定的执行[①]

1972 年协定签署后，即日生效并开始付诸实施。客观地说，《美苏防止海上事件协定》中的某些条款是美国精心设计的结果，对美国海军更为有利。但该协定中也确有一些条款对双方好处相当。协定订立后，美苏海上事件在一段时间内大幅减少，在 1973—1974 年中东危机中也起到了维护地区安全稳定的积极作用。尽管美苏关系在 80 年代几经波折，美苏双方依然维持着该协定，并几次调整修补。

双方很快建立了通过苏联驻华盛顿海军武官和美国驻莫斯科海军武官的特别通信联络渠道。在一线海军远洋舰队中，美苏都正式颁布了该协定，要求各自海军将“特别信号”贴在每一艘舰船驾驶台上，以便严格执行。根据美苏当时在一线执行相互跟踪监视任务的舰长回忆，苏联海军曾要求其指挥员，在舰船和飞机驶近美国舰船和飞机时，表现出克制，准确地遵守协定条款。同时要求值更官和信号兵对与美方发生的事件记录资料数据，写出专门报告。美国海军也同样向其舰船指挥员提出详细汇报与苏联舰船飞机发生的任何事件的要求，以便上级领导机关决定是否通过海军武官的联络渠道进行处理[②]。

在执行过程中，双方不断根据实际情况对 1972 年协定进行修订补充和检查。1973 年增加了议定书，将适用范围扩展至非军用船舶；1987 年正式建立年度会议制度；不断明确通信联络的方式方法；等等。至 1990 年，在冷战的背景下，缔约双方共举行了 18 次年度检查会议，每次年度检查会议双方经常相互提出交涉。如：美国指控苏联航母飞机飞行活动，对浮出水面潜艇靠得太近；对舰船施放火焰，用枪炮或导弹瞄准训练；等等。苏联代表也以具体材料，责难美国监视距离靠得太近，向驶来船舶与飞机方向施放信号焰火，“犹豫不决地”使用特殊信号，等等。

美方认为，自 1972 年 5 月以后，发生海上事件的次数和严重性显著下降。苏联方面也认为 1972 年协定对于保障国际航线上的安全航行和加强海洋国际法制起了积极的作用。国际

① 张炜. 冷战时期美苏有关海上安全问题的两个协定及其借鉴意义[J]. 海军法规与国际法，2009(6)：37－39.

② 罗伯特希尔顿. 1972 年美苏防止海上事件协议[M]//海军军事学术研究所. 联合国专家研讨会材料汇编(一)，1990:34－35.

社会对这一成果也都肯定有加，认为其示范作用影响深远。

在 1973 年的议定书中，对《海上意外事件协定》进行了修改，扩充了协定中某些条款的内容，把非军用船只也包括在内。具体来说，1973 年的议定书规定，美国和苏联的军用船只和飞机不准将火炮、导弹发射器、鱼雷发射管以及其他武器对准另一方的非军用船只进行模拟进攻，也不准向另一方的非军用船只附近抛射和丢弃任何物体，以致对这些船只的航行造成危险。协定还规定，双方的海军代表应每年召开会议检查协定的执行情况。

该协定将适用范围由两国海军之间扩大到所有武装部队之间，并根据新的形势和需要，增加了受不可抗力或非蓄意闯入另一国领土（及领海、领空）时的行动程序、特别警戒区（special caution area）、限制使用激光、限制干扰指挥控制系统等新内容，商定了更详尽的通讯流程和磋商机制。

苏联解体后，《海上意外事件协定》继续适用于美国和俄罗斯的船只和军用航空器，也同样适用于美国和乌克兰之间的船只和军用航空器。

在 1972 年协定的鼓舞下，苏联于 1986 年与英国，1988 年与日本，1989 年与加拿大、德国、法国、意大利，1990 年与荷兰、挪威、西班牙，1991 年与希腊，1994 年与韩国，签署了类似的协定。其他一些地区国家间也签署了类似协定，如德国与波兰。1996 年草案引入西太平洋海军论坛，并于 1999 年发展为《海上意外相遇规则》(CUES）草案。

三、1989 年美苏关于防止危险军事行动的协定

1972 年协定签署并执行后，基本解决了双方海军在公海相遇时的规则问题，进入 20 世纪 80 年代，美苏政治上也进一步缓和。但在苏联领海基线内外的军事对抗行动仍旧频繁发生。

从国际法的角度，双方分歧主要集中于两点：

一是苏联执行经沿海国事先批准的军舰无害通过领海制度，美国认为军舰有无须沿海国批准的领海无害通过权。

二是苏联采用直线基线法，即以海湾入口处的岬角为基点，将两个基点相连即为领海基线。而美国认为苏联应以海岸低潮线作为划分领海的基线。这样关于领海外限就有了一个争议区，苏联方面指责美国军舰不经批准一再进入其领海，但美国不理会苏联的主张和一再警告，其海军经常在苏联视为领海的海域巡弋，双方海上力量一再发生危险的近距离接触。

1982 年 5 月初，美国驱逐舰“洛克伍德”号在日本海活动，进入了苏联宣布为内水而美国视为公海的彼得大帝湾。苏联通知“洛克伍德”号离开苏联领海，而“洛克伍德”号回答它在国际水域进行例行活动，挑衅性地起飞舰载 SH－2 型反潜直升机。于是，苏联派舰艇逼近“洛克伍德”号，伊尔－38 型反潜巡逻机升空迫降美舰载直升机，并发出信号声称将其击毁。双方利用 1972 年协定建立的海军武官联络渠道进行频繁交涉和高层磋商，“洛克伍德”驱逐舰保持在距苏联声称领海海域远一些的位置，事件暂时得以平息。在接着举行的年度检查会议上，双方提交了事件发生时详细的海图及表示舰位、航向、航速、船舶运动、信号等的草图甚至照片，相互指责，均不承认各自有错误。1986 年 3 月，美国“约克城”号导弹巡洋舰和“卡伦”号驱逐舰在黑海侵入苏联领海，在距离苏联克里米亚南部海岸仅 6 海里的海域活动，这一事件再次成为了当年年度检查的议题。1988 年 2 月初，美国“约克城”号导弹巡洋舰和“卡伦”号驱逐舰再次到黑海（很快被苏联军舰严密跟踪监视），并不顾警告，驶入克里米亚沿岸的苏联领海。苏联海军护卫舰按照指令撞上美国“约克城”号导弹巡洋舰左舷，两舰均受损伤。事后，苏联向美国提

出抗议,美国则说,根据国际习惯法苏联侵犯了军舰的无害通过权。据当时任苏联海军总司令的切尔纳温回忆,为了"制止这种粗暴的挑衅行动",他在其后的一个国防会议上提出"挤撞"入侵者的意见,并得到苏共总书记戈尔巴乔夫的首肯——"挑结实一点的军舰挤撞它"。

由于一再发生海上危险事件,也由于《联合国海洋法公约》签署的背景,从1988年4月开始,美苏召开了一系列有海军参加的海洋法讨论会,寻求新的双边协定。1989年6月,美苏在莫斯科签署了《关于防止危险军事活动的协定》(也称为"1989年协定"),协定由美国国务卿詹姆斯·贝克与苏联外长德·谢瓦尔德纳泽签署,成为两国政府间的协定,具体实施和协调方也由海军提升为国防部。

1989年协定主要有以下内容的扩充:

1.增加了改善关系和加深相互理解的基调

1989年协定这样表述了宗旨:重申双方改善关系和加深相互理解的意愿;确信防止危险军事活动的必要性,并因而减少武装部队相互之间发生意外事件的可能性;同意迅速并和平地处理武装部队之间因危险军事活动而产生的任何意外事件;期望武装部队的人员和装备在和平时期相互接近时确保安全。

2.扩大了适用范围

在1989年协定中,"武装部队"和"人员",包括了双方的陆、海、空军,美国海岸警卫队和苏联边防部队;"装备",包括了双方武装部队的任何舰船和军用飞机,以及陆上的"地面器械";建立了"特别谨慎区"概念,即缔约双方共同指定、有武装部队设备和人员存在的区域,包括了领海、陆地及其上空;而新增加的"激光""干扰指挥和控制网络"等新概念,则将适用范围进一步扩展至空间,包括了电磁辐射、信息传输领域。

3.扩充了缔约的内容

1972年协定局限于双方的舰艇和飞机在公海及其上空避免意外事件。而1989年协定则着重于防止四类"危险军事活动":

(1)一方武装部队的人员和装备,因不可抗力或人员的非故意行为而进入另一方领土;

(2)使用激光;

(3)在特别谨慎区妨碍另一方武装部队人员和装备的活动;

(4)干扰指挥和控制网络。1989年协定旨在使双方及时采取措施中止这些危险军事活动,并规定了相应的原则和程序。

4.加强了通信措施

1989年协定的附件一制定了"建立并保持通信的程序",扩展了双方的通信渠道、通信方式和内容简语。实现了任务编队指挥官之间,舰艇、飞机、地面交通工具或地面部队的指挥官之间,以及一方飞机指挥官与另一方空中交通管制或监控机构之间全面的通信联系,规定了无线电工作频率及守听频率,补充了相关通信信号和简语。

5.制定了武装进入另一方协议

1989年协定就一方武装部队人员和装备进入另一方领土问题达成协议。1989年协定的附件二制定了"与进入领土有关的意外事件的处理程序"。规定了应和平处理与进入领土有关的两类意外事件:其一,因不可抗力产生之情势进入领土;其二,因人员的非故意行动导致进入领土,并建立了通信联络和进入对方领土的处置程序。

为避免在和平时期因各自所属军事力量在临近对方区域的军事行动中危险态势升级,美国同苏联于 1990 年共同签署了《美苏关于防止危险军事行动的协定》。该协定一般称为“DMA 协定”,适用于如下四种军事行动。

(1)误入或因灾害(不可抗力)而进入对方领土。

(2)使用可能危及对方的激光武器。

(3)在“特别警戒区”采取可能危及对方的妨碍性军事行动。

(4)进行可能危及对方指挥控制网络的干扰行为。

该协定延续适用于美国和俄罗斯联邦的武装力量。

四、美苏两个协定的经验梳理[①]

美苏 1972 年协定是二战后的冷战背景下,国际上国家之间第一个具有海上安全合作性质的协定,是两个对世界具有举足轻重影响的超级大国之间通过寻找海上的利益共同点、谋求缓和途径、另辟蹊径处理海上安全问题的有益尝试。它以海上军事行动普遍存在的航行安全需求为利益共同体点,以技术手段替代了军事对抗,解决了直接影响海上航行的海军人员和装备安全问题,并在一定程度上降低了两国的政治和军事对抗,有着重大的战略意义。尽管这是两个超级大国军备竞赛和对抗达到顶峰后不得不另谋相互安全出路的整体思路的一部分,但它的成功实施,为国际社会直面矛盾、超越对抗、争取双赢地解决海上安全问题提供了借鉴。

以合作方式进行斗争,争取双赢结果。谈判解决国与国之间的海上军事安全问题,方式是合作的,但本质上是国家行为,根本目标是维护国家利益。因此合作离不开斗争,或者说合作本身就是斗争的一种方式。在美苏两个协定的谈判和实施过程中,美方始终没有放弃其“航行自由”的目的,为了获得苏联新型舰艇和潜艇情报的需要,美国方面决不同意苏联提出的保持侦察监视最小距离的要求。而苏联方面也决不在领海基线和领海无害通过问题上让步,甚至不惜故意制造舰艇相撞以维护其领海主权。但双方在坚持基本立场的前提下,最后就防止海上事件和避免危险军事活动的规则和通信信号达成了一致。在领海无害通过问题上,苏联同意建立特别谨慎区,进行通信联络,做了策略上的让步。美方虽不断声张“航行自由”,但此后其舰艇也基本不在有争议的苏联领海活动。结果基本上是双赢的,这种坚持原则的坚定性和策略的灵活性,也是具有借鉴意义的。

要在公海进行军事活动,就需要积极拓展国际法适用领域,参与海洋秩序的建立。海洋连通陆地的基本性质和“公海自由”的国际法规,使海上军事行动具有天然的国际性质。历史上、特别是第一次世界大战和第二次世界大战期间,为规范国际海上战时行动的海战法得到了较大发展,但平时海上军事行动的规范却基本是空白。第二次世界大战以后,尽管有 1949 年日内瓦公约、1977 年该公约的两个附加议定书以及 1982 年《公约》的发展,但用以专门规范平时海上军事行动的国际法规仍然不多。美苏关于海上安全问题的两个协定,可以视为以普遍适用的国际法和国际规则为基础发展平时海上军事行动法的实践。它依据现行国际法规,以有效限制海上冲突和战争为目的,针对国际法在适用军用舰艇和飞机方面的不足,通过签署新的双边军事协定拓展现行国际法在军事领域的适用,如对军用船舶和飞机在行驶中相互接近时、相互监视时、在互见距离内机动时、在潜艇操演时的规则和应采取的避免意外事件的安全措施,双方建立的相互通报制度和通信方式方法,以及规定的双边使用的特别信号,都是具体有

① 张炜. 冷战时期美苏有关海上安全问题的两个协定及其借鉴意义[J]. 海军法规与国际法, 2009(6):37-39.

操作性的，也是符合海上军事行动的特点和规律的。从国际法发展的角度看，由于被众多的国家采用和被国际社会承认，这些规范和法则实际上已经逐步演化成为习惯法，成为军事领域的海洋秩序。

参考资料　美俄军机危险相遇

美俄军机危险相遇最近距离15米对峙24分钟。

据美国有线电视新闻网2017年11月27日报道，25日，俄罗斯一架苏-30战机以“危险的方式”在黑海上空拦截了美军一架P-8“海神”反潜巡逻机，当时美军P-8反潜巡逻机在国际空域飞行，并没有挑衅俄罗斯战机的行为。美方还称，当时，俄罗斯苏-30战机开足马力，在美军P-8的面前从右向左通过，飞行的气流导致美军P-8遇到“15度的倾斜和剧烈震荡”，这一行为“不安全”，有可能对所有的飞行人员造成损伤[①]。

俄军苏-35伴飞美国反潜机如图7-2所示。

图7-2　俄军苏-35伴飞美国反潜机[②]

按照美方的说法，美俄两架军机最近的距离仅有15米，拦截事件持续了共24分钟。

俄罗斯方面未对此做出回应。美军P-8在黑海执行侦察任务。P-8反潜巡逻机被称为“顶级潜艇杀手”，也可以对水面舰艇发起攻击。此外，它还能够与无人机和卫星系统协作，执行监视和侦察任务，在网络化情报方面也能起到重要作用。美军P-8出现在黑海，极有可能是在针对俄罗斯黑海舰队的基洛级潜艇进行侦察，遏制俄罗斯在黑海的水下能力。

5月9日，俄一架苏-30战机在黑海上空驱离了一架试图接近俄罗斯边境的美P-8“海神”反潜巡逻机。

① 田聿. 中国抵制美军抵近侦查“非专业”[J]. 北京：兵器知识，2017(8)：27-29

② 图片来自田聿撰写的《危险的接近》，美军的驱离方式更具有危险性，如喷气会干扰对方发动机运行，导致飞机操控受到影响。

6月6日，俄军一架战机在波罗的海上空拦截一架美军B－52战略轰炸机。

6月19日，俄军苏－27战机在波罗的海上空先后拦截两架RC－135型侦察机，两机距离一度仅有“大约1.5米”。

6月21日，以美国为首的北约一架F－16战斗机试图靠近途经波罗的海上空的俄国防部长绍伊古的专机，随后这架战斗机被俄护航的苏－27战机驱离。

在多次事件中，俄美双方互相指责对方战机作出了挑衅性的危险动作，并表示自己的行动符合有关国际法及安全飞行规范。

2000年10月17日，美、日联合军演在靠近俄罗斯的公海水域举行，美军的“小鹰”号航母战斗群进入戒备状态，所有的防空装备都进入实战状态。此时，俄罗斯空军的苏－24MR侦察机和苏－27歼击机成功突破美军航母的警戒体系和雷达网，多次在距美军航母上空低空穿越。俄军大将科尔尼亚科夫向记者得意地表述：“我们的飞机第一次超低空飞越美军航母的时候，航母上的美国人显然还没有醒悟过来，有的美国兵甚至还冲我们竖起V形手势，好像是夸我们飞行技术一样，很明显，他们是把我们的飞机当成自己的战机了。当第二次再次飞越美国航母的时候，他们中的有些人总算看清了我们战斗机机翼上鲜红的五星，那些美国海军官兵显然万万没有料到居然会有外国的战斗机成功超低空掠过他们的航母，所以惊恐慌张的程度可想而知。我们的战机清晰地拍下了‘小鹰’号航母甲板上和指挥塔上的人员在最终发现我们超低空飞过的战斗机后乱成一团的照片，许多官兵惊慌失措地跑向防空武器系统，飞行员则慌慌张张地跳进战斗机。不过，没等他们的战斗机升空，我们的飞机已经完成任务返航了。”科尔尼亚科夫大将声称这种飞行侦察的结果“相当鼓舞人心”，而且“这样的任务不会是就这么一两回”。具新闻报道，“小鹰”号航母战群还在这次大演习中演练了“如何保护航母不受空中威胁”的科目。（具体内容看参看《坦克装甲车辆·新军事》2016年第6期，田聿撰写的《危险的接近》，该文也有与图7－2类似图片）

2020年4月，俄罗斯战机两次与美军P－8A反潜巡逻机近距离“接触”。而几天前还有一架苏－35战斗机在美军巡逻机前上演倒飞机动特技动作，飞到了距离美机不足25英尺的位置。美国海军在声明中称：“俄罗斯苏－35战斗机飞行员的不必要行为不符合安全飞行规范和国际飞行规则，危及飞行安全。”“尽管俄罗斯战机也是在国际空域飞行，但这种互动行为是不负责任的。”

（来源：央视新闻客户端，2017－11－29）

第四节　中美海上空域航行争端

中美海上空域争端与美苏之间最大的不同是美苏争端发生在公海，而中美空域争端发生在中国的专属经济区以及边境周边地区。

一、中美军事关系的演变

20世纪五六十年代，中美海上军事安全关系呈对抗状态，美国支持台湾国民党政权与大陆抗衡。1954年美国与台湾当局签署共同防御条约后，中美双方在台湾海峡形成严重军事对峙，先后发生了两次台海危机。

20世纪七八十年代，中美海上军事安全关系得到改善和发展。为了共同应对来自苏联的军事压力，中美关系由对抗走向缓和，并最终实现关系正常化，中美海上军事安全关系明显改善。中美双方在台湾海峡和中国周边海域的军事对峙趋于缓解。

20世纪90年代至21世纪头十年，随着冷战结束、苏联解体，美国逐步把中国作为防范和遏制的主要对手，中国面临的海上压力再次增大。1996年的台海危机给中美海上军事安全关系造成了强烈冲击。"南海撞机事件""无瑕号事件"等也一度使"中美海上对峙论"升温。

中美两国因第三方因素而被迫卷入冲突的可能性依然存在。一方面，鉴于中国在亚太地区的海上实力不断增强，周边国家频频"拉美制华"，试图在与中国的海洋利益争端中捆绑上美国利益。另一方面，美国也有利用其盟友和伙伴充当"马前卒"的战略需求。在东海方向，美国高层已明确表示，钓鱼岛适用《日美安全保障条约》，一旦中日在钓鱼岛发生冲突，美国的介入在所难免。在南海方向，美与越、菲之间的互动频繁，并不断向其提供军事援助。此外，台湾问题和朝鲜半岛问题也始终是中美海上安全关系中的一大障碍和引发中美冲突的隐患。

美国利用其主导设立的国际制度网络，维系着在国际社会的影响力和特权。美国努力维持并加强对其有利的规则，挑战并设法废除对其不利的规则。在美国塑造的国际规则体系中，中国只能是被动的接受者，任何与美国立场不符的解读都被视为对这一规则体系的挑战。美国把印太地区的盟国和伙伴国作为对抗中国的重要筹码，认为美国的军事同盟是维护地区安全的重要力量，而这是中国极力反对的。

2014年，中美两国签署了"建立重大军事行动相互通报信任措施机制谅解备忘录"和"海空相遇安全行为准则谅解备忘录"，即建立了"两个互信机制"。

2015年8月，美国国防部发布《亚太海上安全战略》。该战略指出，中美双方在2014年4月签署了《美利坚合众国国防部和中华人民共和国国防部关于海空相遇安全行为准则的谅解备忘录》，之后11月签署的《海上意外相遇规则》为防止中美双方军用舰机在意外相遇时出现误解误判制定了安全行为措施。

2016年5月4日，美国驻中国大使馆发表了一篇题为《确保在南中国海航行自由是美国海军的首要使命》的文章，其中引述了美国海岸警备队司令海警上将保罗·楚孔夫特的言论，他认为，中国海岸警卫队的意图一直不透明，美方现在正在跟中方商谈签署"海上相遇行为准则"，"这样，他们就不会对我们的海军或其他军队采取行动。至少我们有开放、坦率的对话"。美国最担心的是由于不透明导致的误解、误判，"我们看到中国的海岸警卫队在第一线挑衅美国海军，看到中国的拖网渔船挑衅美国海军，他们开展自主行动，但背后就是解放军"。从该文的内容可以看出，随着美国强化在我国南海地区的军事存在，开展越来越密集的"航行自由"宣示，包括中国海警在内的我海上力量进行了强有力的反制，由此美方担心安全的心虚表现越来越强烈，积极主动推动中方商签两国海警《海上意外相遇准则》(以下简称"准则")的愿望也就越来越强烈。

美军在我国辖区内和附近的活动，从其方式或样式上归纳整理，可以分为航行航渡、演习训练、机动游弋、侦察干扰、调查测量、反潜探测。

1993年，美国第七舰队军舰在印度洋跟踪、监视中国"银河"号商船。

1994年，美军"小鹰"号航母闯入中国领海，与中国海军"汉"级攻击型核潜艇对峙。

1996 年,美国将部署在菲律宾的“独立”号航母战斗群向台湾附近移动,另一支“尼米兹”号航母战斗群也从波斯湾赶来。

1998 年,美海军“小鹰”号航母进入南海,与另一艘航母“星座”号汇合。

2000 年,美海军“小鹰”号航母驶向台湾海峡。

2001 年 4 月,美国一架 EP-3 军事侦察机擅闯中国海南岛东南海域上空,与一架中国歼8 战斗机相撞。

2001 年 4 月,美国一架 RC-135 侦察机从日本冲绳嘉手纳空军基地升空,直奔中国东北沿海。

2002 年,美国测量船“鲍迪奇”号突然闯入中国黄海专属经济区海域,与中国海军舰艇对峙。

2003 年,美国海军测量船“黑森”号和美国海军电子侦察船“常胜”号,未经批准相继进入中国管辖海域。

2004 年,美国海军“常胜”号测量船闯入黄海中国专属经济区。

2004 年,美国海军“成效”号测量船闯入东海中国专属经济区。

2005 年,美海军电子情报侦察船“玛丽·西尔斯”号闯入了中国东海专属经济区。

2005 年,美国海军海洋调查船“约翰·麦科唐纳”号闯入了中国黄海专属经济区。

2009 年,美国“无暇”号闯入我国南海水域,与中国舰船对峙。

2014 年,美国海军一架 P-3 反潜机和 1 架 P-8 巡逻机飞抵中国海南岛附近空域进行抵近侦察,中国一架歼 11 飞机对其进行拦截、查证。

2015 年,美国一架最先进的 P-8A“海神”号反潜侦察机突然飞越中国正在开展建设活动的南海岛礁上空,中国海军在美国“海神”号侦察机飞越期间一共发出 8 次警告,并进行跟踪定位。

2016 年,中国两架歼 11 战机拦截美国海军 EP-3 军机。

从 2015 年 10 月至 2017 年 5 月,美海军导弹驱逐舰两年内先后 5 次擅自进入中国南海诸岛领海挑战主权,严重侵犯中国海洋权益。

2015 年 10 月 27 日,美海军导弹驱逐舰“拉森”号擅自闯入中国南海美济礁和诸碧礁 12 海里领海。对此,中国海军出动“兰州”号导弹驱逐舰和“台州”号护卫舰跟踪监视和警告美舰。中国国防部、外交部表示坚决反对并向美方提出严正交涉。美方则公开宣称,“拉森”号进入中国领海之前采取了收纳直升机、关闭雷达等措施,以证明该舰是“无害通过”。

2016 年 1 月 30 日,美海军导弹驱逐舰“柯蒂斯·威尔伯”号擅自驶入属于中国西沙群岛的中建岛 12 海里海域。美国防部发言人辩称,美国对南海地区的领土主权争议不持任何立场。中国驻美大使崔天凯予以反驳,美军的该行为是非常严重的政治和军事挑衅。

2016 年 5 月 10 日,美海军导弹驱逐舰“威廉·劳伦斯”号擅自驶入中国南海永暑礁 12 海里范围内,执行所谓的“航行自由”任务。美官方宣称,该舰进入中国岛礁领海是“例行巡航”,旨在挑战中方南海地区的过度主权主张。对此,中国海军 2 架歼 8 战斗机、1 架运-8 警戒机紧急升空,赴相关海域巡逻警戒,“广州”号导弹驱逐舰、“绵阳”号导弹护卫舰和“临汾”号护卫舰迅即对美舰进行识别查证,并予以警告驱离。中国外交部、国防部发言人分别表示反对并予以谴责。

2016年10月21日，美海军导弹驱逐舰“迪凯特”号擅自进入中国西沙12海里领海。中国海军“广州”号导弹驱逐舰和“洛阳”号导弹护卫舰当即采取行动，对美舰进行识别查证，并予以警告驱离。此次美舰入侵的西沙领海，中方早就公布了领海基线，有明确的管辖范围。美方明知故犯，有意挑衅。中国国防部对此表示坚决反对并向美方提出严正交涉。

2017年5月25日，美海军导弹驱逐舰“杜威”号擅自进入中国南海美济礁12海里领海内巡航并停留一个半小时进行所谓的救生训练，遭到中国海军“柳州”号导弹护卫舰查证和警告驱离。美国官方直言，此次行动表示美国不承认中国对其人工岛屿周边水域和空域的主张。中国国防部发言人回应称，中国军队坚决反对“杜威”号的此次行动并已向美方提出严正交涉；美军的错误行为只会促使中国军队进一步加强能力建设，坚定捍卫国家主权和安全。

二、中美国际航空法价值取向的分歧

美国防部长马蒂斯在2017年6月香格里拉安全对话上无理指责中国不遵守国际法，称美国将继续致力于维护基于国际海洋法的国际秩序。美国认为中国在南海的岛礁建设破坏了地区稳定，美国将继续开展国际法赋予的“航行自由”行动。可以看出，中美双方对国际法的认知存在显著分歧。

（一）公海空域范围划定存在大的差异

美国至今未加入《公约》，中国一些合理的海洋权益都被美国当作“过度的海洋主张”加以反对。

(1)美方不承认“历史性水域”，质疑中国南海断续线（在中国版图中，在南中国海有9条断续线组成的U形线，通常称为9段线）的性质。

(2)不认可“专属经济区”内的权利，其军事测量船以航行自由为名开展抵近侦察活动。

(3)美方不断挑战东海防空识别区，认为其限制了“公海空域”的飞越自由。事实上“专属经济区”内的管制权在《公约》中已有规定，划设防空识别区已是国际上的通行做法。

中美之间在对规则的理解和认定上存在差异，对某一具体问题究竟适用何种规则也存在不同看法，这种认知差异会引发中美海上安全矛盾乃至海上军事冲突。中美站在不同的立场，出于不同的利益考量，对“航行自由”的认知存有分歧。《公约》在有关航行自由条款上的模糊性，也导致不同国家对其解释产生差异。中美在“航行自由”上的分歧主要集中在军舰是否享有无害通过权和专属经济区内他国军事活动是否应受到沿海国的管辖上，这也是中美在“南海航行自由”问题上存在争议的直接原因。

美国认为中国的“过度海洋主张”内容主要包括：“对于专属经济区空域的管辖；中国国内法规认定外国实体在专属经济区内进行勘查活动为非法；外国军事船只在领海内无害通过时要事先获批；过度直线基线。”

美国宣称的所谓“过度海洋主张”包括以下6种情形：

(1)美国不承认的历史性海湾/水域主张；

(2)领海宽度超过12海里的主张；

(3)领海未超过12海里却对军舰的"无害通过"要求事先通知或许可,或在推进方式、运载物质等方面设置歧视性规定的主张;

(4)不是根据《公约》规定的国际法习惯划定的领海基线主张;

(5)其他一些声称对12海里之外拥有管辖权的主张,如安全区等;

(6)违背《公约》的群岛水域制度主张。

2013年中国政府依据国际惯例宣布划设东海防空识别区(ADIZ),要求位于东海上空的航空器必须提供飞行计划识别、无线电识别、应答机识别以及标志识别等识别方式后,美国所认定的中国"过度海洋主张"又增加了一项,"对于无意图进入中国领空的外国飞行器,中国限制其进入防空识别区"①。

(二)对"无害通过权"解释不同

"无害通过权"的法理解释都是各国根据自身的利益需要进行解读的。

(1)领海内的"无害通过权"是中美在"航行自由"问题上存在的一个重要分歧。《公约》中并没有明确军舰是否享有无害通过权,而是采用了较为模糊的语言,"在本公约的限制下,所有国家,不论为沿海国或内陆国,其船舶均享有无害通过领海的权利",规定"在领海内,潜水艇和其他潜水器,须在海面上航行并展示其旗帜"。

在美国看来,所有军舰,包括潜水艇都应不受阻碍地,并且在无需通告沿海国的基础上,享有无害通过权。潜水艇在穿越他国领海时要浮出海面并展示旗帜。中国出于国家安全的考虑,要求他国军舰进入领海时,要事先获得批准。《中华人民共和国海上交通安全法》第11条规定:"外国籍军用船舶,未经中华人民共和国政府批准,不得进入中华人民共和国领海。"《中华人民共和国领海与毗连区法》中第6条也规定:"外国军用船舶进入中华人民共和国领海,须经中华人民共和国政府批准。"

(2)在沿海国对专属经济区内他国军事活动是否拥有管辖权的问题上,《公约》也并未对此做出明确的说明,中美存在分歧。《公约》第58条第1款和第3款中规定,"在专属经济区内,所有国家,不论为沿海国或内陆国,在本公约有关规定的限制下,享有第八十七条所指的航行和飞越的自由,铺设海底电缆和管道的自由,以及与这些自由有关的海洋其他国际合法用途,诸如同船舶和飞机的操作及海底电缆和管道的使用有关的并符合本公约其他规定的那些用途""各国在专属经济区内根据本公约行使其权利和履行其义务时,应适当顾及沿海国的权利和义务,并应遵守沿海国按照本公约的规定和其他国际法规则所制定的与本部分不相抵触的法律和规章"。

(3)出于军事目的,美国把领海以外的水域都归为国际水域,同时也包括了国际空域的范围,也就是说国际水域涵盖海洋中所有不在任何国家领土主权之下的水域。国际水域具体包括毗连区、专属经济区和公海。美国认为,在国际水域中,公海的航行和飞越自由适用于各国。美国强调,对于他国在专属经济区内的航行和飞越自由,沿海国不能过度限制和阻碍;所有船舶和飞机,包括军舰和军机在内,在专属经济区内都享有公海的航行和飞越自由,以及与这些

① Department of Defense. Freedom of Navigation(FON)Report, Fiscal Year 1991 - 2016. [EB/OL][2016 - 04 - 17]

自由有关的海洋其他国际合法用途。美国主张,“与这些自由有关的海洋其他国际合法用途”包括军事活动,如停泊、起降飞机和其他军事设备,情报收集,监视侦察,操作军用设备,演习以及其他军事行动和军事测量等。尤其在专属经济区内他国进行军事测量活动的问题上,美国主张军事测量不同于海洋科学研究,不应受到沿海国管辖。美国强调,沿海国对专属经济区的管辖和控制仅限于这一国际水域内资源的勘探、开发、管理和养护;沿海国对专属经济区内出于经济目的的人工岛屿、设施和结构的建造和使用拥有管辖权,对海洋科学研究可以有合理的限制,在海洋环境保护的一些层面也拥有管辖权。在美国看来,虽然沿海国可以对专属经济区内他国的海洋科学研究做出管辖,但不能对其领海以外的他国水文测量和军事测量做出限制,也不能要求他国进行这些活动时要提前告知。对于水文测量,美国的定义是“为了航行安全,出于绘制航用海图和类似文件的目的,在沿岸和浅滩水域获取信息。水文测量包括水深,自然海底的构造和特性,海水流向和力度,潮汐高度和时间,航行不安全因素的测量”。对于军事测量,美国定义为“出于军事目的进行的海洋信息收集”。

对于美国的霸权主义观点,中国是旗帜鲜明反对的,《中华人民共和国专属经济区和大陆架法》规定:“任何国家在遵守国际法和中华人民共和国的法律、法规的前提下,在中华人民共和国的专属经济区享有航行、飞越的自由”;“任何国际组织、外国的组织或者个人在中华人民共和国的专属经济区和大陆架进行海洋科学研究,必须经中华人民共和国主管机关批准,并遵守中华人民共和国的法律、法规”。中国外交部发言人也明确表明中国立场,“中方反对任何一方未经允许在中国专属经济区内采取任何军事行动”。

2009 年 3 月初,美国“无暇”号(USNS Impeccable)军事测量船在我国专属经济区内进行军事活动,美国国防部指称“无暇”号在国际水域活动时遭到中方有关船只“骚扰”。中国国防部新闻发言人黄雪平对此表示,美方的指责罔顾事实,中方不能接受。美国军事测量船在未经中方许可的情况下,在中国专属经济区进行非法测量活动,违反了《联合国海洋法公约》《中华人民共和国专属经济区和大陆架法》《中华人民共和国涉外海洋科学研究管理规定》的相关规定。

2014 年 8 月 19 日上午 9 时,美国海军一架隶属于属于第 16 反潜巡逻中队的 P－8A 海神式(Poseidon) 多功能海洋巡逻机(multi－mission maritime aircraft) ,从冲绳出发,飞赴中国海南附近,距离海南岛海岸 220 公里的空域对其周边水域进行侦察,执行美军“例行”任务。美军对中国海军海下潜艇兵力部署进行侦查。

美国国防部发言人柯比(Jom Kirby)少将称,飞机飞行至距离中国海南岛以东 135 海里处时,遭遇到中国海军战机的危险拦截。事发当时歼 11 距离 P－8 A 不到 20 英尺,先向右滚动 90°,展示翼下挂载左 4 枚空对空导弹,再直接由机首前方通过,距离仅 50～100 英尺。柯比形容此动作“极其危险而且不专业”“极具侵略性”。

虽然我国尚未出台具体细则对专属经济区内他国军事活动的权限予以说明,但不难看出,我国对未经中国政府批准在中国专属经济区内的他国军事活动是持否定态度的。

本质上,中美双方在专属经济区内军事活动权利上的争议,是两国在国家战略利益上矛盾的体现。就美国而言,其坚持在中国专属经济区内以航行自由为名开展军事活动,目的是为了搜集敏感军事情报,追踪中国潜艇部队的活动,熟悉重点地区的战场环境,并通过前沿存在展示实力，对周边国家施加政治影响。而就中国而言，阻止美国军舰及飞机在中国专属经济区内的军事侦察、测量活动不仅是合理合法的执法行动，而且是保护国家重要情报、保卫国家安全、捍卫海洋权益的必要。

三、中美海空矛盾的滥觞①

中国与美国海上实力和战略需求不一致。对等交换是谈判能够成立的先决条件，美苏之所以能够在防止海上事件的具体措施上达成共识，正是因为美苏海上实力对等，因而在制定行为规则上存在着共同利益。在冷战早期，美国由于其遍及欧、亚的基地网，在空中及海上情报搜集能力上占据绝对优势，而苏联海军却无法针对美国及其军队开展纵深、域外侦察行动，也无法针对美国的抵近侦察行动开展有力的反击。这样的态势使美国在不受限制中获益更多，自然不愿就此问题进行谈判。当时苏联不愿在抵近侦察上单方面对美国做出让步，因此也不愿谈判。20 世纪 60 年代，随着大规模的情报搜集船和图- 95 战机投入现役，苏联也开始在美国海岸附近、北美防空识别区及全球针对美海军单位开展情报搜集行动，并频生事端。可以说，正是苏联海军侦察能力逐渐与美国对等，才使得苏联拥有了与美国谈判的资本。而另一方面，苏方侦察能力的增强，也促使苏联希望在保障安全的前提下继续维持其侦察活动，从而使美苏双方拥有了相对接近的谈判立场。而在中美海上力量对比中，却不存在上述可以平等交换的筹码。随着中国综合国力的增强及中国军队现代化建设的进展，中国海军取得了长足的进步。尽管如此，当前中国海军与美国海军相比，仍存在较大差距。

1. 国家综合实力的对比变化

国家间实力的对比变化是一个逐渐发展和不易衡量的事实。国家在国际社会中的地位变化是长期存在的，如何去确定这种变化却困难重重。在构成国家实力的诸多要素中，经济和军事无疑是最重要的实力资源。随着中国经济不断增长，国防建设不断加强，中美经济和军事实力都开始出现有利于中国的变化趋势，并且这种趋势愈发明显。

国际关系中的一个关于权力与利益的逻辑就是：权力的分配决定着利益的分布，利益的分布反过来界定权力的使用。当美国面对迅速崛起的中国时，客观的实力变化状况加上复杂的地区现实，中国和美国的海空力量与利益会不可避免地纠缠在一起。自 1993 年中美“银河”号事件始，2016 年中国两架歼- 11 战机拦截美国海军 EP - 3 军机等冲突事件，中美海空冲突事件已经爆发了数十起。而且，这些海空事件都给中美双边关系造成了很大的负面影响，而寻常的海空事件更是频繁发生。从军舰紧张对峙到战机隔空喊话，从美国测量船擅闯中国专属经济区到美国海军反潜机巡逻机飞抵中国海南岛附近空域抵近侦察，中美海空事件爆发的区域也遍布南海、黄海、东海、西太平洋甚至远至印度洋。

中美军事活动公海海上和空域矛盾和冲突事件自 20 世纪 90 年代至今呈现出以下趋势：

(1)中美海空军事活动的冲突的表现形式逐渐朝着低烈度、小范围、多频度的方向发展；

(2)中国南海逐渐成为军事活动事件爆发的集中区域；

(3)中国在应对军事活动冲突事件时的态度越来越坚决，方法越来越灵活。

---

① 余文全. 中美海空事件原因分析与危机管控[J]. 国际论坛，2017(9)：46 - 49.

2.美国的基本战略构想

进入21世纪后，美国在新的国际环境下又对国家海洋战略做了新一步的部署、安排。2000年美国国会通过了《海洋法》，这为美国在21世纪做出进一步的海洋政策安排提供了法律依据；2007年，美国为应对新的海上安全问题，正式出笼由美国海军作战部长、海军陆战队司令和海岸警卫队司令联名签署的《21世纪海上力量合作战略》，而这份文件也正式将中国列为美国海上安全的威胁对象。而最能体现美国海洋战略调整和把中国作为21世纪海上防范对象的文件，莫过于每四年出台一次的《国家安全战略报告》《四年防务评估报告》以及每年一次的《中国军力报告》。例如，2014年的美国《国家安全战略报告》中的“国际秩序”章节中，就明确指出美国为了强化“亚太再平衡战略”和加强在太平洋地区的冲突应对能力，一定要时刻关注中国的海军动向。21世纪美国在亚太地区的海洋战略新增的内容就是防范中国。

3.价值观冲突

随着设备的不断发展，越来越多的国家频繁进入海洋空间，军事活动的海空力量接触造成的海空航行矛盾就其本身来讲就是一种经常可能发生的情形。当事国对公海军事活动中海空冲突事件的处理和解决措施也多从建立规则、原则开始，让双方的海空力量在公海海域、空域相遇后能有规则可依循，不至于因没有共同认知的公海军事活动基本规则造成摩擦。但中国和美国在处理、解决公海区域军事活动海空矛盾上有着更特殊的障碍。

(1)价值冲突，一个国家对世界秩序、国家利益的认知往往通过价值观表现出来，而价值观集合最终塑造了一个国家对历史记忆的认知、对自身使命的确立。国家内含的许多抽象观念最终形成凝聚了自我和他者在身份、位序、道义、利益等多项内容的国际秩序观。如中国和美国对一国飞机、舰船在另一国的专属经济区的“航行自由权”有不同解释，中国认为，根据《公约》对专属经济区的相关规定，一国除了拥有在专属经济区内的经济开发权外，其他国家的舰船、飞机若要在专属经济区内进行演习和搜集情报必须得到该国的同意。

(2)敌对意图，在美国兰德公司研究的报告中写道，“美国未来与中国的冲突难以避免，即使我们在台湾问题上退让，也避免不了未来的中美冲突。中国与东盟国家有南海的争执，与日本有钓鱼岛领土纠纷。而美国与东盟多数国家是友邦，与日本更是签订防卫条约，要负责日本的安全。中国的战略就是倚仗军事一步步向海洋扩张，这种用武力夺得其不可分割领土的行为使中美难免面对武装冲突，除非我们放弃在亚太地区的全部利益与影响”。

美国全球公域论认为领海之外就是国际水域，各国在领海之外享有与公海等同的绝对航行自由。具体而言，这一自由权利包括：

(1)公海可做任意用途，只要“合理”或者“适宜”的要求得到遵守；

(2)习惯法和传统国际法未明文禁止的公海的各种用途都是允许的；

(3)公海包括法定的领海和群岛水域之外的所有水域；

(4)在狭窄的对领海的历史性之外的水域，航行和飞跃自由优先于任何和所有其他的沿海国权利，特别是国际海峡而言；

(5)所有船只，特别是军舰，享有无限的在所有国家领海的无害通行权。

4.敌对意图明显

美国在南海顽固执行的“航行自由计划”，奥巴马政府第二任期，美国为了支持部分南海周边国家诉诸国际仲裁的单边行动以及鼓励这些国家与中国在南海主权与海洋权益上的对抗，开始执行“航行自由行动计划”。从2014年9月到2016年5月，美军执行了4次针对中国的“海上航行”自由行动，严重地威胁了中国南海岛礁的主权与安全。特朗普政府上台之后，美军开始在南海推行“自由航行年度计划”。在特朗普政府所执行的南海“航行自由”行动的路线已经选择到进入中国岛礁附近水域的事件，和奥巴马政府相比，越来越不遵循两国已经达成的“无害通过”原则。美国持续和高频率地在南海海域执行“航行自由”行动，给主权国家领海安全带来了威胁。每次美国执行“航行自由”行动，中国海军军舰都从维护和保障中国海上领土主权与安全的目的出发，对美舰采取相应的动作。美军的“航行自由”行动不仅是在考验中美两军业已达成的各种海空相遇规则，更是在干扰和破坏中美两军之间的公海海域海上合作进程。

美国之所以强调国际海洋法中的“航行自由权”，是因为这种“航行自由”是美国使用和投送其武装力量的国际法法理合法性旗帜。美国如果承认了中国对其滥用“航行自由”的立场，那就意味着美国所主张的“航行自由”并不具有普适价值。此外，如果中国对“航行自由”的解读得到美国的妥协和认同，那么其他国家就可能纷纷效仿中国，加强对各自专属经济区的管控，届时美国将可能陷入有路难走甚至无路可走的困境。

四、“南海航行自由问题”的有关影响

美国蓄意挑起“南海航行自由问题”，炮制“南海航行自由”这一伪命题，以军事横行自由替换民用航行自由的概念，混淆国际社会视听，污蔑中国以武力对南海航行自由构成威胁和破坏。

2010年6月，在新加坡举行的香格里拉安全对话会上美国前国防部长罗伯特·盖茨(Robert Gates)强调，“南海对其周边地区非常重要，对于在亚洲地区拥有经济和安全利益的各方都是如此。南海的稳定、航行自由和自由无阻的经济发展得以维护是至关重要的。我们不在主权主张上做选择，但我们反对使用武力和行动阻碍航行自由”。美国官员的上述公开言论无疑是在暗指南海的航行自由受阻，并暗讽中国破坏了南海的航行自由。众所周知，作为全球航运的咽喉要道，东亚地区最重要的海上航行通道，南海对促进东亚各国经济繁荣，推动全球贸易的发展起到了不可估量的作用。南海水域的通行一直是畅通的，所有国家在南海的正常航行和飞越并没有受到妨碍。外交部发言人华春莹就表示[①]，“个别国家炒作南海航行和飞越自由问题，恐怕是‘醉翁之意不在酒’。通过炒作南海所谓紧张局势，挑拨地区国家关系，为其在政治和军事上介入南海问题提供口实，才是他们的真实目的”。“美国政府清楚地知道中国从未对南海商业航行构成任何威胁，却试图将商业航行自由权和军舰军机进行挑衅性侦查的权利混为一谈，增加了冲突的风险”。美国在国际场合一再突出强调“南海航行自由问题”，并试图将中国抹黑成航行自由海上秩序的破坏者，其目的是使中国在国际社会陷入被动，成为众矢之的。

---

① 外交部发言人.南海航行和飞越自由是个伪命题[N/OL] 人民日报.2016-06-06[2017-01-21].http://paper.people.com.cn/rmrb/html/2016-06/06/nw.D110 000renmrb_20160606_5-03.htm

美国以中国在南海合理合法的岛礁建设炒作“中国海洋威胁论”，指责中国对南海航行自由和稳定构成了威胁。美国认为中国在南海地区的岛礁扩建是为了军事目的，加速了南海军事化，将“破坏南海和平与航行自由”的罪名扣在中国头上。

自2014年以来，中国对南海水域的南薰礁、华阳礁、赤瓜礁、永暑礁和美济礁等岛礁进行扩建，此举引发了美国极大疑虑，美国担忧中国在南海的军事实力不断增长，会对美国在南海和亚太的控制构成威胁。2015年，在参议院举行的一次听证会上，负责亚太事务的美国前助理国防部长大卫·希尔(David Shear)指出，“我们看到中国正在试图争取对争议区域的实际控制，加强在南海的军事存在”“从军事的角度来看中国的填海造岛可以提高其防御和进攻能力，包括通过部署远程雷达和侦察机在人工岛，使其前哨可以停泊吃水能力更深的船舶，其执法能力和海军存在也将深入到南海更南端”。美国新任国务卿雷克斯·蒂勒森就对中国在南海合理合法的岛礁建设表示强烈反对，曾在2017年1月12日国会就其国务卿提名举行的听证会上称，“我们要向中国表示出明确的信号，第一岛礁建设要停止，第二不允许中国进入这些岛屿”。

美国在指责中国在南海“军事化”破坏航行自由的同时，自己却不断增加在南海的军事存在，加强与盟友的军事合作，使得南海局势暗流汹涌。美国炒作南海“军事化”是典型的双重标准。南海个别国家在多年前就在其非法侵占的岛礁上部署大量武器，修建导弹阵地、雷达站；美国自己也对中国有关岛礁邻近海空域和领海，进行高频度的抵近侦察，并拉拢诱压盟友和伙伴，在南海进行极具针对性的“联合巡航”和“联合军演”。对于这些军事化行为美国都视而不见，却一味无端指责中国在南海合理合法的防御力量建设。美国这种双重标准的做法，无疑加剧了地区的紧张局势。

五、《美国海上行动法指挥官手册》对国际空域的基本观点

1. 对在国际空域航行的规定

《美国海上行动法指挥官手册》对于军用飞机国际空域飞行的规定如下：

国家空域：国际法规定，每个国家都对自己的领空享有排他的、绝对的主权权力。领空是指位于领土、内水、领海或群岛水域上方的空间。与船舶不同，航空器在领海或群岛水域上空不享有无害通过权。

位于公海或专属经济区的一部分和公海或专属经济区的另一部分之间的国际海峡所有的飞机，包括军用飞机，享有不受阻碍地通过与领海重叠的国际海峡上方空域的权利。通行必须不停顿地、迅速地进行。通行应以“继续不停和迅速通过”为目的，不得对海峡沿岸国的主权、领土完整或政治独立进行任何武力威胁或使用武力。和平时期，航空器在飞越国际海峡时享有的“过境通行权”不受任何理由阻碍或禁止。

所有航空器(包括军用航空器)在国际海峡未与海峡沿岸国领海重叠的水域上空以及海峡沿岸同领海外公海海道上空享有公海飞越自由。如果公海海道上空并不适合飞行(如在公海海道上空飞行会与常规的飞行实践不一致)，则航空器享有在海峡上空不受阻碍飞越的权利。

2. 对《国际民用航空公约》的执行

美国签订了1944年《国际民用航空公约》(通常称之为《芝加哥公约》)，其多边协定适用于

民用飞机。该公约不适用于军用飞机或美国政府租用的“国有飞机”，公约要求这些飞机在飞行活动中必须对民用飞机的飞行安全“表示应有的尊重”。《芝加哥公约》建立了国际民航组织，以制定国际航空原则，发展国际航空技术以及“促进国际航空飞行的安全”。

各种军事行动不受国际民航组织飞行程序的限制。其中包括军事突发事件、秘密行动、政治上敏感的使命或者航空母舰的例行活动。上述飞行活动不是根据国际民航组织的飞行程序进行的，而是控制在“应有的尊重”的标准(更多有关内容见国防部(DOD 4540.01 号《在国际空域美国军用飞机飞行和导弹及炮射的使用政策》)指导文件，《美国军用航空器的空间使用和公海空域作战》，美国海岸警卫队指导文件，海岸警卫队空中活动手册)。

3.对飞行情报区(FIR)的认知

对飞行情报区(FIR)的认知是可提供飞行信息和警戒勤务的特定空域。国际民航组织建立这些飞行情报保障区的目的是确保民航的安全，这些飞行情报区包括领空和国际空域。但是，在一般情况下作为一项政策，美国军用飞机通过国际空域例行地从一个地方飞行到另一个地方时，应遵守国际民航组织的飞行程序，并且利用飞行情报区的服务。如上所述，这一项政策的例外情况包括，军事突发事件所采取的行动，秘密的或政治上敏感的使命，航空母舰例行活动或其他训练活动。如果美国的军用飞机不遵守国际组织的飞行程序，那么，它们在飞行时，应对民用飞机的安全表示应有的尊重。然而，有些国家要求所有军用航空器应在其飞行情报区内遵守他们制定的规程，而无论这些航空器是否接受 FIR 规定或是否打算进入其领空。美国政府不承认沿海国家在这类条件下有对外国军用航空器适用其 FIR 规程的权利。因此，如果美国军用航空器不打算进入他国领空，则无须展示识别标志或遵守他国飞行情报区的规程，但美国政府特别允许的除外。

4.防空识别区

国际法不禁止各国在其领空附近的国际空域建立防空识别区。防空识别区规定的法律基础是一个国家有权确定进入其领空的合理条件。因此，可以要求接近国家领空的飞机，在国际空域时应表明其国籍以作为同意其进入国家领空的条件。美国宣布的防空识别区的规定适用于飞往美同领空的飞机，同时还要求填写飞行计划和定期报告其位置。美国政府不承认沿海固有对不打算进入其领空的外国航空器适用其防空识别区规定的权利，美国政府也不会要求不打算进入其领空的外国航空器适用美国防空识别区规则。**因此，如果美国军用航空器不打算进入他国领空，则无须展示识别标志或遵守他国防空识别区的规定，除非美国政府特别允许。**应该强调的是，以上情况适用于平时或非敌对环境中。如果立即要发生敌对行动或已经发生了敌对行动，这个国家就会发现，它采取措施进行自卫会必然对国际空域中的飞行造成影响。

六、“立体警戒圈”的使用

军舰平时设立“立体警戒圈”的规则，军舰的立体警戒圈亦称“气泡式警戒圈”，其是指军舰，尤其是航空母舰设定的包括水面、水下、空中的立体警戒圈。该警戒圈的范围一般以军舰或其舰载机的警戒雷达视距为限，并随军舰的移动而移动。美国军舰在航行时设立有半径为200 海里的立体警戒圈，凡从水面、水下、空中接近或进入该圈的舰艇、航空器都有被认为具有敌意并受到警告、拦截乃至打击的可能。

从现有的国际海洋法规则分析，为军舰尤其是舰队设立立体警戒圈是以存在军事武装冲突为前提的，是为防备敌方的可能打击威胁而设立的，同时需要顾及非敌方船舶和飞机的航行安全，尊重其他国家和平利用海洋的同等权利。根据和平利用海洋以及平等利用海洋的原则，在平时没有为军舰设立立体防御圈的必要。军舰设定立体警戒圈作为武装冲突时期针对敌方合法军事目标采取的谨慎措施是在英阿马岛之战有应用先例的。但是，如果将这种战时的谨慎措施搬到平时，将严重阻碍别国船舶和飞机对海洋的和平利用。如果此种防御圈随舰队移动到狭窄的海域，则会限制更多的船舶和飞机的行动，严重妨害该海域的和平和良好秩序。应当特别指出的是，在高技术条件下，美国的“预防性自卫”理论和以此理论为基础制定的海上平时交战原则特别危险，它意味着美军将根据自己对“敌对意图”的判断(甚至可能根据一些现场低级军事指挥官的判断)，对其他国家的武装力量使用武力。

第五节　中美军事活动海上相遇有关规则

一、美国对《海上意外相遇规则》制定的动因[①]

美国军方以维护“航行自由行动”的名义在曲解和践踏国际法的同时，还有和有关沿海主权国家展开咨询和磋商的倾向和姿态，即针对有关国际海洋法问题或者分歧进行协调和磋商。国际法是一种发展中的动态体系，无论是法律问题抑或是政治问题，国际法的实践和发展为各国之间的咨询磋商提供了基本的依据和导向。根据《联合国宪章》第 96 条之规定，联合国大会、安理会以及联合国相关机构可以就法律问题提请国际法院发表咨询意见。《联合国宪章》非常推崇展开国际法问题的咨询磋商程序，以有效地解决国际问题或者国际分歧。即使美国“航行自由行动”在向有关沿海国表达咨询磋商的目的另有所图，出于外交需要沿海国也都给予相应的应对。

2014 年 4 月，包括中国、美国、日本在内的 21 个成员国在青岛举行西太平洋海军论坛年会并一致通过多边的《海上意外相遇规则》(CUES)。2015 年 4 月，台湾“国防部”声明，已经和美方建立海上不预期相遇操练基本准则，建立一个标准程序。

2016 年 5 月 4 日，美国驻中国大使馆发表了一篇题为《确保在南中国海航行自由是美国海军的首要使命》的文章。美国的“亚太再平衡”战略涉及政治、经济、军事三个层面：

(1)政治层面，其目的是要强化与传统盟友的伙伴关系并积极加强与新伙伴的关系，从而积极参与域内各种多边机构的活动，加强在亚洲地区全方位的主导地位。

(2)经济层面，其目的是要打开亚洲盟国市场，为美国产品寻求出路，争取分享亚洲经济增长的红利。

(3)军事层面，其目的是要强化在该地区的军事存在，通过各种方式增强盟友和伙伴国家的军事能力，以亚太地区安全为由遏制、打压我国的崛起。

---

① 赵伟东.美国力促中美海警达成“海上相遇行为准则”探究[J].公安海警学院学报，2016(4)：20-23.

作为推动“亚太再平衡”战略而推出的美国《亚太海上安全战略》中指出，美国的战略目标就是为了确保其国家安全，为此在亚太地区通过以下措施来实施：

(1)增强美国军事实力；

(2)密切同盟国和伙伴国家的合作关系；

(3)强化军事外交；

(4)增强并建立区域安全组织架构。

美国国防部在亚太地区要具体落实三大目标，即保护海洋自由、预防冲突和危机、维护美国所宣称的国际法。由此可知，美国“亚太再平衡”战略的实施，从顶层设计到底层的落实，无一不是为了所谓美国的国家安全，从军事层面上讲，就是要如何确保其60%的军力部署到亚太后能“航行自由”的问题。鉴于我国海上执法力量为维护国家主权和海洋权益而采取了积极、有效的海上维权执法行动，美方军用舰船已感力不从心，美军高官数次喊话其海岸警卫队来南海助战，而《海上意外相遇规则》又排除了两国海上执法力量，所以美国才有了积极推动两国海上执法力量商签“准则”的强烈愿望，其目的无非是寄希望于美国海警船艇一旦在亚太部署和行动，“准则”可以保证其“安全”。美国力促商签“准则”的第二个可能企图，就是两国海上执法力量如果签署“准则”，美方或以“准则”为标杆，暗示或授意其域内的盟友、新伙伴国也能与我国商签类似于“准则”的安全协议，以便束缚我国海上执法力量的手脚，使这些国家能在与我方进行海洋权益争夺中即使不能占得主动、获取便宜，也能保证安全、不吃大亏。因为，就海上执法力量的实力来说，同我国相比，美国在域内的盟友和新伙伴国要弱小得多，他们更希望能实现以弱敌强的行动目标。

美方曾经希望在中美两军之间签署的《海上意外相遇规则》中涵盖两国的海上执法力量，但由于中方的反对才将两国海上执法力量排除在外，因此规则的签署并没有达到美方的全部目的，美方真正担心的还是活跃于我国主张管辖海域开展维权执法行动的我方海上执法力量给其形成的压力。无奈之下，美方意欲采取迂回策略，即接下来走第二步，力促中美海警间签署“准则”。只要适用于两国海警舰船的“准则”商签完成，美方即可走第三步，即以“准则”内容交叉适用于美军舰船，从而减轻来我国主张管辖海域横行的美国军用舰船在面临我国海警舰船海上执法行动时的压力。其中的概念就在于，美国海警舰船符合《联合国海洋法公约》关于“军舰”的定义，而且美国也一直声称美国海警舰船就是军舰。既然“准则”所规范的是作为“军舰”的美国海警舰船和作为“政府公务船”的我国海警舰船双方之间的行为，那作为“军舰”的美军舰船自然也可以适用。这就是美国寄希望于通过“三步走”所要达成的“交叉互用”目标，其根本目的还是要解决美方“灰船”应对中方“白船”的问题，而不是其一直声称的解决美方“白船”应对中方“白船”的问题。

下面介绍《海上意外相遇规则》的利弊权衡。对于“准则”而言，即使其核心内容是技术层面的细节问题，却也蕴含包括国家战略在内的各种政治、军事、外交等方面的用意和信息，因此磋商过程既是讨价还价的过程，也是互相摸清对方战略企图和底牌的过程。参照两国军方《中美海空相遇安全行为准则》而制定的“准则”，将同样是一个技术性、操作性和实用性很强的安全规范，而且能更好地契合两国海警的海上执法行动实践，因而对于海上舰船安全航行和操纵，防止误解误判、预防海上冲突、管控海上危机，具有很重要的实际指导意义。

近几年来，中国周边海洋局势呈现日趋复杂的紧张态势，中国海警在维护国家海洋权益的斗争中扮演着重要的角色、占据着日益主动的优势地位。但与美国海警的舰船实力相比，中国海警的实力仍显弱小。“准则”的签订，并不能实质性减少中美关系中的危险因素。中美海军达成《海上意外相遇规则》的特点：一是以减少海空军误解误判，避免海空意外事故，维护地区安全稳定为目标；二是协议内容以《国际海上避碰规则》等既有国际技术性法规为依据。单从技术性层面讲，有无《海上意外相遇规则》并不重要，因为这只是现有国际规则的复制，而非新的海上安全规范。同时，作为一个完全是自愿遵守的协议，也并无任何法律效力，不言而喻，其政治意义要远大于实际意义。与此类似，“准则”的签订并不能减少中美南海博弈中存在的各种危险因素，反而更有可能像有人担心的那样，双方“危险接近”的次数会有所增加。因为，如同安全行为协议签订后大家所看到的那样，美国舰机时不时会在我国附近海域拿协议内容进行“验证”，“验证”之后还会有美方对中国海军表现“专业”等相关评价。

二、对《中美海空相遇安全行为准则》的解读

2015 年 4—8 月，中美军事部门双方就《中美海空相遇安全行为准则》先后共进行 5 轮谈判磋商。2015 年 9 月 18 日，完成行为准则的正式签署。

行为准则共包括六大条块，主要明确了中美两国军用航空器在公海空域空中相遇时，双方飞行员应遵守和执行的飞行规则，还有建立或发布危险区或警告区的特定区域规则、沟通联络基本原则、和平时期安全保证措施、突发情况现场协调规则等基本内容，旨在保障军事航空器飞行安全，避免发生海空安全意外事件，增进相互信任。

1. 基本概念定义

军用航空器：指隶属于双方军队的航空器，包括有人驾驶和无人驾驶的固定翼飞机、旋翼飞机和直升机。

空中危险区/警告区：是在限定的时间和空间内对航空器飞机可能存在危险的空域。

2. 军用舰艇和军用航空器的权利、义务、豁免权

军用舰艇和军用航空器可采取行动进行自卫。当一方军用舰艇或军用航空器根据国际法规定行使其权利与自由、合法使用海空域时，应当适当顾及另一方军用舰艇或军用航空器根据国际法享有的权利、自由及对海空域的合法使用。

3. 特定区域规则

当有关活动的进行或将影响到附近军用舰艇和军用航空器的安全时，现场指挥官应当确保发布警告或建立适当的警告区，并在该区域内开展有关活动。

当有关活动，如军事演习、实弹射击等或将影响到附近军用舰艇和航空器的安全时，现场兵力应当向警告区附近活动的军用舰艇和航空器及时发出危险警告。如有关操纵安全关切，在该区域内或附近的军用舰艇或军用航空器应当进行及时、积极的沟通，协调行动，确保安全。

一方的军用舰艇和军用航空器不应妨碍警告区内划设方进行的有关活动，但军用舰艇和军用航空器享有国际法赋予的航行飞越自由，以及与这些自由有关的其他合法用途。

4. 航行情况通报

军用舰艇或编队应当向其附近的军用舰艇或军用航空器积极通报可能影响后者安全的活

动，并根据《海上意外相遇规则》及《国际信号规则》协调安全距离。

5.和平时期安全保证措施

(1)指挥官(舰艇长)或船长有责任判定其舰艇是否受到其他舰艇或航空器的威胁，其判断须在其他军用舰艇或军用航空器对其构成的潜在威胁和这些舰机在该区域行动的权利之间做出权衡。

(2)当开展行动时，军用舰艇应当及时沟通，确定安全距离，表明机动意图。在确定安全距离的过程中，除正常因素外，亦应考虑到军用舰艇和军用航空器可能会因当时主要的战术及行动条件引发安全关切，从而有必要开展更多沟通。

(3)双方军用舰艇确保在海空域持有和平意图的首要方式，是遵守《公约》和1972年《国际海上避碰规则》中现有的安全规则和标准，并采取积极及时的沟通以明确行动。

6.军事训练

军用舰艇或舰艇编队在航期间进行军事训练时，应当主动告知附近军用舰艇或军用航空器可能的安全关切。为了不妨碍训练活动，避免误解误判，双方应当协调机动意图。

7. 突发情况现场协调规则

(1)军用舰艇海上相遇，应当尽量避免危险接近和可能产生误解误判的情势。一旦发生上述情况，双方应当加强现场沟通，采取积极措施降低航(飞)行危险。

(2)军用舰艇海上相遇时，不论何种原因发生碰撞，双方应当在采取损管(damage control，控制风险)和救生措施之后迅速脱离接触，避免采取任何使事态升级的行为。双方应当根据国际法要求，并本着保护海上生命安全的精神，在力所能及的情况下对遇险人员积极施救。但一方须在事先征得另一方明确同意的情况下方可登上或营救另一方的军用舰艇或军用航空器。

(3)对海上发生的危险接近、碰撞等情形，或其他可能导致误解误判的行动，双方应当采取积极措施缓和紧张形势，通过军事和外交渠道和中美海上军事安全磋商机制，进行相互沟通、专业评估、探讨改进措施。

8.空中航行的准则

对空中安全行为准则进行了以下规定：

三、空中相遇安全行为准则

第一条：军用航空器空中相遇时，在符合其使命任务要求和实际可行的情况下，应当按照与《国际民用航空公约》及其相关附件与指南相一致的精神进行作业。在适用于本附件所提及的空中相遇时，双方亦应善意执行《海上意外相遇规则》。

第二条：军用航空器空中相遇时，应当通过专业飞行技艺，包括使用本附件所定义的适当的通信方式保障飞行安全。《国际信号规则》、国际电信联盟的《无线电规则》、《海上意外相遇规则》以及《国际民用航空公约》相关附件是双方军用航空器通信联络的参考和指南。

第三条：军用航空器空中相遇时，为了飞行安全，双方应该鼓励积极进行沟通联络。军用航空器沟通联络，按以下原则进行：

1.若一方军用航空器发起呼叫，另一方军用航空器应当在任务许可的情况下积极回应。飞行员应根据当时的情况决定何时进行沟通。

2. 沟通信息可包括但不限于下述内容：

(1)表明身份；

(2)航空器机动意图；

(3)正在进行或拟进行的可能与相遇航空器飞行安全有关的作业；

(4)其他有关飞行安全的信息。

3. 军用航空器机组成员应当避免使用不文明语言或不友好肢体动作。

4. 军用航空器紧急情况下的沟通联络，可采取任何可能的方式达成。

5. 尽管本规则鼓励沟通，但无意使沟通成为军用航空器的义务。

第四条：一般飞行规则

1. 双方军用航空器空中意外相遇时，飞行员应保持安全间隔，避免造成安全危险。军用航空器确定安全间隔，应综合考虑各自国内规则、相关国际指导性文件以及飞行任务、气象条件、飞行情况等因素。

2. 双方军用航空器在特定情形下确定的安全间隔仅适用于当时情势，不应作为其他情况下确定安全间隔的依据。

3. 当一方军用航空器为识别、查证或伴飞目的有意接近另一方军用航空器时，双方飞行员均有责任以专业飞行技艺操作，适当顾及对方航空器的安全。基于上述原则，发起接近的航空器应保持安全间隔，另一方航空器应避免鲁莽的机动行为。

三、《中美海空相遇安全行为准则》的执行[①]

随着航空器性能的不断增强，军用航空器除了担负与战争或武装冲突相关的传统军事任务外，也越来越多地担负一些非传统的任务，比如争议海区巡逻、打击海盗、参与抢险救灾等。这些非传统任务中有一些是有特定军事、政治目的，与国防紧密相关，具有传统的军事性质，比如军事演习演练、争议海区巡逻等，也有不少是与政治、军事目的无关，主要或者全部目的就是为了维护国家和社会秩序，是纯粹的执法目的，比如说打击海盗、参与抢险救灾等。也就是说虽然都是军队的活动，但也有具有军事目的和没有军事目的之分。

2007 年美国防部指令 4540.01 号指出，“当美军航空器从事秘密任务或政治敏感活动，飞行指挥官不需要遵守国际民航组织飞行程序。他们可以遵循‘适当顾及’可选方法，他们将实施自我管控，从而避免和其他航空器飞行冲突”。

该准则不约束一线海军和空军行动，不与现行的军队有关作战的条例、规定相悖。“准则”与现行海空边防情况处置规定无冲突，它是在双方互信基础上确立的，要求双方善意执行，其本身不具备国际法和双方条约的法律效用。“准则”中明确，执行“准则”要与自己执行的任务相容，即自己的任务允许时执行，任务不允许时不执行。如在在识别查证、跟踪监视中可以加以运用，当要求进行警告、外逼等任务时无需执行“准则”内容。

军用航空器与外国军用航空器海上意外相遇时，应当加强空中观察和指挥引导，保持安全间隔距离，启动雷达告警装置和防相撞设备，保持规定的战备状态，确保飞行安全。应当值守

① 吴传军. 中美“空中相遇安全行为准则”谈判磋商情况及启示[J]. 航空杂志，2017(2)：13.

相应通信频道，可以通过甚高频或者飞行动作与其沟通联络，向其表明身份和意图。如对方航空器主动沟通，应当及时积极回应。航空器与外国军用航空器海上意外相遇时，应综合考虑相遇对象、空域性质、当时的环境和态势，以及执行任务性质、目的等因素，判断其行为是否妨害己方航空器飞行任务执行或者对己方航空器构成威胁。

可以明确看出，该准则内容都是原则性的、抽象的，没有任何关于双方军事交流、协商的细节性的、实质性的、具体的内容。中美军事双方签订的军事安全磋商协定更多是一种概念性的倡议，是一种双方从主观上希望、基本同意的框架。但这种同意也只限于双方人员的头脑中，而不是关于现实情况的具体技术安排。这也正是中美在建设海空机制上难以取得实质性进展的要点所在。因为一旦涉及现实问题的具体安排，双方的分歧太大，很可能连坐到谈判桌前“泛泛而谈”的机会都不会有。

不信任与建立信任措施的背离。本来国家之间之所以要建立信任措施，就是因为希望通过这种方式增进双方的信任。同时，相关方也应该把“建立信任措施”当成增强互信的必要措施。如果连这些所谓的“建立信任措施”本身都被怀疑，那么增进互信的初衷就永远不可能实现。中美军方之间在建设海空防控机制上就面临着不信任与建立信任措施相背离的困境。具体来说就是，中美双方本身对对方的意图和行为不信任和提防，于是双方为了避免这种因误判、误解、怀疑造成海空事件恶化的后果，就需要采取一定的措施(包括签订一些协定)来增强双方的信任。但问题是，双方为增强信任所采取的措施其本身也没有实质性作用，因为双方可能都会怀疑对方会是规则的利用者而不是遵守者。这样一来，用来增进信任的“措施”也被怀疑。由此，增强互信的初衷也就很难通过建立信任措施予以实现。

参考资料　美海军 WC-135 飞机

美海军 WC-135 飞机(见图 7-3)对中国的侦查侧重在放射性粒子、气象海况的侦查，一般沿着对方海岸线平行飞行。2017 年 5 月 24 日，中国战机在香港东南方向的南海空域拦截美海军侦察机 WC-135，两机距离约 180 米。

图 7-3　美军 WC-135 侦察机

第六节　对国际空域有关军事飞行冲突的认知

2015 年 5 月出台的《中国的军事战略》白皮书提出：海上方向维权斗争将长期存在。它全面介绍了和平时期中国武装力量的多样化运用，发展远海合作与应对非传统安全威胁能力。2013 年 4 月发布的《中国武装力量的多样化运用》白皮书，对我国武装力量的多样化运用所需遵循的基本原则进行了阐述，同时提出了武装力量完成多样化军事任务的基本目标、任务类型。2010 年 11 月批准发布的《军队处置突发事件应急指挥规定》，对军队参加维护社会稳定及处置其他各类突发事件的组织指挥、力量使用、综合保障和军地协调等问题作出明确规定。这一系列国家政策为我国遂行非战争军事行动提供了坚实的理论基础和政策支持。

一、基本原理认知

(一)国际法与国内法的关系

国际法是国家之间的法，是不同于国内法的特殊的法律体系，这种特殊性可以从二者的对比中体现出来。

1. 立法主体不同

国际法的主体是国家以及由国家派生出的国际组织或争取独立的民族，国内法的主体是自然人和法人。

2. 法规调整对象不同

国际法调整的主要是国家间的关系，国内法调整的是个人、法人以及作为法人的国家机关之间的关系。

3. 法律渊源不同

国际法的渊源是经协调形成的“各国的共同意志”，这种“意志的合一”明示地表现于条约，默示地表现于惯例，国内法的渊源是体现国家意志的“各项国内立法及其判例”。

4. 制定方式不同

国际法由两个国家或更多的国家通过协议或认可共同制定，国家拥有主权，国际法是“平等者之间的法”，国内法是由一国的立法机关自上而下制定的。

5. 保证实施的方式不同

国际法是由国家单独或集体地采取强制措施来保证其实施的，联合国也可以通过决议对施害国进行集体制裁。国内法通过军队、警察、法庭、监狱等国家强制机关来实现其法律的强制力。

国家之上不存在更高权威，没有一个超国家的统一执法机关强制执行国际法，特别是某些国家或国家集团的霸权主义和强权政治行径有时没能得到有效制止和惩罚，因此一些学者认为国际法是“弱法”(weak law)。然而，“法律本身的强制性与法律的强制执行是两个问题，前者是法律的内在属性，后者是为保证实施法律的外力采取的强制措施。因此在某些场合下对违反国际法行为未能有效实施制裁，不应归因于国际法本身，而是因为制裁力量的不足或者强制执行制度的不完善，这种‘不足’和‘不完善’的情况在国内法也存在”。对于违反和破坏国际法、侵害别国利益的国家，可以由被侵害国单独或者集体实施相应制裁，《联合国宪章》第 7 章规定了对侵略行为的制裁，经济制裁、冻结银行资产以及使用武力等强制措施体现了国际法的强制力。

国际法是一种动态的不断发展的体系，无论是法律问题、政治问题、主权纷争，国际法的实践和发展为各国协商提供了基本的经验和导向。《联合国宪章》第96条，联合国大会、安理会以及联合国相关机构可以就法律问题邀请国际法院发表咨询意见。《联合国宪章》非常推崇展开有关国际法问题的咨询磋商程序，以有效地解决国际问题或者国际分歧。即使美国“航行自由行动”在向有关沿海国表达咨询磋商的动机不是很纯正，有关沿海国亦应该给予策略性的应对。

（二）法律依据和原则

军事行动的法律依据从国际法和国内法两方面进行梳理。

(1)国际法方面，具有指导意义的法律依据主要有《联合国宪章》《公约》以及已经签署生效的相关国际协议中涉及的相关约束等。

(2)国内法方面，国家法律，如《国防法》《海洋环境保护法》《领海及毗连区法》等；国家行政及军事法规，如《处置海空边防情况和涉外突发事件的若干规定》《海上战备巡逻细则》《军队抢险救灾条例》等；国家战略性文件，如《中国的和平发展》白皮书、《中国武装力量的多样化运用》白皮书、《军队非战争军事行动能力建设规划》等。

从目前国际实践看，关于武器使用的限度通常都是就个案的证据进行具体分析。关于军事武器装备的使用，适用必要原则、比例原则和区分原则这三大原则应当是没有争议的。关于军事武器装备的使用，国际实践实际已经初步形成了合理且必要标准。也有学者从比例原则的角度作了进一步深入分析，认为比例原则实际上涵盖了逐步递进的三个小原则，即关联性原则、必要性原则和利益均衡原则。不过核心的部分实际还是必要性与合理性。

(1)必要原则。是指武力应当在用尽其他一切手段仍不可避免危害或完成任务的情况下才可以使用。必要原则包括两层含义：一是有使用武力的必要，如联合国宪章中“执法人员行为守则”条款“执法人员只有在绝对必要时才能使用武力”；二是具有使用相应强度武力的必要，如在《执法人员使用武力和火器的基本原则》规定：“无论如何，只有在为了保护生命而确实不可避免的情况下才可有意使用致命火器。”

(2)比例原则。是指武力的使用必须在造成平民或民用物体附带伤亡与预期军事利益之间保持平衡或相称，即附带伤害应小于等于军事利益，最好是没有附带伤害，如果附带伤害过分大于预期军事利益，则该军事武力使用是违反国际法的，可能被视为国际罪行。

(3)区分原则。是指在军事武力使用上，作战各方应区分军事目标与民用目标，武器使用应针对军事目标进行，而不应针对民用目标。

(三)国际法与军事活动的关系

国际法是作为国家之间法律来调节国家间的关系的，军事活动是非常重要的一种国家活动，因此国际法一定会对国家的军事活动产生影响。

国家的军事活动可以分为两类：第一类是作战行动，即战争；第二类是和平时期非作战的军事行动，非作战的军事行动最主要的是军事训练、值勤等。军事训练作为部队战斗力生成的一个基本途径，直接关系到战争能不能够胜利。其作为部队建设的一个切入点，是部队全面建设的一个牵引。所有非作战的军事活动都是直接或间接地为作战服务，或者是辅助作战，或者是准备作战的。战争是军事行动的最高形式，是一种最后的表现形式。

在当代重视军事活动中的国际法因素，自觉地把国际法运用于军事活动，特别是运用于战争，达成军事活动的政治目的，已经成为一项重要的军事艺术和战争指导规律。现在想要把仗打赢，达到战争的政治目的，需要考虑到国际法有关影响，以便充分地实现战争所追求的政治目的。因此各大国都非常重视军事活动当中的国际法问题，比如美国的《美国海上行动法指挥官手册》，在阐述执行过程中，对行动依据的国际法都有比较全面的叙述。

所谓法律战是指依据国内法、国家法和国际惯例，透过各种渠道进行有利于己而不利于敌的法律斗争。以法律对抗为主要的斗争手段，贯穿于军事斗争的全过程，而且先于军事斗争展开，后于军事斗争结束。

解决军事飞行冲突的规则包含着国家目标、任务需求及国际法的要求，因此要达成的目标主要如下。

1. 政治目标

飞行活动确保国家政策和战略目标在飞行活动中得到实现，尤其是在与上级的通信受阻时。正如马汉在《海权对历史的影响》一书中所阐述的海军将军或校官，在国际法上一直在战略或战术上采用的原则。遇有紧急情况时——这种紧急情况是时常发生的，他必须在没有得到命令的情形下，本着他的上级所期望的精神并按照上级所希望的方式代替他的上级行事。在平时，不当采取的行动可能会引起战争，而不当的不行动则可能使美国人的人身或财产权利受到侵犯。一般军事飞行活动要求指以下几个方面：对行动施加限制，确保军事的行动不会引发不可想象的事态升级；通过授予或限制授予指挥官使用特别武器系统或战术方案而规制指挥官影响军事行动的能力；可以重新强调任务的性质和使用武力范围；派遣至海外训练的单位仅是在自卫的情况下才能使用武力，以此强调任务的训练属性而非作战属性，比如执行训练任务的飞行编队飞越交战地区时，只有在自卫情况下才能使用武力。

2. 军事活动的基本法律目标

采取的行动不仅要成功，而且还要与国内法和国际法的要求相一致，尤其是不能因不合法的作战方式和手段而对军事行动的效果大打折扣。

(四)国际法作用的前提

在军事活动中发挥国际法的作用，国际法的参照系就是国内法。国际法跟国内法不一样，实际上国际法与国内法是两个不同的但又有着密切联系的法律体系。国内法是以统治权为基础的法律秩序，它有全国统一的制定法律、执行法律、适用法律的机构。国际法是一种以主权者平等协作为基础的秩序，没有统一制定、实施和执行法律的机关。因此，在国家军事活动中发挥国际法的作用，需要有相应的国内法律配套，有时还要自己解释法律，要立足于依靠自己的力量来执行法律。

国际法是国家间的法律，国际法的制订一般有两条途径：一是各个国家在实践过程当中，逐渐形成的一种习惯；另外一个就是通过会议、通过谈判签订条约。不管条约法也好，习惯法也好，只要当一国家明示或者默示以后，这个国际法、条约，才对他有用。

国际法关于国家的权利和义务的规定一般都比较原则。《联合国宪章》第 51 条规定：联合国的会员国在受到武力进攻时，在安理会采取办法维持和平与安全以前，有权实施单独自卫或集体自卫。这条规定我们一听好像很清楚，但是实际上理解起来就不一样了。在受到武力进攻时，中国的理解就是实际受到武力攻击了，当然你可以单独自卫。中印边境自卫还击作战、中越边境自卫反击作战都是按照这样一个原则来实施的。基辛格在《大外交》里面对这个问题有个说法,他说:“凡涉及大国的侵略行为,从来没有依靠集体安全原则而免被击溃的例子。”冷战时期,联合国在柏林危机,以及在苏联介入匈牙利、捷克、阿富汗的时候,不是徒劳无功就是袖手旁观。美苏两个大国在那个地方,联合国根本伸不上手。古巴导弹危机的时候,直到美苏两国同意和解,联合国才使得上力气。1950 年,美国抬出联合国出兵朝鲜,联合国根本没有起到应有的作用。

(五)国际法上的管辖权

国家管辖权主要是指国家对自己领域内的一切人(享有豁免权者除外)、物和所发生的事件,以及对在其领域外的本国人行使管辖的权利。国家管辖权主要是涉及每一个国家对行为和事件后果加以调整的权利的范围,管辖涉及国际法,也涉及国内法。国际法决定国家管辖权的可允许限度,规定国家管辖的范围以及对国家行使管辖权可能的限制,解决的是各国管辖权的分配问题,国内法则确定国家在事实上行使它的管辖权的范围和方式,解决的是国家如何通过立法、司法、执行等方式实施具体管辖的问题。

管辖权为主权的一个方面,它是指司法、立法与行政权力。主权与管辖权的概念虽然具有密切联系,“国家对其领土的能力通常可以用主权和管辖权这两个术语进行描述”,但含义不同,“国家通常的全部权力及法律能力的典型情况,被描述为‘主权’特殊的权利,或数量上少于规范权利的积累,被认为是‘管辖权’”。国家海上管辖权就是国家关于其管辖各海域以及其他海域的权力、自由和权利的描述,是国家管辖权的新发展。

(六)国际法庭仲裁

国际法院(International Court of Justice)是根据《联合国宪章》的规定而设立的联合国主要司法机关。《国际法院规约》是《联合国宪章》不可分割的一部分,联合国会员国是《国际法院规约》的当然当事国。根据《联合国宪章》和《国际法院规约》的有关规定,主要涉及陆地边界、海洋边界、领土主权、不使用武力、不干涉国家内政、外交关系、劫持人质、庇护权、国籍、通过权和经济权利等国际法问题。

根据国家主权平等原则,国际法院不是也不可能是凌驾于主权国家之上的超国家的司法机构。因此,国际法院的诉讼管辖权是建立在国家同意的基础之上的,即只有在国家明确表示同意接受法院管辖权的情况下,国际法院才能行使诉讼管辖权。

(七)“和平目的”的内涵

“海洋应只用于和平目的”是《联合国海洋法公约》所确立的一项国际法一般原则,也是现代海上活动遵循的纲领性原则。第三次联合国海洋法会议上对何为“和平目的”进行了激烈辩论,争议焦点集中在是否允许海洋军事活动,形成了三种不同的代表性观点。

第一种“和平目的”的观点是将“和平目的”解释为“完全的非军事化”,即禁止海洋上一切军事活动。这一观点的最初依据是《南极条约》第 1 条:“南极洲应该只用于和平目的。在南极洲,应完全禁止任何军事性措施,如……”南极封闭的地理位置和极端的气候使南极的环境相当脆弱,维持基本的生态平衡已属不易,而军事活动必然会产生环境污染和生态破坏,南极极低的自我修复力难以接纳这些“外来影响”,这是南极的“和平目的”是完全非军事化的原因。而其他海洋区域没有这一特殊情况,海洋的自我净化能力可以一定程度地接受、消融海上平时军事活动产生的环境污染等负面影响。

第二种“和平目的”的观点是将“和平目的”解释为“禁止一切以侵略为目的的军事行为、但不禁止其他军事行为”。禁止一国使用武力侵犯另一国家的主权、领土完整或政治独立，或采用与《联合国宪章》不符的方式使用武力。

第三种“和平目的”的观点，认为检验一种活动是否是和平的，要看其是否与《联合国宪章》和其他依国际法所承担的义务相一致。这一观点的依据是《联合国海洋法公约》第301条“海洋的和平利用”：“缔约国在根据本公约行使其权利和履行其义务时，应不对任何国家的领土完整或政治独立进行任何武力威胁或使用武力，或以其他与《联合国宪章》所载国际法原则不符的方式进行武力或使用武力。”

由此可见，海上平时军事活动在适用和平目的原则时，应不以“威胁到别国的领土完整和政治独立”和“不在《联合国宪章》原则外使用武力”为最低限度。

二、空战场的认知

近些年来，随着国家利益的不断拓展，我国军事力量运用的地理范畴，不再仅限于传统认知中的国土疆域和联合国授权行动区域，而是依据我维护国家发展利益安全的需要，呈现出一定程度的外向性，海外“用兵”的频率及样式均有所增加，这一变化的积极意义在于，其为新时期国家发展战略的顺利实施提供了有力的安全保障，提升了国家的国际影响力，也在一定程度上检验了我军遂行境外任务的能力。

在战争中通常执行进攻作战任务，即对敌国战略纵深目标实施远程打击。这种打击，除了要涉及本国法律的适用和遵守之外，还要涉及国际法的适用和遵守，特别是在空军作战飞行途中可能需要连续穿越一个或几个国家的领空，才能对敌国土纵深目标进行远程打击。不能因为国际法问题而严重制约我战略空军走出国门，一支不能走出国门的空军则是没有战略内涵和战略功能的空军，将从根本上失去建设战略空军的科学意义和实际价值。应当说，这是在我军作战史上从来没有遇到过的国际法问题。

在空战场管控中，遵守国际战争法主要是围绕作战方法和手段的合法性、人道主义保护等展开。保障作战实施阶段军事行动，打得“有理、有利、有节”，既能获得相应的效果，又不违背国际法和战争法，以免授人以柄，同时揭露、对抗、遏制敌方的违法作战。通过军事实力取得战争主导权是决定战争胜负的关键，而师出有名、合理合法也是国际社会十分关注的内容。

在空战场管控中既要看到国际法的重要影响和作用，也应当看到国际法自身存在的局限性，避免战略指导的主观性和片面性。从国际法执行机制看，国际法强制力具有有限性，国际法规范的妥协性，决定了其自身的软弱性。从现代高技术的迅速发展看，战争法规范具有滞后性和局限性，现代高技术的出现使现行战争法中的某些规则失去应有的效力和拘束力。

作战行为不应违反国际法，否则就将被国际舆论所谴责，甚至招致国际社会的制裁。注意遵守战争法，遵守自身签署和参加的国际公约(声明保留的条款除外)，尊重已经形成并被国际社会广泛承认的国际惯例，大胆进行国际法允许的有“法理”依据的行动，充分运用国际社会普遍认可的措施，是空战场的一种必然选择。如1977年《日内瓦(四)公约第一附加议定书》强调各缔约国在研究、发展、取得或采用新的武器、作战手段和方法时，缔约一方有义务断定，在某些或所有情况下，该新的武器、作战手段或方法的使用是否为本议定书或适用于缔约一方的任何其他国际法规所禁止。

灵活正确理解和运用国际战争法。在战场上，我们应该灵活运用法律，不能因为敌方没有参加某个公约，就认定其可以为所欲为使用任何武器、任何手段，而应该找出相应的法律原理或法律依据，指责其违反战争法，使其放弃卑鄙或残酷的作战手段和方法，在道义上丧失主动权。如伊拉克——在海湾战争中，伊拉克利用自己不是有关水雷和地雷两个国际公约(《特定常规武器公约》1907 年海牙第 8 公约《关于敷设自动触发水雷德公约》)缔约国，不受使用地雷水雷的限制。以美国为首的多国部队——对于伊拉克在海湾战争中使用地雷水雷，美国则认为，尽管伊拉克不是这两个公约的批准加入国，但是这两个公约是国家应有的惯常行为，对所有国家都有约束力，因此，伊拉克也必须遵守。在采取关系到战争成败却与国际法规定有矛盾的行动时，不拘泥于有关规定，而是利用国际法中不同规范的法律冲突，对国际法中不明确的含义做出有利于己方的法律解释，来规避国际法的某些条款，在国际战争实践中并非罕见，并逐渐成为一种趋势。

预防敌对国家违反国际法。战争中违反国际法的情况时经常发生的，在战争中运用法律战时，会有一个应对敌方试图违法作战的问题。在深入了解敌方试图违法作战的意图后，我方应有针对性地作好预防和报复准备。科学严密的预防，不仅可以使敌方不能从违法作战中得到军事上的好处，甚至可以使敌方在政治上、道义上陷入被动而放弃违法作战的初衷。这种科学严密的预防，有两种预防方法。一是在法律上，严厉警告。指责其准备进行战争行为违法了国际法，如果其一意孤行违法作战，我方将毫不犹豫地报复。二是在军事上，摧毁敌方用于违法作战的武器装备和设施，打击和削弱敌方实施违法作战行为的能力。

“多国军事行动”是一个集体名词，描述由两个或更多国家的军队实施的军事行动。这样的作战行动通常在一个临时联合体或联盟结构内进行[尽管其他可能的安排包括一个国际组织的监督(如联合国)]。我军的条令对于这个方面没有具体对应的条例和条令，在美军的作战条令中给出了如下内容，可以作为我军参考：“对多国部队指挥官来说，在东道国派出的军队和其他国家派出的军队方面，主权问题是最难处理的问题之一。除传统的指挥概念外，多国部队指挥官常常需要通过协调、联络和达成一致意见，才能完成任务。多国军事行动具有政治敏感性，多国部队指挥官(和下级指挥官)必须经常依赖其外交技能和军事技能。为了最有效地利用多国空中力量的作战能力，多国部队指挥官通常指定一名空中部队总指挥官，如果没有指定空军部队指挥官，多国部队指挥官可以计划、指导和控制空中作战。空中部队指挥官负责计划、协调、分配任务、进行特遣编组和控制空战任务以实现多国部队指挥官的目标。在多国军事行动中，空中部队指挥官的权限和指挥关系由多国部队指挥官决定。如果指定了空中部队指挥官，该指挥官通常对指定和配属的部队行使作战控制权，对其他用于特遣编组的军事能力和部队行使战术控制权，但战略空中机动部队除外，因为它将处于美国运输司令部总司令的作战控制之下。在某些情况下，多国部队指挥官可能认为对某些作战能力和/或部队进行直接支援是一种更为合适的指挥权。”

三、空战法的认知

军事行动涉及的交战规则，都是基于政治、军事全局考虑，使用中没有固定程序而言，但就战术层面上，各个国家的具体内容也是不公开的。

1923 年《空战规则草案》由法学家委员会在海牙仓促起草完毕(该委员会是根据 1922 年华盛顿限制军备会议而成立的)。尽管该草案没有约束力，但它对习惯武装冲突法的发展产生了相当的影响作用。在随后的 80 年间，空战实践有了很大发展，而草案起草时，空战尚处襁褓之中。而今，空战实力已经成为各国军事力量之核心，在现代战争中发挥着极其重要的作用。

至于导弹,1923年时尚未走进人们的视野。在过去几十年间,空战和导弹战技术领域的迅猛发展,已经导致了现代战场面貌的彻底转型和军事战略上的变革。

1995年《圣雷莫海上武装冲突国际法手册》(也称1994年《圣雷莫手册》)由国际人道主义研究院颁布。该手册的起草单位国际人道主义研究院认为,关于海上敌对行为的条约法内容支离破碎,不能作为当代军事活动约束的指南。该手册讨论的主题有单位海上军事目标(民用航空器何时是军事目标等)、海战中作战方式(海上禁区的国家实践)、海上军事行动的海域等。该手册附件一的附录2和附录3中提供了制定交战规则的指导意见。附件一的附录5中提供了自卫中武力升级的指导意见。附件三的附录6提供了军事行动中确认身份的要求和警告的喊话范本。其中涉及的武力强度有示警射击、失能性射击和致命火力3类;可选择的武力展示方式有显示“存在”、口头和可视性警告(包括展示武器)、无形物理压力、有形物理压力、非致命武力、致命武力;武力的使用原则应是渐进升级。综合看,军事武力使用程序至少包括质询、口头警示、武力警示、实际打击步骤。其中警告性射击,即对于经口头警告仍不停止危害行为的嫌疑人,可以使用武器予以警示,即鸣枪警示(可以细分为空弹射击警示和实弹射击警示)。一般顺序是先空弹警示,再实弹警示。实弹警示一般先不瞄准行为对象进行射击,如可以对空或对行为对象周边射击,或对逃逸目标侧或航行方向前部射击。

该手册很多观点来自于第二次世界大战以来的国家实践,这些实践包括交战双方实际做法、中立方的反应和新近有关国家的做法。该手册在关于战争法的部分增加了自卫法和适用于依据联合国安理会决议的行动规定,武装冲突通常不具备战争的法律特征,不论交战哪一方是侵略方,传统的规则仍然平等地适用于交战各方。该手册采用军事目标概念,区别对于支援军事行动的商业船和民用飞机。

尽管没有约束力,但是《圣雷莫手册》中的多数规则已经获得了海军大国的普遍认可,《圣雷莫手册》在某些方面包括了海战中的空战因素。

2003年哈佛大学人道主义政策和冲突研究项目组启动了一项多年的研究课题,旨在对现存空战和导弹战的法律进行重述。基于这一初衷,在诸多著名国际法专家的共同努力下,最终形成了现在的人道主义政策和冲突研究项目组的《空战和导弹战国际法手册》,其内容依据各国承认的有约束力的法律(法律确信)和条约的普遍实践,对现存空战和导弹战国际法进行系统重述。2008年1月形成的新的手册草案包括23章共166条规则,具体安排如下:

第一章　导论
第二章　武器
第三章　攻击
第四章　攻击时预防措施
第五章　受到攻击的交战方的预防措施
第六章　军事目标
第七章　直接/实际参加敌对行动
第八章　中立
第九章　空战和海战—拿捕和捕获
第十章　空战和海战—封锁
第十一章　禁(禁飞)区
第十二章　欺骗背信弃义

第十三章　间谍
第十四章　投降
第十五章　遇难飞机的跳伞员
第十六章　无人机/无人战斗机
第十七章　对医疗设施和运输的一般保护
第十八章　对医务飞机的保护
第十九章　对专用类型飞机的特别保护
第二十章　对其他人员和物体的特别保护
第二十一章　对环境的特别保护
第二十二章　人道主义救助
第二十三章　(多国)联合作战

该手册就是为那些计划、批准和实施空战和导弹战行动的人们提供事先而不是事后的帮助，其目的在于为部队指挥员提供参考。该手册为他们提供实用和全面的法律文本，帮助他们履行其基本职责。

四、军事危机和冲突的认知

通常认为战争与和平是人类社会的两种基本形态。但是如果分析地区形势、国际力量格局的变化与发展、公共空域军事飞行活动，便可以观察到第三种形态，这就是可能出现的军事航空活动冲突危机。由于危机既不像和平或者民用航空活动那样稳定与安全，也不像战争那样给人们直接带来血腥、冲击与震撼，因此军事航空活动危机作为一种典型的综合性危机，不仅具有一般危机的共性，而且还有其独特个性。

随着全球军事危机的频繁爆发，军事危机的控制也越来越引起世界各国的重视。可以说，“今后战略可能不复存在，取而代之的将是危机管理”——这是美国前国防部长麦克纳马拉曾作出的一个预言。

企图为军事艺术建立一套死板的理论，好像搭起一个脚手架那样，保证指挥官到处都有依据这是根本不可能的[①]。进行飞行冲突处理的可行方法是“多假设分析法”，要求指挥员首先穷尽所有可能的假设，然后在指标和各种假设之间展开分析，而不是逐一对其合理性进行评估，主要目的是剔除一些明显的冗余指标。作为起始阶段，迅速判明情况是首要任务：

(1)查明事件的种类、发生时间和发现时间，以及事件发生的地点、发生的原因等，以便掌握事件的基本性质。

(2)查明事件的初期后果和已造成的影响。

(3)查明事件是否还有进一步扩大或恶化的可能性，以及可行的危机冲突控制措施的实施情况等，以便掌握事件的发展趋势。

(4)查明事件牵涉的对象和基本情况，如谁是危机的制造者，所发生事件的牵连国家与组织(与事件具有直接和间接责任或利害关系的国家或组织)，危机的直接与间接受害者，与事件处理有关的机构和力量的运作与调用情况(包括军队的调动和部署情况)等，以便掌握事件的处理条件。

① 克劳塞维茨．战争论[M]．北京：军事科学院出版社，1998.

不论采用何种危机处理模式，其都离不开以下四个支撑条件：

一是有一整套系统的应对冲突的法律法规体系，如美国以《国家安全法》《全国紧急状态法》和《反恐怖主义法》为核心的安全法律体系，俄罗斯以《俄罗斯联邦紧急状态法》《俄罗斯联邦战时状态法》为核心的国家安全法律体系。

二是有一个在拥有绝对实权的中枢指挥系统控制下的危机处理体制，如美国在总统直接控制下的国家安全委员会，俄罗斯在总统直接领导下的俄罗斯联邦安全会议。

三是有一套可靠的情报收集与信息分析系统，如美国的中央情报局、联邦调查局及其军方的相关情报支持系统，俄罗斯的联邦安全局及其所属的情报支持系统和军方的相关支持系统。

四是有一个完备的危机处理计划和多套危机处置方案。

周边国家军事航空活动情况的收集与研究没有战时和平时之分。指挥员方通过两种看似不同，实则一致的方法对监控对象威胁性的行为性质作出预测：

(1)建立反应监控对象惯常行为的模式图，然后根据监控到的现象是否与之存在偏差进行预测；

(2)建立反应监控对象即将发动挑衅的模式图，然后根据监控到的现象是否与之吻合进行预测。

应对外机侦察方法如图 7－4 所示。

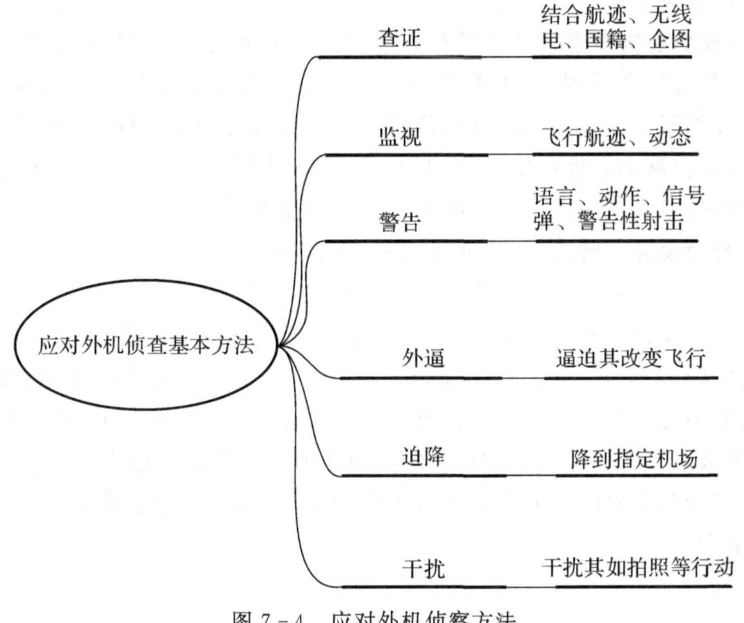

图 7－4　应对外机侦察方法

五、化解军事飞行活动冲突的途径

从原理上说，防止海上军事飞行冲突是国际社会“建立信任措施”的一部分。国家为了保障自身安全而采取的措施，反而会降低其他国家的安全感，从而导致该国自身更加不安全的局面，形成所谓“安全困境”。其核心问题是国家间的恐惧感和不信任感。在这种情形下，非进攻性的军事行为可能会被误认为是潜在的敌对行为，并会引发擦枪走火或是军事冲突。而通过

“建立信任措施”增进双方彼此心理及信念上的了解，增强军事活动的可预见性，令军事活动有一个正常的规范可循，可以减少上述冲突风险，有助于引导国家走出零和博弈下的安全困境，最终实现国家间的合作安全。在瞬息万变的公海空域环境中，建立信任措施显得更为重要。

在互有敌对意图的两军对峙的情形下，先发制人的技术优势、通信不畅造成的误判、前线指挥人员的竞争心态等客观因素，加之各国舰船、军机出于表达国家政治意志、搜集情报、获取战术优势等各方面需要，可能故意采取的一些骚扰或威胁对手的行动，都可能引发出乎国预料以外的海上事件。如果任其发展，频繁发生的海上事件不仅可能造成不必要的生命财产损失，还有可能引起双方误判、飞行冲突，甚至导致严重违背国家战略意图的危机升级或战争。这是国家共同面临的安全困境。通过制度建设消解或限制这些导致海上事件发生、升级的客观诱因，增强双方行为的可预见性，正是防止公海空域军事飞行冲突机制得以成立的逻辑基础。

现在回顾一下美苏在冷战期间管控海空危机事件的经验。美苏在冷战期间的对抗可以说极具观念和地缘政治性质。美苏为减轻海空冲突事件的负面影响，于 1972 年签订了《美苏防止海上意外协定》，这一协定虽然不具有强制力，但双方都认真执行。冷战结束后，俄罗斯仍然继承了该项协定的权利和义务，如今美俄在处理海空事件时也萧规曹随。美苏应对海空事件的成功一个很重要的原因就是：事件发生于一方或双方已经取得牢固地位的势力范围的外围。这也解释了为什么如今美俄之间虽然经常在很多区域（黑海、大西洋、太平洋、北极等）发生海空事件，但双方都能较为妥善地解决。

把美苏（俄）成功解决海空事件的经验简单类比于中美则是不可取的。中美之间不缺乏应对海空事件的抽象协定和规则，中美解决海空事件真正的障碍是集双方的观念分歧、得失心态、势力范围交叉等于一身。中美没有美苏（俄）那种可以参照的传统的规则框架，也不像美苏（俄）那样没有历史包袱和心理负担，更重要的是美苏（俄）之间并没有一方感到自己已取得的势力成果正在被“夺走”，或一方认为本属于自己的就应该“收回”。中美在海空领域尤其是南海，都把自己的行为视为理所当然，都把自己的主张当作合法、正义的标志，在中美实力差距不断缩小的情况下，双方在对海空事件的管控上很难取得实质性进展。

麦金托什（James Macintosh）指出，建立信任机制的谈判及实施必须在一定的条件下进行：一个是安全疲劳，即持续不断的紧张对峙不仅没有增强各自的安全感，反而加剧了安全困境，因此人们不得不运用其他手段寻求安全；另一个是政治承诺，这一点更关键，即双方都有通过建立信任措施来改善相互关系的诚意。中美海上互信机制得以建立的契机正是源于麦金托什所说的“安全疲劳”，频繁的海上冲突绷紧了两国的神经，进而寻求建立互信机制以减少海上“意外事件”的出现。

附　　录

附录一　中美海空相遇安全行为准则

2018 年 7 月 9 日至 18 日，中美两国国防部签署了《中美海空相遇安全行为准则谅解备忘录》新增的“空中相遇安全行为准则”附件(备忘录所含的“海空相遇安全行为准则术语”及“舰舰相遇安全行为准则”2 个附件已于前期签署)。

中美海空相遇安全行为准则

一、海空相遇安全行为准则术语

第一条　定义

1. 在适用情况下，《中华人民共和国国防部和美利坚合众国国防部关于海空相遇安全行为准则的谅解备忘录》附件中使用的定义为《联合国海洋法公约》、《国际民用航空公约》(即《芝加哥公约》)、《1972 年国际海上避碰规则》及其所包含的《避碰规则》《海上意外相遇规则》及其他现有国际协定或业已建立的多边行为规则中已有的定义。

2. “军用舰艇”包括作战舰艇和军用辅助船。

3. “军用辅助船”指隶属于一国武装力量或由其专属控制、正在用于政府非商业性服务的船舶，而非作舰艇。本文件中“军用辅助船”的英文表述为“naval auxiliary”。

4. “舰艇编队”指以编组方式行动的两艘或以上一起航行并通常一起机动的军用舰艇。

5. “操纵能力受限舰艇”参见《1972 年国际海上避碰规则》中的有关定义。

6. “军用航空器”指隶属于双方军队的航空器，包括有人驾驶和无人驾驶的固定翼飞机、旋翼飞机和直升机。

7. “空中危险区/警告区”是在限定的时间和空间内对航空器飞机可能存在危险的空域。

第二条　军用舰艇和军用航空器的权利、义务、豁免权

1. 本谅解备忘录所有内容均不免除指挥官(舰艇长)或船长(如适用)因疏于采取预防措施避免碰撞，或疏于采取海员通常做法或当时特殊情况所要求的其他行动，而产生的后果的责任。

2. 所有船旗国都应采取必要措施保障悬挂其国旗的军用舰艇的海上安全。

3. 军用舰艇和军用航空器享有主权豁免，并因而免受除其船旗国之外任何国家的管辖。

4. “军用辅助船”为国家所有或经营并正专用于政府非商业性服务，因此享有主权豁免。

5. 军用舰艇和军用航空器可采取行动进行自卫。

6. 当一方军用舰艇或军用航空器根据国际法规定行使其权利与自由、合法使用海空域时，

应当适当顾及另一方军用舰艇或军用航空器根据国际法享有的权利、自由及对海空域的合法使用。

二、舰舰相遇安全行为准则

第一条　军用舰艇海上相遇时，应当遵守《1972 年国际海上避碰规则》，并善意执行西太平洋海军论坛制定并通过的《海上意外相遇规则》。

第二条　军用舰艇海上相遇，应当积极沟通联络，相互协调行动，确保航行安全。《国际信号规则》、国际电信联盟的《无线电规则》、《标准航海通信用语》、《海上意外相遇规则》是军用舰艇实现通信联络的基本依据。

第三条　军用舰艇海上相遇，应当按以下原则进行沟通：

1. 采取积极措施主动及时沟通。

2. 一方发起呼叫，另一方应当予以及时回应。

3. 参照《海上意外相遇规则》第 3.6 条，沟通信息可包括但不限于下述内容：

(1)表明身份；

(2)礼节性问候；

(3)舰艇机动意图；

(4)正在进行或拟进行的可能与附近舰艇安全有关的作业；

(5)有关航行安全的其他信息。

4. 此外，双方应当：

(1)保持有效沟通，直到碰撞或误判的风险消除；

(2)不使用不文明语言或不友好肢体动作。

5. 军用舰艇紧急情况下的沟通联络，应当采用一切可能的方法达成，包括使用明语信文。

第四条　一般航行安全规则

1. 军用舰艇海上相遇，应当保持安全距离，避免碰撞危险。

(1)双方军用舰艇确定安全距离的依据主要考虑《1972 年国际海上避碰规则》、《海上意外相遇规则》的相关条款和当时海上特殊情势。

(2)双方军用舰艇在特定情况下协商的安全距离，仅适用当时情势，不应作为其他情况确定安全距离的依据。

2. 一方与另一方操纵能力受限军用舰艇相遇，或双方操纵能力均受限的军用舰艇相遇，应当遵守《1972 年国际海上避碰规则》中的条款和精神。

3. 单艘军用舰艇与舰艇编队或护航船队海上相遇，应当不妨碍编队或护航船队航行，及早采取措施为编队或护航船队让清航路，不穿越舰艇编队或护航船队。编队或护航船队中的舰艇与单艘军用舰艇有碰撞危险时，应当按照《1972 年国际海上避碰规则》采取避碰行动。

4. 双方军用舰艇编队和(或)护航船队海上相遇，应当避免采取妨碍对方通过的方式机动，同时应当积极沟通，协调双方行动。

第五条　特定区域规则

1. 海上航行警告区

(1)当有关活动的进行或将影响到附近军用舰艇和军用航空器的安全时，现场指挥官应当确保发布警告或建立适当的警告区，并在该区域内开展有关活动。

(2)当有关活动,如军事演习、实弹射击等或将影响到附近军用舰艇和航空器的安全时,现场兵力应当向警告区附近活动的军用舰艇和航空器及时发出危险警告。如有操纵安全关切,在该区域内或附近的军用舰艇或军用航空器应当进行及时、积极的沟通,协调行动,确保安全。

(3)一方的军用舰艇和军用航空器不应妨碍警告区内划设方进行的有关活动,但军用舰艇和军用航空器享有国际法赋予的航行飞越自由,以及与这些自由有关的其他合法用途。

(4)军用舰艇或编队应当向其附近的军用舰艇或军用航空器积极通报可能影响后者安全的活动,并根据《海上意外相遇规则》及《国际信号规则》协调安全距离。

第六条　建立海上互信规则

1.和平时期安全保证措施

(1)指挥官(舰艇长)或船长有责任判定其舰艇是否受到其他舰艇或航空器的威胁,其判断须在其他军用舰艇或军用航空器对其构成的潜在威胁和这些舰机在该区域行动的权利之间做出权衡。

(2)当开展行动时,军用舰艇应当及时沟通,确定安全距离,表明机动意图。在确定安全距离的过程中,除正常因素外,亦应考虑到军用舰艇和军用航空器可能会因当时主要的战术及行动条件引发安全关切,从而有必要开展更多沟通。

(3)双方军用舰艇确保在海空域持有和平意图的首要方式,是遵守《公约》和《1972年国际海上避碰规则》中现有的安全规则和标准,并采取积极及时的沟通以明确行动。

2.指挥官(舰艇长)或船长在采取可能会导致误解的行动前,应考虑到可能产生的复杂后果。谨慎的指挥官通常应当避免采取下列行动:

(1)使用火炮、导弹、火控雷达、鱼雷发射管或其他武器瞄准对方军用舰艇或军用航空器,进行模拟攻击;

(2)向对方军用舰艇或军用航空器发射曳光弹、武器或其他物体,海难情形除外;

(3)照射对方军用舰艇舰桥或军用航空器座舱;

(4)以可能伤害对方军用舰艇或军用航空器上的人员或损害其装备的方式使用激光设备;

(5)对相遇舰艇进行模拟攻击,或在其附近进行特技飞行;

(6)一方小艇非安全接近另一方舰艇;

(7)其他可能威胁到对方军用舰艇的行为。

3.军用舰艇或舰艇编队在航期间进行军事训练时,应当主动告知附近军用舰艇或军用航空器可能的安全关切。为了不妨碍训练活动,避免误解误判,双方应当协调机动意图。

4.突发情况现场协调规则

(1)军用舰艇海上相遇,应当尽量避免危险接近和可能产生误解误判的情势。一旦发生上述情况,双方应当加强现场沟通,采取积极措施降低航(飞)行危险。

(2)军用舰艇海上相遇时,不论何种原因发生碰撞,双方应当在采取损管(damage control,控制风险)和救生措施之后迅速脱离接触,避免采取任何使事态升级的行为。双方应当根据国际法要求,并本着保护海上生命安全的精神,在力所能及的情况下对遇险人员积极施救。但一方须在事先征得另一方明确同意的情况下方可登上或营救另一方的军用舰艇或军用航空器。

(3)对海上发生的,如危险接近、碰撞等情形,或其他可能导致误解误判的行动,双方应当采取积极措施缓和紧张形势,通过军事和外交渠道和中美海上军事安全磋商机制,进行相互沟通、专业评估、探讨改进措施。

第七条　相关通信规则

1.军用舰艇海上相遇，应当按照《国际信号规则》和国际电信联盟制定的《无线电规则》采取声号、灯光、旗号、手旗和无线电通信等手段进行通信。

2.军用舰艇通信呼号

(1)单艘舰艇呼号为“船名”或“舷号”或“国际无线电信号呼号”，舰机还应当表明其国籍。

(2)编队呼号为编队指挥舰的“船名”或“舷号”或“国际无线电信号呼号”。

(3)当被呼叫平台的呼号不明时，呼号应冠以“不明平台”和充分的辅助信息，如不明平台的位置、航向和航速，以提醒其正在被呼叫。被呼叫的不明平台应使用其国际无线电信号呼号回应。

3.除双方另有约定，所有语音通信均应按照国际海事组织标准和《海上意外相遇规则》使用英语。任何可能的情况下均应使用明语表达。鼓励双方使用不依赖共同口头语言的信息交流方式。如通信人员口头语言表达有困难，双方可使用《海上意外相遇规则》附件中的信号简语或《国际信号规则》中的表二、表三。

4.无线电通信频率

(1)舰舰通信频率：主用甚高频 VHF16 信道(156.8 MHz)，备用高频 2 182 kHz。

工作频率在双方建立通信联络后协商确定。

(2)舰机通信频率：主用甚高频国际空难一甚高频 121.5 MHz 信道或国际军事空难一甚高频 243.0 MHz 信道，备用高频 3 023 kHz。

工作频率在双方建立通信联络后协商确定。

附录二　中美空中相遇安全行为准则

第一条　军用航空器空中相遇时，在符合其使命任务要求和实际可行的情况下，应当按照与《国际民用航空公约》及其相关附件与指南相一致的精神进行作业。在适用于本附件所提及的空中相遇时，双方亦应善意执行《海上意外相遇规则》。

第二条　军用航空器空中相遇时，应当通过专业飞行技艺，包括使用本附件所定义的适当的通信方式保障飞行安全。《国际信号规则》、国际电信联盟的《无线电规则》、《海上意外相遇规则》以及《国际民用航空公约》相关附件是双方军用航空器通信联络的参考和指南。

第三条　军用航空器空中相遇时，为了飞行安全，双方应该鼓励积极进行沟通联络。军用航空器沟通联络，按以下原则进行：

1.若一方军用航空器发起呼叫，另一方军用航空器应当在任务许可的情况下积极回应。飞行员应根据当时的情况决定何时进行沟通。

2.沟通信息可包括但不限于下述内容：

(1)表明身份；

(2)航空器机动意图；

(3)正在进行或拟进行的可能与相遇航空器飞行安全有关的作业；

(4)其他有关飞行安全的信息。

3.军用航空器机组成员应当避免使用不文明语言或不友好肢体动作。

4.军用航空器紧急情况下的沟通联络,可采取任何可能的方式达成。

5.尽管本规则鼓励沟通,但无意使沟通成为军用航空器的义务。

第四条　一般飞行规则

1.双方军用航空器空中意外相遇时,飞行员应保持安全间隔,避免造成安全危险。军用航空器确定安全间隔,应综合考虑各自国内规则、相关国际指导性文件以及飞行任务、气象条件、飞行情况等因素。

2.双方军用航空器在特定情形下确定的安全间隔仅适用于当时情势,不应作为其他情况下确定安全间隔的依据。

3.当一方军用航空器为识别、查证或伴飞目的有意接近另一方军用航空器时,双方飞行员均有责任以专业飞行技艺操作,适当顾及对方航空器的安全。基于上述原则,发起接近的航空器应保持安全间隔,另一方航空器应避免鲁莽的机动行为。

第五条　特定区域规则

空中危险区或警告区:

(1)当有关活动的进行或将影响到附近军用舰艇和军用航空器的安全时,指挥官应当确认已经建立或发布适当的危险区或警告区。现场指挥官也应向附近舰艇和航空器及时发出危险警示。指挥官应当确保在适用区域内开展有关活动。

(2)如果存在操作安全关切,在适用区域内或附近的军用舰艇或军用航空器应当及时积极地沟通,协调行动,确保安全。

(3)一方的军用舰艇和军用航空器不应妨碍划设方在其所建立或发布的适用区域内进行的活动,但军用舰艇和军用航空器享有国际法赋予的权利和航行飞越自由,以及与这些自由有关的海洋其他国际合法用途。

第六条　建立空中互信规则

1.和平时期安全保证措施

军用航空器的机上指挥员有责任判定其航空器是否受到其他航空器的威胁,该判断须在其他军用航空器对其构成的潜在威胁和这些军用航空器在该区域行动的权利之间做出权衡。

2.军用航空器的飞行员在采取可能会导致误解的行动之前,应考虑到可能出现的复杂后果。谨慎的飞行员通常应当避免采取下列行为:

(1)可能妨碍另一方军用航空器安全操纵能力的行为;

(2)以不可控的速率接近另一方军用航空器,该速率可能会对任何一方的航空器安全造成危险;

(3)以可能伤害对方军用航空器上的人员或者损害其机载设备的方式使用激光;

(4)给对方军用舰艇所载军用航空器的起降作业造成干扰的行为;

(5)在相遇军用舰艇附近进行模拟攻击和特技飞行;

(6)向相遇军用舰艇或军用航空器释放信号火箭、武器或其他物体,遇险情形除外。

3.突发情况现场协调规则

(1)双方军用航空器空中相遇,如遇突发情况,双方当事飞行员应加强沟通,采取积极措施减少飞行风险。

(2)空中相遇时,如遇突发情况,无论起因如何,双方军用航空器应立即脱离,避免采取任何导致事态升级的行为。

4. 对于空中发生的引起关切的情形，如不安全相遇或其他可导致误解误判的行为，双方均应采取积极措施缓解紧张态势，在合适的层级与对方进行沟通，开展专业评估，并通过军事和外交渠道包括中美海上军事安全磋商机制寻求改进措施。

第七条　相关通信规则

1. 除非双方另有约定，所有语音通信应将英语作为国际上接受的飞行作业语言。在任何可能的情况下均应使用简单易懂的语言。

2. 如果为了飞行安全而尝试语音沟通，发起呼叫的军用航空器应该指认被呼叫的军用航空器的国籍或国际无线电呼号（"呼号"），随后自报国籍或者呼号。如果发起呼叫的飞机无法识别另一架飞机的国籍或者呼号，应该以其他辅助信息称呼身份不明飞机，例如该飞机的位置、前方航向以及速度，以便引起另一架飞机的注意，做出回应。

3. 无线电通信频率

主要频率：

(1)国际空中遇险 VHF121.5 兆赫，或者

(2)国际军用航空器空中遇险　UHF243.0 兆赫。

中国台湾与美国也签署了《海上意外相遇规则》(code for unplanned encounters at sea)。

附录三　美国空防体系在"9・11"事件中的行动[①]

一、空管体系的基本行为

美国空中防御依靠联邦航空管理局和北美防空司令部这两个机构的紧密相互协作。美国联邦航空管理局根据法律规定，负责民用航空的安全问题。飞行管制人员在联邦航空管理局22个空中路线交通管制中心工作，他们按照地区分组，与设于弗吉尼亚赫恩顿的全国航空管制系统指挥中心密切合作。指挥中心监视整个航空系统内的每日飞机流量。联邦航空管理局最终对全国航空系统管理负责。设在总部的执行中心接收关于各种事故的通知，包括意外事故、劫机。航空管理局各个管制中心经常相互独立接收信息并作出行动决定，彼此分离。

2001 年 9 月 11 日当天，4 架被劫持飞机主要由波士顿中心、纽约中心、克利夫兰中心和印第安纳波利斯中心进行管制。每个中心都部分地知道在整个航空系统内部正发生的事件。波士顿中心获知的消息，其他中心未必知晓；同样原因，赫恩顿指挥中心或华盛顿的联邦航空管理局总部也未必知晓。

管制员通过航管雷达进行空中交通管制。9 月 11 日，恐怖分子关闭了 4 架被劫飞机中 3 架飞机的二次雷达。在此种情况下，只能根据其一次雷达回波进行追踪。与二次雷达数据不同，一次雷达回波不显示飞机呼号和高度。管制人员平时主要依靠二次雷达信号，以至于通常不在雷达显示屏上显示一次雷达回波。但是他们可以通过改变雷达显示屏的设置来观测一次

① 内容来自美国国家委员会《9・11 委员会报告——美国遭受恐怖袭击最终报告》，中国人民公安大学出版社，2004.

雷达回波。9月11日，当3架飞机上的雷达信号消失时，管制员只能依靠一次雷达。

“9·11”之前，商用客机偏离航线或者管制员短时间内与飞行员失去无线电联络也并不是没有发生过。管制员也有可能暂时失去飞机的二次雷达信号，尽管这鲜有发生，但是无线电通话和二次雷达信号同时失去确属罕见。一旦发生，必然引起慌乱，这通常表示灾难性的系统失灵或者飞机坠毁。在所有上述情况下，管制员的工作就是和飞机联系，和周围的其他飞机联系，使其重回航线。只有做出上述努力或者努力失败——大约需要5分钟或者更长时间——警报声才会开始响起。

北美防空司令部的任务与机构设置。北美防空司令部是1958年由美国和加拿大两国设立的一个双边指挥部，其任务是防御北美空域和保卫北美大陆。该任务不区别内部和外部威胁，但由于北美防空司令部为抵制苏联威胁而设立，于是便将其任务界定为防御外来袭击了。

随着冷战的结束，来自苏联轰炸机的威胁很大程度上已不复存在，北美防空司令部的警备区也从冷战时期的多达26个减少了。1990年，五角大楼内有人认为警备区应该彻底淘汰。在保持其任务的努力中，防空界人士提倡领空主权在反对刚刚出现的对美国的“不对称威胁”的重要性，这种威胁包括毒品走私、“非政府及政府资助的恐怖分子”以及大规模杀伤性武器及弹道导弹技术的扩散。

北美防空司令部认为主要威胁来自对付巡航导弹，其他威胁已于20世纪90年代后期确定，其中包括恐怖分子使用飞机作为武器。对付这种威胁的演习已实施，但这种演习却并非以实际情报为基础。在大部分情况下，主要担心的是使用飞机运送大规模杀伤性武器。

“9·11”袭击之前，击落一架商务飞机的命令应由“国家指挥权力机构”(用以代指总统和国防部长)签发。军事演习计划者还想当然地以为，飞机会从美国以外出发，美国有时间确定目标并紧急起飞截击飞机。而在美国国内的恐怖分子劫持商务飞机并用作导弹的威胁，在“9·11”之前从未被北美防空司令部所确认过。

即使上述那些新出现的威胁得到了确认，“9·11”事件之前，美国只剩下7个警备地，每区只有2架战斗机备战，这种状况使北美防空司令部的某些指挥官担忧北美防空司令部的装备不足以保卫美国。

在美国，北美防空司令部分为3个区。“9·11”袭击当天，所有被劫持的飞机都位于以纽约罗马为基地的北美防空司令部的东北防空区内。当天早晨，东北防空区可以调遣2个各有2架可随时应战的战斗机的警备地：位于马萨诸塞州科德角的奥蒂斯国家警卫基地和位于弗吉尼亚州汉普敦的兰利空军基地。其他警备地处于非战备状态，尚需时间装备战斗机，配备机组人员。

东北防空区向位于佛罗里达巴拿马城的大陆航空指挥区总部报告工作，总部再向位于科罗拉多州科罗拉多·斯普林斯的北美防空司令部总部报告工作。

机构间合作。联邦航空管理局和北美防空司令部已制定了在发生劫机事件时通力合作的规则。正如“9·11”袭击时他们所做的那样，按规定，联邦航空管理局从北美防空司令部获得军事援助需多重汇报并获得最高政府部门的批准。

根据联邦航空管理局管制人员劫机处理程序指南，飞机飞行员通过无线电或者发送二次雷达电码“7500”——劫机正在发生的通用代码的方式，通知管制人员，管制人员再通知其上司，其上司随后再通知管理部门，层层上报，直至华盛顿的联邦航空管理局总部。总部设有1名劫机事件协调员，一般是由联邦航空管理局民航安全办公室主任或者其指定的人员担任。

劫机事件一经确认，处理程序要求该劫机处理的协调员履行职责，同五角大楼的国家军事指挥中心取得联络，要求其提供一架军事护航飞机跟踪航班，并且报告一切异常情况，在紧急情况下辅助搜寻及救援。国家军事指挥中心经请示国防部办公室批准后便提供军事协助。如果得到批准，命令将通过北美防空司令部的指挥系统向下传达。

国家军事指挥中心负责保证联邦航空管理局劫机处理的协调员装备先进，帮助联邦航空管理局中心直接与军方协调合作。北美防空司令部或通过共同使用雷达或相应的联邦航空管理局航空管制设施来获取被劫飞机的行踪信息。为使被劫飞机发出“7500”信号以便北美防空司令部追踪之，各种努力都会一一尝试。

规则并没有考虑中途拦截，他们认为护航战斗机就够了，“经无线电引导定位于被劫飞机正后方 5 英里的地方”，就可以完成监视飞机航线的任务。

总之，9 月 11 日联邦航空管理局和北美防空司令部所依据的关于劫机回应的规则的前提如下：

(1)被劫持的飞机能被轻易确定而不会试图消失；

(2)总会有时间通过联邦航空管理局和北美防空司令部的相关指挥系统解决问题；以及

(3)劫机总以传统方式出现，即不会是旨在变飞机为定向导弹的自杀式劫机。

在 9 月 11 日上午，这个现有规则的所有方面，都不适应于即将发生的事情。

在 8:37:52，波士顿中心与东北防空区取得联系。

联邦航空管理局：喂！波士顿中心交通管理处，我们这里出了问题。我们有一架飞机被劫持飞往纽约市，我们需要你们的帮助，我们需要人员紧急起飞 F－16 或者其他飞机赶到那里，帮助我们。

东北防空区：是真的还是在演习啊？

联邦航空管理局：这是真的，不是演习，也不是试验。

东北防空区命令距离纽约市 153 英里的马萨诸塞州福俄茅斯的奥蒂斯空军基地两架 F－15 预警战斗机投入战斗。美国空中防御战因该电话而打响了。在东北防空区，劫机报告立即传给了战斗司令员罗伯特·马尔上将。命令战斗机投入战斗后，马尔上将打电话给阿里·阿诺德将军，后者是第一空军和北美防空司令部大陆区的总指挥。马尔要求授权紧急起飞战斗机。阿诺德将军后来回忆，他指示马尔“先紧急起飞，我们随后再要求授权”。阿诺德随后打电话向北美防空司令部总部汇报。

F－15 战斗机在 8:46 从奥蒂斯空军基地紧急起飞。但是东北防空区不知道向哪里派遣预警战斗机，指挥战斗机的官员反复请求更多的信息：“我不知道紧急起飞这些家伙去哪里。我需要一个方向，一个目标。”因为劫机分子已经关闭了飞机的异频雷达，东北防空区人员花费了几分钟在他们的雷达监控区内搜寻一次雷达回波。

美利坚航空公司第 11 次航班在 8:46 撞上北塔楼。8:50 后不久，东北防空区工作人员还在努力搜寻飞机的方位，消息传来说，一架飞机已经撞上世贸中心。雷达数据显示，奥蒂斯战斗机于 8:53 升空。由于缺少目标，它们就向长岛沿海的军事控制区飞行。为避开纽约空中交通以及不知道做什么，战斗机被引航至军事飞行区“保持必要的状态”。9:09—9:13，奥蒂斯战斗机一直保持着这种状态。总之，东北防空区接到劫机信息的 9 分钟后，飞机才撞上北塔楼。

9:42，指挥中心从新闻报道中获悉一架飞机撞击五角大楼。指挥中心的全国行动管理人员本·斯林尼随之命令所有联邦航空管理局设施指示全部飞机在最近的机场着陆。这项命令是史无前例的，空中交通管制系统以高超的能力使约 4 500 架商务和普通飞机安全着陆，没有出现意外。

二、空防体系的基本行为

对第 93 次航班的军事反应与击落令。

9 月 11 日上午，美国总统和副总统的通信联络总是被切断，总统对那天上午的联络不畅感到恼火。有一段时间，他联系不到包括国防部长在内的主要官员。副总统回忆，在进入掩体会议室以后就打电话给总统。副总统回忆，就在他进入会议室以后被告知，空军正在华盛顿上空试图建立空中战斗巡逻队。副总统说，他打电话给总统讨论空中战斗巡逻队的攻击规则。他回忆，当时觉得飞行员无法确定飞机的飞行方向时，他们是否有权攻击它得到指令，否则建立空中战斗巡逻队是没有意义的。他说总统同意这种看法。总统说，他记得这次通话，并且这使他回忆起自己曾经是一个歼击机飞行员。总统强调他曾经授权击落被劫持的飞机。赖斯在副总统进入会议室后不久进入会议室并在他的旁边坐下。她记得听到副总统告诉总统说"先生，空中战斗巡逻队已在上空。先生，他们想知道怎么做。"这次通话是在 10:10—10:15 之前进行的。

10:02，在掩体的通信员开始接收特勤局的报告，说一架飞行着的飞机——可能被劫持—正飞向华盛顿。那架飞机正是联合航空公司第 93 次航班。特勤局直接从联邦航空管理局得到了该信息。联邦航空管理局跟踪联合航空公司第 93 次航班的行踪，不是通过联合航空公司第 93 次航班实际的雷达回波，而与联邦航空管理局联系而得到图示显示的投影路线是飞往华盛顿，他们并不知道飞机在途中已经坠毁。

在 10:10—10:15 之间的某个时间点，一名军事助理告诉副总统及其他人说，飞机在 80 英里以外，请求副总统切尼授权攻击飞机。副总统"以一个击球手决定击球的时间"授权战斗机攻击飞来的飞机。他告诉我们，他的这个命令基于其与总统早先的通话。

白宫副参谋长乔舒亚·博尔顿坐在会议室的桌旁。博尔顿注意到这些谈话，他说安静一会后，他建议副总统与总统联系并确认攻击命令。博尔顿告诉我们，他想搞清楚总统是否已经知道副总统在执行该命令。在空军一号上，总统新闻秘书正在做记录；根据阿里·弗莱舍记录，在 10:20 总统告诉他，已经下令必要时击落飞机。

几分钟过去了，消息传来说一架飞机坠毁在宾夕法尼亚州，掩体中的人们怀疑飞机是否是根据命令被击落的。

大约 10:30，掩体开始接收另一架飞机被劫持的报告，这次只在 5～10 英里以外。认为他们只有 1～2 分钟时间作决定，副总统再次通令"攻击或者歼灭"那架飞机。

又一次，没有这架飞机命运的消息，根据一名目击者的恰当描述，"它向雷达屏幕下方坠落，还好像一直盘旋在你的想象中，你不知道它在哪里或者它出了什么事。"最后，掩体接到消息称，5 英里外的疑似劫持飞机是一架救伤直升机。

国际军事指挥中心大约 10:03 得知林和航空公司第 93 次航班被劫持，此时 FAA 没有与国家指挥系统进行联系，军事指挥中心是从白宫裂解到被劫持航班情况的。

北美防空司令部也未得到任何消息。10:07 分，北美防空司令部参加空中威胁电话会议的代表宣布，北美防空司令部还没有迹象显示这时被劫持飞机正飞向哥伦比亚特区。

在 10:14—10:19 之间，一个在白宫的陆军上将反复向国家军事指挥中心传达，说副总统已经确定，如果战斗机能证明飞机已被劫持，那么他们就可以攻击飞来的飞机。北美防空司令部司令员拉尔夫将军，正在前往北美防空司令部行动中心途中，此时，击落令通过空中威胁电话会议传达出来。

阿诺德将军指示其部下通过北美防空司令部的一个即时通信系统广播以下信息：10:31，副总统已经授权我们可以拦截并击落被劫持飞机，如果他们不听从指挥的话。

东北防空区人员从这条消息中得知击落令：

地面领导：你需要读一下这个——军区司令员已经经宣布我们可以击落任何不听从我们指令的飞机。是这样吗？

管制人员：是这样。先生。

地面领导：好，如果你让某飞机转向他不转——

管制人员：行动主任说不行。

地面领导：不行，这是从谈话中得来的，你与那条指令冲突了。

管制人员：现在不行。但是——

地面领导：好，你听副总统的，好吗？副总统已经授权了，如果不听从指挥，可以实施拦截和击落。

东北防空区人员对于命令的性质和后果表露出极大的迷茫。东北防空区指挥官并没有传达这一命令，因为他并未意识到命令的细节。任务指挥官和高级武器指挥官都表示，他们都未将该命令传达给盘旋在华盛顿和纽约上空的战斗机。因为他们不清楚飞行员能怎样或者应该怎样根据该指示行动。简而言之，尽管华盛顿的首长们认为，已经指令在他们上面战斗机歼灭来犯飞机，传达给飞行员的命令则是“确认身份，跟踪监视”。

在大多数情况下，授权动用军事力量的指挥系统是从总统到国防部长，从部长再到作战司令员。

10:39，副总统将最新情况告诉了还在空中威胁电话会议上的国防部长。

正如这次通话显示，当击落令首先发出时，国防部长并不在国家军事指挥中心。他从停车场回到自己的办公室(在这里与总统通话)。然后走向执行援助中心。在那里，他参加了白宫电视电话会议。他在10:30前不久去国家军事指挥中心，与副主席迈尔斯会合。

副总统错误地认为，击落令授权已经传达给了根据北美防空司令部的指令起飞的飞行员。但是，到10:45盘旋在华盛顿上空的另一组战斗机却执行着完全不同的作战规则。

大卫·沃雷将军——第113大队的指挥官——在听到二手报告说急缺战斗机后，拨通了特勤局。一名特勤局特工接听两个电话，一个是沃雷，另一个是白宫的特工人员。该特工转述白宫特工的指示，后者说是从副总统那里得到的指令。对于沃雷的指令是，派遣飞机，保护白宫和驱逐威胁国会大厦的任何飞机。沃雷将军将此转换成军事术语起飞“自由的武器”，即由驾驶员决定攻击与否或者是在此种情况下，由领航飞行员决定。整个9月11的那个上午——已经升空战斗机是根据不同的攻击规则行动的。

9月11日上午发生的事情细节非常复杂，但是他们展示了一个简单的问题。北美防空司令部和联邦航空管理对9月11日针对美国发动的那种袭击毫无准备。他们在困难的环境中，努力地进行一场国土防卫战，应对他们以前从未遇到、也从未训练过的前所未有的挑战。

附录四　菲律宾主导的“南海仲裁案”

美国唆使菲律宾上演了一出联合国海洋法南海仲裁案的闹剧，为在南海实施航行自由政策制造声势。

2013 年 1 月，菲律宾根据《联合国海洋法公约》，向国际海洋法法庭提起仲裁程序。4 月和 6 月，该法庭庭长柳井俊二先后任命了斯坦尼洛夫帕夫拉克等五名法官组成仲裁法庭，开始着手审议中菲南海争端。2014 年 3 月，菲律宾向仲裁法庭提交了 4 000 页的诉状，恳求国际仲裁法庭裁决涉及 4 个方面的 10 条诉求：一是主张中国在南海以九段线为基础的权利主张不符合《联合国海洋法公约》规定，是无效的；二是主张美济礁、西门礁、南薰礁、诸碧礁等由中国实际控制且建造人工设施的、高潮时低于水面的水下地形，不构成《联合国海洋法公约》定义的岛屿且不在中国大陆架上，妄称美济礁、西门礁是菲律宾大陆架的组成部分；三是主张黄岩岛、赤瓜礁、华阳礁、永暑礁在高潮时仅有部分岩石高于水面，是《联合国海洋法公约》121 条所定义的“岩礁”，仅具有不超过 12 海里的领海权利；四是主张菲律宾根据公约享有从群岛基线起算的 12 海里领海、200 海里专属经济区和大陆架的权利。中国利用了菲律宾的专属经济区和大陆架的资源，并且组织菲律宾合法利用专属经济区的资源。

2013 年 2 月 19 日，中国政府郑重宣布不接受、不参与菲律宾提起的仲裁。2014 年 12 月 7 日，中国政府发表《中华人民共和国政府关于菲律宾共和国所提南海仲裁案管辖权问题的立场文件》，指出菲律宾提起仲裁违背中菲协议，违背《联合国海洋法公约》，违背国际仲裁一般实践，仲裁庭不具有管辖权。2015 年 10 月 29 日，仲裁庭作出管辖权和可受理性问题的裁决。中国政府当即声明该裁决是无效的，没有拘束力。中国上述立场是明确的、一贯的。2016 年 7 月 12 日菲律宾共和国单方面请求建立的南海仲裁案仲裁庭作出裁决，对此中华人民共和国外交部郑重声明，该裁决是无效的，没有拘束力，中国不接受、不承认。

南海仲裁案本身就是一场披着法律外衣的政治闹剧，所作的裁决不具有合法性。南海仲裁案临时仲裁庭是非法设立的机构，不是国际法庭，是政治操作的结果。除了菲律宾指定的来自德国的沃尔夫鲁姆(Rüdiger Wolfrum)教授外，五名仲裁员中的其他四位都是日本籍法官柳井俊二指定的。柳井俊二与安倍政府关系密切，是安倍政府安保法制恳谈会会长，也是国际海洋法法庭时任庭长。据各种消息证明，不仅仲裁庭的组成完全由他操纵，而且在后来仲裁庭的运作中，他也在不断施加压力。五位仲裁员中，一位来自加纳，但长期在欧洲居住，其余四位全部来自欧盟，与《联合国宪章》、《联合国海洋法公约》以及国际海洋法法庭的共同要求——“国际法院的组成必须代表世界各大文化和主要法系”相违背。

国际法院发表声明指出，国际法院自始至终未曾参与所谓的南海仲裁案，国际法院与南海仲裁案临时仲裁庭是完全不同的机构。联合国官方微博也发表声明表示，联合国与常设仲裁法院没有任何关系。这也再次印证，南海仲裁案临时仲裁庭的组成和运作根本不具合法性和代表性，根本不是什么所谓的“国际法庭”。仲裁庭的行为及其裁决与国际仲裁一般实践严重背离，它作出的所谓裁决也根本不具公信力和权威性，是没有拘束力的、完全无效的。

南海仲裁案仲裁庭，作为应菲律宾单方面请求建立的一个临时机构，肆意扩大和滥用权力，强行审理和行使管辖，是对《联合国海洋法公约》的践踏。中菲南海有关争议的根源与核心，是菲律宾20世纪70年代以来陆续非法侵占中国南沙群岛部分岛礁引发的领土主权争议和随后产生的海洋权益争议。《联合国海洋法公约》的规范事项不包括领土主权争议，而关于海洋划界，中国政府早在2006年就根据《联合国海洋法公约》第298条的规定，公开发表了在涉及领土主权和海洋权益问题上不接受仲裁的排除性声明。

这样一场政治闹剧背后是美国的操纵和推动。一方面，美国多次在公开场合对菲律宾提起南海仲裁诉讼表示支持，为菲律宾的恶意行径撑腰。在菲律宾提交南海仲裁一周后，以美国时任众议院外交事务委员会主席罗伊塞(Ed Royce)为首的美国代表团就抵达马尼拉，菲律宾时任外交部长阿尔伯特·罗萨里奥向代表团介绍了提起仲裁的情况及理由。菲律宾时任外交部副部长卡洛斯·索拉塔向媒体表示，美代表团称将全力支持菲律宾以和平方式依靠公约解决问题的努力。2013年4月，美国时任国务卿克里与正在美国访问的菲律宾时任外交部长阿尔伯特·罗萨里奥在华盛顿举行会晤，克里向阿尔伯特·罗萨里奥表示，菲律宾寻求仲裁的做法是正确的，美国将继续同菲律宾一道寻求和平解决南海争端的方法。克里在媒体见面会上说道，“我们非常关注南海的紧张局势，并愿意看到其通过仲裁解决”。美国对南海问题的来龙去脉一清二楚，却支持菲律宾兴风作浪，其目的就是试图颠倒黑白，混淆国际社会视听，给中国扣上“不尊重国际法”的帽子，抹黑中国形象，同时为自身在南海的航行自由军事宣示制造声势。美国试图用一个毫无合法性的所谓裁决来拘束中国在南海的领土主权和海洋权益，对中国施以外交压力，也从侧面反映出美国在南海实施航行自由政策的“底气”不足，不惜花大力气支持菲律宾上演这出政治闹剧，借欺世盗名的所谓“裁决”为美国在南海的航行自由军事宣示造势撑腰。2015年5月，美国有线电视新闻网记者登上美国P-8A侦察机，随美军一起对南海进行了抵近侦查，报道美军如何在南海执行任务以维护“南海航行自由”，并首次公开了机上获得的音视频资料。很明显，此次飞行是一次旨在对中国施加压力的精心设计的行动。美国有线电视新闻网报道称，中国在南沙群岛正在进行大规模军事化建设，在永暑礁还设有预警雷达站。美国担心，如果中国继续岛礁的军事化建设，那么永暑礁、渚碧礁和美济礁，这三个位于世界上最具争议性的水域中间的岛礁，将会变成中国的战略军事基地。报道中还记录了中国海军驱离的警告。作为对该报道的回应，时任五角大楼发言人史蒂夫·沃伦上校(Colonel Steve Warren)表示，“现有的例行飞行将会继续，但未来也许会突破中国岛礁附近12海里的限制。我们认为这些岛是国际空间。在我们飞越这些岛时，也并不认为这有什么改变”。美国时任东亚事务助理国务卿丹尼尔·拉塞尔(Daniel R. Russel)也对媒体表示，侦察飞行是完全合适的，美国将继续在国际水域和空域行使其军事权利。

推荐学习资料

［1］ 全国人大常委会法制工作委员会. 中国海洋权益维护法律导读. 中国民主法制出版社，2014.
［2］ 王海平.空战和导弹战规则研究.中国人民解放军法律战专业研究中心，2008.
［3］ 空军司令部.中国空军百科全书. 航空工业出版社，2005.
［4］ 焦栋. 美空军作战与法律. 北京蓝天出版社，2017.
［5］ 周鲠生.国际法. 武汉大学出版社，2009.
［6］ 美国国家委员会. 9·11委员会报告：美国遭受恐怖袭击最终报告. 中国人民公安大学出版社，2004.
［7］ 罗保华.论平时海上军事行动中《公约》的运用.法学杂志，2011.
［8］ 宋云霞，等，译. 美国海军部美国海上行动法指挥官手册：2007版. 海洋出版社，2012.
［9］ 尹生. 极端情况下击落民用航空器的国际法. 华中科技大学出版社，2015.
［10］ 1982年《联合国海洋法公约》.
［11］ 1996年《中华人民共和国领海及毗连区法》.
［12］ 1998年《中华人民共和国专属经济区和大陆架法》.
［13］ 宋云霞.国家海上管辖权理论与实践. 海洋出版社，2009.
［14］ 李安民.《联合国海洋法公约》对平时海上军事活动的影响. 中国政法大学，2007.
［15］ 张锋茹.专属经济区非沿海国军事活动的法律问题.华东政法大学，2011.
［16］ 杨瑛.《公约》对军事活动影响的法律问题探析. 武汉大学，2015.
［17］ 赵伟东.美国力促中美海警达成“海上相遇行为准则”探究.公安海警学院学报，2016.
［18］ 刘晓博. 海上意外相遇的正确姿势. 全球军事，2016.
［19］ 张炜. 冷战时期美苏预防海上突发事件的双边协定. 外国军事学术，2013.
［20］ 张愿. 1972年美苏《防止海上事件协定》档案解读. 边界与海洋研究期刊，2017.
［21］ 刘矜希. 禁飞区制度的国际法探析. 法制与社会，2016.
［22］ 刘松. 国际民航组织军民航协调及空中安全相关规定浅谈. 航空管制，2018.